易学基础教程

主　编　朱伯崑

副主编　王德有　郑万耕

中国文联出版社

图书在版编目（C I P）数据

易学基础教程 / 朱伯崑主编. -- 北京 : 中国文联出版社, 2023.6

ISBN 978-7-5190-5190-7

Ⅰ. ①易… Ⅱ. ①朱… Ⅲ. ①《周易》—研究 Ⅳ. ①B221.5

中国国家版本馆CIP数据核字（2023）第088500号

主　　编　朱伯崑
责任编辑　蒋爱民
责任校对　秀点校对
装帧设计　蔡振英

出版发行　中国文联出版社有限公司
社　　址　北京市朝阳区农展馆南里10号　　邮编　100125
电　　话　010-85923025（发行部）　　010-85923066（编辑部）
经　　销　全国新华书店等
印　　刷　梁山兴华印刷有限公司

开　　本　710毫米×1000毫米　1/16
印　　张　27.75
字　　数　510千字
版　　次　2023年6月第1版第1次印刷
定　　价　98.00元

目　录

绪论

《周易》原本是西周时期形成的占筮典籍，即算卦用书。但在后来流传的过程中，人们对它的理解发生了很大变化。从春秋时期开始，随着社会和文化的发展，人们对它进行了各种各样的解释。我们将后人对《周易》所作的种种理解分为两部分，即“易传”和“易学”。易传和易学这两个概念，不等于原本的《周易》，但又同《周易》本身有联系。在我国历史上，解释《周易》的著作有两三千种，目前流传下来的就有近千种。这些解释各有其特点，未必都符合《周易》的本义。当我们说周易是中华文化的瑰宝时，所谈的周易，是指周易系统的典籍，包括后人对它所作的种种解释在内。我们这本《易学基础教程》，讲授的是关于周易系统典籍的知识，不只是讨论《周易》这本书原来的性质及内容。

一、周易系统的内容和范围

周易系统典籍及其所包含的知识有哪些内容和特色？这是我们首先要认识清楚的问题。

1. 经、传、学共同构成一个知识系统

“经”，指西周时期形成的典籍，即原本《周易》，汉朝人尊之为“经”，即《易经》。经有常规不变之义。汉朝人对儒学尊奉的典籍，《诗》《书》《礼》《春秋》等皆称为“经”，不限于《周易》。“传”，有传授之义，古代传授经书的经师，往往对“经”的文字和内容作出解释，其所作的解释称为“传”。解释《易经》的著作，称为《易传》。《易传》有广狭两义：广义指一切解释《易经》的著作；狭义指先秦时期形成的解释《易经》的十篇著作，即“十翼”。“翼”是辅助的意思。本书所说的“传”，指十翼。《易传》解经的特点是，将西周

作为占筮用的典籍哲理化，使其成为讲义理的典籍，为《周易》奠定了理论基础。“学”，指汉朝以来的经师、学者对《周易》经和传所作的种种解释。之所以称为“学”，是因为从汉朝开始，凡研究儒家经典的学问皆称为学，即经学。儒家经学系统的典籍从汉朝开始，都包括经、传、学三部分。周易系统的典籍也是如此。如宋朝朱熹注解《周易》的著作《周易本义》一书，即由此三部分组成。其中，既有经文，也有传文，朱熹对经、传文所作的注解则属于易学。今人对《周易》经传所作的注解，则属于当代易学。

如何看待经、传、学三者的关系，是学习和研究周易系统典籍必须注意的问题。《易经》作为西周时期算命的书，由六十四个卦象和解释卦象的卦爻辞组成。其解释卦象的文字即经文十分古奥，后人往往不易理解。卦象如何组成的？某卦象下如何系之某卦爻辞？也难以理解。如何依《易经》算命？为什么《易经》一书能算命？也需要加以解释。这样，自然形成了解释《易经》的各种著作。先秦时期形成的《易传》即十翼，即是为了回答这些问题而写作的。《易传》所作的解释，可以说是自成一说，而且蕴意深刻，在历史上影响深远，成为后人理解《易经》的重要依据。自汉代以来形成的历代易学，不仅解释《易经》，而且解释《易传》，并且依《易传》之义解释《易经》，对《易传》的研究，成为其重要的任务。由于对《易传》解经的理解不同，又形成了许多流派，甚至相互批评，各自形成了自己的易学体系，从而构成了中国文化和中国哲学的内容之一。

可以看出，周易系统的典籍，分别形成于不同的历史时期，既有联系，源流相承，又各具特色，不相等同，共同构成一个博大的知识系统。由此也可以说，周易系统是一个动态的历史的知识系统。可是，古代的经学家，出于尊孔读经的要求，缺乏历史主义观点，往往不区分经、传、学，将三者混为一谈，或者依传解经，或者以学解传，或者将自己的解释说成是真正符合《易经》的本义。这不是一种科学的态度。我们今天学习和研究周易系统的典籍，对此要有清醒的认识。

2. 易学是一庞大的学术思想体系

易学是对《周易》经传所作的种种解释。它以《易经》为核心。《易传》

对《易经》加以解释，历代易学又对《易传》再加解释，如同滚雪球一样，越滚越大，其内容越来越丰富。所谓解释，不仅包括文句的注解，还包括对其义理的引申和阐发，所涉及的问题十分广泛。它从解释筮法即占筮的规则出发，依阴阳爻象的奇偶之数的变化，提出一套关于事物变易的法则，并依其法则解释人事和天道的变化，形成了一个以阴阳变易学说为核心的思想体系，作为世界观和方法论深入人文和自然科学各个领域中去。包括对《周易》经传的文字训诂和考据、卦爻象变化规则的分析、《周易》中卦爻象和卦爻辞相互关系的解释、阴阳变易法则的阐发、宇宙人生根本原理的探讨、易学原理的理解和总结，依其对易学原理的理解考察社会的治乱、王朝的兴衰、人生的顺逆、做人处事的常规、道德修养的境界、审美的准则以及经世治国的策略，依其所理解的原理考察天文气象、生命和人体功能、地理和物理等自然现象变化的规律以及数学中的演算法则，等等。总之，它所研究的领域涉及文字学、哲学、宗教、政治、人伦、历史、天文、数学、物理、生物、医学以及美学等诸多方面，因而形成了一个庞大的学术思想体系。在中国学术史和思想史上，没有一部典籍，经过后人的阐发，产生过如此巨大的影响。我们有理由说，它是中华学术中绚丽多彩、神韵丰满的一支奇葩。

因为易学是从解释《周易》经传出发而形成的一个庞大的学术思想体系，因而我们研究周易系统的典籍，不仅要研究《易经》一书，而且要研究《易传》及历代易学对其所作的种种解释。有鉴于此，在研究中，要防止两种偏向：一种是以《易经》或《易传》的研究代替易学；一种是脱离《周易》经传的研究而谈易学原理及其价值。总之，我们要从《周易》经传的研究出发，进而研究历代易学及其对中华文化的影响。

3. 周易系统的价值在学而不在术

《易经》自身包含着“学”和“术”两种萌芽。所谓“学”，指有关天地人生的道理；所谓“术”，指用蓍草算命的技法。用历史发展的观点看问题，这两种萌芽对人类文明的发展，都是一种进步。前者自不用说，后者也如此。《易经》出现之前，人类已有龟卜的算命方法：在龟壳上钻孔，通过火烧，以龟壳烧裂的纹路判定吉凶。这种方法完全凭人的直观和上帝启示，表现着人类的蒙昧。《易经》用蓍草算命，要经过排列组合，进行数学推演，含有逻辑演绎成分和人谋的因素，相对龟卜，体现着人类思维的发展。值得注意的是，后人将《易经》中的两种萌芽引向了两个方向：一个是从《易经》中引申出有关天地人生的种种道理，从而形成了易学；另一个是从《易经》中引申出数字变化，阴阳生克等算命方法，从而形成术数。前者将人类引向理性，引向智慧；后者反其道而行之，将人类引向迷信，引向愚昧。这两种倾向的分野，在汉代已经明显。汉朝著名的历史学家司马迁专门为各种算命先生写了一篇传记，名为《日者列传》。“日者”指依生辰时日判断人的吉凶命运的算命先生。其中说到一位以占筮算命的先生，名叫司马季主。他宣传算命方术，说占筮之术可以法天地、顺四时、合仁义，能使病者愈、将死者生、有患者免，认为此种品德不是数十万钱所能买到的。当时即受到大学问家贾谊等人的驳斥。贾谊认为这位算命先生是凭嘴巴能说，投人之所好，借以骗取钱财，因此称其为不知耻的卑贱之徒。贾谊等人的言论，说明汉代的学者看不起这种靠江湖骗术谋生的人。学和术的界限泾渭分明。所以汉代班固于《汉书》著录古代流传下来的典籍，将讲占术一类的著述列入“术数类”，而不列入经学类。这种区分，不是始于汉代的学者，春秋时期的孔子已开其端。孔子说过，他学习周易的目的是为了“可以无大过”，即少犯错误，不是为了占问个人的吉凶祸福。他认为懂得其中的义理，用不着去占卜，所谓“不占而已”。后来的荀子将这一学易的学风概括为“善为易者不占”。此是儒家学者对待周易的一贯立场。

占筮家言周易，其所关心的是算命的方术，即利用何种形式和途径，为人卜问吉凶。他们并不关心周易经传所蕴含的义理，也不阐发其义理，虽然有时也利用易学家所提出的一些术语、概念和范畴，如汉代易学家关于象数的种种说法，但其目的不是解释周易经传，而是给人算命。因此这种对待周易的态度，不可能形成一套理论体系，对中华学术的发展未起什么作用，反而对人们的思想和生活具有不良的影响。所以易学史上大多数的易学家，或者反对占术，或者对占术做出人文主义的解释，都不相信算卦能预测人的吉凶祸福。因此，我们研究周易系统的典籍，要区分学和术，不能视易学为算命术，更不能以术代学。对这一点，我们要有清醒的头脑，否则，便会迷失方向。

二、易学研究的途径和方法

《周易》这部古老的典籍，通过后人的种种解释，在中国学术史上之所以产生如此重大的影响，同后人研究《周易》的方法密切相关。从后人的解释中，我们可以看出，一直存在两种研究的途径或方法。一种是从事文字训诂和考证，一种是解释和阐发其义理。前者的兴趣在于对《周易》经传中的文句、字意进行注解，包括对卦象的起源及其逻辑结构的考辨，目的是求取《周易》的原本意义；后者的兴趣在于揭示《周易》经传蕴含的道理，或借《周易》经传阐发自己的易学观，并提出一套理论体系。古往今来的易学著作，不外此两种治学的途径，或者兼而有之。这两种研究途径，角度不同，各有千秋，都对易学的研究做出了贡献。尤其是后者，对中华学术的发展产生了重大的影响。我们今天研究《周易》系统的典籍，这两种研究的途径仍有参考价值。但应注意的是，对《周易》经传的训诂和考证，不能脱离其形成的历史条件；对其义理的阐发，不能脱离《周易》经传文句，任意附会和引申。

除以上两种传统的方法外，还需要使用新的科学的研究方法，即将《周易》系统典籍看成是一个历史发展过程，将经、传、学三部分文献放在各自形成的历史背景下进行剖析，探讨其理论思维发展的逻辑进程，总结思维发展的规律及其观察和处理问题的思维方式，并从中吸取经验和教训。这种研究方法，既是历史的，又是分析的，是上述两种方法不能代替的。运用这种研究方法，既有助于弄清《周易》经传的本义，又可以认清历代易学发展的过程及其在思想史上的地位和贡献。

例如，《周易》中的第一个卦象为乾 ䷀，卦象之下的卦辞为“元亨利贞”。这四个字究竟是什么意思，后人做出种种的解释。《易传》曾解释为四种道德，即仁义礼干。“干”谓办事干练。至汉唐易学，或者将其解释为阳气化育万物的四种方式，即以元为始，亨为通，利为和，贞为正，或者以其为春夏秋冬四时。至宋明易学，又将其解释为事物发展的四个阶段，即生、长、遂、成，或者将其解释为治理天下的四条原理，即以元为富民，亨为教民，利为分工，贞为圆善去恶、令行禁止。朱熹于《周易本义》中认为此四字应读为“元亨，利贞”，不以其为四德和四条原则，而以其为筮辞，即断定此卦是否吉利的辞句，以“元亨”为非常通顺，“利贞”为有利于守正道。近人注解此卦辞多依朱氏义断句。但训“贞”为占问，“利贞”谓利于占问，即吉利之义。以上这些解释，哪一种符合《易经》的原义？如果视《易经》为算命的典籍，朱熹和近人的解释符合或接近于原典的本义。但其他各种解释，是否因此而毫无价值，加以抛弃？站在文字训诂的立场，其他解释，可以说是曲解或牵强附会，无可取之处。如果我们采取历史的研究方法，将后来的解释看成是一种阐发，即便其解释不符合原典的本义，但仍有其历史的价值。因为四德说或四阶段说，将判断吉凶的筮辞升华为四种道德、四种治国的原则，或是事物发展的四个阶段，使其成为观察人事和天道变化的四种范畴，从人类理论思维发展的进程说，则是一大进步。因此，我们运用历史的和分析的方法研究周易系统的典籍，可以澄清易学史上各种不同甚至对立的见解，对易学有一个全面的了解。

运用这种研究的方法，我们还可以从《周易》经传和后来的易学中，发现哪种观点和解释具有永恒的价值，值得今人继承和发扬，同时，又可以揭示出其所具有的历史局限性，作为一种教训，避免重蹈其错误。例如，从《易传》开始，常以尊卑贵贱观念解释卦爻象，进而解释人事，如以男为贵，以女为贱，以君为尊，以民为卑。这种解释是古代等级制度的产物，今天已丧失其价值。至于以尊卑的观念解释天道，如以天为圆为尊，以地为方为卑，这种观点，早被近代自然科学思维否定。但以天道为刚健不息，以地道为厚德载物，认为人效法天地之道，可以养成既自强不息又胸怀广大的品格，这种解释，作为一种修养境界，仍有其永恒的价值。总之，运用这种方法研究周易系统的典籍，既不一切唯经传是从，也不将其思想内容现代化，而是采取科学的评判态度，可以使易学研究从神秘主义的气氛中摆脱出来，走上健康的道路。

对初学易学的人来说，首先要读通《周易》经传的文句，对其中的内容有一个基本的了解。在此基础上再开展研究，或从事文字训诂和考证，或探讨和开发其中蕴含的义理，或总结其理论思维的内容和形式，或运用其基本原理观察和处理实际问题。总之，首先要掌握易学基本知识，这是基本功。切忌不顾历史实际和科学实证而任意想象或发挥的不良学风。

三、研究易学的目的和任务

为什么要研究《周易》经传？这也是一个古老的问题。由于古代的学者以《周易》经传为圣人之书，认为其中蕴含着关于宇宙人生的大道理，从而将易学研究者的任务归之为发掘其中的大道理，使圣人之道发扬光大。这种《周易》观，把后人的阐发说成是揭示古典的奥秘，不懂得意识形态发展的规律，不懂得易学是经学时代的产物。我们今天无须再以此作为研究《周易》经传和历代易学的推动力。时代不同了，人们对传统文化的继承和发扬也提出了新的看法和要求。

易学是一门古老的学问，在中华民族的发展史上留下了深刻的印迹。这种印迹有些以文字的形式保存在有关著作中，这是有形可见的，而有些则以生活习惯、思维方式、性情意念的形式沉积在民族群体和每个人的身上，这是无形难见的。因此可以说，研究易学不仅是研究中华民族的古代文化，而且是在研究中华民族当今的文化。它有助于我们了解中华民族的过去，也有助于我们认识中华民族的今天，为我们弥补民族缺陷、发扬民族优势、推进中华民族当代文明的建设提供借鉴。此外，易学作为中华传统文化之一，具有自己民族的特色，过去对西方的文化曾有过一定的影响，今天，我们研究这门古老的学问，从中寻求有价值的东西，也有助于人类当代文明的建设，以补西方传统文化之不足。总之，我们研究易学的目的，不是发思古之幽情，开古董店和博物馆，将其学说陈列出来，供现代人欣赏，而是要使其中的优秀传统渗透到现代人的生活方式和思维方式中去。任何传统文化，只有走与当代文明建设相结合的道路，才能重新焕发出生命力，否则，是没有前途的。

为了有效地促进当代文明建设，易学研究应当特别注重两个问题：一是要把研究重点放在总结其理论思维的经验教训上；二是探讨与当代科学相结合的途径。

1. 重在总结理论思维的经验教训

一个民族文明程度的高低，可以表现在许多方面，比如物质生产的水平、科学技术的水平、文化结构的情况、道德意识的情况等，但是最基本的东西在于理论思维的深度。有了深刻的理论思维，其他的一切都可以通过劳动创造出来。《周易》经传乃至易学体系在中国古代发生深刻影响的原因是多方面的，有社会的原因、文化进度的原因以及《周易》自身功用的原因等，但最为持久、最为根本的原因在于它不断深化、不断扩充其理论思维的内容和形式。特别是其中的辩证思维最为丰富，在人类思维发展史上独树一帜，值得我们认真总结。

理论思维是人类在自身发展中，经过反复的实践和认识，不断积累和建立起来的一种认识世界和改造世界的能力，它在一定的社会历史条件下产生，又经过一定生产实践和社会实践的磨炼，作为人类的智慧沉积在人类的素质中，从而具有永恒性。每个民族的理论思维方式并不尽同，有其长处，也有其短处。认识其理论思维自身的内容、性质、特点及其产生、磨炼、完善的过程，总结理论思维自身发展过程中的经验和教训，是增长智慧、促进自身文明建设发展的有效途径之一。所以，我们研究《周易》经传及易学，重点应当放在总结其中理论思维发展的经验教训上。要研究经、传、学在理论思维上的异同，探讨由经到传、由传到学理论思维发展的脉络，摸索促成这一发展的原因，认识各个阶段理论思维的价值。通过研究，使我们对自己民族以往的理论思维成果有个清晰的认识，同时也使我们对自己民族现时的理论思维状况有个基本的、符合实际的了解，进而提高我们的思维水平，增强我们认识和处理各种问题的能力。我们常说，要弘扬中华文化的优秀传统，就易学系统说，应大力探讨其中的思维方式及其影响，扬其长而补其短。此是易学研究者和爱好者的艰巨而又光荣的任务。

2. 探讨与当代各门科学相结合的途径

我们生活在当代科学技术突飞猛进的时代。易学的研究能否与当代各门科学相结合，也是当代易学研究的一大课题。如果，易学研究与当代科学的走向脱节，同样不会焕发出其生命力。从历史上看，《周易》经传中的理论思维，经过后来易学家和哲学家的阐发，曾对中国古代科学的发展产生过一定的影响，在医学、数学和天文学领域最为显著。其理论思维方式，对古代的政治、伦理、文艺和哲学等人文科学发展的影响更为深远。易学中的理论思维对当代的自然科学和人文科学的建设是否还有其积极的意义？对这一问题，目前虽然还没有公认的和明确的答案，但有些迹象已显露出来，值得人们深思。

就自然科学界说，海内外一些有识之士，已觉察到当代科技发展的新方向，如量子力学的建立和发展，以西方传统的思维方式，如重分析的方式，已不足以回答科学实验中面临的新问题，从而提出转向东方，即向东方特别是中国易学中寻找可以借鉴的东西，如整体性思维，以建立新的自然观和科学思维方式，为科技的新发展开辟道路。就文科科学说，西方传统中重个人轻群体的意识，随着工业化的发展，带来了许多难以解决的矛盾，影响社会的安定与繁荣。一些有识之士，也觉察到中国文化中的群体观、历代易学所开发的和谐观，可以弥补西方人文科学思维之不足。

这些见解表明，易学中的理论思维与当代科学的建设和发展不是没有关系的。因为任何科学、技术的进步，特别是划时代的飞跃，其先决条件是对其所运用的旧的思维方式的突破。中国易学中的理论思维，其中具有永恒性的东西，可以为人类新思维的形式提供某种养料或借鉴。问题在于通过什么样的途径来实现这一任务。目前的研究中有一种倾向，即从当代自然科学研究的成果中寻找例子，说明易学中的思维模式与当代科学的走向是相通的。这只是一种初步的尝试，还没有揭示出这些科技成果的理论思维同易学的内在的联系，如果处理不当，会流为简单的比附。摆在我们面前的尖锐问题是，借助于易学的思维方式，创造出新的科研成果来。如果在这一方面有所突破、有所前进，才算找到了真正结合的途径。

总之，这个问题的解决是我们努力的方向。这需要易学研究者和各门科学工作者的共同努力、长期奋斗，方能做出成绩。我们学好易学基础知识，也是为解决这一课题创造条件。

第一章

《易经》

第一节 《易经》一书的内容与性质

《易经》，是中国古代最重要的经典之一。在两千余年的封建社会中，它几乎一直居于“六经”或“十三经”之首的地位。从战国时候起，就有了系统解释《易经》的著作——《易传》。汉代以后，对《易经》的注释和研究著作更是汗牛充栋，从而构成了中国古代文化发展的一个重要方面。那么，《易经》究竟是一部什么样的书呢？我们就从以下几个方面来做介绍。

一、《易经》二字作为书名的意义

《易经》原称《周易》。《周易》作为书名，在古代的历史著作《左传》以及《周礼》中就已提到，现在我们要问，古人为什么用《周易》二字来作为一本书的名字呢？

我们首先看一下“周”字。从古到今，对于它的意义，有两种不同的理解。有人认为“周”是“周普无所不备”，即普遍，包容一切的意思。如东汉大经学家郑玄在注释《周礼》时就是这样说的，后来也有很多人同意这种说法。但另外也有人认为“周”是“周代”的意思，指的是历史上存在过的夏、商、周三代中的周代。因为《周易》这部书是在周代形成的，所以用“周”字。如唐朝人孔颖达在《周易正义》序文里说：“《周易》称‘周’，取岐阳地名，《毛诗》云‘周原朊朊’是也。”岐阳在今陕西省岐山县，是周朝的发源地，所引《诗经》的话中称“周原”，即周国的土地之义。孔颖达这里是论证《周易》的“周”为表示“周代”之名。从历史和现实来看，大部分学者都同意后一种说法，即认为“周”指周代，因为这种理解更符合古代文献的记载和古人给书命名的习惯。《左传·昭公二年》曾记载晋国的韩宣子出使鲁国，在太史那里看到了《易》《象》和《鲁春秋》，然后感叹道：“周礼尽在鲁矣！吾乃今知周公之德与周之所以王也。”韩宣子看到《周易》等，说周礼都在鲁国了，并讲他刚刚才知道周公的德行和周人能成为天下共主的原因，这表明他认为《周易》是周代重要的文化典籍，这有助于我们把“周”理解为周代。另外，古代以“周”字命名的书籍一般都取的是周代的意思，如《周礼》讲的是周代的礼制，《周书》是指周朝的官方文献等，《周易》的“周”字也当不例外。

现在我们再来看一下“易”字。《周礼·大卜》记载：“大卜掌三易之法，一曰连山，二曰归藏，三曰周易。”这是说，大卜执掌着三种易的卜筮方法，这三种易分别是《连山》《归藏》和《周易》。前两者和《周易》一样，都是古代占筮用的书籍，但是后来没有流传下来。它们都可以被称作“易”，表明“易”应该是古代卜筮书籍的通称。至于古代卜筮书籍为什么称为“易”，历来也有不同的说法。汉代的许慎写的字书《说文解字》是这样说的：“易，蜥易、蝘蜓、守宫也，象形。《秘书》说：日月为易，象阴阳。一曰从勿。”从这来看，当时对于“易”字有三种不同的认识：一种认为，“易”是象形字，模仿的是蜥蜴；一种认为，“易”字上面的部分是日，下面的部分是月，它由日月构成，表现的是阴和阳；还有一种意见认为“易”字下面的部分不是月，而是勿。在三种认识之中，许慎是倾向于第一种的，因而把它放到前面记载。从金文和篆文中“易”字的写法来看，确实取象于蜥蜴，说明“易”字的本义就是指蜥蜴。蜥蜴以善于变化而著称，卜筮书之称易，大概就是取的这层意思。后来人们说易一名而有三种意义：简易、变易、不易，有的还加上交易等，都是对“易”义的发挥。实际上，“易”的本义主要是就变化而言。

因此，从书名来看，《周易》就是周代的卜筮之书。

《周易》在流传过程中，不断被注释、阐发。中国古代将被注释、阐发的典籍称为“经”，将注释、阐发“经”的书籍称之为“传”。《周易》原本指《易经》。至汉代，“周易”一词有了双重含义：或指《易经》；或指《易经》和《易传》之整体。

二、《易经》的内容

古书一般都由篇或章构成，《周易》则不同，它的基本构成单位是卦。卦也就相当于其他书的一篇或一章。至于为什么称为“卦”，历史上有几种不同的解释。如唐代孔颖达的《周易疏》依据汉代《易纬》的说法，以卦为

“挂”，意思是说把卦象悬挂起来，以便于人们观看。后来明代的杨慎认为，古代“圭”和“卦”音同，因此以圭解卦，他说：“古者造律制量，六十四黍为一圭，则六十四象总名为卦可也。”这里虽然有数目六十四的巧合，但是不能解释八卦为什么也称为卦。比较起来，清代易学家张惠言的说法要可信一些。《仪礼·士冠礼》有句话说：“卦者在左。”汉代经师郑玄注释说：“卦者，有司主书地识爻者。”张惠言据此认为“书地识爻谓之卦”，意思是说，在占筮时，每得到一爻，便把它写在地上，以便记忆，这就叫作卦。所以“卦”字从土从卜，由两个“土”字和一个“卜”字构成。张氏的这种说法，有文字和文献的依据，又比较朴实，虽是发前人之所未发，却可能符合“卦”字之本义。《易经》整部书由六十四卦组成。这六十四卦又分为前后两部分。从第一到第三十卦为一部分，称为上篇；从第三十一到第六十四卦为另一部分，称为下篇。这种分法至少从战国时代就已经开始了，因为西晋初年从战国时魏襄王墓中挖出的《易经》就是分作两篇的。

《易经》虽然由六十四卦组成，但是，六十四卦的基础却是八卦。在《周礼》一书中，八卦被称为经卦，六十四卦则被称为别卦。所谓八卦，指的是乾、坤、震、艮、坎、离、兑、巽，其卦形分别是 ☰、☷、☳、☶、☵、☲、☱、☴。可以看出，卦形虽然有八种，但构成它们的基本符号却只有两种，就是⚊和 ⚋。一长画⚊代表阳、两短画 ⚋ 代表阴，它们是构成《易经》一书卦形符号体系的两个最基本的单位。八卦都是三画卦，即每个卦由⚊和 ⚋ 三叠而成。其中除乾卦三画全部由⚊组成、坤卦三画全部由 ⚋ 组成以外，其余六卦则都由⚊和 ⚋ 以不同的方式组合而成。初学者一般不容易记住每一卦的卦形，在宋朝大哲学家朱熹所著的《周易本义》一书中曾记载《八卦取象歌》，可以帮助人们熟记卦形。取象歌是这样说的：

☰乾三连，　☷坤六断；
☳震仰盂，　☶艮覆碗；
☲离中虚，　☵坎中满；
☱兑上缺，　☴巽下断。

其中每一句的前一个字是卦名，后面两个字则是对该卦卦形的生动形象化的描述。

依照传统的说法，八卦分别象征着自然界的八种事物。具体地说，就是乾为天，坤为地，震为雷，巽为风，坎为水，离为火，艮为山，兑为泽。有人还认为，各个卦的卦形分别就是这八种自然物的古文字字形，如 ☰ 就是古文“天”字，☷ 就是古文“地”字等。另外，八卦还分别具有一些特定的象征意义或者说性质，如乾为健，坤为顺，震为动，巽为入，坎为陷，离为丽，艮为止，兑为说（悦）等。在很多情况下，《易传》就是以此为据来解释《周易》的。

将八卦两两相重，便构成了六十四卦。八卦是三画卦，六十四卦则由两个三画卦组成为六画卦。因此，六十四卦中的每一卦都可区分出下卦和上卦。下卦和上卦相同的共有八个，这就是由八个经卦自我重叠形成的，它们仍然叫原来的名字，如 ䷀（乾下乾上）为乾卦、䷁（坤下坤上）为坤卦等。其余五十六卦的下卦和上卦都不相同，《易经》的作者给它们起了另外的名字，如 ䷊ 下卦为乾，上卦为坤，是泰卦；䷍ 下卦为乾，上卦为离，是大有卦等。六十四卦的出现，标志着《易经》一书结构的基本完成。

前面已经说过，《易经》一书的基本构成单位是卦，那么，每一卦都包含些什么内容呢？具体地说，共有四项，这就是卦象、卦名、卦辞和爻辞。我们可以以乾卦为例来说明。乾卦的全文如下：

> ䷀乾　元亨利贞。
> 初九　潜龙勿用。
> 九二　见龙在田。利见大人。
> 九三　君子终日乾乾。夕惕若厉。无咎。
> 九四　或跃在渊。无咎。
> 九五　飞龙在天。利见大人。
> 上九　亢龙有悔。
> 用九　见群龙无首。吉。

文首由六个一符号构成的 ䷀，就是该卦的卦象，如我们已经提到的，它是由两个三画的乾卦相重而形成的。卦画中的六个单位被称作爻，因此，我们可以说，每一卦都由六个爻组成。这六个爻所占据的位置都有一定的称呼，从下而上，分别叫作初、二、三、四、五、上。由于构成卦象的基本单位有—和 -- 两种，为了便于区分，《易经》把—称作九，-- 称作六。不过这种称呼的起源较晚，估计最早是在战国时期。因为《左传》中记载春秋时期人们运用《易经》占筮时，还没有这种方便的称呼。至于为什么用九和六来分别称呼—和 --，目前也没有一致的说法，或者与其筮法有关。由于有了这些规定，因此，全部由—构成的乾卦六爻的名称，从下而上依次就是初九、九二、九三、九四、九五、上九。

卦象之所以放在每一卦的开始，一方面可能由于它在《易经》各部分中最为早出，另一方面也是因为它是整个卦的基础，后面的文字都是对它的说明。卦象 ䷀ 后面的“乾”字是该卦的卦名，而乾字后面的“元亨利贞”，则是该卦的卦辞，用来从整体上说明这一卦的基本内容和特点。卦辞起初被称作彖辞，唐以后改称卦辞，更加通俗易懂。卦辞后面的部分就是爻辞。每一条爻辞前面都有爻题，如初九、九二之类。由于每一卦共有六爻，因而也就有六条爻辞。爻辞是用来说明每一爻的内容和性质的。由于每一爻的位置和性质不同，所以爻辞也就不同。如乾卦初九的爻辞是“潜龙勿用”，上九的爻辞是“亢龙有悔”等。

读者会发现，在乾卦六爻之外，还有一项“用九”的内容。与此相类似的是在坤卦六爻之外，也还有“用六”。其他六十二卦则没有，这和乾、坤两卦的特点（全部由 — 和 -- 组成）以及《易经》本身的占筮方法有关。用九、用六后面的文字不能称为爻辞，因为它们不是说明某一具体爻的。

《易经》六十四卦的卦象都由—和 -- 构成，其中除乾、坤两卦全部六爻都是 — 或 -- 外，另外六十二卦的卦象中都同时包含—和 --，不过位置和数量不同罢了。每一爻的称呼自然由其性质及位置而定，如 ䷂ 屯卦六爻，从下往上依次叫作初九、六二、六三、六四、九五和上六，䷆ 师卦六爻，从下往上依次叫作初六、九二、六三、六四、六五和上六等。《易经》共有六十四卦，每一卦有六个爻，六十四乘六，共有三百八十四爻，因而也就有三百八十四条爻辞。

三、《易经》的性质

古代书籍如《诗经》《尚书》《春秋》等，与《易经》一样，均被称为儒家经典。但它们的性质却几乎不发生问题，如《诗经》本是由太师收集的诗歌总集，《尚书》和《春秋》是由史官记载并收藏的史书等。《易经》却不同，关于它的性质，从古到今，有着不同的说法。我们现在探讨《易经》一书的性质，也就是要弄清它究竟是怎样的一部书，以恢复其本来面貌。

从历史上来看，关于《易经》一书的性质，主要有两种不同的认识。一种是倾向于把它看成是义理之书，即主要是讲天道及人事教训的著作。这种认识从《易传》就已经开始了。如《系辞传》说："《易》之为书也，原始要终，以为质也。"这是说《易经》这本书主要是探讨事物终始的。《系辞传》还说："《易》之为书也，广大悉备。有天道焉，有人道焉，有地道焉。"这是说《周易》这本书包括了天地之道、人道等多方面的内容。《易传》之后，解释《易经》的主要有两大派，即象数派和义理派。象数派主张通过研究象和数来弄清《易经》的真实内容。所谓"象"，指卦象以及八卦所取的事物之象，再加上卦辞和爻辞中讲到的物象，如乾卦的卦象是☰，所取的事物是天，包括爻辞中提到龙等，都属象的范围。所谓数，指《系辞传》中提到的天地之数和大衍之数等。义理学派则抛开象数，认为《易经》一书中的象数部分并不是主要内容，重点是以卦爻辞等来阐发哲理。如魏晋时期著名的玄学家王弼就是义理派的一个重要代表。他针对汉代重象数的特点，提倡"得意在忘象"，对后来易学发展影响很大。但无论是象数派还是义理派，由于它们把《易经》和《易传》混同起来，因此，都有把《易经》一书哲理化的倾向，即都倾向于认为《易经》是一部义理之书。

这种情况，到了南宋大哲学家朱熹那里，有了根本的改变。朱熹在哲学上虽然是承继程颐而来，但在对《易经》一书性质的认识上，则与程颐有很大的不同。程颐著有《程氏易传》，继承王弼以来义理学派传统，以《周易》为讲哲理的著作。在朱熹看来，程颐这样不是解释《易经》，而是自己明白了一些道理，便拿《易经》来附会他的这些道理。因此，程氏对于《易经》的看法便不能做启蒙用，即不能供初学者学习，因为按照程颐所讲的去学便会对《易经》一书的本来面貌发生错误的认识。朱熹反复强调，《易经》原本是供卜筮用的书。这也就是历史上关于《易经》一书性质的第二种主要看法。

《朱子语类》中说："易本卜筮之书……想当初伏羲画卦之时，只是阳为吉，阴为凶，无文字，某不敢说，窃意如此。后文王见其不可晓，故为之作彖辞。或占得爻处不可晓，故周公为之作爻辞……皆解当初之意。"这段话的意思是讲，《周易》本是卜筮用的书，其书的内容，不仅卦象，就是卦辞和爻辞，也是为卜筮而写的。如他说卦爻辞中"利涉大川""利有攸往"等，只是告诉人们"利于行舟""利于启行"等，并没有什么深远的道理。朱熹认为卦爻辞中包含了对古代许多卜筮实例的记录，如"易中言帝乙归妹，箕子明夷，高宗伐鬼方之类，疑皆当时帝乙、高宗、箕子曾占得此爻，故后人因而记之。而圣人以入爻也"。"帝乙归妹"是归妹卦九五爻辞及泰卦六五爻辞，"箕子明夷"是明夷卦六五爻辞，"高宗伐鬼方"为既济卦九三爻辞，朱熹的意思是说，这些爻辞本来可能是对历史上帝乙、高宗及箕子进行占筮活动的记录，后来周公才把它们编入爻辞。朱熹的这种认识在当时是开创性的，在今天看来，也还基本上是正确的。

《易经》虽然是卜筮之书，但朱熹认为，其中仍包含了天下万事万物之理。他说，《易》和《诗》《书》不同，"它是说尽天下后世无穷无尽事理。只一两字，便是一个道理"。这话有一定的合理性，即以为《周易》中包含了很多生活教训，但说"无穷无尽的事理"，则是经学时代对经典夸张的认识。

古代关于《易经》一书性质的这两种说法，在现代学者的研究中都有反映。如李镜池先生在《周易通义》中认为《周易》是根据旧筮辞编选而成的，而且采用了占筮参考书的形式。高亨先生在《周易古经今注》中说："《易经》本是筮书。"这是同意朱熹的说法，以《易经》为卜筮之书。与此相反，另有一些学者认为《易经》是一部哲学著作。如《周易译注》一书的作者黄寿祺先生认为，"《周易》的'经'部分，虽以占筮为表，实以哲学为里，应当视为一部独具体系的哲学著作"。金景芳、吕绍纲先生也有类似的看法，如吕绍纲在其《周易阐微》一书中说："《易》自产生而发展到《周易》，已是一部哲学著作。卜筮只是它的死的躯壳而已。它产生于卜筮，保留着卜筮的形式而实质是哲学。"他们以《易经》为哲学书，是继承了古代以《易经》为义理之书的说法。

在现代，对《易经》一书性质的认识上，还出现了一种新看法，就是以

《易经》为一部历史著作。虽然在清代，章学诚就曾说过“六经皆史”，但那毕竟只是一句空言。到了现代，这句空言则变成了很多学者要论证的实事。先是胡朴安先生著《周易古史观》，最早站在古史的立场来研究《易经》，认为六十四卦之中，“乾、坤两卦是绪论。既济、未济两卦是余论。自屯卦至离卦为草昧时代至殷末之史，自咸卦至小过卦为周初文、武、成时代之史”。这是将六十四卦看成是表现了从草昧时代到周初的历史发展。后来有些学者顺着这一思路继续研究，有人认为《易经》基本上是用谐隐文体和卜筮外形写成的一部特殊史书。其中反映了夏、商、周三代的民族矛盾，特别是商、周与狄（易）族的矛盾，也反映了以晋国为中心的周代各国的复杂史事。还有人认为《易经》卦爻辞是周文王、武王、周公、成王兴周灭商的历史进程及其成败因由的记录。另外，也还有人认为是其他历史事件的反映。

以上我们简单介绍了古今学者关于《易经》性质的几种有代表性的主张，由此可以看出《易经》一书的确是非常复杂的。但这并不是说我们就不能认识它的性质。当然，要做到这一点，要恢复《易经》的本来面貌，我们首先要有一些历史的观点，譬如应把《易经》和《易传》分开。《易传》是战国以后形成的解释《易经》的著作，由于当时哲学已经出现并有很大的发展，所以它的解释有着明显的哲理化倾向。这和《易经》是不同的。在经学时代，由于《易经》和《易传》统称《周易》，被尊为儒家经典，许多经学家都形成了经传不分的认识。一直到现当代，这种认识还有很大影响，它妨碍了人们对《易经》性质的把握。在这里，我们要谈到朱熹，他对《易经》和《易传》的区分是清楚的。他说，有伏羲氏之易，有文王、周公之易，有孔子之易。伏羲氏之易只有八种卦象，文王则重为六十四卦并作卦辞，周公作爻辞，到孔子才作《易传》。而它们的性质、倾向并不相同。朱熹说：“易之为书，更历三圣而制作不同。若庖牺氏之象，文王之辞，皆依卜筮以为教，而其法则异。至于孔子之赞，则又一以义理为教而不专于卜筮也。”这段话的意思是说，包括《易经》《易传》在内的《周易》一书，是经过庖牺氏（伏羲氏）、周文王和孔子这三位圣人的努力才完成的。其中《易经》用在卜筮，而《易传》则在阐发义理。二者用途并不相同。朱熹区分经、传而认为二者性质不同的见解，对我们今天探索《周易》的性质也很有意义。

我们认为，《易经》确如朱熹所说，本来是卜筮之书，《易经》的编辑也是为了使筮者更方便地占筮。如我们前面讲《易经》名义时所说，“易”本来就是筮书的通名。另外，古代的卜筮官员也有称作“易”的,《礼记·祭义》说：“昔者圣人建阴阳天地之情，立以为《易》。易抱龟南面，天子卷冕北面。”其中前一个“易”字为书名，后一个“易”字是官名。“易”的职责是抱龟，即负责卜筮。

另外，根据古代文献的记载,《易经》在周代正是由卜人、筮人等来掌握的。《周礼·大卜》说:“大卜掌三易之法，一曰连山，二曰归藏，三曰周易。其经卦皆八，其别皆六十有四。”《周礼·筮人》也说:“筮人掌三易以辨九筮之名，一曰连山，二曰归藏，三曰周易……以辨吉凶。”这是说《易》一书的主要功用在于分辨吉凶，很明显是以《易》为筮书。

《易经》本为卜筮之书，我们在《左传》和《国语》中也可以看出来。《左传》和《国语》中保存的大都是春秋时期的史料，其中涉及《易》者共二十二处，其中《左传》十九处,《国语》三处。这二十二处中，有十六处是用《易》来占筮人事吉凶的，另有六处是引用《易》之卦象或卦爻辞来论证人事的。这个比例说明，春秋时期人们主要还是从占筮的角度来利用和看待《易经》的，当然同时也开始了将《易》哲理化的进程。

关于春秋时人如何用《易经》占筮的情况，我们可以举两个例子来加以说明。《国语·晋语》记载:“十月，惠公卒。十二月，秦伯纳公子……董因迎公于河。公问焉，曰:‘吾其济乎？’对曰:‘……臣筮之。’得泰之八，曰:‘是谓天地配，“亨，小往大来”。今及之矣，可不济之有！’……”惠公指晋惠公，他死后，秦穆公支持晋公子重耳返回晋国做国君，重耳不知道能否成功，于是董因便占了一卦，得到泰卦，而且没有变爻（关于变爻和不变爻，我们后面会讲到）。泰卦的卦象是 ䷊，即上坤下乾。按八卦取象说，坤为地，乾为天。古人认为，地气上升，天气下降，地上天下象征天地交通，所以董因说“是谓天地配”。“亨，小往大来”是泰卦卦辞。“亨”是亨通、吉利的意思，“小往大来”也是吉利之辞，董因据此便断定重耳肯定能顺利地当上晋国君主。可以看出，董因这里主要是根据卦象和卦辞来判断吉凶。

我们再来看《左传》僖公二十五年（前635）记载的一个筮例。这一年，周襄王被逼逃到郑国，晋卿狐偃劝晋侯派兵送天子回都城。《左传》记:“狐偃言于晋侯曰:‘求诸侯莫如勤王，诸侯信之，且大义也。继文之业而信宣于诸侯，今为可矣。’使卜偃卜之，曰：‘吉，遇黄帝战于阪泉之兆。’……公曰：‘筮之！’筮之遇大有 ䷍ 之睽 ䷥，曰：‘吉，遇公用亨于天子之卦。战克而王飨，吉孰大焉！且是卦也，天为泽以当日，天子降心以逆公，不亦可乎？大有去睽而复，亦其所也。’”当时人们遇到拿不准的事情时，往往是卜筮并用，而且是先卜后筮，这里就是一个例子。卜的结果是吉，筮的结果是遇到大有 ䷍ 之睽 ䷥。这是什么意思呢？我们看大有 ䷍ 和睽 ䷥ 的卦象，只有下卦的第三爻不同。大有卦为阳⚊，睽卦则为阴⚋。占筮的时候，得到的是大有卦，但其第三爻为变爻，所以又变为睽卦。在这种情况下，大有卦称为本卦，睽卦称为之卦，而所占事情的吉凶主要看本卦变爻的爻辞。我们看，大有卦九三爻的爻辞是“公用亨于天子，小人弗克”。卜偃便据此说晋侯勤王将大吉大利。接着，他还讲了大有和睽两卦卦象及卦名本身的意义，也得出了同样的结论。

《左传》和《国语》中所记载的十多个筮例，都是讲占筮是如何如何的灵验。以我们今天来看，事实当然不是如此。但从中可以知道，当时的史官对这类事情是很相信的，同时也可以知道，《易经》在当时官方意识形态中占有很重要的地位，因为统治者每逢大事，一般都要求助于《易》。而《易》之所以具有这么高的地位，则是由于它能预测吉凶，换句话说，它是一部卜筮之书。

《易经》本是卜筮之书，我们也可以从它的内容方面得到论证。如《易经》卦象，由“⚊”和“⚋”两个符号构成，这是为了使人们能通过一定方法求得卦象，以判断吉凶。至于卦辞和爻辞，主要就是说明吉凶之用。下面我们举一个例子来具体看一下，如需卦的卦爻辞是：

需：有孚。光亨贞吉，利涉大川。
　　初九　需于郊。利用恒。无咎。
　　九二　需于沙。小有言。终吉。
　　九三　需于泥。致寇至。
　　六四　需于血。出自穴。
　　九五　需于酒食。贞吉。
　　上六　入于穴。有不速之客三人来。
　　　　　敬之终吉。

可以看出，在该卦的卦爻辞中包含着许多断占之辞，即论断吉凶的语句。如卦辞中的“贞吉，利涉大川”，初九的“无咎”，九二的“小有言，终吉”，九五的“贞吉”，上六的“敬之，终吉”等。九三和六四爻的爻辞中虽没有断占之辞，但爻辞中就包含了吉凶之义，如九三爻辞“致寇至”，即招来了强盗，显然不吉利。六四爻辞“需于血，出自穴”则有先凶后吉之义。《易经》卦爻辞或是直接，或是间接地说明吉凶，证明它确是卜筮之书。

当然，《易经》虽是卜筮之书，但是其中却也包含了许多生活智慧，这正是《易经》一书逐渐摆脱卜筮之书的本来面目、能够不断被哲理化的根据所在。这些哲理性内容，我们在后面会提到，这里就从略了。

第二节　龟卜和占筮

由于认识等方面的原因，古人一般都相信天神的存在，而且认为天神对人间的事情有主宰的能力。因此，每当遇到什么狐疑的事情时，总喜欢问一下天神的意志，龟卜和占筮就是古人了解天神意志的两种方式，在古代社会政治生活中，它们占有十分重要的地位。如《史记·龟策列传》说：“王者决定诸疑，参以卜筮，断以蓍龟，不易之道也。”又说：“闻古五帝，三五发动举事，必先决蓍龟。”那么，龟卜和占筮究竟是怎么回事呢?

我们先来看一下龟卜。顾名思义，龟卜必和龟有着密切的联系。事实上，龟卜所用的主要材料就是龟甲，其中主要是腹甲，有时也用背甲。由于龟的来源比较困难，因此，有时也用一些兽骨来代替龟甲。兽骨主要是牛肩胛骨，也有少量的牛头骨、鹿头骨或虎骨等。龟甲和兽骨合称甲骨。甲骨的一个共同特点是平面较宽，因为这样便于在上面刻写卜辞，同时，也便于堆垛存放。在收集好甲骨以后，接着就是对它们进行整治，这主要是对甲骨进行削锯、刮磨及凿钻制作。其中在龟甲和兽骨的背面凿和钻孔，对于占卜来说十分重要，其目的是在以后烧灼时，能在甲骨正面呈现兆纹。著名甲骨学专家董作宾先生曾说：“凿之，所以使正面（腹甲外面）易于直裂也。钻之，所以使正面易于横裂也。钻凿之后，灼于钻处，即可使正面见纵横之坼文，所谓卜兆者也。”甲骨经过整治以后，接下来的步骤就是放在炭火上烧灼了。炭火应主要集中在钻凿处，由于受火不均，加上钻凿处较薄，经过一段时间的烧灼之后，这些地方就会发生爆裂，从而在甲骨正面呈现兆纹。卜人就根据兆纹的形状来判断所卜事情的吉凶。至于什么样的兆纹是吉，什么样的兆纹是凶，当时必有一定的规定，但我们今天已不能了解了。

一个不可缺少的程序是，在烧灼甲骨的过程中，应该同时讲述要占卜的事情。而且在根据兆纹判断完吉凶以后，把结果记录于甲骨兆纹旁边，这就是“卜辞”。有时候，卜人还要把所卜之事在现实生活中是否应验做一记录，这些被称作“验辞”。

龟卜的历史非常悠久，据说在公元前四千年就已出现，到了殷代晚期，更发展为一套比较精致复杂的系统。周人克殷以后，仍然继承并发展了殷人龟卜的传统，并设有专门的卜官，负责者称为大卜。《周礼·春官·宗伯》记载：“大卜掌三兆之法，一曰玉兆，二曰瓦兆，三曰原兆。其经兆之体，皆百有二十，其颂皆千有二百。”按“三易之法”来理解，所谓“三兆之法”，大概是指三种龟卜的方法，分别叫作玉兆、瓦兆、原兆。每一种兆中，都包括一百二十种基本形状（经兆），而每一种基本形状下又可区分出十种不同的形象，这样，总共就有一千二百种具体的形象，因此，也就有一千二百种卜辞（颂）。《周礼》的说法是有根据的，比如说颂辞的存在在《左传》中即可得到证实。如前引僖公二十五年（前635）晋卜偃卜遇“黄帝战于阪泉之兆”，其中“黄帝战于阪泉”，应该就是颂辞的一种。

周人在迷信龟卜的同时，也相信占筮。占筮所用的材料起初可能是竹，所以筮字从竹。但后来则改用蓍草。占筮的方法，我们稍后会介绍，略而言之，便是通过蓍草数目的变化，求得一定的卦象，然后据卦象及卦爻辞等来预测吉凶，所以与龟卜有很大的不同。《左传》僖公十五年（前645）曾记载韩简的话说：“龟，象也；筮，数也。”这是讲龟卜和占筮的一个重要区别：龟卜是根据甲骨正面的兆象来断定吉凶，而占筮则是通过数字确定卦象以断定吉凶。

与龟卜相比，占筮的历史要短一些。《左传》僖公四年（前656）记载龟卜和占筮的结果出现矛盾，那么应该相信哪一个呢？于是卜人说：“筮短龟长，不如从长。”这是说，占筮出现得较晚，而龟卜的历史则很长，应该更相信龟卜。从卜人的话中也可以看出当时人在卜和筮中更重视龟卜。后人曾认为神农、黄帝时代或者夏、商时代就有了占筮之法，但并没有足够的材料可以证实。我们现在只要知道周人相信占筮、《易经》是一部供占筮用的书就可以了。

用《易经》这部书来占筮，首先要通过一定的方法来求得卦象，即所谓揲蓍成卦，这就是一般所说“筮法”的内容。古时的筮法可能有很多种，但我们现在能了解一些的只有一种，它保存于《易传》中。《系辞传》说：“大衍之数五十，其用四十有九。分而为二以象两，挂一以象三，揲之以四以象四时，归奇于扐以象闰。五岁再闰，故再扐而后挂。……是故四营而成易，十有八变而成卦。八卦而小成，引而伸之，触类而长之，天下之能事毕矣。”

《系辞》这一段话讲的就是揲蓍求卦的过程。“衍”通“演”。“大衍之数五十”，是说用于成卦的蓍草共五十根。在具体的操作过程中，要从五十根中取出一根置于一边不参与推演过程，这样就只剩下了四十九根，即所谓“其用四十有九”。照《系辞》的说法，要经过十八变才能确定一卦的卦象。每卦有六爻，即三变成一爻。我们先来看一下确定一爻的过程。首先是第一变。这包括四个步骤：（一）“分而为二以象两”，即把四十九根蓍草随意分成两堆。（二）“挂一以象三”，即取两堆中任意一堆中的一根蓍草，置于一边，这样，两堆共有四十八根蓍草。（三）“揲之以四以象四时”。揲是数的意思，这个步骤是将两堆蓍草以四为单位来计算。（四）“归奇于扐以象闰”。奇，指余数，揲蓍的结果，余数不外四、三、二、一这么几种，而且，如果一堆余数是四，另一堆也一定是四,一堆是三、二、一，另一堆则是一、二、三，两堆的余数相加必是四或八，没有其他的可能性。扐，可能是手指之间。第四个步骤的意思是说将余数放在手指之间。这四个步骤，称作“四营”，即分二，挂一，揲四，归奇。《系辞传》说“四营而成易”，易就是一变，是说四营构成一变。第一变的结果，除去挂一、归奇的部分，剩下的蓍草数目可能有两种：一种是四十九减去一再减去四，余四十四；另一种是四十九减去一再减去八，余四十。接下来是第二变，将第一变后余下的蓍草（四十四或四十根）再按四营的程序数一遍，余下来的蓍草数目有三种可能性：四十、三十六或二十二根。然后再进行第三变，即将第二变后余下的蓍草按四营的程序数一遍，余下的蓍草数目，其结果有四种可能性：三十六、三十二、二十八、二十四。至此，三变完毕。那么，如何确定一爻之象呢？

关于确定一爻之象的方法，前人说法不同，但本质上没有什么差别。比较方便的是看三变之后剩下的余数，然后除以四。由于三变以后的蓍数有三十六、三十二、二十八、二十四这四种可能性，各除以四，可以得到九、八、七、六这四个数字。其中九和七为奇数，属阳性，九为老阳，七为少阳；八和六为偶数，属阴性，八为少阴，六为老阴。如果三变之后所得的余数除以四，其结果是九或七的话，则画一阳爻—；其结果是六或八的话，则画一阴爻 -- 这样确定的就是初爻的爻象。其余二、三、四、五、上各爻的爻象也由同样的方法确定。这样，经过十八变，一卦六爻的形象就全部确定了。至此，揲蓍成卦的过程就宣告完成。

求得一卦的卦象以后，接下来还有一个重要的问题是如何占卜吉凶。这就是所谓占法的内容了。依筮法筮得一卦象后，有时并不一定依此卦卦象、卦辞或爻辞来预测吉凶，而是用其他卦的卦象、卦辞或爻辞，或者将这两卦合看。其具体的占法，我们现在已不能完全弄清。但其中的要点就在于有变爻和不变爻的区分。什么是变爻，什么是不变爻？这就又和筮法中的七、八、九、六这四个数字发生了关系。简单地说，由九和六确定的爻称为变爻，而由七和八确定的爻则称为不变爻。变爻的意思就是能变化的爻；变化的方式就是由九确定的阳爻—应该变成阴爻 --，而由六确定的阴爻 -- 则应该变成阳爻—。如果筮得的卦象六爻都由七和八来确定，则此六爻都是不变爻，这时，就用此卦的卦辞来占吉凶。但是，如果六爻中有变爻，那情况就复杂得多，我们这里不详细介绍，有兴趣的读者可以看一下高亨先生《周易古经今注》中“通说”部分。

值得提出的是，乾卦中的用九和坤卦中的用六与占法有关。乾卦六爻全部是阳爻，按筮法，七和九都代表阳爻，但七是不变爻，九是变爻。如果乾卦六阳爻全部由九求得，即全部是变爻，这时，就应该依用九来判断吉凶。同样，坤卦的六爻全部是阴爻，阴爻可由六和八求得，但六是变爻，八是不变爻，如果坤卦六阴爻全部是六，那就应该按用六来判断吉凶了。

以上我们对《易经》的筮法和占法做了一个简单的介绍，从中我们可以了解《易经》确实与数字有着密切不可分的关系。它的产生与人们对数字的认识程度有关。这从一个侧面说明它出现得不能太早。从形式上来看，《易经》只包括卦象，并无数字。然而，其中象和数的关系是异常紧密的，象就是通过数来确定的，所以象中就包含了数。可以说，在《易经》中，象和数是统一的。

这有助于加深我们对前引韩简所说“龟，象也；筮，数也”的认识。

作为两种预测吉凶的方式，龟卜和占筮有很多的相似之处。譬如二者都要通过一定的步骤求得一定的象，对龟卜来说，是兆纹，对占筮来说，则是卦象，然后再根据兆纹后面的卜辞或卦象后面的卦爻辞来判断吉凶。卦爻辞与卜辞相比，也有很多相同或相近之处。如卜辞中有“贞”字，是卜问的意思。《易经》中的“贞”字，从春秋以来，都被做了道德性的解释，如一概把它解释为正等，这是不对的。实际上，它与卜辞中的“贞”一样，有卜问之意。像乾卦卦辞中有“利贞”二字，就是“利于卜问”的意思，并没有什么高深的含义。另外，卜辞中的“占辞”即论吉凶的词如“吉”“大吉”“亡尤”“利”“不利”等，与卦爻辞中的“吉”“元吉”“无咎”“利涉大川”“不利有攸往”等，也是一致的。卜辞与卦爻辞的这些相似，表明卦爻辞在形成过程中可能受到了卜辞的影响。其实这种情况也是很自然的，因为一方面占筮较龟卜出现晚，另一方面，二者都是由大卜来统一掌握的。

占筮与龟卜相比，很显然是简便多了。对龟卜来说，先是收集龟甲和兽骨进行整治，就需要很大的功夫，另外还有用炭火等烧灼的过程。而占筮所需的原料仅是五十根蓍草（或代用品）。从龟卜到占筮，同时也表现出了人类自我意识的发展。二者虽然都是迷信，但比较起来，占筮活动中人为的因素增加了，如有的学者所说：“其一，钻龟取象，其裂痕是自然成文，而卦象是手数蓍草之数，按规定的变易法则推衍而成。前者出于自然，后者靠人为的推算。其二，龟象形成后，便不可改易，卜者即其纹，便可断其吉凶。但卦象形成后，要经过对卦象的种种分析，甚至逻辑上的推衍，方能引出吉凶的判断，同观察龟兆相比，又具有较大的灵活性和更多的思想性。这两点都表明，占筮这一形式的形成和发展意味着人们的抽象思维能力提高了，卜问吉凶的人为的因素增加了。”（《易学哲学史》上册，第 8 页）除此之外，我们还可以通过比较卜辞和卦爻辞来看占筮的进步。

卜辞与卦爻辞的比较，我们可以从两个方面来进行。第一，从使用文字上来讲，卜辞是纯粹纪事的散文，而且文辞参差不齐，而卦爻辞中除散文外，还有近于诗歌的韵文及格言等，另外，有些卦爻辞的组织非常整齐，较卜辞更具美感。第二，从思想内容上来看，卜辞基本上只是对占卜活动的记录，没有什么思想意识表现于其中。同时，卜辞所记的占卜结果也很简单，只有肯定和否定两种，如下雨或不下雨、刮风或不刮风等。但是，卦爻辞中则包含了很多人道教训及各方面的知识，思想内容远较卜辞丰富。另外，对于占筮结果，主要的虽然也是吉和凶两种，但是也有很多卦爻辞强调人为努力的重要性，如以“悔”“吝”“无咎”等辞，表示通过自我反思人的行为可以改变占筮结果，化凶为吉。

第三节 卦爻象的起源与结构

《周易》的卦象有两种，一为八卦，一为六十四卦，一般认为后者是从前者演变来的。因此，探讨卦象的起源，也就是探讨八卦的起源。在这个问题上，古人有很多的说法。其中影响比较大的有三说。一是伏羲氏观象立卦说，见于《系辞》。它认为，远古伏羲氏统治天下的时候，仰观日月星辰等天象，俯察山川泽壑等地形，同时又观察鸟兽等动物的皮毛文采以及植物的生长情况，近取之于己身，远取之于外物，于是做八卦。二是文字说，认为八卦卦象☰、☷、☴、☳、☲、☵、☶、☱在古代分别是天、地、风、雷、火、水、山、泽等文字，后来才演变为八卦。这种说法始于汉代《易纬·乾凿度》，后来被宋代的杨万里和明代的黄宗炎继承并发展。三是画卦说。从卦象上来看，八卦是由⚊和⚋两个符号构成的。具体的方法，便是将⚊、⚋依三重叠、分别组合，导出八种卦象。我们可以画出这一过程：

一重：⚊ ⚋

二重：⚌ ⚍ ⚏ ⚎

三重：☰ ☴ ☲ ☶ ☷ ☳ ☱ ☵

《系辞传》说“易有太极，是生两仪，两仪生四象，四象生八卦”，描述的便是这一过程。其中“两仪”指⚊和⚋，“四象”指⚌、⚍、⚏、⚎。这样，探讨八卦的起源，便可具体落实到探讨⚊和⚋的起源上来。

对于⚊和⚋这两个符号的起源，近现代学者提出过几种推测。有的认为出于先民对男女生殖器的崇拜，如郭沫若主张卦画是生殖器崇拜时代之产物，“—”象征男根，“--”象征女阴。有的则认为来源于古代结绳记事的习俗，一根绳子，中间打一个结，后来变成--，不打结，则变成—。高亨先生则提出可能与占筮用的工具有关，占筮开始用竹棍，竹棍有两种：一种是一节，用来象征阳性，“—”像一节竹之形；另一种是两节，用来象征阴性，“--”像两节竹之形。这些说法，都未发生很大影响，所以我们就不多介绍了。

在卦爻象起源的问题上，值得注意的是现代学者屈万里和张政烺提出的两种看法。他们的看法都与考古发现有关。屈氏认为易卦源于龟卜，比较注意易卦的结构与龟卜的相似之处。张氏则认为易卦源于数字卦，重视卦爻象与数字的关系。

我们先来看一下屈氏的主张。屈氏认为，易卦和龟卜之间有很多相同或相似之处，这主要表现在：

第一，卦画上下的顺序和甲骨刻辞的顺序。我们知道，文字的书写是自上而下的，中国和西方都是如此，因为这样方便而且顺乎自然。但是易卦的六爻却与这相反，它的卦画的顺序乃是由下而上。与此类似的是，早期甲骨刻辞中就有由下而上之例，而到了殷代晚期，由下而上便成了甲骨刻辞的通例，和卦爻画的顺序一样。如甲骨刻辞有卜问六旬之辞，其形式是：

癸亥
癸丑
癸卯
癸巳
癸未
癸酉

这与易卦之爻是非常相似的。

第二，易卦反对的顺序和甲骨刻辞的左右对称。易卦反对的顺序是指通行本六十四卦的排列主要以反对为顺序，如 ䷂ 屯卦颠倒过来就是 ䷃ 蒙卦，而蒙卦正位于屯卦之后；䷊ 泰卦颠倒过来就是 ䷋ 否卦，而否卦也仅次于泰卦等。属于这种情况的有五十六卦，另有 ䷀ 乾、䷁ 坤、䷜ 坎、䷝ 离等八个卦，因为反正都一样，无法以反对为序，只好改以相对为序，即坤次于乾，离次于坎。但无论是反对还是相对，追求对待却是共同的。值得注意的是，龟卜中也表现出明显的对待意味，如卜龟的凿灼和兆纹，都是左右相对，上面的卜辞，也往往是左右对称，如右侧是卜问下雨，左面则卜问不下雨等。

第三，易卦爻位的阳奇阴偶和甲骨刻辞的相间为文。易卦爻位的阳奇阴偶是指每一易卦有六爻，相应地也就有六个爻位，其中奇数的初、三、五爻为阳位，偶数的二、四、六爻为阴位，一阳一阴，相间而成卦。而卜辞也恰恰有这种现象，相间为文，正负相反。

第四，易卦九六之数和龟纹。在《周易》中，九代表阳爻，六代表阴爻。为什么如此，历史上曾有几种说法。而如果从龟卜上来看，也可以有一种解释。龟壳是双层的，外面一层叫盾板，盾板里面的骨壳叫龟腹甲。盾板和腹甲上都有花纹，但花纹的形状不同。腹甲被花纹分成九块，而盾板则被分成十二块，中线两边各有六块。腹甲刚硬，其数为九，盾板柔软，其数为六，这与易卦以九代表阳，以六代表阴是一致的。因此，易卦九六之数，很可能起于龟卜。

综合以上四点，屈万里认为，易卦和龟卜之间的相同或类似绝不会是偶合，其间必存在因袭的关系，即易卦在许多方面因袭了龟卜。应该说：屈氏的探讨是有意义的。因为易卦与龟卜一样，都是为了卜筮之用，而它的产生又较龟卜为晚。在上一节中，我们曾指出占筮受龟卜影响的问题，如筮辞中许多内容都与卜辞有关。那么，易卦的结构，同样也有受龟卜影响的可能。

但是，屈氏的探讨并未重视构成卦象的基本要素— 和 -- 的来源问题。在讨论易卦九六之数和龟卜的关系时，他曾画出了腹甲和盾板的花纹（见图1-1），并说盾板的花纹，六排平列，很像 ☷ 坤卦。这里含有认为“--”来源于龟纹的意思。

我们在上节讲龟卜和占筮时曾经指出，龟卜是根据兆象来判断吉凶，而占筮则是根据数字来判断吉凶，因此，卦爻象无疑地应该与数字有关。从这来看，卦爻象与龟纹的相似可能只是偶然的。或者，《易经》从龟卜中受到启发，从龟纹中概括出“—”和“--”两种符号，但却赋予了它以不同的意义。因此，仅仅指出阴阳爻和龟纹相似，还是远远不够的。

现在我们来看一下张政烺先生易卦源于数字卦的主张。概括地说，这种主

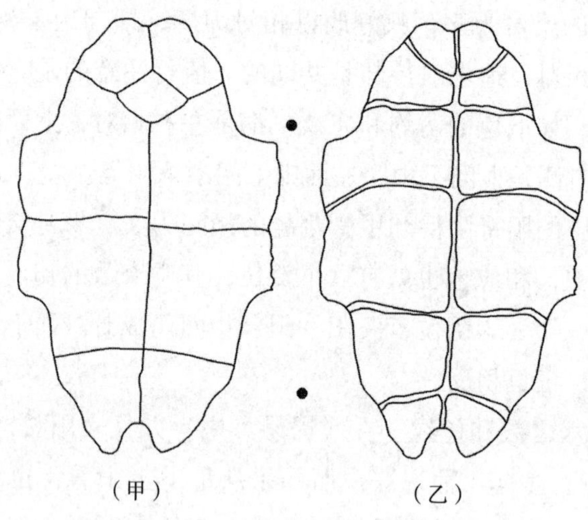

图 1–1

张直接地把阴阳爻的起源和数字联系了起来，认为阳爻—是从奇数一演变过来的，阴爻 -- 是从偶数六演变过来的。阳爻—和阴爻 -- 分别代表了奇数和偶数。

张先生之所以提出这种主张，是因为在甲骨和金文中发现了许多用数字表示的易卦。这些易卦，以前的学者都未能认出。如宋代在湖北孝感曾出土六件周初铜器，其中一件中方鼎，铭文末尾有[illegible]，20 世纪 30 年代，郭沫若先生曾认为是族徽。50 年代以来，考古工作者又陆续发现了许多类似的奇字，著名古字学家唐兰先生认为它们是一种特殊形式的文字，以数目字当作字母来组成。李学勤先生进一步认为，“这种纪数的辞和殷代卜辞显然不同，而使我们想到《周易》的‘九’‘六’”。这里把《易》与“奇字”联系起来，是很有意义的。

中国古代数目字的写法，从一到八依次是：一、=、三、亖、X、∧、⊦、)(。目前发现的由它们组成的“奇字”，共有几十个，它们都有一个共同点，即全部由三个或六个数字构成。这就很容易使人想到《易》的卦象，八卦由三个单位构成，六十四卦由六个单位构成。而且从筮法来看，《易》的卦象又是来源于数字的，因此和数字也有密切关系。

当然，仅仅如此还是不能说明它们就是用数字表示的卦象。但我们可以通过与这些“奇字”联系的文字来进一步证实，如发现于周初的史斿父鼎上的铭文是:“中旂父乍(作)宝隮彝,贞七五八。”从下到上依次是数字八、五、七。依铭文,这是讲一个叫旂父的史官作宝隮彝。“贞”应该就是“贞卜”之“贞”,而贞字后面的应该就是卦象。我们知道,周代的占筮活动是由史官来负责的,这与“史旂父鼎”的铭文内容正好可以互相参照。若依奇数为阳爻,偶数为阴爻的转换原则,就是☴,即八卦中的巽卦。铭文中存在由三个数字组成的卦象,说明在周初也流行只用八单卦占筮的行为。

我们还可以进一步来看一下中方鼎上的铭文内容:“惟十又三月庚寅,王在寒𫎆(次)。王令大史兄(贶)褱土。王曰:‘中!兹褱人入史(事),易(锡)于武王作臣。今兄(贶)畀女(汝)土,作乃采。’中对王休令,𩰬父乙尊。惟臣尚中臣。七八六六六六 八七六六六六。”这段话翻译成现代汉语,大意是,十三月庚寅这一天,(昭)王驻军在寒地。他命令大史把褱地赐给一个叫“中”的人。昭王说:“中!这些褱地人归附,武王准许他们作臣民。现在我把褱地赏赐给你,做你的采邑。”中为了报答昭王的赏赐,制作了供养父乙的祭器。最后一句贞问褱地的臣会臣服于中吗?这之后就是用数字组成的两个符号,它到底是不是《易经》的卦象呢?

李学勤先生曾对此做了一个检验。他按阳奇阴偶的原则把七八六六六六 八七六六六六还原为䷖和䷇,即剥和比两卦。中方鼎上刻写这两卦,依《左传》和《国语》的筮例,它们之间应该是卦变的关系,即占筮得到剥之比。其中剥是本卦,比是之卦,剥卦的六五和上九二爻属变爻。按朱熹的说法,一卦中有两个变爻的,就根据这两个变爻来占筮,而且以上爻为主。我们看,剥卦六五和上九的爻辞分别是:“六五:贯鱼,以宫人宠,无不利。上九:硕果不食,君子得舆,小人剥庐。”其大意是:受宠得当,无所不利。而且君子居之,人民赖以安定,好像乘上车舆一样。这与要贞问的事情正相一致,而且大吉大利。这种情况说明数字符号无疑代表的就是《易》的卦象。

以上两例说明,把考古发现的由数字组成的符号称为易卦是有充分根据的。由此而来的一个问题就是,这些数字是如何得来的,换句话说,为什么用这些数字来表示易卦?它们和后世流行的用阴阳爻表示的卦象又有什么关系呢?

对已经发现的数字卦的统计分析表明，常用的数字有一、五、六、七、八等几个，而以“六”出现次数最多，“一”次之。其特点是：第一，二、三、四三个数字绝对不出现。张政烺先生认为，这是由于古汉字数字的写法，从一到四都是积横画为之，一 二 三 亖 从上而下书写容易混淆，很难区分，所以干脆不用二、三、四几个数字。当然，在占筮活动中，很有可能出现二、三、四几个数字，筮者可能是把二、三、四按奇偶区分写入其他奇偶数中，如二、四写成六，三写成一等，这样也可以解释为什么数字六和一出现得远较五、七、八等为多。第二，奇数和偶数的数量大致相等。虽然一、五、六、七、八等出现的比例不等，二、三、四也不出现，但是，把几十个数字卦例中的奇数和偶数相加，可以发现奇数总和与偶数总和大致持平。

我们在第二节中曾讲到，依《系辞传》中讲到的筮法，确定爻象的有六、七、八、九四个数字，因此，如果用数字表示卦象的话，也应该用六、七、八、九四个数字。这与殷末周初的数字卦是不同的。这种情况说明，殷末周初的筮法与《系辞传》所说不同，因此，使用的筮数也不同。

现在我们再来看一下筮数和爻象（—和 --）之间到底有什么关系。依张政烺先生的看法，它们之间存在着前后演变的关系，即爻象由筮数演变而来。张先生认为，数字一和六在数字卦中出现的次数最多，说明它们在周初已经具有了符号的性质，即一代表奇数，六代表偶数。而到后来，数字一渐渐演变为阳爻—，数字六（古代写作 ∧）则演变为阴爻 -- 了。而这种演变的过程，可以从安徽阜阳双古堆竹简、长沙马王堆帛书及东汉熹平石经《周易》中看出。双古堆竹简《周易》的阴爻，还用 ∧ 表示，马王堆帛书已作⅃L，这是把 ∧ 字一分为二，而熹平石经已经写作 -- 了。依张先生的看法，“从筮数到爻象，是一个重大变化的过程，筮数的数值已被抽象化了，只因其为奇为偶而作为阳为阴的符号，而不论其数值的大小”（见《周易研究论文集》（第一辑），第 603 页）。

数字卦的发现，爻象源于筮数的主张，近年来在学术界有很大影响。在本章前面，我们曾指出占筮是依数目的变化而确定吉凶，《易传》中也有依数定象的说法，因此，认为卦爻象由数字演变而来，看起来是很合理的一种主张。但是从逻辑上讲，它不能解决《易经》的结构问题。我们知道，今本《易经》由八经卦、六十四别卦构成，之所以是八个经卦、六十四个别卦，与构成它们的最基本单位是—和 -- 分不开。因为—和 -- 两个东西三重叠，只能得出八种不同的图象，从数学上讲，即 $2^3=8$。而八种不同的图象相重，也只能是六十四个，即 $8\times8=64$。但是，用筮数如一、五、六、七、八等却不能方便而合理地说明为什么《易经》只有八个经卦，六十四个别卦。

总之，对卦爻象起源的探讨，近些年虽有一些有影响的意见提出，仍不外取象和取数两种说法，还不能说已经有了一个满意的答案。也许，在不久的将来，随着更多材料的被发现，我们会得到一个满意的答案。

第四节 卦名和卦序

八卦或六十四卦都有一定的名称，这就是卦名。例如八卦中 ☰ 名乾，☷ 名坤，☲ 名离，☵ 名坎；六十四卦中 ䷀ 名乾，䷗ 名复等。关于卦名，我们首先要讨论的是它们的由来问题，也就是为什么把某一卦称为乾，而把另一卦称为泰等。对此问题，古代学者曾进行研究，并提出过不同的说法。一派主取象说，认为八卦来源于对自然界中事物形象的观察，卦象和卦名是统一的，都与该卦所模拟的事物有关，如 ☰ 乾卦之象为天，乾即古天字，所以此卦便是乾；☷ 坤卦之象为地，坤字之本义为地，故此卦取名为坤等。另一派主取义说，认为八卦卦象各代表一定的意义，而卦名便是由此卦象所代表的意义来规定的，如 ☰ 乾卦都是阳爻，义主刚健，所以便以乾为名，“乾”有前进不息的意思；☷ 坤卦全由阴爻构成，义为柔顺，所以以坤为名，坤就是顺的意思。这两种说法虽然不同，但是也有一个共同点，即都认为卦名和卦象之间有必然联系。

现代学者在研究《周易》卦名问题时，抛开了卦象，重视卦爻辞，提出了新的看法。在这方面，高亨先生的意见最值得重视。他认为，古代人著书，一般都不给书中每一篇起名，篇名一般都是后人所追题。《易经》的卦名，也应该是如此。开始的时候，只有卦爻辞，各卦间只靠卦画区分，后来，才根据筮辞而加上了卦名。之所以这样说，当然有理由。这就是在《周易》六十四卦中，只有坤、小畜、泰、大有、中孚五卦的卦名和卦爻辞无关，而其余五十九个卦的卦名，都和卦爻辞有关。这种关系的种类，高亨先生归纳为六种：（一）取筮辞中常见主要之一字以为卦名。属于这种情况的最多，共有乾、屯、蒙、需、讼、师、比、履、否、谦、豫、随、蛊、临、观、贲、剥、复、颐、坎、离、咸、恒、遁、晋、睽、蹇、解、损、益、夬、姤、萃、升、困、井、革、鼎、震、艮、渐、丰、旅、巽、兑、涣、节四十七卦。如屯卦之得名，是由于该卦六二爻辞“屯如邅如”和九五爻辞“屯其膏”中都有“屯”字；需卦之得名，是由于该卦初九爻辞“需于郊”、九二爻辞“需于沙”、九三爻辞“需于泥”、六四爻辞“需于血”、九五爻辞“需于酒食”中都有“需”字等。（二）取筮辞中常见主要之两字以为卦名，属于这类的有同人、无妄、明夷、归妹四卦。如“归妹”二字在该卦初九、六三、九四、六五爻辞中都有出现；“同人”“无妄”“明夷”在卦的爻辞中也分别出现四五次。（三）取筮辞中常见主要之一字而外增加一字以为卦名。属于这种情况的有三卦，它们是噬嗑、大壮和小过。如小过卦中“过”字出现四次，另增一“小”字而为卦名。（四）取筮辞内容中之事物以为卦名。属于此类的只有“大畜”一卦。因为筮辞中有牛、马、豖等大的家畜，所以称大畜。（五）取筮辞中常见主要之二字及内容之事物以为卦名。属于此类情况的有家人和未济两卦。如未济卦中六三爻辞为“未济征凶”，另外如卦辞“小狐汔济濡其尾”、初六爻辞“濡其尾”、九二爻辞“曳其轮”、上九爻辞“濡其首”都与“未济”有关。（六）取筮辞中常见主要之一字及内容之事物而外增一字以为卦名，如大过、既济两卦就属此类。如大过卦上六爻辞“过涉灭顶”中有“过”字，而九二爻辞“老夫得其女妻”、九五爻辞“老妇得其士夫”都是过分的事情。因此便由“过”字加一“大”字而为卦名。

关于高亨先生此说的更详细内容，读者可以参见其所著《周易古经今注》中的《周易卦名来历表》。在卦名来源的问题上，这一说法是值得重视的。因为，从一部分文字中抽取主要之一字或两字作为本部分的题名，是古代题名的一种方式，如《诗经》中大部分诗的名字多是取诗中主要二字而成。我们且举两个例子，如《召南·采蘩》云：“于以采蘩？于沼于沚。于以用之？公侯之事。于以采蘩？于涧之中。于以用之？公侯之宫。……”诗名“采蘩”即由诗的内容之中抽出，又如《鄘风·柏舟》云：“泛彼柏舟，在彼中河。……泛彼柏舟，在彼河侧。……”诗名“柏舟”也在诗中出现两次。这与高亨先生所说卦名与卦爻辞的关系是很相似的。

卦名既然只是从卦爻辞中抽取而来，那么，它们也就没有什么特别的意义，与卦象本身也就没有什么逻辑上的必然联系。因此，对于我们今人来说，就不必像古人那样去迷信卦名，或围绕卦象去理解卦名的意义，认为卦名能反映一卦的主旨，而应认识到卦名不过只是一卦的标记以及便于区分各卦的符号而已。

1973 年 12 月，湖南长沙马王堆汉墓出土的帛书中有《易经》一书，其中六十四卦卦名的写法有很多与通行本不同。为了让读者方便了解，我们下面把通行本和帛书本的卦名对照书写于下，其中前面为通行本，后面为帛书本：

乾—键，否—否，遁—掾，履—礼，讼—讼，同人—同人，
无妄—无孟，姤—狗，艮—根，大畜—泰畜，剥—剥，损—损，
蒙—蒙，贲—蘩，颐—颐，蛊—箇，坎—赣，需—襦，比—比，
蹇—蹇，节—节，既济—既济，屯—屯，井—井，震—辰，
大壮—泰壮，豫—余，小过—少过，归妹—归妹，解—解，
丰—丰，恒—恒，坤—川，泰—泰，谦—嗛，临—林，师—师，
明夷—明夷，复—复，升—登，兑—夺，夬—夬，萃—萃，
咸—钦，困—困，革—勒，随—隋，大过—泰过，离—罗，
大有—大有，晋—溍，旅—旅，睽—乖，未济—未济，
噬嗑—噬嗑，鼎—鼎，巽—巽，小畜—少蓺，观—观，渐—渐，
中孚—中复，涣—涣，家人—家人，益—益。

两种本子相比，写法不同者有三十一卦，如乾写作键，姤写作狗等，但它们之间都是通假的关系，因此并没有实质上的差别。

现在让我们看一下卦序。所谓卦序，即是指《易经》六十四卦的排列顺序。首先应该指出，在历史上，《易经》的卦序并不只一种。目前我们所能详细了解的有两种，那就是通行本《易经》卦序和马王堆汉墓帛书本《易经》卦序。

通行本《易经》就是指我们历史上流行的《易经》版本。它的六十四卦排列顺序是以乾卦为首，接着是坤卦，最后是未济卦。其具体的排列如朱熹的《周易本义》中曾记载的《卦名次序歌》：

乾坤屯蒙需讼师，比小畜兮履泰否。
同人大有谦豫随，蛊临观兮噬嗑贲。
剥复无妄大畜颐，大过坎离三十备。
咸恒遁兮及大壮，晋与明夷家人睽。
蹇解损益夬姤萃，升困井革鼎震继。
艮渐归妹丰旅巽，兑涣节兮中孚至。
小过既济兼未济，是为下经三十四。

这首歌前三句讲上经，后四句讲下经，按通行本卦序叙述了六十四卦卦名，方便了学习《易经》者记忆。

通行本《易经》六十四卦的排序有些什么特点呢？对此，古代学者有不同的说法。最早对此做出解释的是成书于汉初以前的《序卦传》，这是《易传》七种中的一种，其内容就是从理论上解释六十四卦的排列顺序。它认为，六十四卦从乾、坤到既济、未济，乃是一个存在着因果关系的系列，后卦因前卦而来，或者是相承接，或者是相反对。《序卦》对六十四卦的解释，主要是重视卦名的义理，只有对乾、坤的解释是按取象说，以乾为天，以坤为地。下面我们截取《序卦传》的一段话来具体分析一下。该传的开头说："有天地，然后万物生焉。盈天地之间唯万物，故受之以屯。屯者，盈也。物之始生也。物生必蒙，故受之以蒙。蒙者，蒙也，物之稚也。物稚不可不养也，故受之以需。需者，饮食之道也。"其中文首天地指乾坤。依中国古人观念，天地合气，便形成了万物。"屯"的一个意思是充盈，意即天地之间充满了万物，所以乾坤两卦之后就是屯卦。"屯"同时又指万物初生之时，还比较幼稚，所以屯卦之后是蒙卦，"蒙"就是事物幼稚的意思。事物幼稚的时候，需要养育，所以"蒙"之后便是"需"卦，需就是饮食之意。如此等等。可以看出，《序卦传》的作者只是就卦名来分析前后卦的关系，我们曾指出《易经》卦名并无特别的意义，所以《序卦》的做法并不妥当。另外，它解释卦名并不根据卦爻辞，而是根据主观需要加以义理化解释，有很多牵强附会之处。《序卦》的解释对后世影响很大，但只能代表该传作者对六十四卦排列顺序的理解，并不能反映《易经》六十四卦排列的本来含义。

《序卦》之外，古人对六十四卦的卦序还有另外一种认识。这种认识是唐代学者孔颖达在《周易正义》一书中提出来的。与《序卦》着眼于卦名不同、孔颖达注意的是卦象。他认为，从卦象上来看，六十四卦的排列是“二二相偶”，就是说每两卦为一个对子，互相配合。它们配合的方式有两种——“非覆即变”。“覆”的意思是说两卦的卦象完全颠倒，如屯 ䷂，蒙 ䷃；泰 ䷊，否 ䷋；同人 ䷌，大有 ䷍；等等。“变”的意思是说两卦的卦象六爻完全相反，如乾 ䷀，坤 ䷁；坎 ䷜，离 ䷝；中孚 ䷼，小过 ䷽；等等。在《易经》六十四卦三十二对中，只有四对十六卦完全属于“变”类，除了前举三对外，另外一对是颐 ䷚ 与大过 ䷛，其余二十八对都可以说属于“覆”类。但其中有些卦较特殊，既可归入覆类，也可归入变类，如既济 ䷾ 与未济 ䷿，渐 ䷴ 与归妹 ䷵ 等。孔颖达此说确实道出了六十四卦排列中一些规律性的东西，符合《易经》的实际情况，影响也很大。后人进一步将“覆”类称为综卦，“变”类称为错卦。

余下的问题是六十四卦的排列为什么依“非覆即变”的法则来进行。现代一些学者认为，因为《易经》是卜筮之书，这样排列是为了便于记忆或背诵，以更好地适应占筮的需要。这种说法有一定道理。但是，我们也要注意，在每组对偶卦之间，并没有规律性的联系，如乾 ䷀ 坤 ䷁ 为对偶卦，屯 ䷂ 蒙 ䷃为对偶卦，但是坤 ䷁ 屯 ䷂ 之间在卦象上并无特殊关联，所以仍然是不大方便于记忆。也许，我们应该承认，六十四卦卦序的排列中体现着人们对对立及对立面之间关系的认识。就《易经》卦象来说，构成它们的基本单位是—和 --，这是一组对立。—和 -- 三重构成八卦，八卦即由四组对立面 ☰ 和 ☷；☴ 和 ☳；☲ 和 ☵；☶ 和 ☱ 构成。由八卦相重构成六十四卦，六十四卦也由三十二个对立面构成。编者在卦序中将这种对立表现出来，反映出了人类理性思维的发展程度，对后世人们认识水平的不断提高有促进作用。

马王堆帛书本《易经》的卦序，与通行本不同，从乾卦开始，而以益卦结束，我们先把六十四卦卦象和卦名依顺序写出，卦名全依通行本，看看排列有哪些特点：

䷀ 乾，　䷋ 否，　䷠ 遁，　䷉ 履，
䷅ 讼，　䷌ 同人，　䷘ 无妄，　䷫ 姤；
䷳ 艮，　䷙ 大畜，　䷖ 剥，　䷨ 损，
䷃ 蒙，　䷕ 贲，　䷚ 颐，　䷑ 蛊；

䷜坎，　䷄需，　䷇比，　䷦蹇，
䷻节，　䷾既济，　䷂屯，　䷯井；
䷲震，　䷡大壮，　䷏豫，　䷽小过，
䷵归妹，　䷧解，　䷶丰，　䷟恒；
䷁坤，　䷊泰，　䷎谦，　䷒临，
䷆师，　䷣明夷，　䷗复，　䷭升；
䷹兑，　䷪夬，　䷬萃，　䷞咸，
䷮困，　䷰革，　䷐随，　䷛大过；
䷝离，　䷍大有，　䷢晋，　䷷旅，
䷥睽，　䷿未济，　䷔噬嗑，　䷱鼎；
䷸巽，　䷈小畜，　䷓观，　䷴渐，
䷼中孚，　䷺涣，　䷤家人，　䷩益。

很显然，帛书六十四卦可以分为八组，每组由八个卦组成，而每一组八个卦的上卦都是一样的。各组上卦的排列依次是☰乾，☶艮，☵坎，☳震，☷坤，☱兑，☲离，☴巽。而每一组八个卦中下卦的排列也有一定的规则，那就是除每组首卦为本卦自重外，其余都按☰乾，☷坤，☶艮，☱兑，☵坎，☲离，☳震，☴巽的顺序展开。

《易传·说卦传》中有一段话说："乾，天也，故称乎父。坤，地也，故称乎母。震一索而得男，故谓之长男。巽一索而得女，故谓之长女。坎再索而得男，故谓之中男。离再索而得女，故谓之中女。艮三索而得男，故谓之少男，兑三索而得女，故谓之少女。"这是以八卦中的乾坤两卦为父母，而以另外六卦为子女，其中震、坎、艮分别是长、中、少男，巽、离、兑分别是长、中、少女。这样，八卦就可分为两组，一组为男卦，由乾、震、坎、艮组成，以乾为首；一组为女卦，由坤、巽、离、兑组成，以坤为首。这里的男卦和女卦也就是《系辞传》所说的阳卦和阴卦。

将这与帛书六十四卦各组的上卦排列顺序做一比较。我们就会发现一种规律性：前四组的上卦是乾、艮、坎、震，都是男卦或阳卦，以乾为首，以艮、坎、震为顺序排列，依《说卦》，是按少男、中男、长男的次序而展开，而后四组的上卦是坤、兑、离、巽，都是女卦或阴卦，以坤为首，以兑、离、巽为顺排列，是按少女、中女、长女的次序展开。帛书对各组上卦的安排，体现着编者的思维意图。一是以类相从的思想。《易传·系辞》曾说："方以类聚，物以群分。"这是讲事物的聚散、分合都是与类有关，同类的事物会聚合在一起，不同类的事物也会分散开。帛书八组的上卦中，前四个为男卦或阳卦，后四个为阴卦或女卦，正体现着"方以类聚，物以群分"的观念。二是对立及尊卑的思想。帛书前四组与后四组的上卦之间体现着男与女、阳与阴的对立。而这种前后的安排则含有尊卑的意思，即男尊女卑，阳尊阴卑，如《系辞》所说："天尊地卑，乾坤定矣。"

帛书每一组八个卦之中下卦的排列，是依 ☰ 乾，☷ 坤，☶ 艮，☱ 兑，☵ 坎，☲ 离，☳ 震，☴ 巽的顺序展开。这里面也有一定的规则。一是这八个卦可分成两两对立的四组，即 ☰ 乾与 ☷ 坤、☶ 艮与 ☱ 兑、☵ 坎与 ☲ 离、☳ 震与 ☴ 巽。每一组两卦之间都是一阳一阴，而从卦象上来看，则是三爻完全相反，属孔颖达所说的"变"的一类。二是各阳卦与各阴卦的排列次序，仍然是按乾、艮、坎、震与坤、兑、离、巽而展开，与上卦有共同处。

从对帛书六十四卦上卦与下卦排列次序的分析来看，编者是很注意各个卦象的阴阳属性的，或阳类一组、阴类一组，或阴阳错综、一阴一阳。许多学者都指出，在表现阴阳规律这一点上，帛书本都胜于通行本。

帛书六十四卦的排列顺序，同时突出了上卦与下卦的区分以及八经卦的地位。《系辞》说："八卦成列，象在其中矣。因而重之，爻在其中矣。"这是讲八卦相重，组成六十四卦。可以说，与通行本相比，帛书本同时也更突出了六十四卦是由八卦相重而形成的这一事实。

现在我们已经知道，通行本和帛书本《易经》卦序完全不同，两者各有一定特点，但总的来说，帛书本卦序要更有规律，更便于记忆。从时间上来看，通行本卦序形成很早，因为解释它的《序卦传》在汉初就已被称引。另外，战国时魏襄王墓中随葬的《易经》，其卦序就已与通行本一致，说明通行本卦序至少在战国中期就已定型。学者们认为，帛书本卦序不会早于通行本卦序。因为，如果《周易》经文本来就有像帛书那样有严整规律的卦序，那么谁也不会打乱它，再改编为通行本那样没有规律的次第。事实只能是，通行本是渊源更远的经文原貌，帛书本则是学者出于对规律性的探索而改编经文的结果。

第五节　卦爻辞的内容及其与卦象的关系

卦辞和爻辞是《易经》一书中很重要的一个组成部分。就其素材而言，主要来源于占筮的记录，后来经过编者的编纂而系于每卦每爻后面。讨论卦辞和爻辞的内容，可以采取不同的角度。这里，我们想从文句体例、社会史、哲学史这几个角度来看一下《周易》卦爻辞的内容。

一、从文句体例角度分析

从文句体例方面来给卦爻辞分类，李镜池先生在20世纪30年代就进行过研究。他作《周易筮辞考》一文，把卦爻辞分为六种。它们分别是：（1）纯粹的定吉凶的占辞，如乾卦卦辞“元亨利贞”。（2）单叙事而不示吉凶，如坤卦六二爻辞“履霜，坚冰至”。（3）先叙事而后吉凶，如乾卦九三爻辞“君子终日乾乾，夕惕若，厉，无咎”。（4）先吉凶而后叙事，如小畜卦卦辞“亨，密云不雨，自我西郊”。（5）叙事，吉凶；又叙事，吉凶，如随卦九四爻辞“随其获，贞凶。有孚在道，以明，何咎”。（6）混合的，或先吉凶，叙事，又吉凶。或先叙事，吉凶，又叙事，如坤卦卦辞“元亨，利牝马之贞。君子有攸往，先迷后得主，利。西南得朋，东北丧朋。安贞吉”。这六种其实又可归纳为两类：一类是定吉凶之辞，一类是叙事之辞。所以后来到60年代初李先生写《周易筮辞续考》一文时，便将卦爻辞分为三类，其中除了贞兆之辞（判断吉凶之词）、叙事之辞外，又加上了一个象占之辞。这种归纳可能受到了高亨先生的影响。高亨在成书于1940年的《周易古经今注·通说》中，曾将卦爻辞分为四类，分别是（1）记事之辞；（2）取象之辞；（3）说事之辞；（4）断占之辞。将李、高二先生的说法加以比较，可以看出，所谓贞兆之辞即是断占之辞，象占之辞即是取象之辞，叙事之辞即是记事之辞和说事之辞。以下，我们就以高亨先生的分类为基础，参考李镜池先生的具体论述，看一下各类词句的不同意义。

1. 记事之辞

所谓记事之辞，是指记载古代故事的语句，而吉凶休咎也就体现于故事的内容中。如旅卦上九爻辞云："鸟焚其巢，旅人先笑后号咷，丧牛于易，凶。"据王国维、顾颉刚等先生的研究，我们知道"丧牛于易"讲的是殷之先祖王亥在有易国被杀、失去牛羊的故事，这是一件不吉利的事情，所以说"凶"。又如既济卦九三爻辞和未济卦九四爻辞都记载伐鬼方获胜的故事，取得胜利，当然是件吉利的事情，因此，这两条爻辞都含有"吉"的意思在内。以上两例，都是采用的古代故事。采用古代故事来说明吉凶，是古代卜筮活动中常见的一种作法，并不限于《易经》。如《左传》僖公二十五年（前 635）记载卜偃为晋侯占卜，结果是"吉，遇黄帝战于阪泉之兆"。根据其他古书的记载，黄帝曾和赤帝在阪泉发生战争，结果黄帝获胜。因此，遇到黄帝战于阪泉之兆，当然是吉利的表示。所以，卜偃才说"吉"。

在记事之辞中，除了采用古代故事以外，还有一些是对先前占筮活动及结果的记录。如《易经》卦爻辞中多见的"亨""元亨""小亨"等，都应是对祭祀行为中占筮活动的记载。如升卦六四爻辞云"王用亨于岐山，吉，无咎"，这当是周王一次在岐山祭祀，占筮时遇到此爻，结果是吉无咎，所以便记录了下来。

2. 取象之辞

所谓取象之辞，是指那些通过一定事物的性质、变化、状态等来比拟人事、指示人事吉凶的词句。《易传》卦爻辞中这种例子很多。较明显的如大过卦九二爻辞云"枯杨生稊，老夫得其女妻"，九五爻辞云"枯杨生华，老妇得其士夫"。这里借枯老的杨树重新发芽、开花来比喻老头子娶年轻的妻子和老太婆找了个年轻的丈夫，十分形象，很类似于诗歌中的比兴。有些取象之辞比较复杂，近似于散文中的寓言，如履卦六三爻辞云："眇能视，跛能履，履虎尾，咥人。"讲一个目盲足跛之人，走路时踩到了老虎尾巴，结果被老虎吃掉了。这自然是一个凶兆。爻辞中虽然只讲到老虎，但实际上老虎只是一个象征，其意义远远不局限于此。

取象之辞，在卦爻辞中占的比重很大，我们下面抽取一些写出，以加深读者的印象：

（一）乾卦

初九：潜龙。

九二：见龙在田。

九四：或跃在渊。

九五：飞龙在天。

上九：亢龙。

用九：见群龙无首。

（二）坤卦

初六：履霜坚冰至。

上六：龙战于野。其血玄黄。

（三）需卦

初九：需于郊。

九二：需于沙。

九三：需于泥。致寇至。

六四：需于血。出自穴。

（四）小畜卦

卦辞：密云不雨。自我西郊。

初九：复自道。

九三：舆说辐。夫妻反目。

（五）豫卦

六二：介于石。不终日。

（六）噬嗑卦

初九：屦校灭趾。

六二：噬肤灭鼻。

六三：噬腊肉。遇毒。

九四：噬乾胏。得金矢。

六五：噬乾肉。得黄金。

（七）大壮卦

九三：羝羊触藩。羸其角。

上六：羝羊触藩。不能退。不能遂。

（八）未济卦

卦辞：小狐汔济。濡其尾。

初六：濡其尾。

九二：曳其轮。

上九：濡其首。

对于卦爻辞中的取象之辞，李镜池先生的理解有些不同。他认为，这些取象之辞都与古代的象占有关。象占是古代流行的一种占法，它主要是通过物象来推断善恶吉凶。象占包括多种，其中梦占最为重要，古代常与龟卜、占筮并用。《易经》卦爻辞中之所以有这些象占之辞，应是象占与占筮并用的一种反映。读者如对此有兴趣，可以参看李镜池先生的《周易探源》一书。

3. 说事之辞

所谓说事之辞，是指那些通过直接叙说某人的行为、事迹，以表示吉凶的词句。如乾卦九三爻辞说："君子终日乾乾，夕惕若，厉，无咎。"其中"厉，无咎"前就是说事之辞。这爻辞讲，君子白天努力进取，晚上反省警惕，就可以得到"厉，无咎"的结果。又如谦卦的几条爻辞中，像"鸣谦""劳谦""扬谦"等，也都是说事之辞。师卦九二爻的"师或舆尸"、六五的"长子帅师，弟子与尸"等，同样是说事之辞。说事之辞由于直接借人之行事来推断吉凶，因而往往包含许多人生哲理，对人事吉凶有劝戒之意。

4. 断占之辞

所谓断占之辞，指论断吉凶祸福的词句。《易经》本是卜筮之书，所以这类词句是绝对不可少的。它们一般都在记事、取象及说事之辞后面，但有时也被放在前面，如未济九四爻辞"贞吉，悔亡，震用伐鬼方，三年有赏于大国"；升卦六五爻辞"贞吉，升阶"；谦卦六四爻辞"无不利，扬谦"；等等。但是数量极少。

断占之辞，主要使用"利""吉""吝""厉""悔""咎""凶"等字。因此，我们看到有这些字的词句，就可以知道它们是论断吉凶的，如"利见大人""贞吉""悔亡""无咎"等。但是，也有一些词句，像坤卦六三爻辞"或从王事，无成有终”，泰卦九三爻辞“勿恤其孚，于食有福”，否卦上九爻辞“先否后喜”，井卦卦辞“无丧无得”，兑卦九四爻辞“介疾有喜”等，虽未使用“吉”“凶”等字，但吉凶之义在辞中表现得很明显，也属于断占之辞。

关于断占之辞，还可以进一步分析。高亨先生曾把它分为五类：一是概括断占，即不针对具体的人或事等，而一般地做一论断，如乾卦初九爻辞中的“勿用”，上九爻辞中的“有悔”等。二是就事断占，即吉凶只限于某件事，如乾卦九二爻辞中的“利见大人”，大畜卦辞“不家食吉”等。三是就人断占，即吉凶只限于某个人或某些人，如师卦卦辞“贞大人吉”，否卦六二爻辞“小人吉，大人否”等。四是方位断占，即吉凶与某一特殊方位有关，如坤卦卦辞“西南得朋，东北丧朋”，蹇卦卦辞“利西南，不利东北”等。五是时间断占，即吉凶与一定时间有关，如蛊卦卦辞“利涉大川，先甲三日，后甲三日”，巽卦九五爻辞“先庚三日，后庚三日，吉”等。后四种也可统称为具体断占，因为它们都是就具体事物而论断吉凶。

二、从社会史角度分析

从社会史的角度来看卦爻辞，就会发现它可以告诉我们许多古代社会人们生活等多方面的情形。应该指出的是，从社会史的角度分析卦爻辞，是 20 世纪才出现的一种新的研究方向。这种研究方向始于郭沫若先生，后来李镜池先生和闻一多先生更予以进一步的发展。

郭沫若的《中国古代社会研究》一书中，有一篇是《〈周易〉时代的社会生活》，写于 1928 年。该篇文章从生活的基础、社会的结构、精神的生产这三个方面分析了卦爻辞的内容，如认为“即鹿无虞，惟入于林中”（屯卦九三）、“王用三驱、失前禽”（比卦九五）等反映了渔猎生活，“畜牝牛”（离卦卦辞）、“丧马勿逐，自复”（睽卦初九）等表现了牧畜生活等。另外，还有些卦爻辞反映了商旅、耕种、工艺、家族关系、政治组织、享祀、战争、赏罚、阶级、宗教、艺术等古代社会的多方面情形。郭沫若认为，《易经》的时代是由牧畜转化到农业的时代，牧畜还是生活的基调。另外，《易经》时代已进入奴隶社会。

李镜池先生在此基础上进一步加以探讨，在写于 1930 年的《周易筮辞考》一文中，他分析了卦爻辞中表现人们重要生活的种类，归纳出十二项：（1）行旅;(2)战争;(3)享祀;(4)饮食;(5)渔猎;(6)牧畜;(7)农业;(8)婚媾;(9)居处及家庭生活;(10)妇女孕育;(11)疾病;(12)赏罚讼狱，认为这反映了周人的游牧生活和农业生产。在以后撰写的文章中，李先生认为，从卦爻辞的内容上来看，《易经》的许多卦都有一个中心思想，如师卦是讲军事的，大畜、小畜卦谈农业生产，同人卦谈战争，大有卦讲丰收，临卦谈治民之术，贲卦讲婚姻，复卦谈行旅等。他并根据物质生产、社会生活、科技知识三类，把六十四卦的内容加以区分，其中有些卦内容较复杂，分属于两类或三类。

1. 物质生产:〔坤〕、〔屯〕、蒙、小畜、大有、豫、〔噬嗑〕、大畜、颐、〔坎〕、咸、恒、〔大壮〕、〔晋〕、〔明夷〕、〔解〕、〔姤〕、〔井〕、〔震〕、〔渐〕、〔巽〕、涣、节。

2. 社会生活:〔乾〕、〔屯〕、需、讼、师、比、履、泰、否、同人、谦、随、蛊、临、观、〔噬嗑〕、贲、剥、复、无妄、大过、〔坎〕、离、遁、〔晋〕、〔明夷〕、家人、睽、蹇、〔解〕、损、益、夬、〔姤〕、萃、升、困、〔井〕、革、鼎、〔渐〕、归妹、丰、旅、〔巽〕、兑、中孚、小过、既济、未济。

3. 科技知识:〔坤〕、〔震〕、艮。

就反映物质生产的内容而言，我们可以举小畜卦为例。该卦卦辞是“密云不雨，自我西郊”。孤立地看，不大好理解，但从农业生产角度可以看出是说农人盼望下雨的心情。上九爻辞“既雨既处，尚德载”，载即是栽，栽种之义。这是说雨后还可以栽种。初九爻辞“复自道”和九二爻辞“牵复”，当是从田间归来之义，道在这里指阡陌，即田间的路。九三爻辞“舆说辐，夫妻反目”，是讲农车出了问题，结果夫妻为此吵架。可以看出，小畜基本上是一个讲农业生产的卦。

《易经》中反映社会生活内容的，如同人卦就是一个战争专卦。卦辞“同人于野”，是讲在城外聚集万民，挑选士兵。初九爻辞“同人于门”，是写战前在王门聚集。六二爻辞“同人于宗”，讲战前在宗庙祭祀，以求得祖先保佑。九三爻辞“伏戎于莽，升其高陵，三岁不兴”，这是讲把军队隐蔽于山林中，因为如果军队在高处的话，会被敌人发现，不易取胜。九四爻辞“乘其墉，不克攻”，墉指城墙，这是说进攻时，虽然上了城墙，但还是不能取胜。九五爻辞“同人先号咷而后笑，大师克相遇”，是讲一部队被打败逃跑，幸而遇上援军，转败为胜。上九爻辞“同人于郊”，这是讲班师后祭祀。可以看出，整个师卦依序讲了战前准备、战争情况和战后班师等，表现出作者对军事情况很了解。

我们还可以通过艮卦来了解《易经》中的科学知识。艮卦卦爻辞的编排十分整齐，卦辞“艮其背不获其身，行其道不见其人”，讲保护身体不仅要注意背部，还要注意全身。爻辞从初六到上九依序讲要注意脚趾、腿肚、腰、胸腹、脸、额的健康。艮卦可以说是一个医学专卦，从中能看出我国古人很早就具备整体护理、防微杜渐等医学观点。

三、从哲学史角度分析

从哲学史的角度来看一下卦爻辞的内容，这就要求注意那些富于思想性的语句。首先的一点是对天帝的崇拜。如大有卦上九爻辞说：“自天佑之，吉，无不利”，认为如果有天神保佑的话，就一定会吉利。益卦六二爻辞说：“王用享于帝”，这是讲周王祭祀上帝。《易经》还相信鬼神的存在，睽卦上九爻辞中有“载鬼一车”的说法。《易经》对天帝人鬼的信仰，再加上它本身作为筮书的性质，反映出其主导思想仍然是天命信仰，尚未摆脱宗教迷信的束缚，因而与哲学属于两个性质截然不同的阶段。尽管如此，在卦爻辞中，也仍然包含了某些哲学思想的萌芽。这主要表现在以下几个方面：

第一，认为自然现象和人事有一致性。《周易》在过去一直被认为是“推天道而明人事”之书，这当然主要是就《易传》而言。实际上，“推天道而明人事”也是中国哲学的一个重要特征，而在《易经》中，已经具备了这种特征的萌芽。所谓天道，也就是指自然现象变化的过程。《易经》卦爻辞中经常通过讲自然现象来比拟人事，典型的如乾卦爻辞中说的龙，无疑属于自然现象。从初九到上九，爻辞通过“潜龙”“见龙在田”“飞龙在天”“亢龙”等龙的变化来表现人在政治生活中的起伏升降。又如大过卦九二爻辞说“枯杨生稊，老夫得其女妻，无不利”，九五爻辞说“枯杨生华，老妇得其士夫，无咎无誉”，这是把老夫和老妇再婚比作枯老的杨树生芽和开花。可以看出，《易经》的作者是试图在自然现象的变化和人事之间寻找一致性，寻找一种共同的东西，把自然界和人作为一个整体来思考。这对于以后中国哲学的特点如天人合一等有很大影响。

第二，认为对立的东西可以互相转化。《周易》对于对立现象有了很深的了解。从卦爻辞来看，涉及许多对立的事物，如泰否、损益、既济未济、大人小人、丈夫小子、夫妻、吉凶、往来、得丧，等等。难能可贵的是，《易经》认为，对立面之间是可以互相转化的，泰卦九三爻辞说："无平不陂，无往不复，艰贞无咎。"平陂，往复是两对对立面，但它们之间却可以互相转化，平的会变成陂的，往会变成复。因此，虽然处在艰险不利的情形中，也可以无咎。又如家人卦九三爻辞说："家人嗃嗃，悔，厉，吉；妇子嘻嘻，终吝。"这里前后分别讲两种家庭：一种是贫苦忧愁的家庭，经过艰苦努力之后，最终会变好；另一种是家中终日吃喝玩乐的，终归倒霉。其中也包含了对立面转化的意思。《易经》对于事物什么情况下向对立面转化也有一定的认识。如乾卦九五爻辞是"飞龙在天，利见大人"。这是一个非常吉利之爻，但是上九爻辞就是"亢龙有悔"了。从卦象上来看，九五已经处在高位，但上面还有一爻，所以，还没有发展到极限。而上九已位于最高处，容易跌下来，向反面转化。这里包含了事物发展到极端才向对立面转化，即"物极则反"的思想。

由于事物可以向对立面转化，所以，人们处在困境之时也不要灰心，经过努力会转危为安。同样，在顺境之时，也不能大意，否则会有危险。如乾卦九三爻辞说："君子终日乾乾，夕惕若，厉，无咎。"这里讲君子虽处于动荡不定的情境中，但由于每天小心警惕，所以，虽有危险却可以无咎。需卦九二爻辞"需于沙，小有言，终吉"，说的也是同一意思。又如大有卦初九爻辞云："无交害，匪咎，艰则无咎。"强调"艰"则无咎，十分重视人的努力在吉凶转化中的作用。

第三，提出了一些对后世有很大影响的做人处事的原则。如《易经》很推崇谦卑，这从谦卦中可以看出。六十四卦中，只有谦卦从卦辞到爻辞全部是吉利。该卦卦辞是："谦，亨。君子有终。"初六爻辞是"谦谦君子，用涉大川，吉"，六二是"鸣谦，贞吉"，九三是"劳谦，君子有终"，六四是"无不利，抟谦"，六五是"不富以其邻，利用侵伐，无不利"，上六是"鸣谦，利用行师，征邑国"。这里强调谦德，但同时也认为要以明智（鸣）、勤劳（劳）、奋勇（抟）等为条件。《易经》也很重视节约，节卦卦爻辞认为，如果能安于节俭的生活，以节俭为乐，就吉利；反之，就要倒霉。另外，《易经》中还有隐遁思想，如蛊卦上九爻辞是“不事王侯，高尚其事”，以不做官为高尚。又如遁卦主要谈隐遁，认为君子在一定情况下隐遁起来，会有吉利的结果。这些原则对中国文化及哲学都产生了很大影响。

以上我们从几个方面分析了卦爻辞的内容。若将卦爻辞与卜辞相比，可以发现在任何一方面，卦爻辞都较卜辞更整齐、全面和进步。如卜辞只有吉、凶两种结果，吉凶不能转化，但卦爻辞则认为经过人为的努力，吉凶可以互相转化，表明卦爻辞虽仍崇拜天神，但同时也认识到了人的作用。

四、卦爻辞与卦爻象的关系

关于卦爻辞，还有一个问题需要说明，那就是在卦爻辞和卦爻象之间有没有逻辑的必然联系。过去的经学家认为，二者之间有必然联系。这就是说，某一爻后面系某一辞，不是偶然的。如乾卦初九爻辞是“潜龙勿用”，之所以称“潜龙”，与此爻为整个卦中的位置是分不开的。我们知道，乾卦是纯阳卦，初九为阳爻，所以爻辞中才提及阳物龙；又因为初九在整个卦中位居最下，类似于潜龙状态，所以讲“潜”。从九二到上九都是如此。由于相信在卦爻象和卦爻辞之间存在必然联系，因此，从《易传》形成时期（甚至更早）开始，历代易学家都致力于说明这种联系的性质。他们提出各种体例来解释，因此在易学史上形成了不同的流派，取象和取义是其大者，而在取象和取义内部，又有不同的派别。但无论是哪一派，都无法圆满解释通象辞之间的内在联系。到清代，焦循穷毕生之力来研究卦爻象和卦爻辞之间的关系，他试图抛开传统的取象和取义两说，以卦爻辞为表达吉凶的符号，如同数学中的甲乙丙丁一样，并无实际内容，虽解决了传统说法的某些困难，但其解答仍不能使学者满意。事实上，任何学者对此问题都不可能有一个令人满意的积极的回答。因为，在卦爻象和卦爻辞之间本来就不存在必然联系。

从历史的角度来看，卦爻辞的素材大部分是以前占筮活动的记录，即筮辞。那些在过去应验了的筮辞一般作为依据而保存下来，而卦爻辞即从它们之中抽出。因此，有时卦爻辞不只有一次占筮记录，还有两次或两次以上的占筮记录。这样，我们就可以了解，某卦象或某爻象下面之所以系上某些辞，与所占筮的事情有关。如坤卦卦辞中之所以有“利牝马之贞”，是因为在一次有关牝马的占筮活动中，恰筮得坤卦象，占筮的结果是吉，并在生活中应验了。于是，《易经》的编者便把这件事编到了坤卦上。可以看出，卦爻象后面系什么辞，并无通例或规律可遵循。

当然，后世易学家之所以一味追求卦爻象和卦爻辞之间的逻辑联系，除了由于以《易经》为圣人之书外，还与《易经》的编者有关。《易经》的编者有时故意安排卦爻辞和卦爻象间的对应关系，如乾卦龙象从潜龙到飞龙、亢龙，与爻位的从下到上是一致的。又如艮卦从脚趾到头部，也是从下而上，但是这些只是出于编者的有意安排，在《易经》一书中是很少见的。而且，就是这种安排也不彻底，如乾卦五爻言龙，但九三爻则以君子为主，更何况，大多数情况下，卦爻辞之间及其与卦爻象之间连形式上的联系都没有，所以，有些卦爻辞会重复出现于不同的卦中，如“密云不雨，自我西郊”既出现于小畜卦辞中，又出现于小过卦六五爻辞中；“舆说辐”既出现于大畜卦九二爻辞中，又出现于小畜卦九三爻辞中；“帝乙归妹”既出现于泰卦六五爻辞中，又出现于归妹卦六五爻辞中；“用拯马壮，吉”同时出现于明夷卦六二爻辞和涣卦初六爻辞中等。这些文句重复现象是追求卦爻辞和卦爻象之间有逻辑联系的学者所不能解决的。

卦爻辞和卦爻象之间虽没有逻辑关系，但历代学者的研究也并不是白费功夫。他们通过对卦象结构以及象辞之间各种联系的探讨，锻炼了中华民族的理论思维能力。

第六节 《易经》的编纂及其历史价值

一、《易经》的编纂

现在的人著书，都会写上作者的名字，而且一部书的写成基本上是在同一个时间，但在古代，情形并不是如此。古书的形成，往往都经历一个过程，与此相关的，也缺少明确的作者观念。

就《易经》一书来看，古人都认为它有一个很长的形成过程。《汉书·艺文志》的作者班固提出“人更三圣”说，认为《周易》的形成主要经历了三个阶段：第一阶段是伏羲氏画出了八卦卦象，这时还没有文字；第二阶段是周文王把八卦重为六十四卦，而且在每卦每爻后面系上卦爻辞；第三阶段则是孔子作《易传》，以传解经。可见，班固所说《周易》是包括了《易经》和《易传》的，若单就《易经》而论，班固实际上只认为经历了八卦和六十四卦卦爻辞这样两个阶段。稍后，东汉的经师又把爻辞的创作权归于周公旦，所以到了朱熹那里，就明确把周公旦也纳入了《易经》的作者系列中去了，认为《易经》的部分由伏羲氏、周文王和周公旦共同完成。班固和朱熹的说法，在经学史上有很大影响，但从近现代以来，却陆续被学者们否定。问题主要集中在卦爻辞的作者上，因为卦辞和爻辞中讲到许多历史人物和历史事件，有些出现于文王和周公之后，如晋卦卦辞说：“康侯用锡马蕃庶，昼日三接。”以前的经师囿于文王作卦辞的旧说，都不以康侯为具体的人，而以之为美侯，或者安定诸侯。而实际上，如顾颉刚先生在《周易卦爻辞中的故事》一文中所指出的，康侯就是周武王之弟，封于卫国，又称卫康叔或康叔。周初金文中曾多次出现“康侯”一词，都指卫康叔，可以为证。康叔在武王之后，当然更在文王之后，晋卦卦辞讲到他的事迹，这就明确表明卦辞不可能是周文王所作。另外，像明夷卦六五爻辞讲“箕子之明夷”，说的是武王灭商以后纣王的哥哥箕子的故事，同样也是在文王以后。这都说明《易经》的卦爻辞不可能是文王或者周公的作品。

过去儒家学者把《易经》的作者归于伏羲氏和文王、周公等古代圣王，目的在于把《易经》这书神圣化，抬高它的地位。经过现代学者的研究，我们知道这种看法是不正确的。但是，这种看法中也包含了一定的合理因素：第一，它认为《易经》这部书的形成是一个过程，卦辞、爻辞可能不是一人所作，这符合历史实际。第二，它认为卦辞和爻辞作于殷周之际或周初，距事实也不太远，因为经现代大多数学者的研究，发现卦爻辞中所提到的历史人物及事件，其下限没有晚于西周初期的，这表明卦爻辞在西周初期或前期即已作成。

《易经》一书从内容上讲，包括卦象、卦名、卦辞和爻辞等几个部分。从形成的先后来说，是先有八卦卦象，再有六十四卦卦象，然后在每一卦每一爻后面系上卦爻辞，以说明卦象的意义，卦名则最后主要从卦爻辞中抽出，以便于指称某卦。从历史记载来看，周人发明占筮的时候，只有八卦卦象，而当时的筮人便依据占筮所获得的卦象来判断所占问事情的吉凶。据《周礼·春官》

记载:“占人掌占龟,以八筮占八颂。以八卦占筮之八故,以视吉凶。”这是说占筮由占人来掌握,当时所占筮的事情主要有八种,所以也称为八筮。这八种事情,《周礼》中称为“八故”,根据东汉经师郑玄的注释,我们知道它们分别是指征、象、与、谋、果、至、雨、瘳。“征”即征伐,与战争有关;“象”指灾变、云雾等;“与”是给人以物;“谋”指谋议;“果”指结果,看看事情成功与否;“至”是来到与否;“雨”是看降雨与否;“瘳”是指病愈与否。可以看出,这八种事情都与人们的生产和生活密切相关,与卜辞中所反映出的龟卜的范围是很相似的,而所占筮事情的结果也只有肯定和否定两种,与卜辞一致。

只靠八种卦象来占筮,所占问的事情及结果都有很大的局限性,缺少变化,不能满足人们的多方面需要。另外,肯定和否定两种结果也不能准确地反映生活的复杂情形。意识到了八卦的不足,便有了六十四卦的出现。从八卦到六十四卦,是《周易》编纂史上的一个重大事件。与八卦相比,六十四卦可以包含更多得多的事物,并增加了结果的可变性。

现在我们来看一下卦辞和爻辞的来历。《周易》最初从八卦演变为六十四卦之时,并没有卦辞和爻辞,即使有,也不是固定的。为了供占筮人方便地说明吉凶,使需要在每一卦、每一爻后面都系上一定的文字。这是一项很复杂的工作。首先面临的一个问题是:在全部六十四卦及三百八十四爻中,哪些卦和爻为吉,哪些卦和爻为凶,哪些卦和爻是先凶后吉等。根据在哪里,我们现在不是很清楚,或许与多年的占筮实践有关。其次,现在我们看到的卦爻辞是哪里来的呢?从历史记载来看,主要是从卜辞和筮辞中挑选出来的。《周礼·春官》说:“凡卜筮,既事,则系币以比其命,岁终,则计其占之中否。”这段话的意思是说,每一次卜筮之后,卜筮人都要将所得的兆象和占断的辞句记录下来,置于府库收藏起来。到年终时,再将一年中积累的卜辞和筮辞加以统计、整理,检查一下有多少应验了,有多少没有应验,然后把已经应验的选出来,作为下一次占筮的依据。可以肯定,《易经》的卦爻辞基本上就是从已经应验了的卜辞和筮辞中挑选出来的。

我们可以举两个例子来说明这一点。如归妹卦六五爻辞云:“帝乙归妹,其君之袂不如其娣之袂良。月几望,吉。”“帝乙归妹”是说殷帝乙把女儿嫁给周文王,“其君之袂不如其娣之袂良”,是说妹妹的嫁妆比姐姐的要好。当时,周人大概对此事进行了占筮,并筮得此爻,结果是吉,而且后来应验了。于是,后来《周易》的编者就把这条筮辞编进去了。另外，有时在一条爻辞中，会涉及两件不同的事，如师卦六五爻辞是:“田有禽，利执言，无咎。长子帅师，弟子舆尸，贞凶。”这里“无咎”以上，讲的是一件事情，是一次占辞。“长子”以下，讲另外一件事情，应是另一次的占辞。可能以前占筮人在筮得师卦六五爻时，有“无咎”和“凶”两种结果，而且都应验了，因此，被编入爻辞中。又如小畜卦上九爻辞为“既雨既处，尚德载，妇贞，厉。月几望，君子征，凶”，这里有“厉”和“凶”两种判断吉凶的词，表明是两次占筮活动的记录。

可以说,《易经》卦爻辞的素材基本上是来源于以前的筮辞，这大概没有什么问题。但是，在从原来的筮辞转变为卦爻辞的过程中，也经过了很多的编排和文字加工。因此,《易经》中有许多卦爻辞都非常整齐，更有些为有韵之文，与《诗经》类似。我们先来看一下乾卦六爻爻辞:“初九，潜龙勿用。九二，见龙在田，利见大人。九三，君子终日乾乾，夕惕若，厉，无咎。九四，或跃在渊，无咎。九五，飞龙在天，利见大人。上九，亢龙有悔。”这里从初九到上九，描述龙由潜伏、在田、跃试、在天到跌下的运动变化过程，构成一个包含丰富意义的整体。乾卦六爻爻辞显然并不是筮辞的堆砌，而是有一个中心观念，有一定的哲理，体现了编者的努力。又如艮卦各爻爻辞是:“初六，艮其趾，无咎。利永贞。六二，艮其腓，不拯其随，其心不快。九三，艮其限，列其夤，厉，熏心。六四，艮其身，无咎。六五，艮其辅，言有序，悔亡。上九，敦艮，吉。”从初六到上九，依次让保护人的脚趾、腿肚、腰部、胸腹部、脸部、额部，由下而上，非常有序，如果不是编者的有意安排，是做不到这一点的。又如渐卦以水鸟为主体，从初六到上九，依次讲鸿渐于干、磐、陆、木、陵、阿等，表现水鸟从山涧、涯岸、高平之地、树林到山岭、大山的运动过程。这显然也出于编者的有意加工。《易经》各卦中，除乾、艮、渐三卦外，还有一些卦如剥、复、临、明夷、兑、观、井、坎、震等的各爻辞之间，也有一定的联系，也可看出编者的努力。

《易经》的卦爻辞中，还有些类似于诗歌，或者说，就是诗歌，如明夷卦初九爻辞说“明夷于飞，垂其翼。君子于行，三日不食”，这是有韵之文。“翼”“食”叶韵,《诗经》中常见。而且“××于飞”之类的诗句,《诗经》中更有多处出现，如“燕燕于飞”(《邶风》)、“黄鸟于飞”(《周南》)、“雄雉于飞”(《邶风》)、“鸳鸯于飞”及“鸿雁于飞”(《小雅》)等。李镜池先生曾将明夷卦初九爻辞和《诗经·小雅·鸿雁》做了一个比较：

明夷·初九	鸿雁篇
明夷于飞，	鸿雁于飞，
垂其翼。	肃肃其羽。
君子于行，	之子于征，
三日不食。	劬劳于野。

可以看出，二者在词句、结构、意境等方面都是很接近的。将这条爻辞放在《诗经》里，谁也不会怀疑它。因此，李镜池先生认为，“明夷初九爻辞，是一首起兴式的诗歌”。

我们再来看一下中孚卦的九二爻辞“鸣鹤在阴，其子和之。我有好爵，吾与尔靡之”，这也是有韵之诗，“和”与“爵”“靡”古音相叶。从意义上来看，通过讲雌雄二鹤的一唱一和，来比喻男女之间的和谐与甜蜜，很有味道，也很有诗意。另外，像震卦卦辞“震来虩虩，笑言哑哑，震惊百里，不丧匕鬯”，否卦九五爻辞“其亡其亡，系于苞桑”，艮卦卦辞“艮其背，不获其身；行其庭，不见其人”等，也都有诗歌的味道。

《易经》的卦爻辞，由于经过了编者的刻意加工，因而有些筮辞看起来很有系统、各爻辞之间有内在的逻辑关系，而且似乎和卦象之间有对应关系。与卜辞相比，无论是从语言形式上，还是从思想内容上，都有了很大的进步，表现出人类智慧的发展。但是，从整体上来看，《易经》的卦爻辞主要还是筮辞的堆砌，大部分卦的各爻辞之间以及各卦之间都缺乏甚至没有逻辑的联系。之所以是这种情形，主要因为《易经》只是一部占筮用的工具书，而不是一部像《诗经》那样的文学作品，或者专门的史书、哲学著作等。

以上我们说明，《易经》卦爻辞的来源非常复杂，后来被人编纂在一起。编者并不是周文王或周公等，而很可能是西周时期的一个或一些卜史。卜史在周代是负责占筮的官吏，《周礼》讲太卜“掌三易之法”，《左传》中记载卜筮活动的大多与卜史有关。卜史每次卜筮之后都要将结果记录下来，看看它们是否灵验，因此，他们有条件掌握很多的占筮记录，可以从中选择。另外，他们对历史都很了解，是当时最有知识的人，因而能够总结历史经验、生活经验，编入卦爻辞中，使得卦爻辞中表现出许多人道教训。

二、《易经》的历史价值

《易经》一书在历史上的价值是多方面的，围绕其内容，这里仅谈以下几点：

第一，《易经》是一部占筮之书，用《易经》算命，虽然不是科学的预测，但由它对吉凶等的说明，可以在一定程度上解除人们心中的疑惑，给人以精神上的慰藉。

《易经》并不是一部一般的迷信著作，与龟卜相比，它突出了人为因素的作用。如就占筮而言，不仅揲蓍成卦的过程需要一定的数学计算知识，而且，用卦象及卦爻辞来说明吉凶更需要具有类推的能力。我们知道，《易经》的内容都是固定的、具体的，如某一卦、某一爻后面都系有固定的卦爻辞，不能变更。本章前面曾讲到，卦、爻辞大部来源于以前占筮的记录，因此，从卦爻辞来看，它只是先于某一事情吉凶的判断。如坤卦的卦辞“利牝马之贞”，起初就只是一次贞问牝马吉凶的占筮活动之记录。但是，在运用《易经》进行占筮活动时，所要占筮的内容却是多方面的，因此，在绝大多数条件下，所要占筮的事情和卦爻辞所记的事情是不会相同的，但为了说明吉凶，筮者就必须在二者之间建立一种类比的联系，由此事之吉凶推出彼事之吉凶。这种推理当然是不科学的，因为只有在同类的事物之间才可以进行推理，但是在占筮活动中真正遇到同类事物的情况很少，而且即使偶然遇到了同类的事物，由于其他条件的不同，也未必就存在可以类推的关系。所以，基本上，用《易经》算命都会流于联想和附会。

但是，占筮仍然有其积极的作用。人们之所以去占筮，并相信占筮，乃是因为对某些事情的成败吉凶等没有把握，心有疑惑。而通过用《易经》占筮，通过《易经》对吉凶的说明，人们可以首先在心理上感到稳定与满足，对要发生的事情有了较充分的准备。另外，特别是在发生不幸的事情时，通过占筮也可以获得心理安慰，或者恢复信心，或者安于命运，帮助稳定人们的情绪，或者用一句古话说，《易经》可以帮助人们安身立命。

第二，《易经》所涉及的领域非常广，从自然、社会到人生，无所不包，其中有很多生活智慧，对人们有启发指导作用，如坤卦六二爻辞说“履霜坚冰至”，是对自然现象的认识，并借以说明人事；豫卦六二爻辞说“介于石，不终日”，介是坚硬之义，这是说坚硬得像石头一样的东西，是不会长久的。另外，《易经》对谦、节等德行都很赞赏，认为谦虚及节俭对人、对国家都有利，无疑是生活经验的总结。

值得指出的是，在《易经》的生活智慧中，充满了忧患意识。在很多情况下，《易经》都要求人们小心翼翼、谨慎警惕。如乾卦九三爻辞说“君子终日乾乾，夕惕若，厉，无咎”，认为即使有危险或困难情况，君子只要忧思戒惧，就可以无咎。需卦上六爻辞说“人于穴，有不速之客三人来，敬之，终吉”，认为对不速之客，以恭敬、礼节相待，就会有好结果。又如履卦九四爻辞说“履虎尾，愬愬，终吉”，这是说踩到了老虎尾巴，如果小心戒惧的话，会有好结果。以上主要是说在不利的情况下，如有忧患意识，可以转危为安。《易经》卦爻辞中有些地方还讲到，如没有忧患感的话，则容易出现凶的情况。如家人卦九三爻辞就说“家人嗃嗃，悔，厉，吉。妇子嘻嘻，终吝”，这里前半段讲由悔可以化厉为吉，而嘻嘻则可以导致最终不利的情形。

第三，《易经》中已经具备了逻辑思维、辩证思维的萌芽。《易经》作者之所以具有忧患意识，从根源上讲，是对于辩证思维有了一定的把握。这主要是指《易经》对于世界上的对立现象以及对立物之间互相转化有了一定的认识。泰卦九三爻辞说：“无平不陂，无往不复，艰贞无咎。”平与陂、往与复是两组对立面，它们之间可以互相转化。正是了解到此点，才在后面提出“艰贞无咎”这一命题。《易经》中的对立转化思想很丰富，我们前面曾有论述。

所谓《易经》中逻辑思维的萌芽，主要是说，在《易经》的卦象和卦序中，体现着对立面的排列组合的思想。从卦象上来看，由阴阳二爻，经过三重叠，只能得出八种卦象，八卦两两相重也只能有六十四种卦象。可以看出，八卦和六十四卦的构成根据的是演绎逻辑思维的法则。就卦序来说，六十四卦的排列体现了“两两相偶，非覆即变”的法则，这也是承认卦象存在着对立面，由对立面所构成。《易经》中的逻辑思维和辩证思维给后来哲学的产生与发展以很大影响。

第四，《易经》是中国古代哲学的一个源头。《易经》虽然是一部卜筮之书，但是，由于其中包含了大量理性思维的内容如生活智慧、辩证思维等，因而成了中国哲学的一个重要思想来源。从春秋时候起，很多人就开始从哲理的角度解释《易经》。如《左传·襄公九年》记载穆姜解释《易经》中的“元亨利贞”说：“元，体之长也；亨，嘉之会也；利，义之和也；贞，事之干也。”显然是立足于哲理化的立场。这是解释卦爻辞的一例。就对卦象的解释来看，《左传·昭公二十九年》记载史墨说“雷乘乾曰大壮䷡，天之道也”，可以看作进行哲理说明的一例。这以后，《易经》的思想对于最早的哲学家老子和孔子都有很大影响。特别是古代重要哲学著作《易传》，以解释《易经》的形式出现，更可以说明《易经》对于哲学发生和发展的重大作用。

第二章 《易传》

第一节 《易传》的形成和特质

今本《周易》不但有经，而且还有传。《易传》是一部战国以来系统解释《周易》经文的论文集。它们是《彖传》上下篇、《象传》上下篇、《文言传》、《系辞传》上下篇、《说卦传》、《序卦传》、《杂卦传》，共七种十篇。这十篇著作自汉代起，又被称为“十翼”。“翼”是羽翼，为辅助之意，表示它们是解释《周易》经文的，其意义与相对经而言的“传”相同。先秦、秦、汉时期的《易传》有很多种，但它们的地位和影响，没有哪一种能跟今本《易传》相比。早在战国，或者至少在汉初，今本《易传》的大部分就已经取得“经”的地位，被人们尊称为“易”了。

《易传》之所以能够被人们尊之为经，既跟它们的形成年代有关，更跟它的作者、它深邃的思想有关。从司马迁的《史记·太史公自序》到唐孔颖达的《周易正义》，人们都认为《易传》十篇系孔子所作，是圣人之言。

从宋代的欧阳修起，到清代的崔述，特别是至近、现代，人们对《易传》的作者和时代都提出了不同的看法。欧阳修作《易童子问》怀疑《系辞传》为孔子所作；崔述作《洙泗考信录》进而认为《易传》不出孔子而出于七十子以后之儒者。近人在他们的基础上，又提出《易传》或出于战国中期，或出于战国末期，或出于秦汉之际，或出于西汉昭、宣以后。总之，认为《易传》各篇非出于一人一时。这些说法，既有科学的创见，也不乏疑古过勇之处。下面，我们分别就《易传》的形成年代、作者及其性质作一介绍。

一、《易传》的形成年代

在传世的先秦文献中，只有《荀子·大略》与《彖传》有关。《大略》对咸卦的解释，与《彖传》所说，大同小异。不同者，《大略》无“二气感应以相与，止而说”，而代之以“以高下下”，用来说明“柔上而刚下”。《荀子·大略》说比《彖传》简略，看来，乃对《彖传》文的节录。《大略》系荀子讲学的记录，引《彖传》文意则从略。由此可知，《彖传》的写成，当在荀子以前。

从马王堆三号汉墓出土的帛书《二三子问》、《衷》(原定名为《易之义》)和《缪和》来看，《彖传》的形成至少当在战国末期以前。《二三子问》《缪和》分别引用了《谦·彖》之文。尤其是《缪和》的记载，又见于《韩诗外传》和《说苑》。有趣的是，《韩诗外传》对《缪和》与《谦·彖》相同的"天道亏盈而益谦"一段称之为"易曰"，引《缪和》其他部分则不称之为"易"。说明《缪和》《二三子问》是袭用《彖传》之文。帛书《衷》有"益(泰)者，上下交矣"和"丰之虚盈"说，也是取自《泰·彖》和《丰·彖》。据考证，帛书《缪和》的写成当在《吕氏春秋》和《韩非子》以前。由此可见，《彖传》的形成肯定在《吕氏春秋》《荀子》之前。

《象传》包括《大象》和《小象》。高亨先生认为，《大象》只解六十四卦的卦名和卦义，不及卦辞，因《彖传》已解卦辞，故《象传》出于《彖传》之后。《彖传》只解卦辞，而不及爻辞。《小象》则补以爻辞，并采爻位说，亦《象传》晚出之证。但亦有从释别卦卦象的体例分析，认为《大象》早于《彖传》者。

《小象传》成书的下限，当在秦汉之际以前，可以说是战国后期的作品。因为《礼记·深衣》曾明引过坤卦六二爻《小象》之文，并尊之为"易"。

《文言》人们一般认为它出于《彖传》《象传》之后。因为它解释乾、坤两卦，多是引《彖传》《象传》文意加以发挥。但《吕氏春秋·应同》《荀子·大略》《礼记·中庸》有一些与《文言》类似的话，据分析，它们都袭自《文言》。帛书《二三子》论龙德，论乾卦上九爻辞，许多话也同于《文言》。《缪和》的"元者，善之始也"说和"亨者，嘉好之会也"说，比起《左传·襄公九年》所载来，更近于《文言》。可见《文言》也当是战国时期的作品，其下限当在《吕氏春秋》以前。

《系辞》之文，陆贾《新语》一书有两次明引，并尊之为"易曰"，此外还有暗引，兹不繁举。《吕氏春秋·大乐》《礼记·礼运》《乐记》《庄子·天道》有许多与它类似的话。据分析，皆是袭自《系辞》。1974 年年初，长沙马王堆三号汉墓出土了帛书《系辞》。其内容基本同于今本，仅少了一些章节。这些不见于今本的文字，在其祖本中基本上是存在的。马王堆三号汉墓葬于汉文帝前元十二年（前168），帛书抄写讳邦为国，但不避汉惠帝刘盈讳，其时代应在汉初高祖年间。就其祖本来说，早于高祖年间是毫无问题的。特别是抄写时间与帛书《系辞》相同的帛书《衷》，不但大量引用了《系辞》之文，而且三次称之为“易日”。这与陆贾《新语》称引《系辞》所反映出来的事实是一致的:《系辞》应该是战国时期的作品。

关于《说卦》司马迁说，孔子“序《彖》《系》《象》《说卦》《文言》”。当是汉武帝时《说卦》尚存，故为太史公所亲见。马王堆三号汉墓所出帛书《衷》中，就摘引了《说卦》的前三章，而且帛书六十四卦排列的顺序也是基于《说卦》中的乾坤父母说。可见，在帛书《周易》和《衷》写成时,《说卦》就早已产生了。所以，它也当是战国时期的作品。

《序卦》之文,《淮南子·缪称》称引过。《韩诗外传》卷八说:

> 孔子曰:“《易》，先《同人》后《大有》，承之以《谦》，不亦可乎！”

此说系从《序卦》概括出，因为传说包括《序卦》在内的《易传》为孔子作，故将《序卦》文意称为“孔子曰”。从银雀山一号汉墓所出土的竹简宋玉《御赋》可知,《小言赋》确为战国晚年的作品。《小言赋》中楚襄王有这样一段话:

> 一阴一阳，道之所贵；小往大来,《剥》《复》之类也。是故卑高相配而天地位，三光并照则大小备。

这几句话全本于《易传》。由此看来，宋玉和楚襄王都是熟读过《序卦》《系辞》的。

对于《易传》来说,《序卦》是目录。依据古书惯例，目录当居于最后。由此可知，最初《易传》是没有《杂卦传》的。依王充《论衡·正说》,《杂卦传》是汉宣帝初年才补入的。所以它附于《序卦》之后，居于最末。《杂卦传》为汉武帝时河内女子发老屋所得，也可能是先秦的作品。

总的来说,《易传》七种十篇的下限都不出战国。其中《彖传》等可能要早些,《序卦》等可能稍晚些。

二、《易传》的作者

《易传》各篇非成于一时，它的作者自然也并不只一个人，说它们都是孔子亲手所著的传统观点，今天已经被大多数人否定了。但是，《易传》是否与孔子有关，这又是一个值得探讨的问题。

汉人一般都认为孔子与《易传》有密切关系，如司马谈把“正《易传》，继《春秋》”看成是孔子事业的继续（《史记·太史公自序》）；司马迁《史记·孔子世家》说“孔子晚而喜《易》，序《彖》《系》《象》《说卦》《文言》”；陆贾《新语·道基》说“后圣乃定五经，明六艺”。李学勤先生认为，这里的“后圣”指孔子，“定五经”肯定包括定《易》在内。而孔子定《易》肯定不止是说孔子仅仅读过《周易》，否则，就不能用一“定”字。这就是说，陆贾“孔子定《易》”说和司马谈“正《易传》”是一致的。到东汉班固《汉书·艺文志》进而认为“孔氏为之《彖》《象》《系辞》《文言》《序卦》之属十篇”。

孔子曾经读过《易》，这是历史事实。《论语·述而》篇记载：

> 子曰：加我数年，五十以学《易》，可以无大过矣。

这是孔子学《易》的明证。值得注意的是，帛书《要》记孔子力辩他“好《易》”“与史巫同途而殊归”，唯恐人们对他有所误解，说“后世之士疑丘者，或以《易》乎”。其语气与《孟子·滕文公下》所记孔子“知我者，其惟《春秋》乎？罪我者，其惟《春秋》乎”极其相似。帛书《要》的作者，同样认为孔子晚而好《易》，这说明，孔子之于《周易》不只是读者，而是有所领悟或阐发。

汉人和帛书的说法是有根据的。《论语·子路》篇说：

> 子曰：“南人有言曰：‘人而无恒，不可以作巫医。’善夫！”“不恒其德，或承之羞。”子曰：“不占而已矣。”

“不恒其德，或承之羞”，乃《周易》恒卦九三爻辞。意思是说人无恒德，难免蒙受羞侮。孔子则以南人所说人无恒心，不可作巫医，解释此爻辞，强调卦爻辞的道德修养的意义。后一句是说，善学《易》的人，懂得此道理，不必去占筮。在孔子看来，《周易》的用处，是提高人的道德修养的境界，不是卜问吉凶祸福。此是孔子对《周易》的新诠释。此种解《易》学风，后来影响渐大。《易传》对卦爻辞的解释，大都取孔子的人道教训之义。《象传》与《文言传》尤为突出。因此，否认《易传》和孔子《易》说的关系，是不正确的。但认为《易传》主要阐发孔子的思想，同样缺乏证据。如《易传》的精髓是讲阴阳变易法则，而阴阳变易观念则出于道家和阴阳家，此种观念并不来自儒家的传统。

总体来说，今本《易传》与孔子有着密切的关系，可能出于战国时期的孔子后学之手。因受时代思潮的影响，又吸收了其他学派的思想，是战国时代学术大融合的产物。

三、《易传》的特质

《易传》和《易经》既有联系又有区别。传是解经的，但《易传》对《易经》的解释，也融入了许多作者自己的新思想。

《易传》继承了占筮的象数观念，对《易经》的占筮作了理论化的解说，同时也把《易经》本身所蕴含的义理提升到了一个新的高度。就其实质而言，《易传》已完全是一部哲学著作。

《易传》虽然是一部哲学著作，但它毕竟是解释《易经》和筮法的，又同占筮有着密切的联系。《易经》的卦序、爻位、卦象甚至筮法，在《易传》里都有系统的阐述，形成了一套规范。所以，就占筮这一形式而言，在《易传》中也理论化了，《易传》因而也是一部占筮的理论著作。当然，形式服务于内容，《易传》是通过解释占筮来表达其自然观和社会观的。可以说，《易传》有两套语言：一是关于占筮的语言，是解释卦象、爻象、爻位、筮法的；二是哲学语言，是讲宇宙和世界的变易法则、人类社会的起源和发展规律的。这两套语言，有时分开讲，更多的时候是合着讲，占筮中有哲理，哲理中有占筮；既是讲哲学，又是讲占筮。不懂《易传》的占筮语言，我们就无法深入地了解其哲理；不顾它的哲学语言，什么都以占筮作解，也只能陷入荒谬。我们学习《易传》既要了解其哲学属性，又要懂得其占筮语言的特点。

第二节 《彖传》

《彖传》是今本《易传》七种中的第一种，分为上下两篇。彖，本指卦辞，《彖传》则是解释卦辞的。因为《周易》的卦名往往寓于卦辞之中，或者和卦辞联在一起，所以《彖传》也兼释卦名，并由卦名、卦辞进而阐释一卦之义。《彖传》是解彖辞的，故也称《彖辞传》。古人文省，也将其简称为《彖》。

《周易》六十四卦共有六十四条卦辞，《彖传》因而也有六十四条。在通行本《周易》中，它逐条附于每一卦的卦辞之下。只有乾卦特殊，其《彖》附于卦、爻辞之后，卦辞之下是爻辞、用辞，用辞之下才是《彖》。这种拆散《彖传》而附于经的做法，并非《彖传》的本来面貌。《彖传》本来是独自成篇的。汉石经本《彖传》分为上、下两篇，就是如此。

《彖传》解经有其特殊的体例，其思想也非常深刻。了解其体例，把握其思想，对于读《易》是很有帮助的。

一、《彖传》解经的体例

《彖传》解经的体例，前人如王弼的《周易略例》、孔颖达的《周易正义》都进行过阐发，但都较为简略。今人后出转精，其中以黄沛荣《周易彖象义理探微》说最为详尽、允当。今以黄说为主，分述如下。

1. 分析别卦卦体

《彖传》对别卦卦体的分析，一是从经卦的卦德入手，二是从经卦的卦象入手。

所谓经卦的卦象，指八卦的取象，即八卦的事物象征。如乾的取象有大、君子、上（居上位者），坤的取象有地、小人、下（居下位者），震的取象有雷，巽的取象有风、命（教令）、木，坎的取象有水、雨，离的取象有火、明（日）、电、女，艮的取象有山、男、贤人，兑的取象有泽（水）、女。

所谓经卦的卦德，即八卦的性质，亦即八卦的德性象征。如乾的卦德有健、刚、阳，坤的卦德有顺、柔、阴，震的卦德有动、刚，巽的卦德有人、柔、巽（逊），坎的卦德有险、刚，离的卦德有丽、柔、文、明、文明、聪明，艮的卦德有止、刚、笃实，兑的卦德有说、柔。

屯卦的卦体为䷂，下震上坎。《彖传》说：

> 动乎险中，大亨贞。雷雨之动满盈。

所谓“雷雨”，就是以经卦的卦象解释屯卦卦体的构成。雷，指下震；雨，指上坎。震为雷，坎为水，雨即水。所谓“动乎险中”，则是以经卦的卦德来解释屯卦卦体的组合之义。屯卦的下体为震，震的德性象征是动，屯卦的上体为坎，坎的德性象征为险，所以屯卦的卦体组合就体现出在危险中变动发展之一义。

又如泰卦的卦体为䷊，下乾上坤。《彖传》说：

> “泰。小往大来吉亨。”则是天地交而万物通也，上下交而其志同也。内阳而外阴，内健而外顺，内君子而外小人。君子道长，小人道消也。

所谓“大地”“上下”“君子”“小人”都是指泰卦上下体乾与坤两经卦的事物象征，乾为天、为上、为君子，坤为地、为下、为小人。泰卦的卦体组合表现了天与地、上与下、君子与小人一定的关系。所谓“内阳而外阴，内健而外顺”，内指别卦的下体，外指别卦的上体。阳、健指经卦乾的德性象征；阴、顺指经卦坤的德性象征。《彖传》认为别卦卦体二经卦的不同组合，有着深刻的含义。所谓“交”“消”“长”就是通过分析泰卦二经卦的卦象和卦德而得出的别卦之德。

2. 阐释卦名卦义

《彖传》解经，往往由卦名而及卦义，从别卦卦名入手，推阐一卦之旨。

其释卦名，或用义训，或用声训，或两者并用。如《师·彖》说：“师，众也。”师指军队，军队部属众多，所以用“众”这一特性揭示师卦卦名的含义。《比・彖》说：“比，辅也。”《说文》：“比，密也，二人为从，反从为比。”所以说比卦卦名有辅弼之义。《需・彖》说：“需，须也。”需、须古音声韵皆同，以须释需，属于声训。《咸・彖》说：“咸，感也。”咸、感古音同，感从咸得声，以感释咸，是通过声音的联系，揭示咸卦卦名的意义。《习坎・彖》说：“习坎，重险也。”坎与险，古音相近，坎又有险义。这种解释，既有声音的联系，又有意义的联系，属于兼用声训、义训。《剥・彖》说：“剥，剥也。”这是说剥卦的卦名有剥落义，属于同字相训。

《周易》六十四卦中，全卦六爻系有卦名的，共十四卦；五爻系有卦名的，共十三卦；四爻系有卦名的，有十四卦；六爻不见卦名的，仅七卦。全经三百八十四爻，系有卦名的共有二百三十九爻。所以卦名作为一卦的标题，往往就揭示了全卦的主旨。

《彖传》以卦名为线索，直探卦义。其方法大致有二：

一是就别卦卦名本字进行推阐。如《谦・彖》说：

> 谦“亨”。天道下济而光明，地道卑而上行。天道亏盈而益谦，地道变盈而流谦，鬼神害盈而福谦，人道恶盈而好谦。谦尊而光，卑而不可逾，“君子”之“终”也。

这是由卦名谦而阐发“谦”之美德，由天道而论及地道，由鬼神而论及人道，由尊者而论及卑者，强调“谦”德的普遍意义。《睽・彖》曰：

> 天地睽而其事同也，男女睽而其志通也，万物睽而其事类也。睽之时用大矣哉！

这是揭示睽卦化“睽”为“合”的卦旨。睽义为对立、乖睽，但异中有同，对立中有统一。天地一上一下是对立的，但它们化育万物的事理却相同；男女一为阳一为阴是不同的，但他们交感求合的心志却相通；天下万物尽管各有不同，但它们禀受天地阴阳气质的情状却相类似。总的来说，睽中有合，睽卦包含着深刻的哲理。这种对卦旨的阐释、发挥，都是扣住卦名睽字进行的。

二是就卦名之义进行论述。如《颐・彖》曰：

颐。"贞吉"，养正则吉也。"观颐"，观其所养也。"自求口实"，观其自养也。天地养万物，圣人养贤以及万民，颐之时大矣哉！

这是先揭示卦名之义为养，再从养字入手，阐释"养天下"的道理。《恒・彖》也是如此：

恒，久也。……"恒亨无咎。利贞"，久于其道也。天地之道，恒久而不已也。"利有攸往"，终则有始也。日月得天而能久照，四时变化而能久成，圣人久于其道，而天下化成。观其所恒，而天地万物之情可见矣！

恒义为久，而恒久既是自然之道，也是圣人之道。因此恒卦的久义，实际概括了天地万物的性情。这两种方法，虽有直接和间接之别，但都是就卦名而论卦义。

3. 解释卦辞

解释卦辞，是《彖传》的主要工作。《彖传》对卦辞的阐释，其方法灵活，不拘一格。如《否・彖》：

"否之匪人。不利君子贞。大往小来"，则是天地不交而万物不通也，上下不交而天下无邦也。内阴而外阳，内柔而外刚，内小人而外君子。小人道长，君子道消也。

这是先举出卦辞，再对卦辞作总体阐释。《泰・彖》《观・彖》等都是如此。

又如《咸・彖》：

柔上而刚下，二气感应以相与，止而说，男下女，是以"亨利贞取女吉"也。

这是先解释卦辞之义，随后再举出卦辞以印证。《大有・彖》《晋・彖》《旅・彖》《巽・彖》等也都是如此。这是第二种方式。

又如《蛊・彖》：

> 蛊“元亨”，而天下治也。“利涉大川”，往有事也。“先甲三日，后甲三日”，终则有始，天行也。

这是先分别引出卦辞，再逐句进行阐释。这种方式最为常见，《蒙・彖》《需・彖》《讼・彖》等都是如此。

4. 解释别卦卦象

《周易》六十四的卦名卦义，也有少数与卦形之象有关。《彖传》的解释就揭示了这一点。如《噬嗑・彖》曰：

> 颐中有物，曰：噬嗑。

颐卦的卦形为 ䷚，颐义为口腮，颐卦的卦形像口腮形状。噬嗑的卦形为 ䷔，第三爻正像口腮中所含之物。所以《彖传》就以口腔中含有食物这一卦形之象来解释噬嗑卦卦名的意义。《鼎・彖》也是如此：

> 鼎，象也。以木巽火，烹饪也。

这是说鼎卦之名来自“鼎”的形象。鼎卦的卦形为 ䷱。初六爻像鼎之双足，六五爻像鼎之两耳，上九爻则像鼎盖，中间的九二、九三、九四三爻则像鼎腹之形。从整体上看鼎卦的卦形像一只鼎，而分别看，上下卦的卦象也含有用鼎烹饪之意。这些解释，应该说是非常生动的。

5. 剖析爻位爻义

卦辞是总说一卦大义的。而最能体现卦义的，则在一卦的主爻。故《彖传》解释卦辞等，也兼取爻位、爻义。

《彖传》以爻位说经，主要术语有“中”“刚中”。所谓“中”是指别卦的二爻或五爻，因为它们分别居于下、上经卦之中位。如《讼·彖》曰：

> “讼有孚”，“窒惕中吉”，刚来而得中也。

所谓“刚来而得中”，是说讼卦 ䷅ 与需卦 ䷄ 反对，讼卦的九二爻自需卦的九五爻而来占据下卦的中位。

所谓“刚中”，是指阳爻居中位。如《比·彖》说：“‘原筮元永贞无咎’，以刚中也。”比卦的卦形为 ䷇，其九五爻居上卦之中位。九五爻是阳爻，阳爻居中，故称“刚中”。又如《困·彖》曰：“‘贞大人吉’，以刚中也。”困卦的卦形为 ䷮，居上卦、下卦中位的，均为阳爻，故云“刚中”。

《彖传》又以爻位说和爻德说相结合以释经，提出了“正”“正位”“当位”“得位”等概念。如《遁·彖》说：

> 遁“亨”，遁而亨也。刚当位而应，与时行也。

遁卦的卦形为 ䷠，下艮上乾。所谓“刚当位”是指第五爻阳爻居之，阳爻居奇位，故称“当位”。《家人·彖》又说：“家人，女正位乎内，男正位乎外。男女正，天地之大义也。”家人卦的卦形为 ䷤，下离上巽。所谓“女正位乎内”，指内卦（即下卦）中位是阴爻居之，阴爻居偶位，故称“正位”。“男正位乎外”，是指外卦（即上卦）中位阳爻九五居之，阳爻居奇位，也称“正位”。内卦外卦中位都是阳爻居奇位，阴爻居偶位，故称“男女正”。如《涣·彖》说：

> 涣“亨”，刚来而不穷，柔得位乎外而上同。

涣卦 ䷺ 与节卦 ䷻ 为反对卦。所谓“刚来而不穷”是指涣卦的九二自节卦的九五来，故亨通而不穷。所谓“柔得位乎外而上同”，是说外卦的第四爻是阴爻居之，阴爻居偶位，故称“得位”。相反，如果阳爻居偶位或阴爻居奇位，就称为“不当位”或“失位”，如未济卦和小过卦《彖》文所说。

如果上、下卦的中爻是阳爻居奇位，阴爻居偶位的话，《彖传》就称为“中正”。如《讼·彖》曰：

“利见大人”，尚中正也。

讼卦 ䷅ 下坎上乾。上卦九五是阳爻居奇，为正位，而且又处上卦之中位，故称“中正”，是既居中又得正。《彖传》认为正者多吉，而“中正”尤其吉利。

从组成别卦的内外经卦相对的爻位关系着眼，《彖传》又有所谓“应”“敌”的说法。如《比·彖》曰：“上下应也。”比卦 ䷇ 下坤上坎。它的六二爻是下卦之中爻，与上卦之中爻九五阴阳相配，“异性相吸”，故云“上下应也”。《恒·彖》曰：“刚柔皆应。”恒卦 ䷟ 下巽上震。它内卦的初六与外卦的九四、九二与六五、九三与上六，皆阴阳相配合，故曰“刚柔皆应”。如果别卦内、外卦相对应的爻位是同性，则称为敌。敌是应的反面。如《艮·彖》说：“上下敌应，不相与也。”艮卦 ䷳ 下艮上艮，初六与六四、六二与六五、九三与上九的关系皆为同性，“同性相斥”，所以称为“敌应”，相互敌对，不相交往亲与。

从相邻爻位的关系着眼，《彖传》又有“乘”“顺”“志行”等说。所谓“乘”，就是指阴爻居于邻近的阳爻之上。如《夬·彖》曰：“柔乘五刚也。”夬卦 ䷪ 下乾上兑。其阴爻上六居于五阳爻之上，阴为柔，阳为刚，故曰“柔乘五刚”。所谓“顺”是指柔爻居于相邻的刚爻之下，有阴顺阳之义。如《巽·彖》说：“柔皆顺乎刚。”巽卦 ䷸ 下巽上巽。内卦初六爻居九二、九三爻之下，外卦六四爻居九五、上九爻之下，阴为柔，阳为刚，故曰“柔皆顺乎刚”。所谓“志行”，是指阳爻居于阴爻之上。如《小畜·彖》说：“健而巽，刚中而志行，乃亨。”小畜卦 ䷈ 下乾上巽。“刚中”指阳爻九五居外卦之中位；“志行”则指阳爻九五居阴爻六四之上。“志行”实质上不过是“顺”的另一种说法而已。

《彖传》分析爻位关系的意义，是想在一卦六爻中确定最能反映卦旨的主爻。《彖传》所论述的主爻，共有六十一个，出现在四十五卦中。据统计，九五为主爻的有二十四次，九二为主爻的有十三次，六五有八次，六二有六次，初九三次，六四与上九各两次，九四、六三与上六各一次，初六与九三则无。其中二或五爻为主爻者，共五十一次，其他仅十次。以阴爻为主爻者，共十八次；阳爻为主爻者，共四十二次。由此可见，《彖传》贵“中”而且尤贵“刚中”。至于初、三、四、上爻也为卦主之例，王弼《周易略例·明彖》认为“一卦五阳而一阴，则一阴为之主矣；五阴而一阳，则一阳为之主”，以少者为贵之理释之。而李光地《周易折中·义例》则认为是“成卦之主”，以与主卦之主相区别。其说也颇符合《彖传》。

6. 阐发易理

《彖传》在易理的阐发上，有两个突出之点：一是以“时”的概念说卦；二是以“来”“往”“上”“下”“反”“进”等词揭示易卦的反对相次之理。

所谓“时”，就是一卦当时的具体形势、环境与条件。王弼《周易略例·明卦适变通爻》说：“夫卦者，时也；爻者，适时之变者也。”这就是说，每一个六画卦，都代表一“时”，都代表一个具体的事物，这个事物并不是孤立存在的，而是处在具体环境和条件下的事物。六爻，则是用来表现处于特定条件下此一事物发展变化的过程。所以，论卦首先要知“时”，不知“时”则无以论卦。“时”是制约爻的，卦“时”一变，六爻必随之而变，吉则反转而为凶，凶亦反转而为吉。如《泰·彖》说：

> “泰。小往大来吉亨”，则是天地交而万物通也；上下交而其志同也。

泰卦 ䷊ 下乾上坤。乾为天，天气在上而降于下。坤为地，地气在下而升于天。天地的这一升降交换位置，反映了阴阳相交和相通之义。对立双方可通达无阻。所以通达就是泰卦的卦“时”，泰卦这一卦就是用来表示处于通达无阻条件下的具体事物。而其六爻，则各以其所居之“位”的具体环境而适“时”变化。《否·彖》又说：

> “否之匪人。不利君子贞。大往小来”，则是天地不交而万物不通也，上下不交而天下无邦也。

否卦 ䷋ 下坤上乾。坤为地而居于下，乾为天而居于上，阴阳截然对立而不相交，失去了统一性。由此可知，否卦之时就是闭塞不通，否卦这一卦就是用来表示处于否塞不通条件下的具体事物。其六爻，都是以其所处的位置或具体环境来论述如何由否塞不通而向通达发展。所以，卦时是六爻变化的前提，是决定、制约六爻的发展变化的。只有了解卦时，才能掌握一卦之旨，才能正确理解六爻的变化。

今本《周易》六十四卦的排列，按照一定的次序而组成三十二对。这三十二对卦在结构上有反对或相对两种关系。所谓反对，即孔颖达说的“复”。像泰卦 ䷊，下乾上坤，反转过来，就是否卦 ䷋，下坤上乾。又如损卦 ䷨ 下兑上艮，反转过来，就是益卦 ䷩ 下震上巽。也就是说，有反对关系的两卦，它们的爻位实际有着这样的关系：此卦的初爻就是彼卦的上爻，此卦的二爻就是彼卦的五爻，此卦的三爻就是彼卦的四爻，等等。所谓相对，即孔颖达说的“变”，即相对的同一爻位上阴阳截然对立的一对卦。《周易》六十四卦除乾与坤、颐与大过、坎与离、中孚与小过这四组是相对关系外，其余五十六卦二十八组都是反转成偶的。对这些具有反对关系的卦组，《彖传》用了一些特殊的术语如“往”“来”“上”“下”等来揭示其中的联系。

自上而下曰“来”。所谓“来”就指从其反对卦（即反转卦）的上卦爻位来到本卦的下卦爻位。如《讼·彖》说：“刚来而得中也。”讼卦 ䷅ 九二爻为阳爻，它本自其反对卦需 ䷄ 的九五爻下来，占据讼卦下卦的中位，所以说“刚来而得中”。

“来”有时又称为“下”或“反”（返），如《益·彖》说：“自上下下。”益卦 ䷩ 的初九为阳爻，它本自其反对卦损卦 ䷨ 的上九爻而下来，居于益卦下卦之最下，屈尊于本应为“下”的阴爻之下。又《复·彖》说：“刚反。”复卦 ䷗ 初九为阳爻，它本自其反对卦剥 ䷖ 的上九爻而下返。故“反”（返）、“下”即“来”。

自下而上曰“往”。所谓“往”就是指从反对卦的下卦爻位，升到本卦的上卦爻位。如《蹇·彖》说：“往得中也。”蹇卦 ䷦ 的九五爻为阳爻，它本自其反对卦解 ䷧ 九二爻而上升，占据蹇卦上卦的中位，所以说“往得中也”。

“往”有时又称为“上”或“进”。如《贲·彖》说：“分刚上而文柔。”贲卦 ䷕ 的上九为阳爻，它本自其反对卦噬嗑 ䷔ 初九而上升，故说“刚上”。又如《渐·彖》说:“进得位，往有功也。”渐卦 ䷴ 的九五为阳爻，它本自其反对卦归妹 ䷵ 九二而上进，占据渐卦上卦的中位。“往有功”是对“进得位”的解释。“往”即“进”,“有功”即“得位”。所以说“往”有时又称为“进”。前人多以“爻变”或“爻之升降”来理解《彖传》此说，往往可通于此，而不可通于彼。如以反对卦为说,《彖传》之意就非常清楚了。

二、《彖传》的思想

《彖传》的思想丰富而深刻，今从自然观、政治观、人生观三个方面论述。

1. 自然观

《乾·彖》说:

> 大哉乾“元”，万物资始，乃统天。云行雨施，品物流形。大明终始，六位时成。时乘六龙以御天。乾道变化，各正性命，保合大和，乃“利贞”。首出庶物，万国咸宁。

《坤·彖》说:

> 至哉坤“元”，万物资生，乃顺承天。坤厚载物，德合无疆。含弘光大，品物咸“亨”。“牝马”地类，行地无疆，柔顺“利贞”。

这两段话，都是对乾、坤两卦卦辞“元、亨、利、贞”的解释，既是解说乾、坤两卦的卦象，又是表达作者的世界观。

《乾·彖》的意思是，乾有元亨利贞的德行。其元之德为“万物资始乃统天”。就是说，万物赖乾元而始有，并统率天象。就筮法而言，乾卦六爻皆阳，皆为刚爻。阳爻初画，既是乾卦之始，又是六十四卦之始，故称其为“乾元”。“万物”指六十四卦象。“天”指乾卦象。阳爻统率乾卦，所以说“乃统天”。“云行雨施，品物流形”，是解释乾亨之德。其如同云行雨降，滋育万物，流动而成形。就筮法说，指阳爻散布于乾卦或其他六十二卦之中，无有阻塞。“大明终始，六位时成。时乘六龙以御天”，是进一步解说乾卦的元亨之德。就筮法说，“大明”指阳爻，因为日为阳；“六位”指一卦六爻所处之位；“终始”指爻象的变动，始于初爻而终于上爻；“六龙”指乾卦六爻皆龙象；“时乘六龙”是说阳爻居于六爻之位，因时而不同；阳爻周流于乾卦六位之中，所以说“以御天”。“乾道变化，各正性命”，是说万物因天道之变化，各得其应有的本性和寿命。从筮法上说，指乾卦六爻各有其意义，这是解释乾卦的贞德。“保合大和，乃利贞”是解释乾卦的利德，从筮法上说，指乾卦六爻皆阳，无刚柔相杂、柔侵刚之象，其哲学意义是指天时节气的变化极其和谐，风调雨顺，万物皆受其利。“首出庶物，万国咸宁”是说乾卦居众卦之首，统率其他六十三卦，如同天居万物之上，王居万民之首，天下皆得安宁。

《坤・彖》的意思是说，坤卦也有元亨利贞之德。“万物资生，乃顺承天”是说坤元之德。坤卦六爻皆阴，皆为柔爻，阴爻初画，为坤卦之始，辅助阳爻初画，形成六十四卦，故称其为“坤元”。“万物”指六十四卦。这是说万物赖坤元生长，坤元有顺天生物之德。“坤厚载物，德合无疆。含弘光大，品物咸亨”是解释坤之亨德。阴爻遍布于坤卦六位和其他六十二卦之中，所以说坤又有大地载物之德，广大无边，包含万品，万物皆得以通顺。“牝马地类，行地无疆，柔顺利贞”是解释坤卦又有利贞之德。坤卦阴爻有牝马之象，所以说它柔顺端正，周行上下，无不吉利。

《彖传》提出“大哉乾元，万物资始”，“至哉坤元，万物资生”的命题，以“乾元”“坤元”为万物所以生、所以成的首要根据。这种“乾元”“坤元”的内涵是什么呢？应该就是刚柔。刚柔是《彖传》的一个重要概念，它们既是卦象，也是爻象；既可决定卦位的性质，也可决定爻位的性质；既是乾坤二元内在于事物的表征，又是决定事物体性的内在根据。就此而言，乾坤二元对于万物来说具有本原的意义。

“乾元”“坤元”是如何生成万物的呢？《彖传》又提出了交感说。比如《泰・彖》说：“‘泰，小往大来吉亨’，则是天地交而万物通也。”认为万物的通顺是由于天气和地气的相交。《姤・彖》说：“天地相遇，品物咸章也。”认为万物的昌盛发展是由于天地阴阳的遇合。《咸・彖》说：“天地感而万物化生……观其所感，而天地万物之情可见矣。”认为天地二气的交感造成了万物的化生，交感是大地万物之情。

《彖传》还提出盈虚消息说。《易》是变易之书，《彖传》将变易之理，凝聚在盈虚消息说里。《丰·彖》说："日中则昃，月盈则食，天地盈虚，与时消息，而况于人乎，况于鬼神乎！"这是说日中则西斜，月满则亏损，天地万物有盈有虚，时消时长，不但人类如此，连鬼神也是这样。这实际就是说，从自然到社会，一切都是运动变化的。所以《剥·彖》主张君子要以"消息盈虚"为贵，要懂得事物变易是"天行"，是自然之理。

对事物的消息盈虚，《彖传》认为是有规律的，而这种规律，人们又是可以认识和掌握的。为此，《彖传》提出了恒久说。《恒·彖》曰：

> "恒亨无咎。利贞"，久于其道也。天地之道，恒久而不已也。"利有攸往"，终则有始也。日月得天而能久照，四时变化而能久成。圣人久于其道，而天下化成。观其所恒，而天地万物之情可见矣。

这是通过阐释恒卦卦辞说明事物的变动有其法则，其法则永恒不改。掌握了事物变化的这种永恒法则，人就可以与天地参，就可以看到大地万物的真实情况。

在此基础上，《豫·彖》还提出了顺动说：

> 豫。刚应而志行，顺以动，豫。豫顺以动，故天地如之，而况"建侯行师"乎？天地以顺动，故日月不过，而四时不忒。圣人以顺动，则刑罚清而民服。豫之时义大矣哉！

豫卦的卦形为 ䷏，坤下震上。坤的德性象征为顺，震的德性象征为动。故说"顺以动"。从上下经卦这一德性象征的组合中，《彖传》引申出了顺规律而行动的认识，认为天地之功、圣人之业，都成于顺规律而动。这种对自然界和人类社会规律性的认识，应该说是很深刻的。

2. 政治观

《彖传》政治观的核心特征一般都认为是"法天治人"，其实，这是很不够的，《彖传》政治观还有法天因人的一面。《彖传》认为，天道是最根本的规律，人道与天道有其同一性。因此，人道必须效法天道，于是就提出了“圣人以神道设教”的命题。《观·彖》说：“观天之神道，而四时不忒。圣人以神道设教，而天下服矣。”神道，指天象变化的规律。称其为神，是赞叹其功能之神妙。圣人效法天象变化之道而设教于天下，天下万民于是就会纷纷顺服。在《贲·彖》中，又提出了“法天因人”说：“观乎天文，以察时变，观乎人文，以化成天下。”观察天文日月星辰交错的现象就能察知四时寒暑相代的规律，观察人类文明礼仪各有其分的现象，就可以教化天下，使人人能具备高尚的道德品质。可以说，“观乎天文”就是法天，“观乎人文”就是因人。

从法天因人出发，《彖传》的政治观表现出两重性。一方面它强调尊卑等级，《泰·彖》说：“内阳而外阴，内健而外顺，内君子而外小人。”阳健、阴顺再配上君子、小人，诸如此类的层次对应关系，把君臣、父子间的主从、上下依附关系说成是自然的，从而把这种人间的关系绝对化、固定化，赋予不可抗拒的性质。《家人·彖》说：

> 女正位乎内，男正位乎外。男女正，天地之大义也。家有严君焉，父母之谓也。父父，子子，兄兄，弟弟，夫夫，妇妇，而家道正。正家而天下定矣。

这种“正家而天下定”的观点，实际是以尊卑有序说为前提的。反映在筮法上，即以尊者为阳，卑者为阴，阴顺阳则吉，阴乘阳则不吉，也就是说，卑者应顺从尊者，不能凌驾于尊者之上。尊者要靠卑者侍奉，卑者要听从尊者的指挥。

另一方面，天道的盈虚变化也给《彖传》以深刻的启发，因而它又提出了变革说。

《革·彖》曰：

> 革，水火相息……“巳日乃孚”，革而信之。文明以说，大亨以正。革而当，其悔乃亡。天地革而四时成。汤武革命，顺乎天而应乎人。革之时义大矣哉！

推行变革能取信于众，变革得当，一切悔恨都将消亡。四时的交替是变革，政权的转移也是变革。《彖传》肯定汤武革命，说它们顺乎天时，合乎人心，这种变革说在政治思想史上的影响是巨大的。

但是，《彖传》肯定变革，并不是为了否定尊卑等级制度，相反，它是在维护尊卑等级制度的前提下而提倡变革的。为了防止这种制度被革掉，《彖传》提出了一系列民本政治说。如《大畜·彖》说的“尚贤”和“养贤”，《颐·彖》说的“圣人养贤以及万民”，《节·彖》说的“不伤财，不害民”，《损·彖》和《益·彖》甚至提出了“损上益下”的命题，主张节制在上者对在下者的剥削压迫。这些“尚贤”“养贤”“不害民”和“损上益下”的命题，是《彖传》政治学说中最富有积极意义的观点。

3. 人生观

《彖传》的人生观，最突出的就是其尚中守正说和好谦说。

儒家以中庸之德为美，中是行事的原则，正确处世的标准。《彖传》以中、正之德为善，所以常以中、正来解释吉凶的原因。如《讼·彖》说：“利见大人，尚中正也。”《离·彖》说：“柔丽乎中正，故亨。”《解·彖》说：“其来复吉，乃得中也。”从筮法来看，中是指别卦的二、五位，正是指阳居奇，阴居偶位。从义理上而言，中为行之中，正为位之正，都是对君子之德的要求。《观·彖》云：“中正以观天下。”《姤·彖》云：“刚过中正，天下大行也。”都是视“中正”为君之德，以“中正”为其理想人格的要求。

《谦·彖》又提出恶盈好谦说：

> 谦“亨”。天道下济而光明，地道卑而上行，天道亏盈而益谦，地道变盈而流谦，鬼神害盈而福谦，人道恶盈而好谦。谦尊而光，卑而不可逾，“君子”之“终”也。

日月损其盈满，正是增益其减损，因为虽日中而西下，月满而亏，但日落又会复升，月亏又会复圆，此是天道之谦；大地改变其高丘的地势，却流布水土于沟洼之中，使其丰满，这是地道之谦；鬼神降灾于骄盈者，却赐福于谦退者，此是鬼神之谦；人类厌恶骄满之人，却爱好谦虚之人，此是人道之谦。总之，能谦之人，尊者愈光大，卑者则不可被人凌越，君子有谦的美德，总有好的结果。这种恶盈好谦的人生观，是从其盈虚消息的自然观中推阐出来的，既是人类长期生活经验的总结，又具有易学思维的特征。

第三节 《象传》

《象传》为今本《易传》七种中的第二种作品，分为上、下两篇。象，本指卦之上下两象及两象之六爻，《象传》则是阐释各卦的卦象及各爻爻象的。

《象传》分为《大象传》和《小象传》。《大象传》六十四条，分别解释《周易》六十四卦的卦名和卦义；《小象传》三百八十六条，分别解释《周易》三百八十六条爻辞和用辞。

在通行本《周易》中，《大象传》和《小象传》分别附于每一卦的卦辞之下（在《彖传》后）和爻辞之下，只有乾卦特殊。这种分传于经的方法，和《彖传》一样，并非《象传》的本来面目。

《大象传》和《小象传》并非出于一时一人之手。因此，我们就分别来谈它们释经的体例和从中表现出来的思想。

一、《大象传》的体例和思想

《大象传》分析别卦的卦象，主取象说，并根据别卦的卦名、卦义发挥其政治观和人生观。

1.《大象传》的体例

《大象传》语辞简练，其六十四条皆由两段话组成，如《遁·大象》:“天下有山，遁；君子以远小人，不恶而严。”《晋·大象》:“明出地上，晋；君子以自昭明德。”

第一段话是分析别卦的卦象并由此点出卦名，第二段话是讲君子等观象而获得的政治和道德启示。我们先来看它是怎样解释别卦的卦体和卦名的。

《遁·大象》所谓“天下有山”，是根据八经卦的取象来解释别卦上、下二体的构成。遁卦的卦形为䷠，上乾下艮。上卦乾的取象为天，下卦艮的取象为山，山在下卦，天在上卦，故云“天下有山”。

《晋·大象》所谓“明出地上”，也是根据八经卦的取象来解释晋卦上、下二体的构成。晋卦的卦形为䷢，上离下坤。上卦离的取象为明，明即火，即日；下卦坤的取象为地。明在上卦，地在下卦，犹如太阳出现在地面上，故云“明出地上”。

《周易》六十四卦有八个别卦是由两个同样的经卦相重而成的，它们是乾、坤、震、巽、习坎、离、艮、兑。《大象传》对它们的解释，也是从经卦的取象上着眼的，如《习坎·大象》:“水洊至，习坎。”坎的卦形为䷜，上坎下坎。坎的取象为水，洊就是再，两。习坎是由两个经卦坎组成的，故云“水洊至”。比较特别的是《大象传》对乾、乾两卦的解释:“天行，健。”“地势，坤。”“天行”和“地势”都是从乾、坤经卦的取象上来解释别卦二体的组成的。乾为天，“天行”是说别卦乾是由天象之阵行组成的。行有阵行，行伍之义。坤为地，“地势”是说别卦坤是由地象之势构成的。一说谓，“天行健”，谓天体运行刚健；“地势坤”，谓地势处于柔顺。

《大象传》基本上没有八经卦的德性象征之说，只有《乾·大象》的“天行健”例外。如上所述，我们认为“天行”乃是指别卦乾的上下二体，因此，“健”也应是卦名而非卦德。在马王堆三号汉墓出土的帛书《周易》经传中，乾字都写作键，“君子终日乾乾”之“乾乾”也写作“键键”。键即健之通假。所以《大象传》与帛书是一致的，健应为卦名。

《大象传》八经卦的事物象征（取象）基本上都同于《象传》，不同的只有《蒙·大象》“山下出泉，蒙”和《屯·大象》“云雷，屯”中坎的取象。蒙卦的卦形为䷃，上艮下坎。艮为山，坎为水。《大象传》以坎为泉，泉、水名异实同。屯卦的卦形为䷂，上坎下震，震为雷，坎为水。《大象传》以坎为云，云乃水气所聚，云、水名异义通。所以，《大象》的取象与《象传》实质上是一致的。

《象传》分析别卦的卦象组合一般都是由上而下，如《蒙·象》曰:“山下有险，险而止，蒙。”而《蒙·大象》却作:“山下出泉，蒙。”“山下有险”与“山下出泉”都是分析别卦之象，皆由上卦而及下卦，而“险而止”，却是分析别卦卦德，故从下卦而及上卦。《大象传》分析别卦只言卦象，不涉及爻辞，所以它以常规由上而下释卦体。而《彖传》解释卦德时，卦德与卦辞有关，而卦辞又与爻辞相关，所以《彖传》就不能不遵爻辞之次序，由初而上。到单纯地讲卦象时，《彖传》就同于《大象传》了。又如《需·大象》说："云上于天，需。"《彖传》曰："险在前也，刚健而不陷。"所谓"险在前"是就卦体之象而言的，故同于《大象传》坎为云，为险；"刚健而不陷"就卦德而言的，故从内至外。

《大象传》先言别卦卦体的组成，再点出卦名，实际是想通过分析卦体之象来解释卦名之义。如《讼·大象》说："天与水违行，讼。"这是说天向西转，水往东流，二者相违而行，像人彼此两相乖戾，互相矛盾，所以导致争讼。这是从卦象的组合来分析讼这一卦名的得名原因。又如《晋·大象》曰："明出地上，晋。"晋者，进也。所谓"明出地上"，是从组成晋卦的两个经卦（上离下坤）的取象而言的。明，指日。卦象的组合有太阳从地面上升起之意，以此来解释晋卦卦名的意义。凡此种种，都是说六十四卦卦名之义，都由卦象而生。

《大象传》的第二段话大部分以"君子以"开头，少数则称"先王以"或"后以"，是作者对卦义的阐析。这段话与第一段话有着密切的联系。也就是说《大象传》对卦义的阐析，或是来源于卦象之义，或是来源于卦名之义。《观·大象》曰："风行地上，观；先王以省方观民设教。""省方观民设教"这一卦义本于卦名观，省、观都有察之义。又如《大畜·大象》曰："天在山中，大畜；君子以多识前言往行，以畜其德。""多识前言往行"之"多"，取义于卦名大畜之"大"，由"大"引申而来；"以畜其德"，取义于卦名大畜之"畜"字。《艮·大象》曰："兼山，艮；君子以思不出其位。"艮为止，而"思不出其位"，则是知思有所止。其他如师、震、恒、颐、小过等卦卦义的解释，也多如此。

除了根据卦名阐析卦义之外，《大象传》还从别卦卦体之象取义为说。如《震·大象》曰："洊雷，震；君子以恐惧修省。""洊雷"为别卦震之象，震上下卦皆为震，震为雷。古人以雷为天威之降，有警恶惩奸之义，所以说君子观震卦之象有"恐惧修省"之心。又如《泰·大象》曰："天地交，泰；后以财成天地之道，辅相天地之宜，以左右民。"泰卦上地下天，所谓"天地之道""天地之宜”之说皆从泰卦上下体之象而来。其他如噬嗑、丰、贲、离、晋、明夷、革、旅、同人、未济、姤、巽、鼎、渐等卦的卦义，也皆如此。

《大象传》从别卦卦体、卦名中摄取卦义，有一明显特点，就是只从正面立言，不谈其负面意义。卦辞、爻辞本来有吉有凶，或者说是吉凶相半，而《大象传》所言之卦义却没有不吉的。比如剥卦、明夷卦，都是凶卦，但《大象传》却说：“上以厚下安宅”，“君子以莅众，用晦而明”。人称是凶中取吉。卦虽然凶，但人谋是起决定作用的，只要人为恰当，凶也能化吉。古人说：“《易》为君子谋，不为小人谋。”《大象传》对卦义的阐释，尤为明显。这也可以说是一种正面引导吧。

2.《大象传》的思想

《大象传》的思想是纯粹的儒家思想，基本上可分为政治观和人生观两部分。

《大象传》的政治观基本上是儒家的民本论。《师·大象》曰：“君子以容民畜众。”“容民畜众”就是养民以得众。师卦是讲王者用兵之道的，所谓“容民畜众”也就是民为兵本之意。《谦·大象》说：“君子以裒多益寡，称物平施。”“裒多益寡”与“损上益下”意同。“称物平施”就是权衡各种事物，公平地施予，这对民应该是有利的。《剥·大象》说：“上以厚下安宅。”这是说君主只有厚下，恩加百姓，才能“安宅”，巩固统治。

除了“容民畜众”“裒多益寡”“厚下安宅”这些德治主义的主张外，《大象》又有法治的观点。如《噬嗑·大象》提出了“明罚敕法”说，《丰·大象》有“折狱致刑”说，但从“明慎用刑”(《旅·大象》)、“赦过宥罪”(《解·大象》)、“议狱缓死”(《中孚·大象》)诸说来看，《大象》法治主张还是本于儒家的民本思想。

《大象》对卦义的阐述，多取道德教训义，特别强调道德修养。为此，它提出了“育德”(《蒙·大象》)、“崇德”(《豫·大象》)、“厚德”(《坤·大象》)诸说。

如何“崇德”呢？《大象》提出了“修省”的主张。《震·大象》说：“雷，震；君子以恐惧修省。”“修省”就是检查、反省自己的行为。《蹇·大象》说：“山上有水，蹇；君子以反身修德。”“反身”就是检查自己，看自己的行为有没有过错。“修德”，就是有过则改，无则加勉。《益・大象》说得更明白：“风雷，益；君子以见善则迁，有过则改。”“见善则迁”就是“见贤思齐”，勇于积极地向贤者学习。这样，就能做到“顺德，积小以成高大”（《升・大象》）。

此外，《大象传》还提出“自强不息”（《乾・大象》）说，“厚德载物”（《坤・大象》）说，“独立不惧、遁世无闷”（《大过・大象》）说，“远小人”（《遁・大象》）说等。这些主张，都是阐发儒家的修养功夫论，对后人都有很大的影响。

总之，《大象》解经的特点，前半句讲天道，后半句讲人事，认为天道与人事有同一性，故因天道而明人事。

二、《小象传》的体例和思想

《小象传》是解释爻辞的，其解说分为取义说和爻位说两种，其思想主要是关于修养论、伦理论和政治论方面的。

1.《小象传》的体例

《小象传》释爻辞以爻位说为主，同时也采取取义说，这两种方法交集在一起，具体可分为阐明易理、训释字义、阐释爻德、诠释爻位、阐释爻义五种，现分述如下。

①阐明易理

《小象传》以反对、时为重要的易理，在解释爻辞中，很注意突出这些观念。如《睽・六五・小象》说：“‘厥宗噬肤’，‘往’有庆也。”“‘往’有庆”是说睽卦䷥六五爻是从其反对卦家人䷤六二爻上升而来，而与内卦九二遇合，睽卦六五“得中而应乎刚”，既占据上卦的中位，又与下卦九二阴阳相应，所以说“有庆”。又如《益・六二・小象》曰：“‘或益之’，自外来也。”益卦䷩的反对卦对损卦䷨，益卦的六二爻就是损卦的六五爻，所以两爻的爻辞都有“或益之十朋之龟，弗克违”之语。损卦六五爻居外卦之中，变为益卦的六二爻则为内卦之中。所以说益卦六二爻是“自外来”，是自损卦六五爻而来。《小象传》的这些解释，正揭示了《周易》反对卦的关系。其“来”“往”之义与《彖传》同。

《小象传》也屡以“时”的观念来解释爻辞。如《坤·六三·小象》:“含章可贞，以时发也。”《井·初六·小象》:“旧井无禽，时舍也。”“时发”就是说可发则发，唯其时之宜。只要时机一到，“含章”就可以发挥作用。“时舍”就是说为时所暂弃。但“旧井”只要加以修治，时机一到，又可以有用。

②训释字义

《小象传》对字义的解释，方法很灵活。如《乾·九四》:“或跃在渊，无咎。”《小象》曰:“或跃在渊，进无咎也。”以“进”释“跃”。又如《屯·六二》:“女子贞不字，十年乃字。”《小象》说:“十年乃字，反常也。”以“常”释“贞”，贞为正，正即常。又如《离·六五》:“出涕沱若，戚嗟若，吉。”《小象》说:“六五之吉，离王公也。”六五爻辞之所以吉，是因为它附丽、凭借于王公的尊位。这是由离卦的卦名引申为释。离，即附丽。

③阐释爻德

爻德，指爻的德性象征。《小象传》以阴阳、刚柔、顺、从等概念来解释爻性。如《乾·初九·小象》说:“潜龙勿用，阳在下也。”“阳”指初九。《坤·初六·小象》说:“履霜坚冰，阴始凝也。”“阴”指六，“始”指初。阴阳又称为刚柔。《大过·初六·小象》说:“借用白茅，柔在下也。”以“柔”释爻德，用法和“阳在下也”同。《屯·六二·小象》又说:“六二之难，乘刚也。”“乘刚”指阴爻六二凌驾于阳爻初九之上，“刚”指阳爻。从柔又引申出“顺”“从”等说。如《鼎·初六·小象》说:“利出否，以从贵也。”《涣·初六·小象》说:“初六之吉，顺也。”称“顺”“从”的，都是阴爻，可知其是从阴、柔等德性象征引申出来的。

④诠释爻位

《小象传》对六爻之位，有许多不同的说法。对初爻，称为“始”“下”“卑”“穷”。如《乾·初九·小象》说:“潜龙勿用，阳在下也。”“下”指初爻，因为它居卦之最下。又如《坤·初六·小象》说:“履霜坚冰，阴始凝也。”“始”也指初爻，因为初爻为卦之始。《谦·初六·小象》说:“谦谦君子，卑以自牧也。”“卑”既是释“谦谦”之义，也是解释爻位。因为初爻在一卦之最下，下即卑。《豫·初六·小象》说:“鸣豫，志穷凶也。”“穷”，即极。初六在一卦之极，居最下，故亦称“穷”。

《小象传》又以“疑”“反复”等分别称三、四爻。如《乾·九三·小象》

说:“终日乾乾,反复道也。”“反复”有犹豫不决之意,故又称之为“疑”。如《贲·六四·小象》:“当位疑也。”《损·六三·小象》:“一人行,三则疑也。”这里“反复”“疑”等词,都是结合其爻位而言的。

对上爻,《小象传》又称之为“上”“亢”“穷”“终”“盈”。如《井·上六·小象》:“元吉在上,大成也。”《恒·上六·小象》:“振恒在上,大无功也。”“上”皆指上爻。《小过·上六·小象》:“弗遇过之,已亢也。”《坤·上六·小象》:“龙战于野,其道穷也。”“穷”“亢”同义,都有极高之意,皆指上爻。《否·上九,小象》讲“否终则倾”,《乾·上九·小象》讲“盈不可久”。“盈”即满,与“终”和“穷”同义,皆指上爻而言。

⑤阐释爻义

对于六爻之义,《小象传》一是从爻位进行解释,二是从爻际关系进行解释。

从爻位解释爻义,《小象传》有得中、当位等说。如《巽·九二·小象》说:“纷若之吉,得中也。”九二是阳爻居内卦中位,故曰“得中”。这是以“得中”解释爻辞之“吉”。“得中”又可称为“得中道”。如《解·九二·小象》:“九二贞吉,得中道也。”这是以“得中道”即居中位解释爻辞称“贞吉”的原因。又可简称为“中”。如《复·六五·小象》:“敦复无悔,中以自考也。”所谓“中”,即指六五爻居复卦上卦之中位。总之,二、五爻为内、外卦之中,《小象传》认为中爻为吉。

当位是指阴爻居偶位,阳爻居奇位。《小象传》常以是否当位来说明爻辞的吉、凶、悔、吝、无咎。如《涣·九五·小象》:“王居无咎,正位也。”爻辞之所以说“无咎”,就是因为九五位正,阳爻居于奇位。《临·六四·小象》:“至临无咎,位当也。”爻辞之所以“无咎”,是因为六四以阴爻居于偶位。相反阴爻居奇位,阳爻居偶就称为“失位”“位不当”。“失位”“位不当”就有悔,有凶。

《小象传》以得中、当位为吉辞之条件,那么,既得中,又当位之爻,自然就是吉利了。《讼·九五·小象》:“讼元吉,以中正也。”中正,就是既居中又当位,九五是阳爻居奇位,又为外卦之中,所以爻辞称“元吉”,即至为吉祥。

从爻际关系来解释爻辞之义,《小象传》有应、敌、乘、承、志行等说,与《彖传》解释卦辞是一致的，此不赘述。

《小象传》的用辞习惯也颇值得我们注意。《小象传》引用爻辞，为了简练或押韵，往往省略原文，有时甚至不成辞句。如《否·初六》："拔茅茹以其汇。贞吉，亨。"《小象传》却作："拔茅贞吉，吉在君也。""拔茅贞吉"是引爻辞，却省去七个字。又如《无妄·九五》："无妄之疾，勿药有喜。"《小象传》作："无妄之药，不可试也。"这种引用，有断章取义之嫌，实不可取。

为了使句式整齐，凑足音节，《小象》引用爻辞又有增字的现象。如《需·九二》："小有言，终吉。"《小象》作："虽小有言，以吉终也。"增加一"虽"字。又如《复·初九》："不远复，无祇悔。"《小象》作："不远之复，以修身也。"也增加一"之"字。这些现象，我们读《小象传》都必须加以注意，才不致造成误解。

2.《小象传》的思想

①政治观

《小象传》的政治观基本上也是民本思想，它一方面主张君要亲民、惠民，另一方面也主张民要尊君、从君。如《观·九五·小象》："'观我生'，观民也。"是说在上者要通过观察民风来自我审察。《屯·初九·小象》："以贵下贱，大得民也。"是说在上者要礼遇在下者，尊重在下者，方能得到人民的拥护。《谦·九三·小象》："劳谦君子，万民服也。"这是说统治者只有勤劳民事，谦虚待人，才能使广大百姓服从。《颐·六四·小象》："颠颐之吉，上施光也。"主张在上者要施泽下民，以舒民困。与这种"得民"的主张相联系，《小象传》又提出"尚贤"说。《观·六四·小象》："'观国之光'，尚宾也。""尚宾"，即指礼尚宾贤。

但是，这种重民尚贤的观点又是以维护尊卑等级制度为前提的。《小象传》以爻位说解《易》，以居中位为贵，以阴承阳、阳乘阴为吉，突出地表现其对等级制度的肯定。如《讼·六三·小象》："食旧德，从上吉也。"《蹇·上六·小象》："利见大人，以从贵也。"《家人·六四·小象》："富家大吉，顺在位也。"总之，对在上者、对君"顺""从"，就是吉，否则，就是凶。

②人生观

在家庭关系上，《小象传》有浓厚的男尊女卑观念。《恒·六五·小象》

云："夫子制义，从妇凶也。"认为一家之中，应以夫为主，否则就会不吉。《家人·六二·小象》："六二之吉，顺以巽也。"爻辞认为女子居家，只能主"中馈"之事。《小象》则认为女子以"顺"、"巽"（逊）为德，实际上赞同爻辞的观点。《恒·六五·小象》又说："妇人贞吉，从一而终也。"指妇人当终身只从一夫，以此为"贞吉"。在男女相配问题上，《小象》认为男必须长于女。如《大过·九二·小象》就说："老夫得其女妻，无法利。"老夫少妻，没有不吉利的。同卦《九五·小象》却说："老妇士夫，亦可丑也。"老妻少夫，则以为是可丑之事。

在道德修养上，《小象传》明确提出了"修身"的主张。《复·初九·小象》说："不远之复，以修身也。"《家人·上九·小象》也说："威如之吉，反身之谓也。"《复·六五·小象》也说："敦复无悔，中以自考也。""反身"，即反躬自问；"自考"，即自省。如何修身呢？《小象传》屡言"中正"，这既是指爻位关系上的居中得正，也是要求君子言行要谨守中道，不偏不倚。

第四节 《文言传》

《文言传》为今本《易传》的又一篇，又称为《文言》。"文言"，即"文饰乾、坤两卦之言"。因为乾、坤两卦为《易》之门户，在《周易》六十四卦中意义重大、地位突出，所以特意加以文饰解说，以作为训释其他六十二卦的榜样。

在汉石经本中，《文言》在《系辞》后，为《易传》的第四种第九篇。在今本《易传》中，它依卦一分为二，分别附于乾、坤两卦之后，居于《彖传》《象传》之末。

《文言》是解释乾、坤两卦的卦爻辞的。《乾·文言》，朱熹《周易本义》分为六节，其中第一节、第五节解释乾卦卦辞，其他四节解释乾卦爻辞。《坤·文言》朱熹《周易本义》分为两节，第一节解释坤卦的卦辞，第二节分别解释坤卦各爻的爻辞。下面，我们分别来谈《文言传》解经的体例及其思想。

一、《文言传》解经的体例

《文言》解释卦辞，大致有两种形式。一是对卦辞逐字进行训释。如《乾·文言》第一节：

> “元”者，善之长也；“亨”者，嘉之会也；“利”者，义之和也；“贞”者，事之干也。君子体仁足以长人，嘉会足以合礼，利物足以和义，贞固足以干事。君子行此四德者，故曰：“乾：元亨利贞。”

这是首先解释“元、亨、利、贞”四字的意义，再分别从中引申出君子的四德，以君子之德来诠解卦辞。

二是发挥卦辞的大义。如《坤·文言》第一节：

> 坤至柔而动也刚，至静而德方，后得主而有常，含万物而化光。坤道其顺乎！承天而时行。

这里并没有对坤卦卦辞逐字逐句加以解释，而是抓住坤柔、静、顺的特点进行阐述、发挥。《乾·文言》第五节阐释乾卦卦辞也是如此。其说与《彖传》非常接近，以致人们认为它有承袭《彖传》的痕迹。

对爻辞的解释，《文言》大致有四种方式。

一是问答式，先引爻辞，然后再以“子曰”作答。《乾·文言》第二节解释初九至上九爻辞都是如此。如：

> 初九曰：“潜龙勿用。”何谓也？子曰：“龙德而隐者也。不易乎世，不成乎名；遁世无闷，不见是而无闷。乐则行之，忧则违之，确乎其不可拔，‘潜龙’也。”

这种以“子曰”解《易》的形式与《系辞传》“子曰”解《易》的形式相同，特别是解释乾上九爻辞部分，与《系辞》的“子曰”全同。这说明《文言传》与《系辞传》有着相同的材料来源。

二是定义式，先引爻辞，然后用简短的几个字像下定义似的直接进行说明。《乾·文言》第三节、第四节都是如此。

> “潜龙勿用”，下也；“见龙在田”，时舍也……

其句式和语气，都类似《小象传》。

三是引证式，先正面立论，再引爻辞证明其论点。《乾·文言》的第六节，《坤·文言》的第七节都有。如《乾·文言》：

> 君子学以聚之，问以辩之，宽以居之，仁以行之。《易》曰“见龙在田，利见大人”，君德也。

这是先正面立论，再阐释爻辞的意义。又如《坤·文言》：

> 天地变化，草木蕃。天地闭，贤人隐。《易》曰：“括囊无咎无誉。”盖言谨也。

这里与其说是解释爻辞之义，还不如说是引用爻辞来证明自己的观点。

四是重点注释式，扣住爻辞一些重要的辞、字进行解释、发挥。《乾·文言》第六节、《坤·文言》第二节都有。如《乾·文言》：

> 九四，重刚而不中，上不在天，下不在田，中不在人，故“或”之。或之者，疑之也，故“无咎”。

《坤·文言》：

> 君子“黄”中通理，正位居体，美在其中。而畅于四支，发于事业，美之至也。

《文言》没有对卦体的分析，但对乾、坤两卦的事物象征和德性象征都有论述，以乾为天，以坤为地；以乾的德性为刚健中正，以坤的德性为柔顺静方。其中，中正、静方是《文言》在卦德方面的新见解。而坤的德性又有“动也刚”的一面，与《系辞传》所说“夫坤，其静也翕，其动也辟”是一致的。“动也辟”就是“动也刚”。这种提法，不见于《易传》的其他篇。但比较而言，这些卦德，象征的意义少，而形容的作用多。

在爻象方面，《文言》也是以⚊为阳、为刚，以⚋为阴、为柔，与《易传》的其他篇同。

在爻位方面，《文言》有上中下位、当位、相应、重刚、天地人位的观念，现分述如下：

其一，上中下位：初爻所居为下位，上爻所居为上位，二、五两爻所居分别为两经卦的中位。《文言》由这种爻位观念而发展出来的词语有：下、潜藏、贵、高、穷、极、中、正中等。如《乾·文言》：“‘潜龙勿用’，下也。”“‘潜龙勿用’，阳气潜藏。”“下”“潜藏”都是就初爻而言的，初爻在一卦的最下，故说“潜藏”。又如《乾·文言》：“上九曰：‘亢龙有悔。’何谓也？子曰：‘贵而无位，高而无民，贤人在下位而无辅，是以动而有悔也。’”“‘亢龙有悔’，穷之灾也。”“‘亢龙有悔’，与时偕极。”这里的“贵”“高”“穷”“极”都是就上爻而言，上爻在一卦的最上，故有这些说法。又如《乾·文言》：“九二曰：‘见龙在田，利见大人。’何谓也？子曰：‘龙德而正中者也。’”“九三重刚而不中。”《坤·文言》：“君子黄中通理，正位居体（即体居正位）。”“正中”指九二刚爻居中位。“不中”，不居中位，中指下卦之中位。“正位”指上卦之中位。

其二，当位：如《乾·文言》所说“贵而无位”，即指上九以阳爻居偶位。“无位”即不当位。

其三，相应：上引《乾·文言》“高而无民，贤人在下位而无辅”，就是指上九与九三不能相应，二阳爻相敌。

其四，重刚：是说阳爻与阳爻相重。如《乾·文言》所说“九三重刚而不中……九四重刚而不中”，即指九三与九二相重，九四与九三相重。

其五，天地人位：以第五爻为天位，第二爻为地位，第三爻为人位。如《乾·文言》：“‘飞龙在天’，乃位乎天德。”“位乎天德”，指居于乾卦九五爻，这是以第五爻为天位。又如《乾·文言》所说“上不在天，下不在田，中不在人”。“不在天”，指不居于第五爻；“不在田”，指不居于第二爻，田即地；“不在人”，指不居于第三爻。

二、《文言传》的思想

《文言传》的思想主要表现在自然观和人生观方面。

在自然观方面，《文言传》提出了“阳气”说。《乾文言》说：

> “潜龙勿用”，阳气潜藏。

这里，以“阳气”解释乾卦的阳爻。以此类推，阴爻就是阴气。所以《文言传》实际上内涵以阴阳二气说来解释阴阳爻，认为乾、坤与刚、柔就是阴阳二气。《文言传》的这一思想，极具有理论意义。

在人生观方面，《文言传》认为人具有参赞天地之化育、与天地合德的能力。《乾·文言》说：

> 夫“大人”者，与天地合其德，与日月合其明，与四时合其序，与鬼神合其吉凶。先天而天弗违，后天而奉天时。天且弗违，而况于人乎？况于鬼神乎？

“先天”，谓先于天时的变化而行事。“后天”，指在天时变化之后行事。这是说，作为理想人格的圣人，掌握了《周易》的法则，其德行则与天地日月的变化相一致，既可以预测天时，又可以顺应天时而行动。

怎样才能实现理想人格呢？《乾·文言》强调“进德修业”。如何“进德修业”呢？《文言传》也提出了一些方法。《乾·文言》说：

> 忠信，所以进德也；修辞立其诚，所以居业也。

要忠诚信实，以增进道德；言辞出于诚心，以加强修养。又说：

> 君子学以聚之，问以辨之，宽以居之，仁以行之。

要依靠学习来积累知识，靠发问来辨决疑难，以宽阔的胸襟来处世，以仁慈之心来行事。《坤·文言》又说：

> 君子敬以直内，义以方外。敬义立而德不孤。

不但要“道问学”，而且要“尊德性”，二者不能偏废。

《文言传》还提出一套处世的理论：

> “亢”之为言也，知进而不知退，知存而不知亡，知得而不知丧。其唯圣人乎！知进退存亡，而不失其正者，其唯圣人乎！

这是说，亢龙之所以有悔，是只知晋升，不知引退；满足于现状，不懂得有丧失的危险。圣人却不如此，知道进退存亡相互转化之理，所以能取中道，进时知退，得时知丧，存时知亡。这种处世方法，是以其辩证思维为前提的。

第五节 《系辞传》的易理观

《系辞传》又称《系辞》，是今本《易传》的第四种，分为上、下两篇。朱熹《周易本义》又将每篇分为十二章，其说可从。在汉石经本中，它居《文言传》之前，《彖传》《象传》之后。

“系辞”之名有两种不同的含义：一是指系卦爻辞于卦爻象之下，二是指总论所系之卦爻辞的大义。《系辞传》通论《易经》和筮法大义，对一些重要的观念和爻辞又作了重点诠释。用的显然是后一义。下面，我们从三个方面分述其内容。

一、论占筮的原则和体例

《系辞传》论占筮的原则和体例，其内容有两方面，一是对卦爻辞的意义及其卦象爻位等的解释，二是论揲蓍求卦的过程。我们先来看第一个方面。

对卦爻辞的意义及其卦象爻位的解释，《系辞传》有取义说、取象说、爻位说。

《系辞传》属通论性质，它没有提卦位，也没有逐卦讨论卦象，只不过在议论时，运用了一些卦象观念而已。它以乾为天，以坤为地，这是运用取象说，指出乾、坤两经卦的事物象征，比如说："天尊地卑，乾坤定矣。"它又以乾为刚、健、阳，以坤为柔、顺、阴，这是用的取义说，指出乾、坤两卦的德性象征，如其所说："乾，阳物也；坤，阴物也。阳阴合德，而刚柔有体。"从"鼓之以雷霆，润之以风雨，日月运行，一寒一暑"来看，似乎它还以为震有雷之象，巽有风之象，坎有雨、月之象，离有霆、日之象。从"阳卦奇，阴卦偶"来看，似乎它认为震、坎、艮为阳性，巽、离、兑为阴性。从"齐小大者存乎卦……卦有小大"说来看，似乎它还以乾 ☰、震 ☳、坎 ☵、艮 ☶ 为大，以坤 ☷、巽 ☴、离 ☲、兑 ☱ 为小。

对爻象的解释，《系辞传》有刚柔阴阳说和三才说。如"刚柔相摩""刚柔相推"，这是以⚊为刚、⚋为柔。"一阴一阳之谓道"，这是以⚊为阳，以⚋为阴。它又说："《易》之为书也，广大悉备，有天道焉，有人道焉，有地道焉。兼三才而两之，故六。六者非它也，三才之道也。"又说："六爻之动，三极之道也。""三才"即"三极"，即是将一卦六爻一分为三，上二爻像天，中二爻像人，下二爻像地。三才、三极，即天、地、人。天、地、人三才说可以说是取象说，刚柔阴阳说可以说是取义说。

《系辞传》的爻位说有上中下位、当位、相应等观念，现分述如下：

1. 上中下位

《系辞下》说：

> 其初难知，其上易知，本末也。

初指初爻，初爻为本；上指上爻，上爻为末。

列贵贱者存乎位。

这是泛说爻位的序列有贵贱的意思。贵指上、五爻，其他为贱。如："贵而无位。"贵指乾上九。"三多凶，五多功，贵贱之等也"，贵指五爻，贱指三爻。又说：

二多誉，四多惧，近也。柔之为道，不利远者，其要无咎，其用柔中也。

"柔中"指第二爻，既为柔位，又为中位。"要"，一说即"腰"，指中位，即二、五两位。"惧以终始，其要无咎"之"要"同。

若夫杂物撰德，辩是与非，则非其中爻不备。

"中爻"指二、三、四、五各爻。一说，指二、五爻。

2. 当位

"亢龙有悔。"子曰："贵而无位，高而无民，贤人在下位而无辅，是以动而有悔也。"

"无位"即"失位""不当位"，这里指乾上九以刚爻居柔位。

二与四同功而异位……三与五同功而异位。

"同功"即爻位性质相同，同为柔位或同为刚位。

3. 相应

高而无民，贤人在下位而无辅。

“无民”“无辅”都是指乾卦上九与九三不能相应。

论求卦揲蓍的过程，主要见于《系辞上传》第九章，即讲“天地之数”和“大衍之数”的文字（详见第一章第二节）。可是，“大衍之数”经过“分二”“挂一”“揲四”“归扐”“四营”“十八变”而成一别卦的方法，《系辞上传》又称之为：

> 参伍以变，错综其数。通其变，遂成天地之文；极其数，遂定天下之象。

“错综其数”指奇偶之数交织在一起。“参伍以变”，指变化之多。经过种种变化，穷尽奇偶之数，就可以得出六十四之象。

关于揲蓍和画卦的过程，《系辞上传》又解释说：

> 《易》有太极，是生两仪，两仪生四象，四象生八卦。八卦定吉凶，吉凶生大业。是故法象莫大乎天地，变通莫大乎四时，县象著明莫大乎日月；崇高莫大乎富贵。备物致用，立成器以为天下利，莫大乎圣人。探赜索隐，钩深致远，以定天下之吉凶，成天下之亹亹者，莫大乎蓍龟。

“《易》有太极”指六十四卦的最初根源是太极。就揲蓍过程说，此太极指四十九根筮策混而未分。“是生两仪”，“两仪”即上“分为二以象两”的“两”。“两仪生四象”，即上“揲之以四，以象四时”。“四象生八卦”，即上“十有八变而成卦”。两仪、四象、八卦，都是指奇偶之卦画的变化由两到八，所以下文说“八卦定吉凶，吉凶生大业”。这一段虽然是讲筮法，但认为从太极到八卦是一个生化的过程或分化的过程，这就将以蓍求卦的过程理论化了，后来的学者们，从《系辞》对筮法的解释中得到了启发，从而提出一套关于宇宙形成的理论，这就从筮法中产生了哲学。

二、论《易经》的性质

《易经》是一部什么样的书？《系辞传》认为它是一部讲圣人之道的典籍。它有四种圣人之道：一是察言，二是观变，三是制器，四才是卜占。所以君子有事要做，得先向《周易》请教，而《周易》则有问必答，能告知未来。因此说是天下最精妙的典籍。

《系辞传》又认为《易经》具有两重性，它既是圣人探讨事物的义理和变易法则的工具，又是载有圣人之道的典籍。它说：

> 夫《易》圣人之所以极深而研几也。唯深也，故能通天下之志；唯几也，故能成天下之务；唯神也，故不疾而速，不行而至。

这是说，《周易》蕴藏着深刻的道理，圣人以它来通晓天下人的志向；它能显示事物变化的苗头，圣人以它来成就天下的事业；它有求必应，非常神速，圣人以此来教化天下的百姓。按此说来，《周易》又是圣人用来探求事物变化的方向、治理天下、教化百姓的典籍。

作为工具，《易经》一个重要内容就是预测未来的事变，指导人们的行动。《系辞上传》说：

> 夫易，开物成务，冒天下之道，如斯而已者也。是故圣人以通天下之志，以定天下之业，以断天下之疑。是故蓍之德圆而神，卦之德方以知，六爻之义易以贡。圣人以此洗心，退藏于密，吉凶与民同患。神以知来，知以藏往，其孰能与于此哉。古之聪明睿知、神武而不杀者夫！是以明于天之道，而察于民之故，是兴神物以前民用。圣人以此斋戒，以神明其德夫！

这是认为，《周易》包括天下之道，能开通人的心思，确定所作的事情。圣人就是依此通达天下之志向，规划天下之事业，推断天下之疑惑。蓍数的性质圆通而神奇，卦象的德行方正而明智，六爻的变化能告人以吉凶之义，圣人就是以此开导人的疑惑，无事又藏于胸中，关心吉凶之事，与百姓同忧患。圣人以掌握筮法，知来藏往为最高的境界，可以说是有高度智慧，不用暴力而使百姓心服。圣人的任务就是懂得天道的变化用来考察百姓的事情，以蓍草这一通神之物推断未来，作为民用的先导。所以圣人用《周易》修斋警戒，正是为了神妙地显明其道德。依此说，《周易》就成了圣人预知来事的工具，而《周易》之所以具有预知来事之能，就是因为蓍法知来，卦象藏往。蓍的“知来”是通过揲蓍成卦去实现；卦的“藏往”谓占得一卦后，占者对卦爻辞和卦象细心体察，从卦爻辞所记述的往事中引出经验教训而作为戒鉴，用来指导其行动。这种将知来和藏往联系起来解释《周易》，其目的在于说明揲蓍求卦，是依据卦所藏之往事，推断所占之事的前途，这种“以故知新”的方法论的解释，实际是把占筮哲理化了。

对于《周易》预测未来的作用，《系辞下传》说：

> 夫《易》彰往而察来，而微显阐幽。开而当名辨物，正言断辞则备矣。

认为卦象卦名和卦爻辞，蕴藏着往事的经验教训，即使其所记载的是碎小的事，也包含着深远的道理。所以依据卦名及卦爻辞所论之往事，可以类推所占之事的前途。这种“彰往而察来”，同“知来”“藏往”一样，也是将占筮的活动哲理化了。

《系辞传》认为《周易》不但是圣人用来预测未来的工具，更是体现圣人思想和圣人事业的神圣典籍，是道德修养之书。

《周易》的卦爻辞颇多忧患之辞，与它产生的时代背景有关。《系辞下》认为，忧患之辞多，可以使人不忘危亡之事；如果其辞平易，人们则会抱着侥幸心理，结果失去警惕，招来倾覆之祸。做事自始至终忧患警惕，就可以不犯过错。爻象的变化虽然无常，可是其吉凶断语却有原则。正因如此，《周易》可以使人明白忧患之故，虽然没有师保的监护，也如同父母亲临一样时常告诫自己。关键在于自己如何领会和运用。

《易》为忧患之书，更是道德教训之书。《系辞》认为处于忧患时，从《周易》中寻找圣人之道，主要的是寻找其道德教训，作为防止和解除忧患的依据。《系辞下传》第七章三次陈述了履、谦、复、恒、损、益、井、困、巽的九卦的卦义，它认为履卦讲循礼，是树立道德的初基；谦卦说明行为谦虚，是施行道德的柯柄；复卦说明回复正途，是遵循道德的分配；恒卦说明守正有恒，是巩固道德的前提；损卦说明自损不善，是修美道德的途径；益卦说明施益于人，是充裕道德的方法；困卦说明遭困守操，是检验道德的准绳；井卦说明井养不穷，是居守道德的处所；巽卦说明因顺申命，是展示道德的规范。总而言之，三陈九卦，就是要人们于忧患中提高道德境界，以此作为化凶为吉的手段。

《系辞传》关于《周易》一书性质的论述，将《周易》的卜筮功能降低到极度，完成了《周易》从卜筮到哲理化的创造性转换，这给后来的思想家和易学家以深刻的影响。

三、论《易经》的基本原理

《系辞传》通过解释《易经》的占筮原则、讨论《易经》一书的性质，对《易经》的基本原理进行了创造性的阐述和发挥。

其主要观点有三：

1. 一阴一阳之谓道

阴阳思想是《周易》的精髓。但《周易》经文中虽有⚊、⚋的符号，却并没有以文字形式出现的阴阳范畴。《彖传》在对泰、否两卦的解释中，开始以阴阳说解其卦象和卦辞。《小象》在对乾坤两卦爻辞的解释中，也引入了阴阳概念。《文言》更提出了阳气说。但明确地用阴阳说全面诠释《周易》的卦象和爻象，以阴阳说概括《周易》的基本原理，却始于《系辞传》。

《系辞下传》解释八卦的性质说：

> 阳卦多阴，阴卦多阳，其故何也？阳卦奇，阴卦偶。其德行何也？阳一君而二民，君子之道也；阴二君而一民，小人之道也。

这是以乾 ☰ 为阳，以坤 ☷ 为阴，并按阴、阳爻数量的多少，确定其他六卦的阴阳性质。如坎 ☵，一阳二阴，则为阳卦；离 ☲，一阴二阳，则为阴卦。以爻象少者规定其阴阳性质，又以社会政治现象论证其划分的合理性。这样，不但把卦画、卦象阴阳化了，将人类的社会政治生活也阴阳化了。

《系辞下传》又说：

> 乾坤其《易》之门邪。乾，阳物也；坤，阴物也。阴阳合德而刚柔有体，以体天地之撰，以通神明之德。

为什么说乾坤两卦为《周易》的门户呢？因为乾是纯粹由阳爻组成的卦，坤是纯粹由阴爻组成的卦。其他的六十二卦都是由乾卦的阳爻和坤卦的阴爻按照一定的方式组合成的。乾、坤是别卦，也是阴阳爻的代表。掌握了阴阳，也就掌握了乾坤，也就掌握了六十四卦。这是以阴阳为六十四卦构成的基本法则。

《系辞传》对乾坤两卦的重视，实际就是对阴阳爻及其哲理象征的重视，这从它对易简之理的论述中可以看得非常清楚：

> 乾道成男，坤道成女。乾知大始，坤作成物。乾以易知，坤以简能。易则易知，简则易从。易知则有亲，易从则有功。有亲则可久，有功则可大。可久则贤人之德，可大则贤人之业。易简而天下之理得矣。天下之理得，而成位乎其中矣。

它认为乾坤如男性和女性一样，男女结合而生子女，乾主开端，坤则与之配合而成六十四卦。乾坤两卦分别是由⚊和⚋组成的，六十四卦尽管有三百八十四爻，但也不出⚊和⚋。所以说为易简。《系辞传》对易简之理推崇备至，与它对乾坤两卦的高度重视一样，都是出于其对阴阳爻及其哲理象征重要性的认识。

如果说，从乾坤，从易简之理来谈阴阳，主要还是就筮法和卦象、卦画而言，那么，在下一段话里，《系辞传》就对阴阳说作了哲理的概括：

> 一阴一阳之谓道。继之者善也，成之者性也。仁者见之谓之仁，知者见之谓之知，百姓日用而不知，故君子之道鲜矣。

这是说，任何事物，包括卦爻象的变化，都是有阴有阳，这就是事物的完善的本性。可是，一般人总是看不到阴阳两方面，或者见仁而不见智，或者见智而不见仁，以自己所见的一面为道。而百姓只是日常运用此道，并不懂得其道理。这样，君子之道也就稀罕了。

这一段话具有深刻的内涵。

第一，它是将《周易》的基本原理概括为“一阴一阳”。就卦画说，奇偶二数，阴阳二爻，乾坤两卦，都是一阴一阳。就乾坤两卦以外的各卦说，皆由阴阳二爻所组成，也是一阴一阳。就六子卦说，震、坎、艮为阳卦，巽、离、兑为阴卦，相互对立，也是一阴一阳。就六十四卦说，由三十二个对立面构成，也是一阴一阳。总之，离开阴阳对立，就没有六十四卦，也就没有《周易》。就卦爻变化说，老阴和老阳互变，本卦变为之卦，此为一阴一阳。一卦之爻象互变，则成为另一卦象，亦是一阴一阳。总之，离开阴阳变易，也就没有《周易》的变易法则。

第二，它是将事物的性质及其变化的法则概括为一阴一阳。《系辞》的阴阳概念涵盖面极广，它以天为阳，地为阴；日为阳，月为阴；暑为阳，寒为阴；昼为阳，夜为阴；刚为阳，柔为阴；健为阳，顺为阴；明为阳，幽为阴；进为阳，退为阴；辟为阳，阖为阴；伸为阳，屈为阴；贵为阳，贱为阴；男为阳，女为阴；君为阳，民为阴；君子为阳，小人为阴。总之，认为从自然现象到人类社会生活，都存在着对立面，其对立面称之为“一阴一阳”。对立的事物，同卦爻一样，互相变通。如日月有推移，寒暑有往来，行动有屈伸，处境有穷通，君子小人相互消长。这种变化，也是一阴一阳。

第三，“一阴一阳之谓道”这一命题，就其理论思维说，是承认事物存在着两重性，并要求人们从对立的两方面去观察事物的性质，既要看到阳的一面，又要看到阴的一面；只看到对立面的一方，见仁而不见智，是一种片面的观点。这一命题，可以说是我国古代哲学中两点论的代表，是《系辞》在古代哲学史上的一大贡献。

2. 刚柔相推而生变化

《系辞传》对阴阳变易法则作了多方面的论述。

首先，它从筮法的角度，通过对卦爻象的解释，论述了《周易》的变易之理。“爻者言乎变者也”，“爻也者，效天下之动者也”，“道有变动，故曰爻”。认为爻象的特征是变动，爻是用来表现或说明事物的运动变化的。而卦象和爻象的变化，来源于阴阳二爻的互相推移，即所谓“刚柔相推，变在其中矣”，“刚柔相推而生变化”。相推移的结果，有的进，有的退，有的长，有的消。因为爻象有变动，《周易》才有吉、凶、悔、吝等不同的占辞，爻象的这种刚柔相推，一进一退，也是天地人三才至极之道，是宇宙的普遍法则，从自然现象到人类的精神生活，莫不如此。如其所说：

> 天下何思何虑？天下同归而殊涂，一致而百虑。天下何思何虑？日往则月来，月往则日来，日月相推而明生焉。寒往则暑来，暑往则寒来，寒暑相推而岁成焉。往者屈也，来者信也，屈信相感而利生焉。尺蠖之屈，以求信也；龙蛇之蛰，以存身也；精义入神，以至用也；利用安身，以崇德也。过此以往，未之或知也；穷神知化，德之盛也。

天下的事情，途径虽异，其归则同；意见虽多，其致则一，无须过多思虑。因为事物的变化，总是往来相推，互相召感，如日月相推，方有光明；寒暑相推，方有岁月；屈伸相感召，方有利益之事。如屈伸虫，行则屈其腰，是为了向前伸；龙蛇潜藏，是为了来日行动。就人类活动说，精研义理，进入神妙的境地，是为了致用；事有所利，身有所安，是为了提高道德业绩。除此以外，皆不必追求。总之，穷尽事物变化的道理，就是最高的德行。这是《系辞》对刚柔相推说进行的哲理概括。

其次，《系辞》通过对筮法解释，又提出变通说。它说：“变而通之以尽利，鼓之舞之以尽神。”这是说，爻象的变化，有变有通；爻象的变通显示所占之事的性质及其变化的趋势，指导人们趋利避害。又说：

> 化而裁之谓之变，推而行之谓之通。

“化而裁之”指对卦爻的变化加以裁节，即使阴爻变为阳爻，阳爻变为阴爻，可见“变”指卦画的变易。“通”指爻象的推移而无阻碍，如上下往来，周流于六位之中，此即“推而行之谓之通”。

《系辞》又以乾坤两卦的性能解释变和通，它说：

> 阖户谓之坤，辟户谓之乾，一阖一辟谓之变，往来不穷谓之通。

坤的性能主阖闭，乾的性能主开辟。阳爻或变为阴爻，阴爻或变为阳爻，这种开而又合，合而又开，开合互易，就是“变”。这种对立面的往来推移没有穷尽，就是通顺。

对于变通的必要性，《系辞》提出“穷则变，变则通，通则久”的三阶段说：

> 神农氏没，黄帝尧舜氏作，通其变，使民不倦，神而化之，使民宜之，《易》穷则变，变则通，通则久。

这是以筮法中的变通说，解释圣人观象制器。按此说法，事物的变化，总是穷而后变，变而后通，通而后久。这种对变通的重视和肯定，是对《周易》阴阳变易原理的发展。

再次，《系辞》认为，在刚柔相推的过程中，其对立面的相互作用，既有相交，也有相攻。它说：

> 天地絪缊，万物化醇。男女构精，万物化生。《易》曰：“三人行，则损一人；一人行，则得其友。”言致一也。

“絪缊”，指交相融合，互相吸引。这是说，损卦九三爻辞，所以以二人同行为吉利，因为二人可以合作，如同天地絪缊，男女构精一样，化生万物。这是以对立面的相吸引解释生化的根源。

对筮法中刚柔爻象的相交相攻，《系辞》作了这样的概括：“是故爱恶相攻而吉凶生，远近相取而悔吝生，情伪相感而利害生。”“爱恶相攻而吉凶生”，指刚柔爻象互相排斥，因为相互排斥，也就有了吉凶之分。“远近相取而悔吝生”，指远近之爻相互资取，取之不当，则生悔吝。“情伪相感而利害生”，是说刚柔相交则利，如泰卦；不相交则害，如否卦。“近而不相得，则凶”，是说相邻的两爻如柔乘刚即不相得，则凶。这里的“相攻”“相感”“相取”，既是指筮法中刚柔爻象相排斥、相吸引的现象，也是指人类生活中相联系、相矛盾的关系，是筮法形式掩盖下的朴素的辩证观点。

最后，《系辞》通过对筮法的解释，对事物的运动变化规律也进行了探索。它认为爻象和事物的变化是有规律的，因此，它提倡“贞夫一”：

> 天地之道，贞观者也；日月之道，贞明者也；天下之动，贞夫一者也。

天地的变化，以其正道显示于人；日月的运行，以其正道放出光明；天下事物的变动，皆统一于正道。所谓“贞”，即正，指符合正常的规律和规范。这既是指筮法变化的规律性，也是泛指事物变化的规律性。

但是，《系辞》又提出“阴阳不测之谓神”说，认为筮法和事物变化的过程不拘一格，又存在着偶然性。又说：

> 《易》之为书也不可远，为道也屡迁，变动不居，周流六虚，上下无常，刚柔相易，不可为典要，唯变所适。

爻象于六位之中，并非按着一个模式而变化，其可上可下，可以有应，可以无应，有时居中位，有时不居中位，“不可为典要”，没有常定不变的格式。此即“阴阳不测之谓神”。此是说，在筮法中，奇偶之数和刚柔爻象变化神妙，难以推测。以揲蓍求卦说，事先不能预定求得某卦；就爻象的变化说，事先也不能断定某爻必为老阳，或必为老阴。

因为筮策数目和爻象的变化神妙莫测，所以《系辞》就进一步将这种筮法变化的性能称为“神”，它说：“蓍之德圆而神”，“神以知来”，“神无方而易无体”。认为筮策数目的变化没有固定的方向，爻象的变易也没有固定的体制。正因为筮法的变化不是固定的，所以它能预知未来的各种变化。

总之，筮法的变化和事物的变化，既存在着必然性、规律性，又存在着偶然性和不确定性；既“贞夫一”，又有“阴阳不测”之“神”。

3.《易》与天地准

为了给《周易》的原理及其筮法的体例以哲理的依据，从自然观和历史观的角度说明《周易》和筮法的合理性，《系辞传》又提出了“《易》与天地准”的命题，它说：

《易》与天地准，故能弥纶天地之道。

认为《周易》与天地齐等，所以能包含天地的法则。

为什么“《易》与天地准”呢？《系辞》提出“观物取象”说，从八卦卦象的来源上进行了论证，它说：

古者包牺氏之王天下也，仰则观象于天，俯则观法于地，观鸟兽之文，与地之宜，近取诸身，远取诸物，于是始作八卦，以通神明之德，以类万物之情。

这是说，八卦之象本于天地万物，是圣人效法天地万物的形象而制定的。别卦的卦象、爻象、卦爻的变化和吉凶之辞也都来源于自然界的秩序和变化。《系辞》还认为：

天尊地卑，乾坤定矣。卑高以陈，贵贱位矣。动静有常，刚柔断矣。方以类聚，物以群分，吉凶生矣。在天成象，在地成形，变化具矣。

这是说，乾坤的关系，爻位的贵贱，依据的是天高地下之序。爻象的刚柔之分，本于天动地静之常规。卦爻辞的吉凶，本于万物性质的因类而异。爻象的变动，也源于天地万物的变化。一句话，《易》理源于自然，效法自然，是对天地的摹写，《易》理与天地的法则是一致的。

从“《易》与天地准”的认识出发，《系辞》高度评价了《周易》及其筮法的作用：

知周乎万物而道济天下……范围天地之化而不过，曲成万物而不遗……

认为《周易》包容了世界的一切法则，掌握了《周易》的原理就可以德配天地，周知万物，普济天下而无过失。

《系辞》提出的圣人观象制器说就是以这种认识为前提的。它把包牺氏发明网罗，神农氏发明相、耒，以及舟楫的发明，弧矢的发明等，无不归诸于《周易》卦象的启发，此即“《易》有圣人之道”之一的“以制器者尚其象”。

由此看来，《系辞》“《易》与天地准”这一命题包含着丰富的内容。它以为《周易》及其筮法出于对自然现象的摹写，其根源在于自然界，是一种朴素的唯物论观点。但另一面，它对《周易》的筮法功能又过分地进行了夸张，认为易卦包罗万象，囊括一切变化的法则，视其为绝对真理，又是一种唯心论的说教了。

第六节 《说卦》易说

《说卦》又称《说卦传》，是今本《易传》的第五种。朱熹《周易本义》将它分为十一章。前六章解说八卦的性质与功能，它先追溯《周易》的创作者用蓍衍卦的历史，再申言八卦的两种方位；后五章集中说明八卦的取象特点，强调八种基本物象及其象征意义，并广引众多象例，是今天探讨《易》象的产生及推衍的重要资料。

《说卦》在论占筮的原则和体例、阐发《周易》的义理方面，都提出了不少新见解。其内容分述如下。

一、论占筮的原则和体例

在论占筮的原则上，《说卦》与《系辞》说是一致的。它说：

> 昔者圣人之作《易》也，幽赞于神明而生蓍，参天两地而倚数，观变于阴阳而立卦，发挥于刚柔而生爻，和顺于道德而理于义。穷理尽性以至于命。

这是说《易》系揲蓍而成，由蓍而生数，由数而立卦，由卦而推爻，才有了"参天两地"的奇偶之数，才有了《周易》阴阳卦画。

在论占筮的体例上，《说卦》对于八经卦的取象、八经卦的关系和卦位，提出了一系列新说。

从取象说出发，《说卦》不仅认为乾、坤、震、巽、坎、离、艮、兑八经卦有八种基本的事物象征，而且还从这些基本取象中辗转引申出了一大批新的物象。如乾卦所取之物象，不但有天、父、君、玉之象，而且还有首、马、良马、老马、瘠马、骏马、木果、金、冰、大赤等象。乾为天、为父、为君、为玉，已见于他书，而其余，则是《说卦》的新说。

《说卦》所记载的这众多的新象，都是从乾为天、坤为地、震为雷、巽为风、坎为水、离为火、艮为山、兑为泽这八种基本物之象的基础上引发出来的。如乾为天是基本象，为君、为父，则从天之尊高引申出。为玉、为金，则从天之尊贵取义。为良马等，则从天之健义引申。这些引申之象，有的引申线索清楚，有的曲折过多，意义隐晦。但大体可以断定，都是从经卦的基本取象和基本性质发展出来的。

从取象说出发，《说卦》对八经卦的关系也提出令人注目的见解：

> 乾天也，故称乎父。坤地也，故称乎母。震一索而得男，故谓之长男。巽一索而得女，故谓之长女。坎再索而得男，故谓之中男。离再索而得女，故谓之中女。艮三索而得男，故谓之少男。兑三索而得女，故谓之少女。

这就是说，乾、坤两经卦是其他六经卦的父母，其他六经卦都是乾、坤两卦结合而产生出来的。乾、坤两卦父母阴阳互求，阳求合于阴得男，阴求合于阳得女。乾父求合坤母，即乾卦初爻居于坤地初爻之位为震，此为一索得震长男；乾卦二爻居于坤卦二爻之位则为坎，此为二索得坎中男；乾卦三爻居于坤卦三爻之位为艮，此即三索得艮少男。坤母求合乾父，即坤卦初爻居于乾初爻之位为巽，此即一索得巽长女；二爻居于乾二爻之位，为离，此即二索得离中女；三爻居于乾三爻之位为兑，此即三索得兑少女。乾坤父母卦说与《系辞》的"乾坤，《易》之门户"说，"太极生两仪，两仪生四象，四象生八卦"说有很大的不同，构成了后来的卦变学说的理论基础。

从取义说出发，《说卦》认为八经卦有八种基本的性质：

> 乾，健也；坤，顺也；震，动也；巽，入也；坎，陷也；离，丽也；艮，止也；兑，说也。

除"坎，陷也"之外，其余的皆已见《彖传》。

《说卦》虽然没有对别卦的卦体构成进行分析，但是对八经卦在万物生成发展过程中的时间序列和空间方位的配合，却提出了一种崭新的观点。

它认为万物出生于震，生长整齐于巽，纷相显见于离，致力用事于坤，成熟欣悦于兑，交配接合于乾，劳倦于坎，前功已成，后功复萌则在艮。"万物出乎于震"，因为震卦是象征东方。"齐乎巽"，因为巽卦是象征东南方；所谓"齐"，是说万物的生长状态整洁一致。离卦是光明的象征，万物都旺盛而竞相显现，这是代表南方的卦；圣人坐北朝南而听政于天下，面向光明而治理事务，是吸取了离卦的象征。坤卦，是地的象征，万物都致力养育于大地，所以说"致役乎坤"。兑卦，象征正秋时节，万物成熟欣悦于此时，所以说"说言乎兑"。交配结合于乾，因为乾是象征西北的卦，说明阴阳于此交相潜入应和。坎卦，是水的象征，是代表北方的卦，又是代表劳倦的卦，万物劳倦必当归藏休息，所以说"劳于坎"。艮是象征东北的卦，万物在此终结而更在此发始，所以说"成言乎艮"。

这一段话将八卦赋予了空间方位和时间序列的意义，提出一种八卦方位说。依此说，震在方位上为东，是万物出生的季节；巽为东南，是万物生长整齐的季节；离为南，是万物生长旺盛的季节；坤为西南，是万物继续努力成长的季节；兑为西，是万物成熟的季节；乾为西北，是万物成熟后正宜交配结合的季节；坎为北，是万物闭藏的季节；艮为东北，是万物前功已成，后功复萌的季节。这样，八卦就统一了空间和时间，成了万物生成的模式。这种卦位说，对后来的易学家影响极大。京房的八卦卦气说、邵雍的后天八卦图，都是据此而立说的。

《说卦》对于爻象和爻位还提出三才说：

> 昔者圣人之作《易》也，将以顺性命之理。是以立天之道，曰阴与阳。立地之道，曰柔与刚。立人之道，曰仁与义。兼三才而两之，故《易》六画而成卦。分阴分阳，迭用柔刚，故《易》六位而成章。

这里，它将六爻之位分为天、地、人三才之位，即以上爻和第五爻为天位，第四、三爻为人位，第二、初爻为地位。三才各有其道，天道为阴阳二气，地道为刚柔二性，人道为仁义二德。总称为“性命之理”。这种三才说与《系辞》三才说、三极说完全一致，而且又作了新的解释。

对《周易》别卦六爻由下而上的序列，《说卦》有一种说法：

> 数往者顺，知来者逆。是故《易》逆数也。

此是说，一卦六爻，自上而下数之，为顺数；自下而上数之，为逆数。六爻之位所以为逆数，因为《易》卦以占知来事，自近而远，取逆知未来之义。

二、论《易经》的义理

《说卦》通过解释《易经》的筮法，阐述八卦的取象、德性、功能和相互作用，也表达了它对万物生成的看法。

《说卦》最大的特点是取象丰富，据统计，它共举象一百四十三例。它之所以不厌其烦地例举如此多的物象，有以八卦为模式对万物进行分类的思想。八卦能生出无穷无尽的物象，它能象征世界上的万物。而这大量的物象中，其基本的又只有八种，即天、地、雷、风、水、火、山、泽。这八种物象是其他众多物象的根本，也可以说是构成万物产生的基础。

《说卦》认为，八卦所代表的八种自然现象各有其特性，八卦的这些基本特性对万物的生成又各有其作用：

雷以动之，风以散之；雨以润之，日以烜之；艮以止之，兑以说之；乾以君之，坤以藏之。

此是说，震为雷，春雷震动可以使万物从冬眠状态中苏醒而萌发幼芽。巽为风，风吹拂而无孔不入，可以使万物舒展开来而日益焕发。坎为水，雨水降落于大地，可以促使万物而不断成长。离为火，阳光照耀如火炽，可以使万物发育茁壮。艮为山，山静止，茁壮而止之，可以使万物达到成熟。兑为泽，泽能喜悦，成熟则喜悦，可以使万物各得其所而固定其本质。然后，乾为天，天主创始赋予万物以生生机制。坤为地，地主收藏而孕育。从而进入下一轮生长周期。

《说卦》又认为，八卦所代表的八种自然现象在万物的生成过程中并不是彼此孤立、互不相干的，而是相反相成，两两构成对立面的统一。它说：

天地定位，山泽通气，雷风相薄，水火不相射。八卦相错。

神也者，妙万物而为言者也。动万物者，莫疾乎雷。桡万物者，莫疾乎风。燥万物者，莫熯乎火。说万物者，莫说乎泽。润万物者，莫润乎水。终万物始万物者，莫盛乎艮。故水火相逮，雷风不相悖。山泽通气，然后能变化既成万物也。

雷、风、火、水、山、泽生化万物的功能是非常神妙的，它们既各有各的特点，彼此对立，但又互相联系，构成统一体。如乾为天，天在上；坤为地，地在下。一上一下是对立的，但能交合成一体，又是统一的。艮为山，兑为泽，山高泽低是对立的，但其气相通，又是统一的。巽为风，震为雷，风雷互相搏击是对立的，但能互相增益其势而又不相悖，又是统一的。坎为水，离为火，水火不相入是对立的，但它们又能“相逮”，互相资济，又是统一的。这种既对一又统一的特性推动了万物的变化发展，所以说“然后能变化既成万物也”。由此可见，《说卦》的八卦论，实际是以解释筮法形式出现的一种万物生成论。此种生成论也是对中国大陆黄河流域节气变化和农业生产的总结。

通过阐述圣人作《易》的目的和《易经》卦爻结构的意义，《说卦》又提出了“穷理尽性以至于命”说。它认为圣人揲蓍成卦，其目的不止是用于卜筮，更重要的是通过卦爻象变化的法则，来提高人们的道德境界，使人的行为遵循一定的规范，这就是“和顺于道德而理于义”。要实现这一目的，就必须要了解天道和地道，对阴阳变易的法则有透彻的了解。所谓“尽性”，就是要了解人道，对人之所以为人的道理有透彻的把握。能够“穷理尽性”，就能正确对待个人的生活处境，不被生死寿夭等问题困扰，安身而立命。由此可见，在《说卦》看来，《周易》是讲“性命之理”之书，既谈天道（包括地道），也谈人道。通过这种诠释，《周易》便成为探讨宇宙和人生原理的哲学典籍了。

第七节 《序卦》《杂卦》论卦序、卦义

《序卦》又称为《序卦传》，《杂卦》又称为《杂卦传》。它们是今本《易传》的第六、第七种。

《序卦》和《杂卦》都论述了《周易》的卦序和卦义，但其理解和侧重点又各有不同。下面，我们分述其内容。

一、《序卦》论卦序之义

《序卦》是一篇分析《周易》六十四卦的编排次序，并揭示诸卦前后相承意义的专论。

全文据《周易》上、下两篇分为两段。前段解释上经乾、坤到坎、离三十卦的卦次，后段解释下经咸、恒到既济、未济三十四卦的卦次。

《序卦》之名，孔颖达《周易正义》认为是“就上下二经，各序其相次之义，故谓之《序卦》焉”。所论为是。

《序卦》主旨是论卦序之义，但在论卦与卦前后相联的关系时，它也以简约的语言概括了诸卦名义。这些对卦义的论述，有的切合各卦的实际，有的只是取其一端，以偏概全。为了揭示卦序之义，将六十四卦建立起因果连续性的链条，它不得不对卦义取其所需。

《序卦》分析卦序，一般都据卦名立说，只有乾、坤、咸三卦例外。它说：

“有天地然后万物生焉。盈天地之间者唯万物，故受之以屯。”这里，没有点出乾坤两卦的卦名，而说天地。乾为天，坤为地，这是取象说。

又说：“夫妇之道不可以不久也，故受以恒。”恒卦前是咸卦，它没有点出咸卦的卦名，却以“夫妇之道”代之，这是取义说。《彖传》说“咸，感也……男下女”，咸卦卦体上兑下艮，《说卦》以艮为少女，以兑为少男。《序卦》以咸卦为“夫妇之道”，正是取卦体结构和卦辞之义。

对六十四卦的顺序结构，《序卦》从相因、相反两个方面进行分析。

所谓相因，是揭示前后卦因相承关系、条件关系、蕴涵关系而相联接。如：

> 需者饮食之道也。饮食必有讼，故受之以讼。讼必有众起，故受之以师。师者众也。众必有所比，故受之以比。比者比也。比必有所畜，故受之以小畜。物畜然后有礼，故受之以履。

这是说需卦之后之所以是讼卦，是因为需卦是讲饮食之道的，而饮食之需，必然会产生争讼，争讼会牵涉众人，所以讼卦后是师卦，师就是众的意思。而物以类聚，人以群分。众人自有亲比，所以师卦之后接以比卦。亲比要有蓄积，所以比卦之后是小畜卦。物资积蓄起来后如何进行分配，就产生了礼的问题，所以小畜卦之后接以履卦，履就是礼。这些卦所代表的事物，一个引发一个，相继衍生。《序卦》就是用这种相承关系来说明卦与卦之间的顺序。

《序卦》又用条件关系来说明前后卦之间的顺序。如：

> 蒙者蒙也，物之稚也。物稚不可不养也，故受之以需。需者饮食之道也。

此是说，蒙卦代表幼稚的事物，幼稚的事物必须要加养育，而需卦代表饮食，正是养育幼稚之物之所需。这样，需卦的饮食就成了养蒙的条件，所以蒙卦之后接以需卦。又认为，咸、恒两卦相联，是因为夫妇之道必须恒久；井、革两卦相联，是因为井必须要加以淘治、革新；革卦之后所以是鼎卦，是因为变革事物没有比鼎器化生为熟更显著的；鼎之后之所以是震卦，因为主持鼎器没有比长子更合适的。这些，都是以后卦之义作为前卦之义的条件，来解释前后相次之理。

《序卦》又用蕴涵关系来说明前后两卦相因。如：

> 屯者物之始生也。物生必蒙，故受之以蒙。蒙者蒙也，物之稚也。

这是说屯卦之名有物之始生之义。而蒙卦之名为幼稚，蕴含着屯卦物之始生之义，故两卦相连。又如萃卦之名是会聚的意思，而升卦之名有上升之义，上升蕴含着会聚之意，所以萃升两卦相因。未济有事物的发展不可穷尽之义，而既济含有完成的意义，但既济的事物还有新的未济，所以两卦相联。

所谓相反，是指前后两卦有一种逆转变化的关系。《序卦》往往以相反之理来揭示卦序。如：

> 泰者通也。物不可以终通，故受之以否，物不可终否，故受之以同人。

此是说泰卦之义为通泰，但事物不可能一直通泰，通泰到了极点就会走向反面闭塞（否），因此泰卦之后就是否卦。但人也不会始终处在封闭不通的境况中，最后也会走向与人沟通合作，因此否卦之后又接之以同人。又如损与益、益与夬相连接，是由于事物不断地受损就会逼出求益的意愿。事物不断地受益就会导致溃决。

通过《周易》六十四卦序的分析，《序卦》表述了它对自然和社会的认识。

第一，提出了“盈天地之间者，唯万物”的命题。《序卦》开篇就说：“有天地，然后万物生焉。盈天地之间者唯万物。”此是说，天地是万物的根源，而且充盈天地之间的，也只有万物。这一观点实际是认为世界充满各种物体，宇宙中没有真空的领域。

第二，它探讨了自然和社会的历史发展的过程。《序卦》说：

> 有天地，然后有万物。有万物，然后有男女。有男女，然后有夫妇。有夫妇，然后有父子。有父子，然后有君臣。有君臣，然后有上

> 下。有上下，然后礼义有所错。

“有天地，然后有万物”，此是以天地为万物的本原，不以天神为万物之源；“有万物，然后有男女”，是说有了无生物和生物以后才产生了人类；“有男女然后有夫妇”，是说异性结合是家庭生活的基石；“有夫妇，然后有父子”，是说有了夫妇关系方可产生父子关系；“有父子，然后有君臣”，是说君臣关系是在父子关系的基础上发展起来的；“有君臣，然后有上下。有上下，然后礼义有所错”，是说有了上下的区别，维系上下区别的礼义法度也就形成了。《序卦》对自然和社会发展的这些描述，承认先有自然界而后有人类社会，人类社会是以家庭为基础而发展起来的。这种见解是相当深刻的。但是，它对人类社会发展的解释，却又打上了中国古代农业社会和宗法制度的烙印。

第三，它以相反说解释卦序，表现了穷极则反的对立面转化的思想。除上举例外，它分析剥卦与复卦、恒卦与遁卦、遁卦与大壮卦、晋卦与明夷卦、蹇卦与解卦等，都是以“穷上反下”、互相转化的观点来说明它们前后相次之理。

《序卦》不仅认为对立面可以互相转化，而且认为这种转化、发展是无穷的。《周易》六丨四卦的最后两卦是既济、未济。“既济”有完成之义，而“未济”有未完成之义。可是《周易》不以既济置于最后，而是以未济为全经的结束。《序卦》认为这是由于“物不可以终穷也，故受之以未济终焉”。这是说事物的转化是没有穷尽的，事物将永远处于变易的过程中。这种“穷上反下”说和“物不可以终穷”说，正表现了《序卦》辩证思维的特色。

二、《杂卦》的卦义说

《杂卦》在今本《易传》诸篇中最短，它是以卦象对举见义的形式揭示《周易》六十四卦卦德的一篇专论。

《杂卦》通篇为韵文，共用了十九个韵，因而显得音节和谐。除篇末的八个卦之外，《杂卦》其余五十六个卦的排列顺序都很有规律。它们皆“二二相偶”，每两个卦成一组；每组两个卦的关系又是相综相错或非复即变。如开篇它就说：“乾刚坤柔。比乐师忧。临观之义，或与或求。”这里的六个卦，乾卦和坤卦是一组，比卦和师卦是一组，临卦和观卦是一组，这就是“二二相偶”。

乾卦的卦形为䷀，坤卦的卦形为䷁。它们两卦同位之爻的爻性全部相异，乾卦的初爻为阳，坤卦的初爻为阴，其他二、三、四、五、上爻也皆如此。这种关系韩康伯称之为“错”，孔颖达称之为“变”。比卦和师卦、临卦和观卦这两组卦与卦之间的关系则不同。比卦上坎下坤，卦形为䷇；师卦上坤下坎，卦形为䷆。将比卦的卦形倒转过来，就是师卦的卦形。临和观也是如此，将上坤下兑的临卦倒转过来，就是上巽下坤的观卦。同组内两卦之间的这种关系，韩康伯称之为“综”，孔颖达称之为“复”。

《杂卦》前五十六卦二十八组，每组内的两卦，其关系不是“综”就是“错”，不是“复”就是“变”。可是，从第五十七卦起，后面的八个卦就不同了。这八卦是大过和姤卦，渐卦和颐卦，既济和归妹，未济和夬卦。大过上兑下巽，姤卦上乾下巽，它们之间既没有相综或相覆的关系，也没有相错或相变的关系。渐和颐、既济和归妹、未济和夬卦也皆如此。这种不合乎规律的现象，显系错简所致，宋人蔡渊根据前五十六卦“二二相偶”“非复即变”的结构和句尾押韵之例，将后八卦改作：

> 大过，颠也；颐，养正也。既济，定也；未济，男之穷也。归妹，女之终也；渐，女归待男行也。姤，遇也，柔遇刚也；夬，决也，刚决柔也。君子道长，小人道忧也。

这样，大过和颐就成了相错关系，归妹和渐卦、既济和未济、姤和夬卦就成了相综关系，其说为是。

由此看来，《杂卦》实际将《周易》六十四卦分成了三十二组，其中乾与坤、小过与中孚、离与坎、大过与颐这四组卦皆是相错关系，其余二十八组皆为相综关系。就是用这种“错综其义”的方法，《杂卦》重新编排了《周易》六十四卦的顺序。

与今本《周易》的卦序相比，《杂卦》卦序有同有异。就“二二相偶，非复即变（即相综相错）”而言，它们是一致的。但今本《周易》的卦组与卦组之间如《序卦》所说，有意义上的联系，成为一因果联系的系列。可是，《杂卦》中卦象的排列，却没有这种联系。如《杂卦》初始的六卦，各卦组间的两卦，有着反对关系，一刚一柔，一乐一忧，一与一求。但乾坤组与比师组、临观组之间，却互不相关。此说明《杂卦》所追求的是卦象的逻辑结构，而不是卦象之间先后的续承关系。

《杂卦》对“二二相偶”卦组意义的解说，采取了“或以同相类，或以异相明”（韩康伯注）的方法。所谓“以同相类”，就是将卦义相同或相近的两卦作为一组，通过对举使其义凸显。如：

> 屯见而不失其居。蒙杂而著……大壮则止，遁则退也。大有众也。同人亲也。

屯卦称“见”，指生机呈现；蒙卦称“著”，“著”即明显。属同义对举。大壮称“止”，即强盛知止；遁称“退”，指时穷退避；大有称“众”，指所有众多；同人称“亲”，指与人亲近。与人规近则所有众多。这都是以类相从。

但《序卦》主要的解释方法是“以异相明”。所谓“以异相明”，就是通过揭示两卦的对立关系来凸显其各自的意义。上举“乾刚坤柔，比乐师忧，临观之义，或与或求”，就是如此。乾卦和坤卦阴阳相错，卦形相对，其德性“刚”与“柔”也相反；比和师卦形相综，互相反对，其德性“乐”和“忧”也相反；临卦和观卦为覆为综，其义也相反，一是与人，一是营求。通过这种对立的比较，就最大限度地揭示了两卦性质的不同。《杂卦》“以异相明”的方法突出了《周易》用矛盾对立观念解释世界的意义。

《杂卦》的主要范畴是“刚”“柔”。首句“乾刚坤柔”，表达了其对立义。乾卦由六阳爻—组成，代表事物的刚健之性；坤卦由六阴爻 -- 组成，代表事物的柔弱之质。乾、坤对恃，表示万事万物无不具备刚柔两重性，而其间的刚柔消长则决定了事物之间的互相区分。乾、坤以下六十二卦正是以刚柔消长的不同态势来说明事物之间的差异性的。如：“否、泰，反其类也。”否卦上乾下坤，泰卦上坤下乾。一是内柔而外刚，一是内刚而外柔，以刚柔分类，态势正相反，故云“反其类也”。又说：“剥，烂也；复，反也。”剥卦上艮下坤，卦形为 ䷖，柔长而刚退。复卦上坤下震，卦形为 ䷗，刚退尽而复返，虽只一刚爻居下，但表示了刚健之性的发展趋向。所以剥、复对举，说明刚柔消长决定了事物的不同发展趋向。刚柔思想反映在人事上，则刚为男，柔为女；刚君子而柔小人。如说：“归妹，女之终也；渐，女归待男行也。”归妹上震下兑，震为长男，兑为少女；渐为归妹之综卦，上巽下兑。巽为长女，兑为少男。两卦都是以嫁女作解。长男配少女，与礼相宜，故归妹云“终”；少男配长女，于礼不宜，故渐云“待”。这是以男女为刚柔。杂卦结尾云：“姤，遇也，柔遇刚也；夬，决也，刚决柔也，君子道长，小人道忧也。”姤卦形为 ䷫，上乾下巽，一柔初生，《杂卦》不言柔“反”，而言“柔遇刚”。夬为姤之综卦，卦形为 ䷪，上兑下乾，五刚下长，一柔仅存，刚占绝对优势，故云“刚决柔”。既然是五阳决除一柔，所以“君子道长”，而“小人道忧”。所谓“君子”“小人”，也是“刚”“柔”。杂卦以“乾刚坤柔”始，以“柔遇刚”“刚决柔”终。中间的六十卦，虽未明言刚柔，但刚柔之义或示之于六爻，如否、泰、剥、复，或显之于上下卦，如渐、归妹。未言刚柔而实寓刚柔之义于其中。所以，《杂卦》实际是以反对为内在结构形式，以刚柔思想为主线的一篇《易》说。

第三章 易学

第一节　易学的性质、内容及其意义

前面说过，《周易》是一部古老的典籍，自从殷末周初产生以来，已经流传了近三千年。早在春秋战国时期，它就受到人们的推崇，以后在长期的封建社会中，一直被奉为神圣的经典。从汉朝开始，由于儒家经学的确立和发展，《周易》被尊为五经之一，并居其首。这样，便出现了一批专门解说《周易》的学者，人们对它的研究遂成为一种专门的学问，即易学。为了对易学真正有所了解，我们首先要弄清，究竟什么是易学？易学的内容是什么？它有什么特点？研究易学究竟有什么价值和意义？

一、易学的性质

易学是儒家经学的一个重要组成部分。它是随着经学的确立和发展，而形成和发展起来的。经学所研究的对象是儒家尊奉的典籍的演变和传授，其内容包括传授世系，不同时代和学派解经的倾向和对经典的阐发，经典注释的概况和成就，典籍的辨伪和文字训诂的考证等。与此相适应，易学所研究的也大体是这些内容。但是，同其他四经相比，易学又有自己的特色。易学作为研究《周易》流传和演变的学问，是通过对《周易》占筮体例、卦爻象的变化以及卦爻辞的解释而展开的，有自己特有的术语、概念、范畴和命题，从而形成了一套独特的思维形式。

易学是对《周易》包括经和传所作的种种解释。它与《周易》经传既有联系，又有区别。如前所述，《易经》是周人占筮记录的系统化，古人依据其中的卦爻象和卦爻辞推断人事的吉凶，是一部算命的书。《易传》是对春秋战国以来各种《易经》解说的总结。早在春秋时期，有些人就企图摆脱宗教巫术的束缚，从理性的角度对《周易》进行改造。子服惠伯说“易不可以占险”，孔子提出学易“不占而已矣”，而注重“观其德义”，已经开始不把《周易》用于占筮，而作为分析客观事物和提高人的道德修养境界的依据，人们对《周易》的态度有了一个根本的变化。这样，人们逐步赋予《周易》卦爻象和卦爻辞以新的内容和含义，使其成了表述哲学思想的工具。《周易》的性质一点一滴地改变。哲学观点也在一点一滴地积累。到了战国时期，随着各哲学流派的出现和百家争鸣的开展，随着人们理性的进一步觉醒和思想的解放，人们对《周易》的框架结构作出了全面的哲学解释，根本上改变了它的巫术性质，终于打破了迷信的领域。《易传》就是这类解《易》著作的一个汇集。儒家的伦理观念，道家和阴阳五行家的天道观，成了《易传》解《易》的指导思想。占筮书变成了一部哲学书。易学则通过对《周易》经传的种种解说，形成了一套理论体系，并在长期的发展过程中，经历了不同的阶段，形成了许多流派，其内容也不断丰富和发展，从而使《周易》这部古老的典籍得以长期流传下来，对中国文化产生了巨大影响。

二、易学的内容

易学的内容十分丰富。《周易》一书是如何产生的？《周易》是一部什么性质的书？如何揲蓍求卦？如何利用《周易》卦爻象和卦爻辞占断吉凶？《周易》经传作为“圣人之书”，包含有哪些“圣人之道”？等等。所有这些，都是历代易学所共同讨论的问题。易学家的任务，就是通过这样或那样的解释，揭示《周易》的奥秘，发扬周孔之道。这样便构成了各个时期的易学。

但是，从历史上看，易学作为一门学问，其对《周易》经传的研究，可以归结为文字和义理两个方面。《周易》的文字，十分古奥、简练，要想了解其中的义理，首先要弄清卦爻辞的字义。所以许多易学家把毕生的精力，放在对《周易》文字的解释和考证上。现在所传下来的有关《周易》的注疏，一部分内容属于这种解字的系统。而唐代陆德明的《易经释文》，宋代吕祖谦的《周易音训》，清初王夫之的《周易稗疏》，则是专门解释字、词的著作。

历代易学家也研究《周易》的义理，特别是哲学家们依据其对义理的解释，建立和阐发自己的哲学体系。他们对《周易》的解释和对其理论思维的探讨，涉及天道变化、道德修养、人生态度等宇宙和人生的根本问题，包括主观与客观、思维与存在的哲学基本问题和事物发展的一般规律。这部分内容可以称之为易学哲学。历代关于《周易》的解说和注释，都有这方面的论述。

也有一些易学家，视《周易》为治理国家、经世济民的教科书，通过对《周易》经传的解释，总结历史的经验教训。他们或者引用历史事件或历史人物的事迹解说卦爻辞，或者通过注释卦爻辞制定一套治国安民的方略。这部分内容可以称为易学政治学。此种解易学风，汉唐人已经开其先河，至宋初胡瑗著《周易口义》，倡导引史证经之风，对程颐《伊川易传》影响很大；到南宋李光作《读易详说》，杨万里作《诚斋易传》，李杞作《周易详解》，渐渐独树一帜，成为风气，从而使古老的《周易》同国计民生的实际事务结合起来，获得了更为丰富的内容。

当然，还有一些易学家将《周易》同当时的自然科学结合起来，利用《周易》的原理说明自然科学中某些现象，如汉代刘歆用《周易》解释历法，明代张景岳用《周易》解释人的生理和病理，方以智用《周易》解释物理学等，也构成了易学中的新内容。

三、研究历代易学的价值和意义

易学源远流长，内容宏富。两千多年来，易学以其神妙莫测的形式、高度凝结的智慧和独特的理论思维，渗透于中国文化的各个层面，对古代哲学、宗教、科学、文学艺术以及政治和伦理生活都起了深刻的影响。研究中国易学发展的历史，对了解中国哲学的民族特色及其发展进程，对于弘扬中国文化的优秀传统，都具有重要意义。

首先，研究历代易学，对于破除迷信观念，理解和把握中华文化的优良传统，是有意义的。《周易》这部古老的典籍，其形成出于占筮的迷信，后来作为一种推测人事吉凶的方术，在社会上仍很流行，成为封建迷信的一部分。这种迷信，称为占术，用通俗的话说，即算卦或算命。占术并不是易学，但同其他迷信相比，又有自己的特点。它是依据卦爻象的变化推算人的命运，其中含有某种逻辑推衍和理智分析的因素，并非靠祈祷或单凭神灵的启示。后来的易学，将这种因素加以发展，使《周易》逐渐变成了指导人们的生活，规范人的言行以及观察和分析问题的指南。这就是战国时代哲学家荀子所说的“善为易者不占”。因此，易学在其发展过程中，逐步打破了迷信的领域，其对《周易》

所作的理论上的解释，终于发展为一种哲学世界观。这种世界观逐步摆脱了有神论的影响，并发展为无神论，长期以来，成为中国知识界和文化人用来观察和解释世界的工具。这种世界观，集中到一点，就是用阴阳变易的法则说明一切事物。它具有中国的特色，是其他民族和国家，如欧洲、印度和阿拉伯世界所没有的。研究易学的发展，对于理解中国文化思想的传统，是有帮助的。

其次，研究历代易学，对于锻炼人们的理论思维，发挥聪明才智，也具有重要价值。《周易》之所以在中国历史上产生如此深刻的影响，不在于占术，也不在于其思想的表现形式，如卦爻象和卦爻辞，而在于其理论思维的内容。其中最为突出的是观察世界的辩证思维。《周易》自身就已经蕴藏着辩证思维的萌芽，后来经过历代易学家的阐发，逐渐形成了一种理论体系，这在世界古代学术史上是少有的。因此，《周易》这部古老的典籍，一直受到人们的尊重，吸引着历代的易学家、哲学家、科学家和历史学家探讨其中的奥秘。如果说，古代的宗教典籍是靠迷信和信仰得以长期传播，那么，《周易》则是依靠自身理论思维和中国人的智慧相传下去的。中国人的理论思维水平和丰富的智慧，在同西方文化接触之前，主要是通过对《周易》的研究和阐发，而得到锻炼和提高的。这是中国文化的骄傲。我们研究易学发展的历史，就是要批判地继承这份珍贵遗产，总结理论思维的经验教训，锻炼我们的思维能力，这对发展科学的世界观和方法论，使其具有民族的形式和中国特色，都有重要意义。

再次，研究易学史，对于深入了解中国哲学的内容及其发展过程，也很有必要。中国古代哲学，就其所依据的思想资料说，影响深远的有四种类型：《周易》《四书》《老子》和《庄子》，佛教典籍。这四种类型的哲学体系，都有自己的术语、范畴和命题，而且以注疏的形式，发展自己的理论。《周易》虽为儒家经典，但其影响并不限于儒家，其他系统的哲学，如魏晋玄学和道教哲学，同易学的发展都有着密切的联系。不研究易学，对玄学的形成和演变，对道教的炼丹理论，都难以作出正确的评论。就儒家系统说，《四书》所讲的内容，使用的术语和范畴，偏重于政治、道德问题，对自然观和宇宙观的论述较为贫乏。从《易传》开始，方为儒家哲学提供了一个较为系统但尚很粗糙的体系。汉朝以后，这一体系逐渐完善，到宋明时期发展到高峰。宋明道学作为中国古代哲学的一种形态，从周敦颐到朱熹，再到王夫之，就其哲学体系赖以出发的思想资料和理论形式说，是通过其易学而形成和发展起来的。宋明哲学中的五大流派，即理学派、数学派、气学派、心学派和功利学派，都同易学结合在一起。他们对哲学基本问题的回答，基本上来于易学哲学中的问题。他们都是著名的易学家。易学哲学所提出的范畴，如太极、乾坤、阴阳、道器、理事、理气、形而上和形而下、象数、言意、神化等，都对古代哲学的发展起了深刻的影响。弄清这些范畴的起源、演变及其哲学性质，同样要研究易学发展的历史。

再其次，研究历代易学，对于加强精神文明建设，提高人们的道德修养境界，也是很有意义的。《周易》中有些词句，将人事的吉凶同人的品德联系在一起，对人有劝戒之意。《易传》以“元亨利贞”为四德，三陈九卦之德，认为掌握了《周易》原理，能穷神知化，是圣人的最高道德境界。因此，历代易学家都视《周易》为讲人生修养的典籍。尤其是宋明道学家，从周敦颐、张载到程颐、朱熹以至王夫之，其对《周易》的解说，最终都归结为人的道德修养问题，也就是所谓“立人极”，即为人类立一最高的道德准则。他们都引《四书》中的文句，尽量从道德修养的角度，解释《周易》经传，并企图通过其解释，为其成圣人的理论，提供一个形上学的依据。研究易学的发展，对提高人们的精神境界和道德水平，无疑也是有帮助的。

最后应该指出的是，《周易》中有些卦爻辞以自然现象比拟人类生活，借自然现象的变化说明人事活动的规则或政治生涯的变迁。《易传》更提出汤武革命说、养贤说、神道设教说和“安而不忘危，存而不忘亡，治而不忘乱”的三不忘说。据此，历代有不少易学家视《周易》为总结历史经验，处理人际关系，经世济民，拨乱反正的教科书，以阐发其中的政治哲学为己任。研究易学，对于我们治理国家，正确处理改革大潮中的各种矛盾，转变经营机制，改善经营管理，发展市场经济，也会大有裨益。

第二节　易学的分期

易学是通过对《周易》的解释形成和发展起来的。就先秦文献说，对《周易》的解释，始于春秋时期，到战国时代，发展为《易传》。《易传》为古代易学奠定了基础。但严格说来，《易传》本身还不是易学。只有到了汉代，随着经学的确立和发展，人们对《周易》的研究才成为一种专门的学问，于是产生了易学。易学有自己的历史，如果从汉武帝建元六年（135）倡明经学，立五经博士算起，已有两千多年。历史上对于《周易》的研究，随着社会的发展，文化思想的演变，经历了不同的历史阶段。依据不同的历史特点，古代易学大致可以分为四个时期：汉易时期，晋唐易学时期，宋易时期，清代易学时期。以下分别作一简要介绍，并附带谈谈近人解易的倾向。

一、汉代易学

汉代是易学发展的一个重要阶段。这个时期的易学，后人称为汉易。秦始皇焚书，不焚《周易》，其传授并未中断。汉王朝建立以后，由于统治者表彰儒家，提倡经学，《周易》被尊为五经之首，对《周易》的解说成了专门的学问。研究《周易》的，不只是儒家经师，其他流派的思想家，也探讨《周易》的理论。易学在汉代学术史、思想史和哲学史上都占有重要地位。

据记载，汉代易学皆本于田何。田何传《易》于周王孙、丁宽、服生，他们都著有解易的著作，以后又传给杨何。丁宽传给田王孙，田王孙又传给施雠、孟喜、梁丘贺，于是"《易》有施、孟、梁丘之学"。孟喜传《易》于焦延寿，焦延寿又影响京房，于是"《易》有京氏之学"。京氏易学不同于田何易学系统，实际上是以六十四卦的卦象和卦爻辞为资料，讲他自己的易学体系，被视为"异党"。由于将《周易》看成是占算吉凶的典籍，他创造了许多占算的体例，以讲占候之术而闻名，此派易学后来发展为占术。施、孟、梁丘、京氏四家，皆立于学官，代表了西汉官方易学发展的情况。此外，还有一个易学传授的系统，以费直为代表，被称为费氏易。费直传给王横，高相传给子康和毋将永，于是"民间有费高二家之说"。费高两家的易学，未立博士，属于民间易学。官方易学属于今文经学系统，而以费直为代表的民间易学则属于古文经学系统。用当时通行的隶书写的经典称为今文经，而用古老的篆书写成的经典则称为古文经。今文经学对经典的解说，倾向于把儒家宗教化，发挥天人感应的神秘主义，而古文经学的倾向是反对用天人感应等神秘主义解释儒家经典。以上这些经师都以治易为己任，可以说是易学专家。还有一批学者，如淮南王刘安、严君平、扬雄、刘向和刘歆，也都研究《周易》，精通易学。

西汉学者解易，就其学风说，可以归结为三种倾向。一是以孟喜、京房为代表的官方易学。其解易的特点是：以奇偶之数和八卦所象征的物象解说《周易》经传文；以卦气说即以八卦或六十四卦配一年四时、十二月、二十四节气，解释《周易》的原理；利用《周易》讲阴阳灾变。二是以费直为代表的易学，不讲卦气说和阴阳灾变，而以《易传》文意解经，注重其中的义理。三是以道家黄老之学解释《周易》，讲阴阳变易学说。这三种解易倾向，其中影响最大的是孟喜、京房的易学。汉易作为易学史上的一大阶段，可以孟京易学为代表，宋人称为象数之学。

西汉末年，随着今文经学派神秘思潮的发展，谶纬开始流行，于是又出现了《易纬》。谶即神秘的预言。纬是对经而言，纬书是对儒家经典所作的种种神秘主义的解释，《六经》皆有纬。《易纬》则是对《周易》经传文所作的解释，是汉易中的一个重要派别，其代表性的著作有《乾凿度》《稽览图》《是类谋》等。此派发展了孟京易学，并吸收西汉的元气说、阴阳五行说以及今文经学中的神学目的论解说《周易》，将卦气说和象数之学进一步理论化和神学化了。它所提出的易即简易、变易、不易的“易一名而含三义”说，太极元气说，太一取阴阳之数运行于九宫之中的九宫说，以及八卦之名源于古代文字说，都对后来易学的发展产生了重要影响。

既然卦气说可以改变《周易》的结构另搞一套体系，那么《周易》的体系就成了一个空架子。人们也就有理由完全抛开《周易》另起炉灶，搞出一套自己的系统。西汉末年的扬雄对孟京和《易纬》大讲阴阳灾变，将《周易》神秘化大为不满，于是决心另辟蹊径，另外创造一套符号系统，以使易学与历法的结合更为自然。

扬雄自创的体系称为《太玄》。他创造的八十一个符号，叫作“八十一首”。每首相当于《周易》的一卦，分别由—、--、--- 三种基本符号按四重构成，自上而下，称为方、州、部、家。每首分为九赞，相当于易卦的爻，共七百二十九赞。他将八十一首七百二十九赞分配于一年四时之中，用以表示阴阳二气消长运行、万物兴衰成亡的过程。并将阴阳五行，四方四时，日月星辰，风雨物候，山川草木，人体结构，心理性情以及人类的生产、生活活动都纳入其中，构成了一个贯通天人的自然哲学系统，从而对西汉以来的易学作了一次总结，为卦气说和象数之学提供了哲学根据。

到东汉时期，范升传孟氏易，授学于杨政，而陈元、郑众等人皆传费直易学，其后马融又传授给郑玄。郑玄作《易》注，荀爽又作《易传》，都是费氏易学的传统。从此，费氏大兴而京氏学逐渐衰微。但传费氏易的，也都受了京房易学以及《易纬》的影响。如郑玄解经，虽属古文经学的传统，但又精通今文经学，以注纬书而闻名。其易学的特点是以五行的生数和成数解释《周易》中的象和数，被称为五行生成说。荀爽虽然不大讲阴阳灾变，但亦主卦气说。继承费氏易学的传统，排斥今文经学派影响的，是曹魏时期的王肃。王肃解易，注重义理，略于象数，以文字简明为其特色，成为王弼易学的先导。与王肃同时的虞翻，一方面讲卦气说，一方面又继承荀爽易学的传统，提出了不少解易的新体例，将卦气说引向了卦变说，并以卦变说解释《周易》经传，把汉易象数之学发展到了高峰。

东汉易学的发展，除上述儒家系统外，还有道家黄老学派解易的系统。黄老学说到东汉末年发展为道教。道教宣扬神仙学说，以炼丹服药为长生不死的方术。东汉末年的魏伯阳，著《周易参同契》，将卦气说同炼丹结合起来，以《周易》原理解说炼丹的理论和方法。此书提出月体纳甲说，即以八卦或六十四卦配干支和日数，以月亮的盈亏说明炼丹运火的程序，标志着汉易发展的另一倾向，成为道教易学的先驱。

二、晋唐易学

魏晋至隋唐时期，是易学史上的一大转变时期。两汉易学转向了以老庄玄学解易的道路，玄学派的易学成了易学发展的主流。

魏晋时期，老庄学说十分流行。这种学说提倡清静、无为和简易，对士族学者和思想家解释古代典籍，起了很大影响。如玄学的倡导者何晏著《论语集解》，即以简明为主，是对汉代烦琐经学的一次清算。其对儒家典籍的解释，也渗入了道家的观念。道家的虚无精神境界、圣人无情说、无为说，都成了解说儒家思想的武器。在这种风气的影响下，两汉易学则转向了以老庄玄学解易的道路，成为易学史上的一大流派。

王弼是玄学派易学的创始人。他注解《周易》，继承了古文经学派解易的学风，以《易传》的观点解释经文，注重义理的阐发，文字力求简明，而抛开汉易中的象数之学，特别是今文经学派和《易纬》的传统，不讲卦气、卦变、纳甲和阴阳灾变等，从而创立了义理学派。从哲学史上看，此派易学又把《周易》经传纳入了玄学领域，成为魏晋玄学的一个组成部分。王弼注《易》，也注《老子》，并以老庄玄学观点解释《周易》的卦爻辞，或通过对《周易》的解释，引出玄学理论。如以“自然无为”“归根曰静”说解释《彖传》文，以“忘象以求意”说解释易学中的取义说，等等。其总的倾向是，追求《周易》经传中的抽象原则，并将对《周易》原理的理解进一步抽象化和逻辑化了，表明了其易学的理性主义特色。

继王弼之后，晋人韩康伯是玄学派易学的又一代表人物。王弼注《易》，未注《系辞》《说卦》《序卦》《杂卦》等传，韩康伯则将此四传加以注解，以补王弼所未及。唐孔颖达将王韩二注合在一起，收入《周易正义》中，成为王弼派易学的代表作。韩康伯注四传，不仅引王弼《周易注》和《周易略例》文，而且理论上也有新的阐发。他进一步排斥汉易中的象数之学，依据筮法中的取义说，从义理的高度概括和阐发了王弼的易学观，并提出了“八卦备天下之理”的命题，认为八卦和六十四卦及其卦爻辞具备天下之理，《周易》乃明理之书，通过《周易》就可以把握天下之理和变易之道，人们应该在事象的背后探求其义理。由于将无形之理视为《周易》的根本，乃居于象数背后和超越经验的抽象原则，在哲学上又导出了以“无”为天地万物之本原的结论，利用易学中的范畴和命题，宣扬老庄玄学。这样，便将易理进一步玄学化了，使《周易》与《老子》《庄子》相并列，成为“三玄”之一。

王弼和韩康伯的易学，是玄学派易学的代表，并且成为魏晋南北朝时期易学发展的主流。但玄学派的易学，并不限于王韩二人。从曹魏时期开始，还有一批人，如竹林七贤之一的阮籍，荀爽的从孙荀粲，梁武帝萧衍以及周弘正、张讥等，也提倡和宣扬玄学派的易学。他们的著作皆已失传，不能窥其全貌。还有一些玄学家，如何晏、殷浩、刘惔等，并无系统解易的著作，但对易学中的哲学问题颇感兴趣，提出了一些有理论意义的观点，在当时引起了很大反响。

由于玄学的流行，也出现了一批反玄学的思想家，批判老庄思潮。他们继承了汉易的传统，不满意以玄学观点解易，同玄学派易学展开了争论。诸如荀凯同钟会的辩论，荀融同王弼的辩论，占算家管辂同何晏的辩论，孙盛同殷浩的辩论，欧阳建同言不尽意论者的辩论以及干宝对玄学派易学的批评，等等。这场争论旧经学史称之为郑（玄）王（弼）之争。争论所涉及的，有关于《周易》的宗旨，易象的性质，言意之辨，太极之辨等问题，相当广泛。可见，魏晋南北朝时期易学中象数派和玄学派的斗争是很尖锐的。这一时期的象数派易学，虽然在理论上并无新的建树，但对玄学派易学却是一个很大的威胁。韩康伯正是在干宝批评王弼派易学之后，补注了王弼未注的《系辞》等传，使玄学派易学在这一斗争中得到了传播和发展。南北朝时期，王学同郑学之争虽依然存在，北方学者推尊郑易，江南经师多本王学，但同时又出现了相互吸取和融合的趋势，从而为唐代易学的发展奠定了思想基础。

在此基础上，随着政治上的统一和稳定，经济和文化的高度发展，唐代出现了两部总结前人和当时人易学成果的著作，一是孔颖达主编的《周易正义》，一是李鼎祚的《周易集解》。前者采王弼和韩康伯二注，并对其逐句加以解释，推崇玄学派的易学。但并不一切唯王弼是从，对其他各流派的观点和说法，皆有所吸收和肯定，实际上是对王学进行了一番修正。他提出“易合万象”，“不可一例求之，不可一类取之”的原则，企图纠正王弼派鄙视取象的偏见。他以“自然无为”说解释“一阴一阳之谓道”，提出“无阴无阳乃谓之道”的命题，认为道是无阴无阳的称谓，阴阳二气自然而有，其开通万物也无造作，这种品德或法则，就称之为道。道或无并非实体，而是自然无为的称号。他还以阴阳二气解释乾坤二元，以元气说解释太极范畴，宣扬以气为核心的世界观。所有这些，都是对王弼派易学的改造，从而扬弃了玄学派贵无贱有的思想，将玄学贵无论引向了崇有论，并通过崇有论，重新肯定了元气说和阴阳二气说，对易学和哲学作出了很大贡献。李氏《周易集解》则主要汇集汉易系统如郑玄、虞翻、荀爽、干宝等三十余家的注释，推崇郑学，以纠正孔疏推重玄学之偏。但对玄学派的注释，如王弼、何晏、韩康伯等，也有所采纳。甚至在义理方面，对韩康伯《系辞》注中宣扬贵无论的文字，也不加评论地收集在《集解》中。这表明，两书都是对两汉以来易学的总结，都具有融合两派易学的倾向，代表了唐代易学发展的新方向。但李氏《集解》自己的论点较少，基本上是资料性的汇编，在易学史上的地位，还不能同孔颖达《周易正义》相比。此外，佛教和道教中的一些人物，也援引易学的观点或依《周易》卦象解说其教义，有的则炮制出一套世界形成的图式，作为其理论基础。如《道藏·洞玄部》中的《上方大洞真元妙经图》，以太极为天地之大本，即属于道教解易的系统。

三、宋明易学

从北宋开始，古代易学的发展又进入了一个新的阶段，被称为宋易。宋易是就其形态说的，并不限于北宋，其解易的风气一直延续到清朝初年。我们将这一时期的易学称为宋明易学。

北宋是宋易形成的时期。宋易的兴起，同北宋时期文化思想和学术的发展有着密切联系。唐代后期，由于佛道二教流行，造成了许多社会弊端，韩愈、李翱等人极力推行排佛运动，表彰儒家学说，企图恢复儒家的正统地位。宋王朝建立之后，又大力提倡周孔之教。由此，宋初几十年间，从中央到地方，涌现了一大批儒家学者，继唐朝韩李之后，大讲尊王排佛，重新整理、注释、讲解儒家经典，宣扬周孔之道。这样，在思想文化领域，掀起了复兴儒家学说的热潮。他们提倡的儒家学说，同秦汉以来的经学相比，具有自己的历史特点，可以称为新儒家。新儒家的兴起，是学术史上的一件大事。就经学史说，从汉唐经学转入了宋学时期。宋明时代的经学被称为宋学。宋学的特征是对儒家经典的解释，注重探讨和阐发其中的义理，不重视文字训诂方面的考证。此种学风，对宋易的形成影响很大。因此，宋易中的各派都强调研究《周易》经传中的哲理，从而形成了古代易学哲学高度繁荣的时期。

从哲学史上看，北宋是宋明道学形成的时期。所谓“道学”，就是新儒家所大力表彰和复兴的周孔之道。道学作为宋明哲学的一种形态，其特点有二：一是视孔孟学说为正统，以排斥佛道二教学说为己任，大力宣扬超功利主义的道德说教，并建立起一套形上学的理论体系；二是不同程度上吸取了佛道二教的思想资料和个别观点，用来补充和发展儒家的哲学体系。所以，宋明道学也可以说是儒家哲学高度发展的产物。而《周易》经传自汉代以来，就被奉为儒家的重要典籍。在儒家经书中，只有《周易》经传，特别是《易传》和后来的易学为儒家哲学提供了一个较为完整的体系。因此，北宋的道学家特别推崇《周易》。他们继承唐代易学的传统，大力研究《周易》，从而使儒家系统的易学体系逐步完善，将儒家的易学哲学推向了一个新的阶段，也为以后几个世纪的易学及其哲学的发展奠定了基础。

与道学相适应，宋易的特点之一，是将《周易》原理高度哲理化。因此，宋易又成了宋明哲学的主要内容。宋明哲学中的五大流派，即理学派、数学派、气学派、心学派和功利学派，都同易学有着密切的关系。前三个学派都是以易学为中心形成了自己的哲学体系。心学派同样研究《周易》，并借《周易》经传来表达自己的心学体系。功利学派也探讨《周易》的原理。北宋时期，理学派、数学派和气学派的易学哲学体系皆已形成，为后来三派哲学的发展奠定了基础。心学派和功利学派的易学哲学，北宋时期已有萌芽，到南宋形成体系。心学派易学到明代达到极盛，一度成为主流。

据《宋史·艺文志》著录，北宋解易的著作有六十余家。其中有著名的哲学家和思想家，如李觏、胡瑗、周敦颐、邵雍、王安石、张载、程颢和程颐等；有著名的文学家和历史学家，如欧阳修、苏轼、司马光等。他们都精通易学，在学术界掀起了研究《周易》的热潮。而新起的儒家学者，特别是道学家则成为宋代易学的奠基人。

就现在流传下来的著述看，北宋象数之学的倡导者，始于宋初的陈抟。他提出了许多图式解说《周易》原理，成为图书之学的创始人。陈抟传其易学于种放，后又传至刘牧和李之才。刘牧推崇河图洛书，李之才则宣扬卦变说。后来，周敦颐着重讲象，提出太极图说，论述宇宙形成的过程，为儒家成圣人的理论提供根据；邵雍则着重讲数，提出先天学，创立了易学中的数学派。义理学派的倡导者大概出于被称为宋初三先生之一的胡瑗，其后传至程颐，程颐著《伊川易传》，创立了理学派的易学体系；而同时的张载则吸收孔颖达气论学说，著《横渠易说》和《正蒙》，创立了气学派的易学体系。同邵雍的数学派，成为三足鼎立之势。

南宋时期，邵、程、张三家易学广为流传，而程氏易学成为易学发展的主流。《程氏易传》影响颇大，家置而人有之，成为知识界的必读之书。即使象数之学，也是通过程朱学派中的人物得到发展的，如程颐的再传弟子朱震对象数之学的整理，朱熹的好友和学生蔡元定及其子蔡沉对河图、洛书学说的阐发。而朱熹作为宋代理学大师，通过《周易》经传的解释，对北宋以来的易学和哲学的发展作了一次总结。他以程氏易学为骨干，融会各家之长，建立起一个庞大的易学哲学体系，完成了建立理学本体论的任务，对以后几个世纪的易学哲学的发展都起了深刻的影响。与朱熹同时的杨万里，也发明程氏易学，著有《诚斋易传》。但他又受张载易学的影响，阐发了太极元气说，企图将阴阳二气说同程氏的天理说糅合起来。陆九渊的大弟子杨简，继承程颢和陆九渊的易说，著《杨氏易传》和《己易》，以人心解易，认为易之道即人之心，进而提出"天人本一""三才一体"的命题，论证卦爻象和天地万物的变化皆出于个人的意识，成为宋明时期心学派易学的代表人物之一，对明代心学大师王守仁心学体系的确立，起了很大影响。此外，功利学派的代表人物薛季宣、叶适等人，也研究《周易》经传，提出了一些新的观点，如以河图、洛书为古代地图说，道不离器说，对孔子作《系辞》等传说的否定等，都对传统易学有所突破，在易学史上具有重要价值。

元明两代是宋易深入发展的时期。元朝建立以后，由于统治者大力提倡儒学，规定科举考试科目以朱熹注为标准答案，程朱理学遂成为官方的经学。明代又颁布《四书五经大全》和《性理大全》，标志着宋学终于代替了汉唐经学，成为占统治地位的学术形态。就易学说，朱熹的《周易本义》则成为官方认可的权威性典籍。元明两代先后出现了一批注疏《本义》的著作，如元代胡一桂的《周易本义附录纂疏》和《易学启蒙翼传》，胡炳文的《周易本义通释》，胡一桂之学生董真卿的《周易会通》，都阐发朱熹易学。明朝胡广奉明成祖之命编《周易大全》，即以胡氏所著为蓝本。《周易大全》的颁布和流行，意味着程朱派易学，特别是朱熹易学取得了统治地位。

由于朱熹易学并不一概排斥象数之学，元明两代的河洛之学和邵雍的先天易学皆有所发展。他们提倡以象解易，因而提出了各种各样的图式，解说《周易》原理，逐步形成了易图学。易图学是宋代图书之学的新发展。元代道教大师雷思齐继承刘牧、邵雍的易学传统，推衍出许多图式，以九宫图为核心解释《周易》原理，主有数而后有象，是数学派解易的代表。而俞琰、张理和萧汉中等人，虽然也以图式解易，但主有象而后有数，又发展了象学的传统。到了明代，象学则成为象数之学的主流。此派易学不仅主取象说，而且兼论理和数，同程朱派的取义说展开了论争。著名易学家来知德就是其代表人物。其后，方以智父子解释《周易》经传，继承了象学的传统，又吸收了数学派的观点，对元明以来的象数之学作了一次总结，标志着象数之学发展的高峰。

相反，元明义理学派的易学则相对薄弱。元代的义理学派特别是理学派解易，大都因循程朱教义，不敢有所异同。到了明代，才敢于有所疑异，著名易学家蔡清著《易经蒙引》，虽然依朱子《本义》阐发程朱派的易学，但因受张载易说的影响，第一次提出对朱熹易说应有所异同，主理象合一，批评了朱熹离气言理的观点，试图将朱熹的理本论引向气本论。从而促使明代理学家逐渐从程朱派中分化出来，成为明代易学中气本论的倡导者。罗钦顺、黄佐就是其中的主要代表。由于明代心学的流行，易学中的心学派也有所发展。他们以心解易，以内心的修养方法和精神境界解释《周易》卦爻象和卦爻辞，从而建立起心本论的易学体系，可以湛若水和王畿为代表。

明末清初，兴起了批判陆王心学和检讨道学的思潮。在批判心学思潮的影响下，出现了总结以前易学成果的趋向。前述方以智父子即对以前的象数之学作了一次总结；而著名经学大师和思想家王夫之，则站在气学派的立场，对宋明以来的易学及其哲学作了一次大总结，写下了许多易学著述。他继承宋明气学和象学的传统，修正了程朱义理之学，批判了心学派的易学，并同邵雍象数之学尤其是河洛之学和先天之学展开了辩论，讨论了大量易学和哲学问题，从而完成了在哲学上建立气本论的任务，标志着宋易和宋明道学的终结。至于康熙皇帝命李光地编《周易折中》，乾隆皇帝命傅恒等人编《周易述义》，虽然也具有综合各家的倾向，但实际上是以朱熹《本义》为纲而杂采其他易说，在学术上并无创见。此书的颁布表明宋易的传统仍然受到官方的支持，宋易的学风一直延续下来。

四、清代易学

清代是汉易复兴的时期。清人解易的著作十分丰富，超过了以前任何一个朝代。其内容和倾向也很复杂。但就易学发展的主要倾向说，是从宋易走上了复兴汉易的道路。

明清之际，在国破家亡的冲击下，涌现了一批具有爱国意识的知识分子，他们不仅参加反清斗争，而且著书立说，总结明王朝倾覆的教训，从经济、政治、思想文化各个领域进行大检讨。因此，在思想学术方面，出现了批判陆王心学和检讨宋明道学的思潮。在这场斗争中，又兴起了倡导实学的思潮。所谓实学，是针对宋学的流弊而发的。宋学解经，重义理，轻训诂，尤其是陆王心学更无视训诂和考证，以己意解经，六经注我。此种学风，随着明王朝的灭亡，深受学术界的痛恶，从而掀起了检讨宋学、正确理解经文原意的运动。明清之际思想家提出的“实学”，即这一运动的宗旨。其所倡导的实学，有两层含义：一是对经典文义的理解，尊重古训和史实，提倡考据学风，恢复经书的本来面貌；二是研究经书的目的在于经世致用，解决有利于国计民生的实际问题，不是空谈道德性命。实学的兴起，是经学史上的新动向，对宋学是一种严重的挑战。

在实学思潮影响下，明末清初出现了一批学者，从文献考证和辨伪的角度，同宋易中的图书之学和邵雍派的先天易学展开了大辩论，掀起了清算图书之学的高潮。黄宗羲、黄宗炎、毛奇龄、胡渭等人即其代表。他们系统地揭露了图书易学和先天易学同道教易学的联系，指出宋易中的象数之学并非《周易》经传的本来面貌，并批评朱熹于《本义》和《启蒙》中宣扬图书之学的错误，在当时和后来都起了很大影响。通过这次清理，清代易学中的象数之学，转向了复兴汉易的道路。

到了乾隆和嘉庆年间，由于清王朝推行文化高压政策，实学中的经世致用思潮受到压制，而注重文字训诂和文献考证的经学受到王朝的重视，并逐步流行起来，形成了以考据学为中心的汉学，标志着经学史上的一大转变。汉学是同宋学对称的经学形态，反对宋人脱离训诂和考据而空言义理，尊重或发扬汉代经师解经的传统，以此恢复经传的本来面貌。于是，在学术界展开了汉宋之争。清代汉学的奠基者是惠栋和戴震，被称为吴派和皖派。两派对汉人解经的态度并不尽同，但都重视古训和考据，对史料的整理和经文字义的解说，做出了贡献。

汉学的兴盛，对《周易》经传的研究起了重要影响，即从对宋易的批判走上了复兴汉易的道路。乾嘉时期，复兴汉易的代表人物是惠栋和张惠言。惠栋是汉易的倡导者，著有《周易述》《易汉学》《易例》《周易古义》等书，皆发挥汉儒之学，笃守古义，不敢有所创新，表现了唯汉易是从的学风。其对《周易》经传中重要范畴和命题的注疏，又着眼于卦象的形成和变化，淡化乃至取消其哲学价值。张惠言受惠栋影响很深，专攻虞翻易学，著有《周易虞氏义》《周易虞氏消息》《虞氏易事》《虞氏易言》等书，以阐发虞氏易学为己任，企图全面恢复虞翻易学的面貌，标志着清代汉学家对汉易的研究，走上了专门和深化的道路。另一派汉学解易的代表人物是焦循。他著有《易学三书》，即《易通释》《易章句》和《易图略》，当时尤负盛名。其解释《周易》经传，不同于惠栋、张惠言唯汉易是从的学风，主会通百家之说，不墨守一家之言，企图依汉人解易的精神，独辟蹊径，建立自己的易学体系，成为清代汉学家解易的殿军。一般说来，清代汉学家的易学，缺乏探讨哲学问题的兴趣，在理论思维方面很少建树。就此而言，又意味着古代易学及其哲学由高峰走向了衰落。

五、近人易学研究的倾向

近几十年来，随着西方文化在中国的广泛传播，学术界对于《周易》的研究，开辟了许多新的领域。如有从古代文字学角度进行注解的，有从古代文学史角度进行研究的，也有从社会史和文化思想史的角度进行探讨的。这些研究都打破了封建时代经学家的旧传统，取得了不少的成果。其中一个主要收获是，把《周易》放在一定的历史条件下进行考察，区分了《易经》《易传》和易学，把它们看成是某个时代的意识形态，从而剥下了几千年来加给它的神秘外衣，使其恢复历史的面貌。纵观几十年来的易学著述，近人对《周易》的研究大致有以下几种倾向：

其一，偏重于注释《周易》经传。几十年来，尤其是近几年，此种解易著作很多。有的沿袭旧法，未出汉宋易学的藩篱，如沈竹礽著《周易易解》，章太炎曾为之作序，谓其治易，聚诸家说解两千种，凡所采择，上极汉师，下兼综宋世先天之术，可见其为学杂而不纯；尚秉和著《周易尚氏学》，重在以象解易，发微阐幽，可谓集象学之大成。有的则冲破旧经学的束缚，融入了许多近代新思想，其中最有成就的当数高亨《周易古经今注》和《周易大传今注》。他将经传分开，以为经作于周初，传作于晚周，经为卜筮之书，传为哲学著作，不以传解经；注解卦爻辞也不谈象数，而将“元亨利贞”解为大祭和利于占问，不以其为四种德行，实发前人所未发。

其二，偏重于考证。有不少解易著作侧重于考证，立说必凭借于古代史料的验证。于省吾的《双剑誃易经新证》、闻一多的《周易义证类纂》，虽然也是对《周易》所作的注解，但在于以金文、甲骨文及先秦古籍证《易》义，当属于就训诂而考证《易》义的范围。余永梁的《易卦爻辞的时代及其作者》、郭沫若的《〈周易〉之制作时代》、顾颉刚的《〈周易〉卦爻辞中的故事》及《论易系辞传中观象制器的故事》、李镜池的《易传探源》及《周易筮法考》，则是对《周易》经传作者和成书年代的考证。而高明著《连山归藏考》及《易图书溯源》、王明著《周易参同契考》、白寿彝著《周易本义考》则是对易学中专门问题所作的考辨。郭沫若著《〈周易〉时代的社会生活》，胡朴安著《周易古史观》、屈万里著《周易卦爻辞中的习俗》，从《周易》探讨古史及古代风俗，实为《周易》研究开辟了一个新的途径。

其三，偏重于论述。此种倾向是就先前易学加以评述，而将己见寓于其中。民国初年杭辛斋搜集古今言《易》之书六百二十余种，每日孜孜不倦，著有《易楔》《学易笔谈》诸书，欲集古往今来《易》说之大成，熔儒道释耶于一炉。周善培著《周易杂卦证解》，专以“杂”字解说经传，也自立一家之言。至于衍清代张惠言之余绪，专论汉代经师如费氏、孟氏、马氏易学的，也颇不乏人。而朱谦之的《周易哲学》、高亨的《周易卦爻辞的文学价值》及《易大传的哲学思想》、金景芳的《易通》，则从文学史和思想文化史的角度对《周易》加以剖析，使《周易》有了新哲学的面貌。

其四，以现代科学证《易》。早在20世纪30年代，沈仲涛就著有《易与科学》英文本，论述《周易》与西方科学暗合。其后，薛学潜著《易与物质波量子力学》及《超相对论》二书，以爱因斯坦相对论、量子论，狄拉克方程式，达尔文学说等，证明《易》卦方图精微广大，无所不包。后来，丁超五著《科学的易》，以为《易》道建立在科学之上，现代物理学、现代生物学、现代数学包括莱布尼茨的二进制数学，无不蕴含其中。此种学风，可以称为“科学易”，但大多限于以现代科学比附《周易》，还没有走向用《周易》的思维方式推进科学研究的正确道路。

此外，也有一些人利用现代的考古材料对《周易》进行研究，比如张政烺提出的易卦源于数字符号说，以及对帛书《周易》的研究。这对探讨易卦的起源和《周易》的流变，也有一定价值。

第三节 易学的流派

易学主要分为两大学派，即象数学派和义理学派。着重从阴阳奇偶之数和卦爻象以及八卦所象征的物象，解说《周易》经传文义的，称为象数学，致力于研究象数学的人组成象数学派。而主要从卦名的意义和卦的性质解释《周易》经传文，注重阐发卦爻象和卦爻辞义理的，则属于义理之学，从事义理之学的人组成义理学派。这两大学派的对立，来源于《易传》中的取象说和取义说。在《易传》当中，这两种解易的体例是并存的，而且互相补充。可是到了汉朝以后，这两种说法逐渐发展成为两大对立的流派。这两大流派，无论对《周易》经传文字的解说，还是对其理论的阐发，都具有自己的特色，并展开了长期的争论。即使同一学派之中，又分为不同的宗派，互相攻驳，又相互影响，从而推动着易学的发展。象数之学是汉代易学的主流；魏晋隋唐时期，义理学派占了上峰。宋明时代的易学，则形成了象数学派和义理学派并存的局面。与宋明道学相适应，象数之学又分为数学派和象学派；义理之学分为理学派、气学派、心学派和功利学派等不同的宗派。

一、汉代象数学派

汉代象数学派的代表人物是孟喜、京房和虞翻。孟京是汉易象数学派的创始人，而虞翻则将象数之学发展到极端。他们都以卦气说解释《周易》原理，构成了汉易象数学派易学的一大特征。

孟喜是汉宣帝时有名的经学大师。他以阴阳学说解释《周易》，并借卦爻象的变化推测气候的变化，推断人事的吉凶，是汉易中卦气说的倡导者。所谓卦气，即以八卦或六十四卦配一年四时、十二月、二十四节气、三百六十五日，并以此解释一年节气的变化。孟喜以坎、离、震、兑为四正卦，分别主管二十四节气中的六个节气，从冬至到惊蛰为坎卦用事即发生作用，春分到芒种为震卦用事，夏至到白露为离卦用事，秋分到大雪为兑卦用事。一卦六爻，每爻主管一个节气，如坎卦初六爻为冬至，九二爻为小寒，六三爻为大寒，六四爻为立春，九五爻为雨水，上六爻为惊蛰。其他三正卦以此类推，其初爻分别为春分、夏至和秋分。其余六十卦分配于十二月之中，每月五卦，每卦主管六日七分，并配入七十二候。自十一月冬至初候开始，中孚卦用事，为一年节气变化的开始。到次年十一月大雪末候，颐卦用事，为一年节气变化之终。这就是孟喜卦气说的主要内容。

此说的特点是以阴阳奇偶之数解释阴阳二气，以卦象中奇偶之数的变化解释阴阳二气消长的过程，集中体现了象数之学解易的特征。这突出表现在其中的十二辟卦之中。其六十卦配十二月、七十二候，他按辟（君）、公、侯、卿、大夫五爵位，将六十卦分为五组，每组各有十二卦。十二辟卦为：复、临、泰、大壮、夬、乾、姤、遁、否、观、剥、坤，代表十二个月和一年节气中的中气（处于月中的节气），象征一年四时的变化。以图示之如下：

复	䷗	十一月	冬至	冬
临	䷒	十二月	大寒	冬
泰	䷊	正　月	雨水	春
大壮	䷡	二　月	春分	春
夬	䷪	三　月	谷雨	春
乾	䷀	四　月	小满	夏
姤	䷫	五　月	夏至	夏
遁	䷠	六　月	大暑	夏
否	䷋	七　月	处暑	秋
观	䷓	八　月	秋分	秋
剥	䷖	九　月	霜降	秋
坤	䷁	十　月	小雪	冬

其中从复到乾，阳爻自下而上逐渐增加，是阳息阴消的过程；从姤到坤，阴爻逐渐增长，是阴息阳消的过程。所以此十二辟卦又被称为十二月卦或十二消息卦，表示一年四季、十二月、二十四节气阴阳二气的消长变化。

汉元帝时，京房进一步发展了孟喜的卦气说。他不仅以卦配一年的月数，而且以爻配一年的日数。但六十四卦有三百八十四爻，配一年三百六十五日又四分之一日，如何配得好？他便对孟喜的卦气说加以改造。他保留了十二消息卦说，却将坎离震兑四正卦也纳入一年的日数之中，连同巽艮两卦，共同主管二十四节气。按现有的材料，其具体配法是，四正卦的初爻，即主管二至二分之爻，各为一日的八十分之七十三；颐、晋、升、大畜分别居于四正卦之前，各为五日十四分；其余皆当六日七分。并通过阴阳二气说解释一年四季的变化过程。

为了更好地说明其卦气说，京房还提出了“八宫卦”说和纳甲说。他对六十四卦的排列顺序，提出一个新的看法，按照乾、震、坎、艮、坤、巽、离、兑的次序，将六十四卦分成八组，称为“八宫”；八宫卦又配以十天干，其各爻配以十二地支，因为甲为十干之首，故称为“纳甲”。以此表示卦爻象的变化为阴阳消长的过程。

京房还用其卦气说，解释气候的反常现象，认为阴阳二气的变化又决定人事的吉凶。通过对《周易》的解释，大讲阴阳灾变，是京房易学的又一大特征，也构成汉易的特征之一。

后来，《易纬》进一步发展了孟京的卦气说。到东汉末年，虞翻抛弃了京房易学和《易纬》中的阴阳灾变说，又将卦气说引向了卦变说。但其解易，泥于取象，又将汉易象数之学引向了极其繁杂的解易道路，据说他把八卦象征的事物扩大到了三百三十余种。这就不能不走向其反面，终于引出了王弼为代表的义理学派。

二、晋唐义理学派

晋唐义理学派的代表人物是王弼、韩康伯。王弼是义理学派的创立者，韩康伯进一步发挥王弼的义理之学，将易学引向了更加思辨的道路。唐初孔颖达作《周易正义》，以王韩《易》注为本，从而使王弼派的义理之学被官方定为正统的易学。

人类思维的发展，是从具体到抽象，从表面现象到事物的内在本质。既然虞翻将汉易象数之学推到了极端，这样烦琐地从一个一个象征的事物去把握《周易》的精神实质，不仅没有必要，也没有可能。那么，用比较抽象的、概括的意义去代替一个个具体物象，就是不可避免的了。王弼正是在易学需要转变的时候，完成了这个转变，从而创立了义理学派。

王弼认为，事物分为若干类别，每类事物都有其共性，即该类事物的义理。人们与物类相接触，总是按其德性取其物象，依其义理为其象征，凡是属于某类义理的东西，都可以归于这一类。例如，乾卦的意义为刚、健，凡属此类性质的事物，如龙、马、天、君、父等都可以归于此类。坤卦的意义为柔、顺，凡属此类性质的事物，如牝马、牛、地、臣、母等都可以归于此类。只要说出卦象或所取物象表示刚健或柔顺就行了，因为说出了刚健、柔顺，就说出了这一类所有的事物，何必一定要把卦象固定在一个个的马或牛上啊。因此，王弼极力排斥汉易的取象说，而追求卦爻象和卦爻辞背后的义理。例如，他对乾坤两卦的解释，不以乾坤为天地或阴阳二气，而是以乾为健，以坤为顺，认为乾健坤顺是天地的德行，即天地阴阳所以然之理。天依靠至健的德性始有万物，地依靠至顺之德而生万物载万物。这同汉易象数学派的解易风气是对立的。

由于事物的性质乃众多同类事物的本质的概括，所以用王弼的办法既简便又合用，给人们带来了一种清晰明快、简练便当，而又意义深远之感，使人们对《周易》的解说获得了一种解放。于是，王弼义理派易学代替了汉代象数派的易学，在晋唐时期成了易学的正宗。

晋韩康伯又从义理的高度对王弼学说加以概括，认为《周易》一书是“托象以明义”，八卦和六十四卦及其卦爻辞即具备天下之理。他说，仅有八卦还不能穷尽事物的变化，所以又重为六十四卦，每卦六爻，用来象征事物变动之理，借以说明人事治乱之义以及因时而动的功效。因此，通过《周易》就可以把握天下之理和变易之道，人们应在事象的背后探求所隐藏的义理。

追求事物深处的义理是义理学派易学的一大特征。但韩康伯并不否认筮法中的象和数，认为象和数对于判断吉凶是不可缺少的，而理又是象数的根本。蓍数和卦象都是有形之物，属于形器的领域，是用来显示易理的，乃易理之用。只有超越于象数之外的无形的易理，才能统率和驾御象数，预知未来，此即“非忘象者则无以制象，非遗数者则无以极数”（《系辞注》）。因此，人们对易理的把握，既不能凭借物象，也不能依靠思虑，而只能依靠神秘的智慧去体验。

由于王弼义理派追求义理，将无形之理看作《周易》的根本，乃居于象数背后和超越象数、超越经验的抽象原则，以无形统率有形，在哲学上又导出了以“无”为天地万物本原的结论，利用易学中的范畴和命题，宣扬老庄玄学。

三、宋易中的数学派和象学派

宋明易学中同样存在两大对立的流派，即象数学派和义理学派。但两派的门争，已经不是像晋唐时期的郑王之争那样，主要表现在对《周易》体例和卦爻辞的解释上，而是表现在其易学的理论体系上，即义理派和图书派的斗争。此种斗争，一直延续到清初。

宋易中的象数学派，除继承汉唐易学以象数解易的学风外，更为突出的是，提出各种图式解说《周易》原理，清代学者称之为图书之学。图书学是汉易中象数之学的一种形式，也是对汉易象数之学的发展。宋明易学中的象数学派，又分化为数学派和象学派，到元明时期又发展为易图学。现依其代表人物的基本观点分别作一介绍。

1. 数学派

数学派的代表人物是北宋的邵雍。前面已经谈及，陈抟派的易学，有数学和象学两个方面。邵雍易学发展了其数学的方面。但邵氏易学并非不讲卦象，而是在奇偶之数的基础上讲卦象的变化，主“数生象”，所以被称为数学。其易学突出地体现了象数学派解易的特征。

邵雍易学又被称为先天学。他以乾坤坎离为四正卦，推衍出一套图式，认为此类图式乃伏羲所画，有卦无文，自然而有。但其中具备阴阳终始之变，天地万物之理，此乃《周易》的基本原理，先于《周易》而有，故称为先天图，其学为先天易学。而汉易中以坎离震兑为四正卦的图式，乃文王之易，是从伏羲易推衍出来的，并非出于自然，故称之为后天之学。邵雍对这两类图式都有解说，但更推崇前者。

邵雍以八卦次序图说明八卦的起源和六十四卦形成的过程。认为太极为一，分出一奇一偶阴阳两画，阴阳之上各加一奇一偶，则为太阳、少阴、少阳、太阴之象；其上再各加一奇一偶，则为乾、兑、离、震、巽、坎、艮、坤八卦。这就是《易传》所说的“易有太极，是生两仪，两仪生四象，四象生八卦”。此过程是一分为二,二分为四,四分为八的过程。继续推衍下去，即“八分为十六,十六分为三十二,三十二分为六十四”，便导出六十四卦。如此逐次各加一奇一偶，可以得到七画卦一百二十八,八画卦二百五十六，以至于无穷。此种法则程颢称为“加一倍法”，而朱熹则称为“一分为二”法。邵氏还以此法则解释天地万物的形成，认为太极为一，天地为二，天之阴阳、地之柔刚为四,四分为八则为日月星辰水火土石；天之日月星辰又生出寒暑昼夜，地之水火土石又生出雨风露雷；寒暑昼夜变化万物的性情，雨风露雷化育走飞草木，从而生出万物之类。此种观点，将宇宙形成的过程视为类与种不断分化的过程，并且获得了宇宙结构论的意义。可以看出，邵雍以“一分为二”法则解释八卦、六十四卦以及天地万物的形成，是把奇偶二数的演变放在第一位，有此数学的法则，方有六十四卦和天地万物，并以此解说《系辞》“易有太极”章。此种学说，既排斥了王弼派的无生有说，又排斥了汉唐易学中的取象说，创立了以数学观点解易的新流派，即数学派。

邵雍还通过其数学，推衍出伏羲六十四卦方图、圆图以及方圆合一图，用以说明一年四季阴阳二气的消长过程，并进而推算人类历史和宇宙历史演变的进程。而我们所处的这个世界，不过是宇宙大化中的一个很短促的阶段。他用以推算的那些具体数字，近于数学游戏，但他肯定整个宇宙中的事物都有始终和生灭，则是一个具有辩证思维的科学结论。

2. 象学派

与邵雍数学派主张“有数而后有象”不同，南宋易学家朱震主张“有象而后有数”，成为象学派的代表人物。朱震也是一位易学史家，对两汉以来易学流派和北宋以来的易学的发展，都进行了探讨，尤其是以汉易和北宋的象数之学作了一次总结，为象数派的易学提供了一套理论体系。

朱震将汉代以来的象数之学解易的体例概括为五种，即动爻、卦变、互体、五行和纳甲说，尤其推崇卦变和互体两说，并从理论上作了较为详细的阐述和辩解。而讲此两说的目的，又在于更好地贯彻汉易的取象说。因此，他不仅认为所取之物象不能抛弃，进一步探讨了《周易》取象的体例，而且对取象说提出了一套理论。

在朱震看来，一卦之象乃一卦之体，《周易》书就是以卦象为其结构的。伏羲设卦本来是教人观察卦象，用来推测吉凶，后来的圣人如文王，忧虑一般人的智力不足以观卦象而知吉凶，于是不得已系之以卦爻辞，用来明确地告诉卦象的吉凶。《易传》的《彖传》和《象传》也都是解释卦象的，因为《彖传》解说卦象没有讲透，所以又作《大象》加以补充。象分为卦象和所取之物象，即奇偶爻位之象和天、地、水、火、雷、风、山、泽等物象，此两者都不能废弃。可是，王弼由于排斥物象而排斥卦象，进而离卦象而追求义理，违背了“圣人立象以尽意”的原则，是完全错误的。据此，朱震又对《说卦》中的取象说详加注释和考证，并以此为出发点展开其易学哲学，充分体现了象数学派解易的特色。

3. 易图学派

自宋初象数之学以图象解易以来，经过宋元到明代，此种风气愈演愈烈，逐步形成了易图学。易图学是宋代图书之学的新发展，也是象数之学的一种形式。其代表人物是明代的来知德和方孔炤、方以智父子。此派易学吸取义理学派的观点，总结象学的发展，又成为明代象学解易的代表。

来知德是明代中期著名的易学家，最近巴蜀书社出版了他的《易经来注图解》，除文字之外，附有图一百四十余幅。在来氏看来，任何抽象的易理都可以有图：“三才”有图，“一阴一阳之谓道”有图，“太极”“河图”“洛书”更有图。他不仅推崇图，更推崇象，提出了“舍象不可以言易”的命题，认为《周易》一书的内容，不过是象、辞、变、占四者，而卦爻象是基础。伏羲、文王、周公三圣之易，皆依据卦爻象揭示或解说其事理，所以离开卦爻象就不足以谈论《周易》及其所说的变易。取象说是其易学的出发点。据此，他详细阐发了汉代以来的取象说，并以取象说为中心，提出了取象说、错综说、爻变说、中爻说四种体例（详见下节），解释卦爻辞和卦爻象之间的关系，从而从理学派中分化出来，成为明代象学的代表人物。

明朝末年，方孔炤、方以智父子在其家传易学的基础上，著有《周易时论合编》，对北宋以来的象数之学的发展作了一次总结。此书前有《图象几表》八卷，列各种图式一百多幅，并作了解说，亦明代易图学解易的重要著作。

方氏父子的易学特别重视象数，以象数之学为易学的正统，认为只有发扬此种传统，才能防止易学流于占术或空谈义理，方能因时通变以前民用。因此，提出了“虚空皆象数”的命题，以充满天地之间的一切皆有象数的规定，作为其易学的基本观点。所以，其《时论合编》对八卦所取之物象作了大量补充，如坤卦补四十，震卦补四十二，坎卦补六十三，共补三百多条。而一切象又都具有数的规定性。断言没有虚无的世界。在方氏看来，象数理气是融为一体的，象数是气化的形式和度数，理作为气化之所以然，即存在于阴阳二气、天地之象和奇偶之数中。并以此种本体不能脱离物象、体用不可分离的理论思维，讨论了先天与后天，河图与洛书，太极与有极，阴阳五行之气同个体事物的关系等十分广泛的易学和哲学问题，从而建立起一个象数学派的本体论体系，标志着象数之学发展的高峰。

四、宋易中的义理学派

宋易中的义理学派，发扬王弼派以义理解易的学风，又力图扬弃以老庄玄学解易的观点，从而使儒家的易学体系逐步完善，成为宋明时期易学发展的主流。北宋易学中的义理学派，有的偏重取义，有的偏重取象，形成了理学派和气学派的易学体系，到南宋时期又形成了心学派的易学体系。他们之间相互争论又相互影响，推动着易学的发展。

1. 理学派

理学派的代表人物是程颐和朱熹。程颐是理学派易学的创始人，为宋明理学奠定了理论基础；朱熹作为理学的集大成者，则完成了建立理学派易学本体论的任务，后来被称为程朱学派。

程氏易学继王弼之后，将义理学派推向了一个新的阶段。他抛弃了王弼派的“虚无”观念，以理或天理为其易学的最高范畴，并以此解释《周易》中的变化之道，以是否合天理、顺天理解释卦爻辞的吉凶。因此，又将理或变易之道置于第一位，用来统率象、数、时、位的变化，提出了“易随时变易以从道”和“易周尽万物之理”的命题。在同玄学派和象数学派的辩论中，既不赞成王弼的“得意忘象”说，又不赞成邵雍的“数生象”说，而以“有理而后有象”和“因象以明理”处理理和象的关系，即把《周易》中的象看成其义理的显现。并据此提出了“体用一源，显微无间”的命题，认为理是体，象是用，有体便有用，体用不容分离，理象融合在一起，以此为其易学的基本原则。从这一原则出发，程颐讨论了理事、理气、道器关系，从而在哲学上开创了本体论的体系，对宋明易学和哲学的发展起了深刻影响。

南宋时期，理学大师朱熹站在义理学派的立场，对北宋以来的易学的发展作了一次总结。他以程氏易学为骨干，吸取各家的长处，建立起一个庞大的易学体系。他吸取欧阳修的某些论点，提出“易本卜筮之书”，企图说明《周易》的本来面貌。他阐发了程颐的“假象以显义”说，提出“易只是个空的物事”，视《周易》卦爻象和卦爻辞为表现事物之理的抽象公式，可以代入一切有关事物，将《周易》的内容更加抽象化了。他吸取图书学派和朱震的太极说，以卦爻象为太极之数自身的展开，从而丰富和发展了程颐的“体用一源”说，在哲学上完成了理本论的体系。他还吸取张载易学中的阴阳二气说，以二气变化的法则解释物质世界变化的规律，发展了程颐的阴阳无始说。最后，他以体用一源的本体论观点，解释了周敦颐的《太极图说》，将汉唐和北宋以来易学哲学中的宇宙形成论体系，转变为本体论体系，对儒家哲学的发展做出了自己的贡献。

2. 心学派

心学派易学的代表人物是南宋的杨简和明代的王畿。杨简为心学派的易学奠定了理论基础，但其理论尚嫌粗糙，不足以与理学相抗衡。到了明代，王畿继承心学派以心解易的传统，进一步发展了王守仁的“良知即易”说，完成了建立心学派易学本体论的任务。

作为王门心学派以心解易的代表人物，王畿以良知为其易学的最高范畴，提出“易为心易”的命题，进而论证心之良知乃天地万物的本原。首先，他以良知解释卦爻画的起源。认为伏羲画卦时所依据的阴阳之物，说到底是出于人的身心。心为乾阳，身为坤阴。心中有神，身中有气，神气相交，故有卦象坎离之交；神气往来，周流不已，故有六十四卦的变易。而人的身心神气最终又归于良知。这样，良知便成了《周易》一书形成的根源。其所谓“良知”，即人心所固有的道德意识，所以说“易为心易”，人心之良知即是易。也就是说，良知又是《周易》所说的事物变化的基本原则。据此，王畿又进一步论证了良知为万物变化的泉源，造化的主体。良知生天生地生万物，天地万物又归于良知，受其主宰。以此宣扬以良知为核心的易学观和王派心学的本体论。

3. 气学派

气学派的代表人物是北宋的张载和明清之际的王夫之。张载是气学派易学的奠基人，王夫之则站在气学派的立场，对宋明以来的易学作了总结，完成了建立气本论的任务，标志着宋易中义理之学发展的高峰。

张载易学继承孔疏以阴阳二气解易的传统，而又抛弃其玄学的形式，通过对《系辞》的详细解说，建立起以气为核心的易学体系。他首先在肯定卦象和所取物象的基础上解释卦爻辞的义理，表现在哲学上，即把象看成是事物存在的根据。他强调，充满宇宙之间的都是有象的事物。其成为有形之物，则为天文地理，如日月山川等，这是肉眼觉察到的，所以称为明；当其未成有形之物时，无形而有象，是肉眼看不到的，所以称为幽。而幽和明、象和形无非是气存在的两种形式，气聚而成有形之物，只是暂时的形态；当其散开时，又归于无形之气，无形却有象，不能说是虚无。气有聚散而无生灭。这就充分肯定了气的普遍性和永恒性。他进而提出"有气方有象""凡象皆气"等命题，以阴阳二气生生不已的变化过程和法则，解释卦爻象的变化及卦爻辞的义理，从而建立起气学派的易学体系。

王夫之作为宋明道学的集大成者，对宋明易学及其哲学作了总结。他反对朱熹"易本卜筮之书"和"将易各自看"的易学观，提出"占学一理"和"四圣同揆"说，主张占筮与学习《周易》的义理不可偏废，以学为主。而伏羲、文王、周公、孔子之《易》是一致的，不能将经传分开。他提出"易之全体在象"说，以卦象统率物象和数、辞、义理，企图解决义理学派和象数学派的论争。他反对汉易卦气说和邵雍先天易学对卦序的解释，提出"乾坤并建"为其易学的纲领，主张乾坤卦象同时存在并发挥作用，方有其他六十二卦及其变易。在此基础上，他又以张载以来气学派的易学为核心，吸收各家易学中的合理思想，通过对太极、理气、道器、日新、神化等范畴的讨论，提出阴阳二气合一之实体为天地万物本体的学说，从而建立起其气本论的易学哲学体系，对中国易学和理论思维的发展，做出了重大贡献。他将中国古代易学的发展推向了高峰，也意味着宋明道学的终结。

第四节 各家解经的体例

易学是通过对《周易》占筮体例的解释，形成和发展起来的。正是由于解经体例的不同，方形成了易学中不同的流派。两千多年以来，为了解释通卦爻象和卦爻辞之间的联系，解决其中相矛盾的说法，易学家们提出了五花八门的体例，给《周易》罩上了一层层神秘的面纱。现择其要者，作一介绍。

一、虞翻的卦变说

汉代象数之学解易，提出了许多解易的体例，如卦气说、纳甲说、五行说、飞伏说（可见而显现于外的卦爻象为飞，不可见而隐藏于背后的为伏，对立的卦象或爻象互为飞伏；在一卦的背后再引出另一对立的卦爻象，解说卦爻辞的吉凶，称为飞伏说）、爻辰说（每对对立的卦象配十二辰）、乾升坤降说（以一卦之中阴阳爻位升降互易其位，成为另一卦象，解说《周易》经传）等，而以虞翻易学最为典型，可以说是汉易中以象数解易的代表。

虞翻解经的体例可以称为卦变说，主要有“卦变”和“旁通”两种形式。卦变的内容又主要包括两个方面，一是乾坤父母卦变为六子卦，一是十二消息卦变为杂卦。他认为《周易》中的八卦，以乾坤二卦为基础，乾卦 ䷀ 二五爻与坤卦 ䷁ 二五爻互易，则成为坎卦 ䷜ 和离卦 ䷝。坎离两卦之中又包含着其他四卦。离卦象中，初至三爻为离卦，二至四爻为巽卦，三至五爻为兑卦。坎卦象中，初至三爻为坎卦，二至四爻为震卦，三至五爻为艮卦。二至四爻和三至五爻各成一卦象，称为互体卦。按照京房的说法，二至四为互体，三至五为约象，统称互体。虞翻取此说，解释乾坤两卦可以变为六子卦。

乾坤两卦也是六十四卦的基础。乾坤两卦互相推移，可以变成十二消息卦。以乾推坤，变出复、临、泰、大壮、夬五卦；以坤变乾，变出姤、遁、否、观、剥五卦；加上本身乾坤两卦，共十二卦。十二消息卦又通过本卦之中某阴爻或阳爻的依次变动，又可分别变出其他杂卦。如复卦 ䷗，初爻为阳，当它依次变到二爻、三爻、四爻、五爻和上爻时，分别成为师䷆、谦䷎、豫䷏、比䷇、剥䷖五卦。如此推衍，以乾坤两卦为基础，就变出了全部六十四卦。这样，也就解释了《易传》中乾坤是“易之门户”“众卦之父母”的说法。

虞翻的卦变说，并不限于上述两种形式。他还认为，某卦中的两爻互易便可成为另一卦。比如坎卦䷜，初爻与二爻互易则成为屯卦䷂；艮卦䷳二三爻互易，则成为蒙卦䷃。

于卦变说之外，虞翻又提出旁通说。所谓“旁通”，是说某卦的卦爻象与另一卦的卦爻象完全相反，其意义可以相通。比如乾与坤、坎与离、泰与否等，皆可为旁通卦。依旁通说，凡旁通之卦，不仅各自隐藏着对方的卦义，而且可以和对方的卦义结合起来说明卦爻辞的吉凶。

虞翻的卦变说和旁通说，无非是企图从某一卦引出另一卦，甚至更多的卦，然后再与互体说结合在一起，从不同的角度进行取象，相互联系，相互印证，以此解释《周易》经传文句。这样，人们就可以对占筮的结果做出煞费苦心的灵活多样的解释。卦象既然可以如此灵活多变，因而也就失去了原来的确定性，可以任意附会卦爻辞的吉凶了。因此，汉易的取象说就不得不被抛弃，而兴起了王弼派的“得意忘象”的义理之学。

二、王弼的一爻为主说和适时通变说

王弼易学作为义理学派的代表，同汉代象数学派的主要区别在于对卦爻辞的解释主取义说。他主张抛弃卦爻象，探讨卦爻象和卦爻辞背后所蕴含的义理。但是，一卦六爻，各爻都有其意义，那么，全卦的意义又如何确定？或者说，一卦之象同其爻象，卦辞同其爻辞之间有什么联系？为了回答这一问题，王弼提出了一爻为主说。

所谓“一爻为主”，即一卦的意义主要由其中的一爻之义决定。王弼在《周易略例》中，写了《明象》一文，对此说作了理论上的阐述。他认为，一卦六爻，虽然所处的时位不同，变化多端，似乎是杂乱无章，但实际上有一个中心观念，统率六爻的变化，规定其意义。只要把握了这个简约的中心观念，就可以统率全局，做到“乱而不能惑，变而不能渝”。而卦辞和《彖传》文就是通论一卦的卦义，并指明是哪一爻为主，以统率全卦之义。依据此种观点，他作《周易注》，常依《彖传》文义，解释一卦的卦义主于一爻。

王弼说的“一爻为主”，概括起来，主要讲了三种情况。其一，是指爻辞直接同卦辞相联系的一爻。例如屯卦之义为难，即取初九爻之义，初九阳爻居一卦之初，同六二阴爻开始交接，为难生之义，表示百姓思念人君的保护，所以“利建侯”。因为卦辞同初九爻辞皆有“利健侯”句，所以初九爻为屯卦之主。又如履卦以九三爻为主体，是因为卦辞同九三爻辞皆有“履虎尾”句。其二，是指居中位之爻，即二或五爻。例如讼卦以九二爻为其主体，是因为九二为阳爻居下卦之中位，有刚正之义，能够“端正群小，断不失中”，所以必为听讼之主。其三，是指一卦之中阴阳爻象最少者。如一卦五阴一阳，则以一阳爻为主；五阳一阴，则以一阴爻为主。这是因为多以少为贵，众以寡为宗。“一爻为主”说是王弼解易的重要体例。

王弼推崇一爻为主，是寻求一卦的统一性。事实上，卦爻象和卦爻辞之间本来就没有逻辑上的必然联系，所以其一爻为主说，也不能解释一切卦义，不能解决其中的矛盾现象。为了弥补这一缺欠，他又提出了适时通变说，作为《周易》的体例之一。

王弼认为，爻的性质在于变通，其变动没有固定的形式，所以爻义也变动不居，复杂多端。他专门论述了爻变说，对爻义的变化做了三方面的说明。说明之一叫作“合散屈伸，与体相乖”，即爻义的变化有合有散，有屈有伸，有时同其卦义相违背。例如归妹卦震上兑下，震为动，兑为悦，其卦义为“悦而动”。可是九四爻辞却说：“嫁女推迟了时间，要静待婚期的到来。”这是爻义与卦体相违背的情况。说明之二叫作“睽而知其类，异而知其通”，即刚柔二爻虽然相异，但有时又相通相济。如恒卦震上巽下，震刚巽柔，刚柔相应合为一体，阴阳虽异类，却可以相辅相成。又如渐卦巽上艮下，其九三与六四爻刚柔相反，一在下卦，一处上卦，上下异体，但下卦九三向前进，则与上卦六四相配合，有止于合顺之义，因为巽为顺，艮为止，所以能同舟共济，抵御侵犯。这是说一卦之中刚柔二爻性质不同，却存在共同的利害关系，相互资助的情况。说明之三叫作“相感相追，相攻相推”，即刚柔二爻既相吸引，又相排斥，如睽卦六三爻与上九爻相应，虽远而互相追求；贲卦六二与九三皆无应位，可是彼此相邻，又可以相资助；而同人卦六二本与九五爻相应，但九三爻与九四爻也都追求六二，结果互相攻击，所以九三爻辞说有伏兵，九四爻辞说攻不克。这是说刚柔二爻之间有时相吸引，有时又相拒绝的情况。总之刚柔爻位变化多端，其爻义的变化也神妙莫测。

为什么爻义变动不居，难以推度？王弼继承了《易传》的趋时说，认为是由于卦爻适时而变，所处的时机各异，因而其吉凶之义也就不同。这就是所谓“适时说”。在王弼看来，爻的特点在于变，变又总是同时位联系在一起的。卦辞因时而异，爻辞也依时而变，适时则吉，失时则凶。所谓适时，即某卦的某爻所处的分位不同，所遇的时机也就有异。如阳爻居阴位，即处不当位之时；刚柔各据初四之位，即处于有应之时；刚居于柔上，即处于承乘之时；或居中位，或居初爻上爻一卦之始终，或居内卦外卦上下之二体，其适时的情况也各不相同。总之，卦因时推移，其义无常；爻也随时而异，处事无定轨，不能固守某种既定的格式。

王弼以一爻为主说、爻变说、适时说等为《周易》的体例，解释卦爻辞的吉凶，追求其中的义理，企图摆脱汉易象数之学的框框，即排斥以互体、卦变、卦气、取象等论吉凶的烦琐解易学风，在易学史上是一次解放。但他自己也不能自圆其说，不得不尽其牵强附会之能事。这又一次证明，卦爻象与卦爻辞之间本无必然的联系。

三、程颐的随时取义说

作为宋易中义理学派的代表人物，程颐对《周易》体例的理解，基本上继承了王弼易学的传统，推崇取义说，即使讲到卦象时，也不离取义说，并以取义说为主。但是，《程氏易传》同王弼《周易注》相比，解易的体例又有不同点，并非墨守王弼派的家法，而是有所创新。这突出表现在两个方面：

其一，程颐提出卦变说，解释卦爻辞的内容。王弼于《周易注》中，曾依荀爽的乾升坤降说解释《彖》传文的刚柔往来说。程颐吸取了这一观点，提出卦变说。但他不赞成爻有往来升降，而主乾坤卦变说。他认为，《彖》文的“刚柔往来”，并非自下体而上或自上体而下，而是指刚柔居于上下之位。如贲卦 ䷕《彖》文“柔来而文刚”，并非上体之柔来居于下体之刚中，而是说柔居下体乾刚之中位。在程颐看来，《周易》六十四卦皆由乾坤两卦变来。贲卦也是乾坤两卦所变，并非像虞翻所说来自泰卦，即泰 ䷊ 九二爻与上六爻互易。

因此，他在其《易传》中，对随卦、蛊卦等《彖》文的解释皆取乾坤卦变说，这与王弼是不同的。

其二，程颐对爻位说提出了新的解释。王弼论爻位，有中位、当位、应位、初上不论位等说。关于中位与当位，程氏推崇中位，认为中重于正，中则正，而正不一定中，中可以统率正，以居中位，有中德为判断吉凶的最高准则。这是以儒家中庸说改造王弼说。关于初上不论位，程颐认为，王弼以初爻上爻无阴阳之位，是不对的;《彖》《象》《文言》说的初上无位或不当位，是指权位或爵位而言，并不是说无阴阳之位。这是对王弼说的一种扬弃。关于应位，王弼认为初四、二五、三上爻刚柔相应，或相吸引，或相排斥，而刚与刚、柔与柔则无应。程颐注《周易》经传，只取爻位相应，不论刚柔之分。如释丰卦初九爻辞，认为初与四其位相应，虽同为刚阳，也可以有应。又如解释困卦九五爻辞，认为此卦九五与九二虽皆为阳爻，但以刚中之德同而相应，相互追求，有君臣相合之义。这表明，程颐的应位说不受王弼刚柔相应说的局限。

由于程氏易学不墨守汉唐以来的体例，进而又提出了“随时取义”说。此说的内容是，认为《周易》经传对卦爻辞吉凶的解释，并无一定的格式，此处此时可以作此种解释，异处异时又可以作另一种解释，此即“易随时以取义”。在程氏看来，《周易》是讲变易的，所以对吉凶之辞的解释也不拘一格，变易无常。如泰否两卦初爻之辞皆为“拔茅茹以其汇”，但一为“征吉”，一为“贞吉亨”。其所以如此取义，是因为其时不同。就否卦说，《彖》文以其卦义为“内小人而外君子”。可是，按程颐对初六爻辞的解释，否卦三阴，有时指小人，有时又指君子。又如其释明夷卦六五爻辞，认为以五爻为君位是较普遍的说法，但五爻并非专指君位而言，箕子乃商朝旧臣，也可当此卦六五爻。此即所谓“易随时取义，变动无常”，各有所取，不必一致。

程颐提出“随时取义”，也无非是企图进一步解决《周易》经传中一些不一致甚至相矛盾的说法，从而使对卦爻辞的解释具有更大的灵活性和主动性，使取义说得到更充分的发挥。总之，程颐对《周易》体例的理解，一方面继承了王弼的观点，另一方面又提出了一些新的补充，并将其义理解易的学风，纳入儒家易学系统。这样，《程氏易传》便成了宋明时期义理学派解易的典范。

四、朱熹对《周易》经传的理解

《周易》经传是不是一个完整的体系？经与传究竟有没有区别？《周易》作为经书之一，有没有自己的特色？围绕这些问题，宋代易学界和经学界展开了热烈的讨论。朱熹在欧阳修的影响下，重新研究了《易经》和《易传》的关系，一方面区别了经和传，提出“易本卜筮之书”；另一方面，又探讨了《周易》作为占筮典籍的理论思维的内容和形式，提出“易只是个空的物事”，对《周易》经传的研究做出了超越前人的贡献。

1. 易本卜筮之书

汉代以来，易学史上对《周易》的理解，都是经传不分，以传解经，并将《周易》一书逐渐哲理化了。到了宋代，易学家们将《周易》视为讲哲理的书，特别是《程氏易传》，以理或天理解易，提出“易周尽万物之理”的命题，把《周易》看作讲事物变化规律，并以此规范人们行为的书。这样，就使《周易》作为古代占筮典籍的本来面貌被淹没了。朱熹经过重新研究，吸收东汉经师的说法，提出“人更四圣”说，将经和传看作既有区别又有联系的两种著作，认为伏羲只画卦爻，而无文字，以筮法教民趋利避害；后来文王见其不易知晓，于是作卦辞，周公又作爻辞，以说明伏羲所画卦象的吉凶之义。虽有了文字，但也是为了占筮而设，尚未讲出什么深远的道理。直到孔子作《易传》，方从卦爻象和卦爻辞中讲出一番哲理来。也就是说，从经到传有一个发展的过程，即由占筮吉凶到讲说哲理的过程，从而提出了“易本卜筮之书”的论断。

依据这种易学观，朱熹重新注解《周易》，并定名为《本义》。他对《周易》卦爻象和卦爻辞的解释，都着眼于占筮之事和吉凶之由，企图恢复其本来面貌。例如，他不以乾卦卦辞“元亨利贞”为四德，而解为“大亨而利于正”。即使对于《易传》文的解释，他认为也不能脱离卦爻象和卦爻辞，不能脱离占筮之事，否则就会流于虚诞和主观臆断。如释“易有太极”一章，以为是讲揲蓍画卦的过程，不是讲宇宙生成的过程。由此又认为，读易之法，不仅要区别文王易与孔子易，还应该将后人解易同孔子之易区分开来。各家解易虽然不就是《周易》经传的本义，但只要说出了一番道理，也应加以肯定，不应抛弃。

这种观点，突破了以往经传不分的传统观念，不仅区分了经和传，而且区分了《易传》和易学；既强调还《周易》一书的本来面貌，又不因此否定《易传》和历代易学解易的价值。这是朱熹研究《周易》经传的一大贡献。

然而，他还认为，《易经》《易传》以及易学，如《程氏易传》，又存在着共同点。伏羲画卦象，虽无文字，但其中存在着阳吉阴凶之理；文王周公系之以辞，又以文字和所占之事来表达阴阳吉凶之理，不过没有明确说出而已；到了孔子作传，方将此理说出来。而易学家的任务，就在于将筮法和卦爻辞中隐藏的天下事物之理揭示出来，继承孔子易的精神，领会其中的义理。这又回到了义理学派的立场。朱熹正是依据这种观点，通过对《周易》经传的解释，建立起自己的易学体系。

2. 易只是个空的物事

《周易》既然是卜筮之书，卦爻辞所讲的又是有关吉凶之事，人们如何从中揭示出所隐藏的义理？程颐曾经说过，不能把卦爻辞所讲的具体事件，只看作一件事，而要“假象以显义”，“因象以明理”。朱熹将此观点加以发展，提出“易只是个空的物事”的说法，视《周易》为一个空架子。他认为，《周易》和其他经书不同，《诗》《书》《春秋》等经书中所说的其人其事，都是实有其事，一件事便是一件事，有其事方有其文，言说其理。可是，《周易》卦爻辞所讲的具体的事，不能限定在某件事上，而是借此事说未来之事，显示那一类事物的义理，因为所说的事件不是专指某人某事，如说龙非真龙，乃假借虚设之辞，只是空说个道理，所以可以套入许多具体事物，推断未来的一切事变。

朱熹还提出“存体应用，稽实待虚”说，对这一原则作了哲理性的解释。他认为，所占的事情之理，早已存在，为实，而与理相应的事情尚未到来，为虚。此即“理定既实，事来尚虚”。理有体和用两个方面，其体包括万事，但无形迹可见，所以称无；其用可以应万事，所以为有。稽考实理，以待事物之来；存此理之体，以应无穷之用。此即：“稽实待虚，存体应用。”比如屯卦六三爻辞说：“打猎没有虞人加以引导，必陷入林中不能解脱，所以君子不去穷追不舍。”此爻所表现的理是，遇事不能贪求，贪求乃“取吝之道”。有了这个道理，许多事物如打猎、求官、谋钱财等，都可以套进去适用。此爻辞之理为体，其事为用；其理无形迹，其用可见。考察此爻之理，以待方来之事，就是“稽实待虚”。

按此说法，卦爻象和卦爻辞有两层意义：一是抽象的意义，即该类事物的义理；一是具体的意义，即该类事物中的个别事项。学《易》的任务，就是从某卦某爻的辞句中体会出所蕴含的抽象的义理。此种观点，实际上是以卦爻象和卦爻辞为表现一类事物之理的形式或符号，视《周易》三百八十四条爻辞为三百八十四条公式，可以代入一切有关事物，如今人所说《周易》是一部宇宙代数学。这样，便将《周易》一书的内容更加抽象化和公式化了。这正是义理学派解易的一大特色。

五、来知德对占筮体例的论述

来知德是从理学派中分化出来的，以象解易的代表人物。其易学提出了一些新的原则或体例，解说《周易》经传，具有鲜明的特色，在当时颇有影响。

来知德认为，《周易》的内容不过是象、辞、变、占，即卦爻象、卦爻辞、刚柔二爻推移变化和推断吉凶而已。人们依据《周易》推测人事的吉凶，就是依据所筮得的卦象和爻象的变化，进而依其卦爻辞，判断所问之事的吉凶。也就是说，卦爻辞是用来说明卦爻象之吉凶的。这同样是承认辞与象之间存在着逻辑的必然联系。为了说明此种联系，解释通卦爻辞中的重复和矛盾现象，他提出了四条体例，即取象说、错综说、爻变说和中爻说。

取象说早已有之，并非来氏自创，但他以此为其易学的出发点和归宿，并作了系统的发挥，成为他解易的一大特征。来知德认为，伏羲、文王、周公三圣之易，皆依据卦爻象揭示或解说其事理，“舍象不可以言易”，所以特别重视取象说。其所谓取象，有两种含义，一是指卦画的形象，即卦爻象；一是指卦象所象征的天地万物之象，即卦爻辞中所说的事物。二者之间具有内在的联系，易学家的任务，就是揭示这种关系。据来氏所说，圣人立象，有卦情之象，如乾本为马，而乾卦之性情为变化，故取龙象；又如中孚卦，其情为信，所以爻辞中有豚、鹤、鸡，豚鱼知风，鹤知秋，鸡知旦，三者皆为有信之物。有卦画之象，如剥卦一阳覆于上，五阴在下列于两旁，犹如宅、庐、床之象，故爻辞中有“剥床”“剥庐”之说。有大象之象，即依《大象》文按卦的二体取象。有中爻之象，即依汉易互体说取象。有错卦之象，即依与本卦阴阳爻相对立的卦取象。有综卦之象，即依与本卦上下倒转之卦取象。有爻变之象，即依所变的一爻取象，如乾本为马象，坎与震皆得乾之一画，故亦取象为马；坤本为牛，离得坤之一画，故亦取牛象。此外，还有相因取象，即与本象相类似之象等。这就是来知德的取象说。

关于错综说，他认为，八卦和六十四卦之象，其阴阳卦爻画皆相反者为错卦，如离与坎。凡卦画相错，其所取之物象，也可以互相取用。即便是中爻互体，也可以相错。而八卦或六十四卦之象，上下相倒转的，则为综卦，如兑 ☱ 与巽 ☴，屯 ䷂ 与蒙 ䷃。卦象即相综，所取之物象即寓于其中。如损卦倒转为益卦，其六五爻即益卦六二爻，所以二爻辞皆为“或益之十朋之龟”。甚至于同一卦之中，其爻象也可以相综，其爻辞可以互相解释。

关于爻变说，来氏认为，《周易》经传中所说的“变”，指一爻之变，即爻变，而不是卦变，如乾卦初爻为阳，变为阴则为姤卦。可以依据某爻的变化所形成的新的卦象，解释爻辞所说的物象的变化。

关于中爻说，是指二三四五爻所合成的卦。一卦的二爻至五爻，居于上六与初爻之间，故称为中爻。二爻至四爻、三爻至五爻分别构成一卦象，依此也可以解释爻辞中所讲的物象。

以上即来知德提出的关于占筮体例的见解。他以为，依据这四种体例，可以解释通卦爻辞和卦爻象之间的联系。所以在其《周易集注》中，他依据这些体例解释了六十四卦的卦爻象和卦爻辞，成为来知德解易的主要特征。他企图通过这些体例，引出多种卦象，并以其所取之物象，解释这些卦象，进而说明卦爻辞同卦爻象之间的关系，以此证明《周易》是一个完整的严密的逻辑体系。虽然他自认为所设想的体例揭开了“千古不传之秘”，但同样不能适合一切卦象和卦爻辞，其解释也常常自相矛盾，难以自圆其说。至于用哪种体例解释哪些卦爻辞，更没有什么规则，往往是哪一种能解释通，就用哪一种，完全是主观随意性的。所以他说，“学者能于此熟玩之，则圣之易不在四圣，而在我矣”。这又一次证明，《周易》中的卦爻象和卦爻辞之间本没有必然的联系。

历代易学家都追求卦爻象和卦爻辞之间的逻辑联系，王夫之称之为“象辞相应之理”，但没有哪一家的哪一种体例能够将其解释清楚。易学的全部历史告诉我们，任何寻求卦爻象和卦爻辞之间的内在联系的新尝试，都是没有出路的。

第五节　易学的基本范畴

易学作为中国学术的一个重要领域，有自己特有的术语、概念、范畴和命题，并以范畴为网结，形成了内容丰富的思想体系。在长期的流传演变的过程中，许多范畴被不同学派赋予不同的含义，即使同一学派中的不同的易学家，见解也不尽一致，后来的易学家往往对同一范畴作出新的解释，从而使易学范畴的演变出现了复杂的情况。现选择易学中一些最基本的范畴，对其发生、发展和演变的历史作一简略介绍。

一、太极

太极这一范畴，就易学说，始于《易传・系辞上》:“易有太极，是生两仪，两仪生四象，四象生八卦。”后来对这段文字有两种不同的解释，一是认为讲筮法，即揲蓍或画卦的过程；一是认为讲世界观，即宇宙形成的过程。就占筮的过程说，此太极指五十或四十九根蓍草混而未分，即《系辞》所说“大衍之数五十，其用四十有九”。两仪指将四十九根蓍草分为两堆，即《系辞》所说“分而为二以象两”。四象指四次经营，即“分二”“挂一”“揲四”“归奇”（或指以四根一组数蓍草，即“揲之以四以象四时”；或指爻象七、八、九、六，亦通）。就画卦说，太极指阴阳两画混而未分，两仪指阴阳两爻，四象指两仪之上各加一奇一偶所成的老阳、老阴、少阳、少阴，八卦指乾、坤、震、巽、坎、离、艮、兑。就世界形成的过程说，太极为最高或最初的实体，两仪为阴阳或天地，四象为春夏秋冬四时，八卦为天、地、雷、风、水、火、山、泽八种自然现象。这种解释开始于汉易。后来围绕着“易有太极”章，易学家们对“太极”范畴的含义展开了长期争论。

汉代易学家多以太极为元气。《易纬・乾凿度》提出太易说解释卦画的起源和宇宙形成的过程，认为其发生有一个从太易—太极—阴阳二气和天地到乾坤两卦的程序，以太易为无，太极为气混而未分的状态，即元气。这样，便赋予了太极以实体的含义。从此，太极便成了解释宇宙本原的一种哲学范畴，对后来易学及其哲学的发展，起了深刻影响。

西汉末年，刘歆以太极解释历法，以三统历的一元为太极，三统为天地人，提出“太极元气，函三为一”说。太极元气合为一个概念，表明太极是元气。太极元气未分化之前，即包含天地人生成的元素而成为一个统一体，东汉经师郑玄、虞翻等人注《易》都吸收这些说法，以太极为天地未分的原始统一体，其内容就是“淳和未分之气”，即元气。汉人的太极说，确立了太极为原初物质的意义。

魏晋以降，中国易学和哲学都发生了巨大变化。作为易学和哲学重要范畴的太极，也赋予了新的含义。王弼玄学派易学以“大衍之数五十，其一不用”的“一”为太极，其内容是“不用”“非数”。“一”既然是“非数”，所以又叫作“无”。但它却是七、八、九、六之数形成的根据。此“一”也不能自己表现自己，必因于有，凭借四十九根蓍草数目的变化显示其功绩，并且把“一”或“太极”看成是世界的本原即“无”，把四十九根蓍草之数看成是天地万物，即他们所说的“有”，宣扬“有生于无”的世界观。这种太极观，就哲学意义说，是以虚无实体为太极，实际上是一种逻辑上虚构的观念，又将太极实体观念化了。将筮法中的太极实体化始于汉易，将此实体观念化则始于王弼派易学。

魏晋南北朝时期，或以太极为虚无实体，或以太极为元气，或以太极为天地，展开了激烈的辩论，直到唐孔颖达作《周易正义》，才否定了王弼派的虚无实体说，重新肯定了汉易的太极元气说。但以四十九数之总合为太极，四十九数之展开为两仪、四象、八卦。此种理论思维，推广到哲学上，必然导出天地万物乃世界本体自身的展开的理论。然而，孔颖达本人并没有意识到这一点。这一任务是由宋明易学家完成的。

宋明道学的创始人周敦颐著《太极图说》，不讲筮法，直接论述宇宙形成的过程，以太极为阴阳二气混而未分的状态。太极动则生阳，静则生阴，阳变阴合，相互作用，生出水、火、木、金、土五行，五行顺布，即为四时，阴阳五行相交便生出万物和人类。但在太极之上，又安置了一个“无极”的阶段，认为太极是从无极来的。这是讲虚生气，以虚无为世界的本原，没有摆脱汉易和玄学的影响。

朱熹继承程颐的易说，以“显微无间”说解释周氏的《太极图说》，以太极为理，此理无形迹，所以又称为无极。无极表示太极之理是最高范畴，没有极限，并不是说在太极之先还有一个无极的阶段。所以，他对周敦颐的《太极图说》作了订正，改第一句“自无极而为太极”为“无极而太极”。他认为，太极之理是天地万物的根本。周敦颐所讲的由“太极动而生阳”到“万物化生”的过程，就是太极之理自身展开或显现为阴阳、五行以及万物的过程，没有一个时间上的先后顺序；展开之后，太极又在阴阳、五行和万物之中，“人人有一太极，物物有一太极”（《朱子语类》卷九十四），一物各具一太极，也就是说，太极作为阴阳、五行之理的全体，其展开即为阴阳、五行和万物，此理又不在阴阳五行和万物之外，而是寓于其中。太极与万物不即不离，只是一种本体与现象的关系。这样，便将周敦颐的宇宙发生论转变成为宇宙本体论的体系了。

朱熹的太极说还有另一方面的含义，即以太极为画卦的根源，认为“太极生两仪”章是讲画卦的次序。当其未画卦之前，太极只是一个浑沦的道理，里面含有阴阳、刚柔、奇偶之理。及画为一奇一偶，便是两仪。两仪之上再加一奇一偶，便是四象。四象之上各添一奇一偶，便是八卦。而太极之理却又“不离乎两仪、四象、八卦”（《朱子语类》卷七十五），又存在于其中。这同样是以太极之理自身的展开解释八卦和六十四卦形成的过程。

与此相对，数学派的创始人邵雍，则以太极为一，视其为象和数的根源。他认为，太极之“一”的本性是不动的，动则生出奇偶二数。有二方有数的神妙变化，如二生四、四生八等。有了二、四、八等数，也就产生了阴阳刚柔爻象和卦象。有了卦爻象，也就有了天地、日月、星辰、水火、土石等个体事物。而此太极之“一”的内容即人心，所以又说“心为太极”。心无思无为，不起念头，形如止水，一而不分。当其发作，念头兴起，即是动，动则为奇数；停顿下来，就是静，静则为偶数。奇偶之数及其变化的法则，就根源于此未动之心。后来，心学派解易，也以人心或道心为太极，到明代王守仁及其弟子王畿则提出太极良知说，即以人心之良知为太极。

以张载为代表的气学派，则以太极为太虚之气。太极自身包含两个方面，既非一，又非两，而是一中含两，即阴阳二气的统一体。阴阳两个方面相互对立，相互推移，所以其运动变化无穷，神妙莫测。后来，气学派的易学家如明代的王廷相，以至王夫之，都继承和发展了此种太极说。甚至于理学派的杨万里，象数学派的朱震、方以智父子，也深受其影响。

南宋朱震总结唐宋以来的太极学说，提出了自己具有特色的太极观，认为大衍之数的不用之“一”即是太极，此一为不动之数，是体，四十九数参与揲蓍成卦的过程，其变化引出七、八、九、六，所以为用。但此太极之一，并非单一之数，而是四十九数的总合，其散开即为四十九。当其未散开时，含有两仪、四象；当其散开之后，两仪四象又分有太极之体，太极并不因此而消失。这叫作“体用不相分离”，即体中含用，用中有体。四十九有数可数，为显；一隐于四十九数之中，为微，二者不相分离，这就是程颐所说的“体用一源，显微无间”。照这个说法，没有一个离开四十九数和两仪四象八卦而单独存在的太极，太极就在四象八卦之中，是四象八卦的根本；四象八卦以至六十四卦就是太极之一自身的展开。这就使太极范畴获得了本体论的意义。就哲学意义说，朱震又吸取了张载的太极观，以阴阳二气混而未分为太极，但又认为太极同天地万物不可分离，为气学派本体论的形成奠定了理论基础。

王夫之吸收张载的一物两体说和朱熹的物物有一太极说，提出了自己的太极观，以太极这一范畴说明卦爻象和世界的本原。就筮法说，他不以不用之一为太极，而以五十数之总合为太极。就哲学意义说，他不以虚无实体、理或心为太极，而以阴阳二气合一之实体为太极。此阴阳二气既有差异，又不相侵害，相资相济，融为一体，所以又称为“太和”，即以“太和细缊之气”为太极。阴阳二气本有健顺之性，此性即为理，所以太极又是理气合一的实体。此实体乃天地万物的共同本原。关于太极与两仪、四象、八卦的关系，王夫之认为，“易有太极”是说八卦或六十四卦象本来就具有太极，固有太极。所谓“生”是说同时生起在太极上，并非父生子的生出之“生”，即并非先有一个太极实体而后生出两仪、四象、八卦。太极同两仪等的关系，如同一个月亮有明有暗；同为一水，其源流入支流，支流皆有源水一样。也就是说，从太极到八卦以至六十四卦，并没有一个时间上先后的顺序，太极本来就蕴含着一切卦爻象，其展开则表现为两仪以至六十四卦之象，每一卦每一爻又具有太极全体，太极又不在卦爻之上，一切卦爻象乃太极自身的显现。这是以程朱学派的“体用一源”说解释太极与仪象卦爻的关系，从而否定了一切形式的“太极生阴阳”的在先说。在哲学上则导出了天地万物乃太极即太和细缊之气自身的展开，天地万物皆具太和之气，太极始终寓于天地万物之中的结论，探讨了世界的同一性和差异性、本体和现象的关系问题，从而反对了各种类型的宇宙发生论，完成了建立气学派本体论的任务。

二、太和

太和这一概念，是《易传》提出来的。《彖传 · 乾》说："保合大和，乃利贞"。"大和"即"太和"，指最和谐的状态。就筮法说，意思是乾卦六爻皆阳，无刚柔相杂、柔侵刚之象，故爻辞皆无凶语。就哲学意义说，指天时节气的变化极其和谐，风调雨顺，万物皆受其利。王弼、孔颖达注此句，皆以太和为高度的和谐。

张载有本于此，以气处于最高的和谐状态为太和。在气化的过程中，阴阳二气处于高度和谐的最佳境地，所以太和也可以称为道。道即气化的过程。此境地中，含有阳气轻浮而上升，阴气重浊而下降，阳动阴静相互召感的本性。有此本性，方产生相互吸引、相互推荡、相互胜负、相互屈伸等运动形式。不处于此种气化的最佳境地，不足以谓之太和。实际上，张载是以太和与道的范畴描述气运动变化的性质和形式。

张载此说影响很大，即使理学大师朱熹，也在其《周易本义》中发挥张载的太和说，以太和为"阴阳会合冲和之气"。

到清代，王夫之全面继承并发展了张载的气论学说。在张载太和说的启发下，他以阴阳二气合一之实体为太和。此阴阳合一之实体的特征是"絪缊相得，合同而化"(《周易内传 · 系辞上》)，即阴阳二气相互吸引，不相悖害，浑沦无间，融为一体，故称其为太和。他提出"太和絪缊之气"，用来解释太极本体的内涵。它一方面表示，阴阳二气作为世界的本体，其特性在于合一，即相成相济，融为一体；有此太和絪缊之实体，阴阳二气方能发挥其动静、聚散、清浊等性情功效。另一方面表示，阴阳合一实体具有运动的性能。在王夫之看来，所谓絪缊，就是"二气交相入而包孕以运动之貌"(《周易内传 · 系辞下》)，阴阳二气相互渗透，其中包孕运动的本性。絪缊不息乃气生化万物的根本。也就是说，阴阳合一之气具有运动的性能，其运动的状态即称为"絪缊"。王夫之以此说解释世界的构成和变化的源泉，既扬弃了张载追求世界本体的清虚状态的观点，又否定了张载以“至静无感”为“性之渊源”的理论缺陷，是对气学派易学的重大发展。

张载、王夫之宣扬太和，其主要思想是：世界上万事万物之间虽然存在着相反相争的情况，但相反而相成，相灭而相生，总起来说，相资相济是主要的，对立面的和谐是运动变化的源泉和归宿，如张载所说“有反斯有仇，仇必和而解”(《正蒙·太和》)，王夫之所说“天地以和顺为命，万物以和顺为性”(《周易外传·说卦》)。这是易学中太和范畴所表示的根本观点。

三、象数

象与数是易学中一对重要范畴。早在《易传》中，就多言象数。所谓象，主要是指卦爻象和八卦所象征的物象，如《系辞》所说“圣人设卦观象”、“八卦成列，象在其中”、“八卦以象告”、圣人“拟诸其形容，象其物宜，是故谓之象”，等等。所谓数，主要是指阴阳奇偶之数、蓍草数目、九六之数等，如“阳卦奇，阴卦偶”“参天两地而倚数”“天地之数”“大衍之数”“乾用九”“坤用六”，等等。并且“极其数遂定天下之象”的说法，认为穷尽奇偶之数，方能确定六十四卦之象，有奇偶之数，方有阴阳卦象。后来，易学史上关于象和数的内容虽无多大变化，但围绕象和数的关系却展开了长期的争论。

汉易中象数之学的代表人物京房认为，卦中的阴阳之位和内卦外卦之分，皆来于天三地四之数；卦象分为阴阳，又来于七八九六之数。有天地阴阳之数，方有八卦和六十四卦的形成。这是主张数生象。

魏晋玄学派的韩康伯阐发义理之学，但并不否认筮法中的象和数，认为卦象效法阴阳二气的变化，蓍数来于天地奇偶之数。就成卦的过程说，奇偶之数确定一卦之象，卦象又具备奇偶即七八九六之数。蓍数与卦象相辅相成，象和数对判断吉凶、预知未来都是不可缺少的，但象数又都受虚无之理的支配。

宋易中象数学派的刘牧及其后学，反对以虚无之理为象数之母，以数为核心解释卦象和物象，提出了“象由数设”的命题。认为天地之数、大衍之数和五行生成之数都表现在河图洛书中，其数目的排列组合，便得出四象和八卦，数的变化决定卦象的形式。在他看来，天奇一三和地偶二四，各与天五相配合，即生出七八九六之数，遂定老阳老阴少阳少阴之象；此七八九六之数居于四正位为四正卦，其余数居四隅之位则为四隅卦，八卦相重则为六十四卦。五行和万物是有形的，来于无形之象，阴阳之象或四象又来于奇偶之数。所以说“原其本则形由象生，象由数设”（《易数钩隐图序》）。数又是象的宗主，所以说“舍其数则无以见四象所由之宗”（《易数钩隐图序》）。因此，孔子赞易，必举天地之极数即五十五之数，说明事物变易之道；人们对《周易》一书的了解，必推极其数，方知其本。这就是说，万物生于卦象，卦象又生于奇偶之数，数则是天地万物的宗主，构成万物的基本要素。这是宣扬以数为本的世界观。

邵雍吸取刘牧的思想，以数的推衍说明八卦和六十四卦的形成和宇宙的结构，创立了数学派的易学体系。他认为，太极之一本性不动，动则生二，有二，其变化则神妙莫测，如有二则有三，二分则为四，四分则为八，八八为六十四，九九为八十一，等等。有了二、四、八等数，也就产生了阴阳刚柔爻象，所以说“数生象”。有了爻象和卦象，也就有了天地、日月、水火、土石等个体事物，此即“象生器”。形器有成有毁，有始有终，终归于奇偶之数的神妙变化。这也是将数置于第一位，认为有数方有奇偶二数的变化，有数的变化方有象和器，从而提出了“数生象”的命题。

宋易中的义理学派反对“数生象”说。程颐提出“有理而后有象，有象而后有数”的命题，认为数乃阴阳气象变化的度数，理为象数的本原。张载提出“有气方有象”“凡象皆气”的命题，主要讨论气与象的关系，很少涉及象数关系问题。而朱震的象数之学又吸取张载说，置气、象为第一位，主张有气而后有象，有象而后有数，以数为象表现自己的形式，同邵雍为代表的“有数而后有象”的观点对立起来。

邵雍后学张行成继承了邵氏“数生象”的观点，认为象是依据数而产生的，“天下之象生于数”，数乃天地万物生成变化的根本，但又认为“数生于理”，万象“未形之初，因理而有数，因数而有象；既形之后，因象以推数，因数以推理”（《元包数总义序》），并提出了“理数”概念，又具有理与数合一的倾向。

元明两代，关于象数问题的讨论，基本上沿袭了邵雍和朱震的观点。直到明末清初的方以智、王夫之，方为象数问题的讨论赋予了新的意义。

方以智提出“虚空皆象数”的命题，以象数为理气之表法。他认为，天地之间充满了各种象，无处不有象，无处不是象，卦爻象和河洛图象是圣人对万象的类别所作的高度概括，没有离万象和卦象而存在的虚无世界。而一切阴阳五行之象，天地之象皆有数的规定性，此种规定性又出于万物之理。据此，他又提出了合理气象数而为一的论点。天地之间一切有形的和无形的东西，都是气化的产物，象数乃气化的形式和度数，理作为气化之所以然，即贯穿于阴阳二气、天地之象和奇偶之数中。“理藏于象，象历为数”，象的差别和层次清晰可数，即是数。也就是说，数不脱离象，有象方有数。而象数又本于理，是理的表现，理即存在于象数之中，观象方可明理，倚数方可穷理。这就较为正确地处理了理气象数之间的关系。

王夫之继承元明以来象学的传统，提出“易之全体在象”和“非象则无以见易”的命题，以卦象为《周易》的基础。在王夫之看来，卦象是有形有象的，其画为形，其阴阳为象；奇偶之数也是有形象的，但同卦象相比，只表示量的规定性，即阳为奇，阴为偶。数同卦象不容分割，其卦德卦义即在其中。就事理之本然说，卦象基于阴阳变易的法则，象成方有数可数，即有象方有数；就揲蓍成卦的程序说，由数而得象，象成而阴阳变易之理即寓于其中，即先数而后象。王氏认为，这两种说法并不矛盾，各有所指，但都强调象、数、辞、义不容分离，不能脱离卦象推测吉凶，言说义理。此种观点推广到哲学上，他认为，凡天地间的个体事物，有象则有数，有数则有象，象数皆备。象指个体事物的性质可见的方面；数指其形质的量的规定性，如某事物的容量有大有小，其运动变化的节度有多有少，即是数，并使其变化形成条理和秩序，有其规律性。就事物的本然状态说，象数无先后之别。但就人类考察和认识事物的手段或方法说，有时则先考察其象，由大而知小，由全体而知部分，可以说先象而后数；有时则先考察事物之数，由少而知多，由部分而知全体，可以说是先数而后象。总之，他区分了自然的象数和人为的象数，认为象数相倚是出于自然，区分先后则属于人为的活动。这就以象数相统一的观点打击了数学派以数为世界本原的理论。

四、象理

《易传》提出“圣人立象以尽意”，又提出取象说和取义说解释《周易》卦爻辞，但并不直接讨论卦象和义理的关系。在易学史上，象意或象理之辨开始于王弼。

王弼在《周易略例》中写有《明象》一文，讨论言、象、意三者的关系。就筮法说，言指卦爻辞，象指卦爻象，意指卦爻象和卦爻辞所蕴含的意义或义理。他认为，卦象及其所取之物象是用来表现卦义的，卦爻辞是用来说明卦象的。因此，通过卦爻辞得到了卦象的内容，便可以忘掉卦爻辞；通过卦象得到了卦爻之义，便可以忘掉卦象。如同捕鱼捉兔，需要用筌或蹄等工具一样，既已捕捉到了鱼兔，筌蹄便可以弃置不用了。这就是他所说的“得意而忘象”。只要把握了义理，就可以舍弃卦象。相反，如果拘泥于卦爻辞上，反而有碍于得象；如果拘泥于卦象上，反而有碍于得意。所以，要想求得对卦义的真正理解，必须忘言、忘象，此即“得意在忘象，得象在忘言”。最后他归结为，只有忘掉卦象，才能把握一卦的义理，此即“忘象以求意，义斯见矣”。这是把卦义放在第一位，置卦象于次要地位，是为卦义服务的。

就哲学意义说，此象指事物的形象、现象；意指事物的本质、规律及其对本质的认识。王弼认为，本质的东西隐藏在现象之后，现象只是表现本质的工具，拘泥于现象则不能认识本质，强调要探讨本质的东西，不能受表面现象的迷惑，有其合理因素，但又讲抛弃物象去认识本质，又导致了象外求道的错误理论。

程颐继承了王弼派以义理解易的学风，提出“有理而后有象”和“因象以明理”的原则，处理象和理的关系，认为义理是本，象是义理的表现形式。据此，他又提出“体用一源，显微无间”的命题，以体用范畴解释理象关系，认为一卦的义理是无形的，通过卦爻象和所取之物象方能显示出来。理无形，隐藏在事象背后，深而幽隐，故称“至微”；象有形可见，显露在外部，故为“至著”。但理与象乃一事之两个方面，理是体，象是用，有其体便有其用，体用不相分离，无所谓先后，理与象融合在一起。此即“体用一源，显微无间”（《易传序》）。此种观点是讲理象合一，但理是主体，以此宣扬万事万物皆依理而存在的理本论。

张载由于受孔疏影响，认为卦象为一卦的体制，其卦义即存在于卦象和所取之物象中，只有玩味一卦之象，方能理解其义。这是以象为主体，同程颐以理为主体是不同的。此种不同的倾向，表现在哲学上，则形成了理学派和气学派的对立。

王夫之继承了张载气学派的学说，认为卦象形成后即为一卦之主体，事物之理即通过象显示出来，六十四卦象即阴阳变易之理和事物之理的存在形式，卦象同义理是一事之两个方面，并非两个实体，因而理与象不容分割，不能舍象而求理，而要“即象见理”。此种理象统一观，既反对了王弼派的忘象求意说，又反对了象数学派的泥象忘理说，同时又扬弃了程朱派的理本象末说，可以说是对易学史上的象义（理）之争作了一次总结。反映在哲学上，便导出了“象外无道（理）”说，认为道或理作为事物的本质或规律，即存在于有形有象的个体之中，不能脱离物象即事物的现象而独立存在。此种观点，又将程朱的理本论转化为象本论，从而否定了道或理的实体性，是王夫之易学的一个贡献。

五、道器（形上形下）

道器这对范畴也是《易传》提出来的，其中说：“形而上者谓之道，形而下者谓之器。”道指乾坤和阴阳变易的法则，法则是无形的，称之为形而上。器指卦画和有形之物，称为形而下。但在易学史上真正展开道器之辨，是从晋人韩康伯开始的。

韩康伯认为，一切有形有象的事物都是器，而无形无象的东西即为道。道寂然无体，不可为象，所以称为“无”，但它却是一切有形有象之物的根本。阴阳爻象或阴阳之气皆有形或象可循，也属于器的领域。而道无形象，处于阴的领域而无阴象，处于阳的领域也无阳象，可是阴阳却依道而成形成象，这就是所谓的“一阴一阳之谓道”。也就是说，一阴一阳并非又阴又阳，而是既无阴又无阳，这才是道。这是以道器观宣扬以无为本的玄学理论。

唐孔颖达发挥韩康伯的观点，以道为体，以器为用，认为道是无体之名，器是有形之质，凡有从无而生，形依道而立，有道方有器，先道而后形，先有形而上后有形而下。但又与韩康伯不尽相同。他不以道为虚无实体，而将道解释为无形的东西，凡未具备形质的都可称为道。阴阳二气及其变化的法则没有表现为刚柔两画，成为八卦爻象，亦可称之为道。阴阳自然而有，其生化万物也无所造作，自然而然，这种品德或法则，就叫作道，并非如韩氏所说，无阴无阳就是道。这就扬弃了玄学派以虚无为本体的内容，而以有生于无的玄学形式论证了阴阳二气乃《周易》的基本原理。

崔憬则认为，凡天地万物皆有形质，就其形体和体质说为器，为体；就其形质的功能和作用说，为道，为用。如天圆地方，其形体为体为器，其生成万物的功能或作用为用为道；植物的支干为体为器，其生长的性能则为用为道。这是说，道作为实体的功能或作用是依赖于实体器的。实体的功能是无形的，称为形而上；实体的体质是有形的，称为形而下。按此说法，不是先有形而上的道，方有形而下的器，而是形而上的道依赖于形而下的器。这既反对了以道为实体的学说，又抛弃了有生无的玄学形式，是崔憬对道器之辨的一个贡献。

宋明清时期，易学家们围绕道器问题展开了长期的辩论。张载以气化为道，认为道是无形的，是气化的过程。程颐则认为阴阳是气，气是有形的，是形而下者，而所以为阴为阳者才是道，是形而上者。道作为阴阳之所以指阴阳之理，此理无形，属于形而上的道。阴阳二气属于形而下的器，是阴阳之理的显现。二者是体用关系，所以道不是阴阳，又不脱离阴阳，但认为道是器的根源，理为气的根本。朱熹继承了程颐的说法，认为有形者可以称为器，无形者则称为道，然而道非器不形，器非道不立。阴阳为器，所以为阴为阳之理才是道，进一步宣扬理为气本的本体论学说。

南宋功利学派的薛季宣，以器为体，以道为用，认为道无形，离器则无所安置，道常存于形器之内，主张道寓于形器之中，打击了道本器末说。心学派的杨简解易，不赞成区分形上和形下，主道器合一，但不以形器为本，而以心为本。此后，元明以来的气学和象学派皆主道器合一说或道不离器说，到方以智则阐发为“道寓于器”说，对王夫之的道器观影响很大。

王夫之继承气学派的道器观，对易学史上的道器之争作了总结，提出“无其器则无其道”“形而上不离乎形而下，道与器不相离”；在哲学上则提出了“天下惟器”说，认为道是器的道，器不可以说是道的器，没有弓矢就没有射箭之道，没有车马就没有驾驭之道，没有儿子也就无所谓为父之道。道只能以器作为自己存在的实体。所以王夫之断言，“器而后有形”，“有形而后有形而上”，脱离个体事物的“无形之上”，亘古今，通万变，穷天穷地，穷人穷物，都是没有的。形而上的道依赖于形而下的器，二者“统之于一形”，不能割裂。这就否定了宋明道学中的道本器末说。

道器之辨，在哲学上是关于一般和个别，本质与现象，规律与实体关系问题的争论。王夫之的“天下惟器”说，不仅肯定规律性的东西，一般的东西及抽象的原则寓于有形有象的个别事物或事件之中，更为重要的是指出了没有个体便没有规律，没有个别就没有一般，没有现象就没有本质。这样，就正确地解决了道器或理事谁依赖谁的问题，从而做出了自己的贡献。

六、元亨利贞

“元亨利贞”始见于《周易》乾卦辞：“乾，元亨利贞。”其本义是说，举行大享之祭的时候，筮遇此卦，是有利的占问。可是，后来却发展成为四个相连并举的范畴。战国时期的《易传・文言》吸收春秋时代穆姜的解说，以“元亨利贞”为仁、礼、义、干事四德。在汉代至明清易学发展的长期过程中，此种解释发生了深远的影响。

南北朝时期，周弘正同梁武帝曾讨论易学问题。周弘正本于《文言》和汉代《子夏传》“元，始也；亨，通也；利，和也；贞，正也”的说法，也以元亨利贞为四德。但他又受扬雄《太玄》的启发，从天、地、人三方面解释此四德，以天之元亨利贞为春夏秋冬，地之元亨利贞为木火金水，人之元亨利贞为仁义礼信，并且认为此四德具有生、养、成、终之义，意味着事物从始到终的发展过程。这样，其所说的元亨利贞四德，便开始突破了道德的领域，具有了世界观的意义。而另一位易学家庄氏（佚名）则以元亨利贞为天生成万物的四种德行：元为使万物初生，亨为使万物通畅成长，利为使万物各得其宜，贞为使万物皆得中正而成就，又把周弘正以元亨利贞配春秋夏冬四时，说明植物生长收成的过程，推广为天道生长万物的过程。

唐孔颖达作《周易正义》，皆引用了周氏和庄氏文，并依据庄氏的说法，又以元亨利贞为阳气生长万物的四个阶段，认为元亨利贞是阳气使万物生存、通达、具有条理和坚固完善的四种德行，并以元为万物生长之始，贞为万物成长之终。这样，孔颖达又以阳气生化万物的性能，解释了天道的内容，并说明人类应该效法天道，辅助万物的成长。这是对汉易中阴阳二气说的重新肯定。

到了宋代，程颐也以元亨利贞为天道生成万物的四个阶段，元为万物之始，亨为万物之长，利为万物之遂，贞为万物之成，并以此配仁礼义智四德。

朱熹则以程氏理学的观点，对历代易学中的四德说作了发挥，认为程氏讲的四阶段，既是就气说的，又是就理说的。“以天道言之，为元亨利贞。以四时言之，为春夏秋冬。以人道言之，为仁义礼智。以气候言之，为温凉燥湿。以四方言之，为东西南北。”（《朱子语类》卷六十八）有元亨利贞之理，方有阴阳二气和万事万物生长收成的变化过程，而这四个阶段又是一个循环往复的过程。比如谷物的生长，萌芽是元，禾苗是亨，结穗是利，成实是贞，但其果实又能复生，以至循环无穷。元亨利贞没有间断之时，总是贞了又元，以此表示事物的变化总是生生不已，没有穷尽。“贞了又元”后来被称为“贞下起元”。朱熹以此说明万事万物变化的过程和规律，在易学史上发生了深远的影响。

七、神化

在易学史上，神的基本含义是指微妙的变化。这一意义的“神”往往与“化”相连并提，合称神化。

以“神”表示微妙的变化，也始于《易传》。《系辞上》说：“阴阳不测之谓神。”奇偶之数和刚柔爻象，其变化微妙，难以推测，所以称为“神”。就揲蓍求卦说，事先不能预定求得某卦，其后果也不能预先确定，此是阴阳不测；就爻象的变化说，事先也不能断定某爻为老阴或老阳，此亦是阴阳不测。此种变化莫测的性质，《系辞》就称之为“神”。《周易》所讲的变化之道，就意味着阴阳变易神妙莫测，所以又说“知变化之道者，其知神之所为乎！”神是与变化相联系的，它既表示阴阳变化的“不测”，又表示万物变化之“妙”，所以《说卦》称：“神也者，妙万物而为言者也。”神就是显示万物细微变化的。能够穷尽万事万物的微妙变化，就达到了最高的精神境界，这就是《系辞下》所说的“穷神知化，德之盛也”。

韩康伯注《易传》，更明确地将神同变化联系起来，提出“言变化则称乎神”的命题，认为卦爻的变化以及雷风水火的变化、天地的运行、万物的动作，都是自造自化，自然而然，既无造物主支使，也不以人的主观意志为转移。此种事物变化不为而自然的性质，就称之为“神”。神指变化的原因神妙莫测。孔颖达著《周易正义》，基本上是发挥韩注之义，也以事物变化的道理不知其所以然而然，自然而然，神妙莫测，称为“神化”，所谓“言神化亦不为而自然也”。这种观点，对宋明易学中的神化学说起了一定影响。

宋代张载论神化最详。他把事物变易的法则归结为“神化”二字，并在《正蒙》一书中专门写了《神化》篇，认为物质世界变易的法则和过程，其内容包括神和化两个方面：神指运动变化的性能和泉源，化指运动的过程和形式。神和化是相互联系的。他以体用关系说明神和化的关系。神是气固有的运动变化的本性，化是气运动变化的自然过程。前者为体，是内在的根据；后者为用，是外在的表现。但二者又是统一的，皆统一于气。气何以有神的本性和化的过程？张载又提出了“一故神，两故化”说，认为原因就在于气是对立的统一体。“一物两体者，气也。一故神，两故化。”（《横渠易说・说卦》）又说：“气有阴阳，推行有渐为化，合一不测为神。”（《正蒙・神化》）气是包含阴阳二气的对立统一体。因其对立，所以其变化的过程总是一阴一阳、一聚一散、一屈一伸相互推移，此即“两故化”“推行有渐为化”。因其统一，所以其变化的根源神妙莫测，此即“一故神”“合一不测为神”。总之，神和化都是气所固有的本能。此种神化说，是对易学中辩证思维的进一步发展。

王夫之全面阐发了张载的神化学说，以神为阴阳二气变化的动因，一切变化的根源；化为二气变化的形式和过程，乃神的表现。但神作为动因，具有不测之妙；化作为形式和过程，又有其规律性或必然之理。不测之神即存在于此变化的形迹及其条理之中，二者不可分离。从易学史上看，王夫之的神化说，主要辩论了神的不测性质。概括地说，阴阳二气屈伸聚散出于无心，其后果非人的智力所能预测；其交相配合而成象成形成物成人，也是无心而为，“听其适然之遇”（《周易外传・系辞上》），完全出于偶然的恰合，其结果难以预料，所以说不测。但阴阳变易又有其固有的过程和规律，既非人的巧智所能测，也非人的私心所安排。这既肯定了偶然性在变易中的地位，又肯定了其变易有其必然即规律性，将偶然与必然统一起来，既否定了创世说，又打击了命定论。王夫之又认为，此种阴阳变易虽有固有的规律，但没有固定的形式，阴阳往来屈伸，絪缊融合，总是无方无体，变动不居，不限于一种形式，故其变动神妙不测，不能以某种不变的模式来观察事物的变化过程。这又在承认确定性的基础上，提出了非确定性的原则。这在思想史上也是少见的。总之，王夫之的神化学说，闪烁着辩证思维的光芒，其对世界变易性的论述，无论广度还是深度都超过了前辈学者的水平，是一份珍贵的文化遗产。

第六节　易学中的阴阳五行观

战国前期和中期，道家倡导阴阳学说。到战国中后期，齐国稷下学者邹衍以阴阳观念为核心，创立了阴阳五行学派。阴阳五行学说的流行，对《周易》的理解和研究，产生了重要影响。这些观念为易学家们所吸收、用来解释《周易》和筮法中的变化法则。《易传》的作者们就是以阴阳变易观念来解释《周易》的原理。虽然还没有使用金木水火土的范畴，但其讲天地之数，以五为贵，也是受了五行学说的影响。汉代以后，易学中的象数学派和义理学派，都以阴阳五行观念解易，历代的易学家成了阴阳五行学说的主要阐发者，从而推动了阴阳五行学说的发展。

一、京房的阴阳五行说

前边说过，汉易的一个重要特征就是以卦气说解释《周易》原理。而卦气说的实质就是讲一年四季阴阳二气的消长运行。京房作为汉易的代表人物，其对《周易》占筮体例的理解，都贯穿了这一基本思想。他发展了《易传》中的阴阳说，鲜明地提出了阴阳二气说，并以此解释易学中的阴阳范畴。

在京房看来，《周易》是讲变化的，所谓变化，无非就是阴阳变易。有阴阳二气相交相荡，升降反复，方有卦爻象和人事吉凶的变易。阴阳二气千变万化，新新不停，生生相续，永无止境，这就叫作“易”。而事物及卦爻象的存在和变易，总是又阴又阳，不能拘于一个方面。比如离卦象为二阳爻，中包一阴爻，这是“本于纯阳，阴气贯中”(《京氏易传》)，所以才有文明之象。他认为，纯阳之体，必须其中贯以阴气，使刚阳之气趋于柔顺，即使其中虚，方能发光照物，否则就会成为暴热而伤物。如果只专于一面，有阳而无阴，或有阴而无阳，或者只能长不能消，其结果必然失败。所以，《系辞》说“一阴一阳之谓道”。这是以气具有两重性说明卦爻象具有两重性。

值得注意的是，京房还阐发了阴阳转化的观念，提出了“物极则反”说。

如其解释大壮卦说："壮不可极，极则败。物不可极，极则反。"这是说，大壮䷡卦四阳爻二阴爻，阳胜阴为壮。其爻辞说，壮羊以其角触藩篱，反而被系其角，处于进退两难之地，这就是壮极则反。即是说，阳胜阴为壮，壮极则反于阴。所以事物发展到极端则走向其反面，故说"物不可极，极则反"。京氏认为，"物极则反"是同气候变化，阳极阴生，阴极阳生，寒极则暑，暑极则凉，所谓"阴阳代谢"联系在一起的。也就是其解大过卦所说的"阴阳相荡，至极则反"。"物极必反"这一命题，就易学系统说，始于京房的"物极则反"说，后来经过孔颖达、欧阳修的阐发，至程颐方提出"物极必反"说。

以五行学说解释《周易》卦爻象和卦爻辞的吉凶，也开始于京房。他以五行配入八宫卦及卦中各爻，乾配金，坤配土，震配木，巽配木，坎配水，离配火，艮配土，兑配金。乾卦为阳卦，各爻配十二辰的阳支，初爻为子，配水；二爻为寅，配木；三爻为辰，配土；四爻为午，配火；五爻为申，配金；上爻为戌，配土。坤为阴卦，各爻配以阴支，初爻为未，配土；二爻为巳，配火；三爻为卯，配木；四爻为丑，配土；五爻为亥，配水；上爻为酉，配金。其他六子卦各爻，按阴阳区分，配入五行，皆类此。制一五行爻位图，示之如表 3–1：

表 3–1

兑金	艮土	离火	坎水	巽木	震木	坤土	乾金	八卦 / 爻位
土	木	火	水	木	土	金	土	上 爻
金	水	土	土	火	金	水	金	五 爻
水	土	金	金	土	火	土	火	四 爻
土	金	水	火	金	土	木	土	三 爻
木	火	土	土	水	木	火	木	二 爻
火	土	木	木	土	水	土	水	初 爻

不仅如此，京房还按八宫卦的次序分别配入五星，即土星镇，金星太白，水星太阴，木星岁，火星荧惑。如乾宫的乾、姤、遁、否、观卦，按五行相生顺序分别配土、金、水、木、火诸星。以下各卦依次循环配五星，至最后归妹卦，配岁星。这样，以天文学中的占星术解说人事的吉凶。

更有甚者，京房还以五行生克说解释八宫卦同其爻位的关系。八宫卦为母，其六位为子，母子之间依五行顺序存在着相生相克的关系。同时他又依据五行休王说提出八卦休王说，认为八卦同五行一样，轮流居于统治地位，某卦当政为王，其他卦则生死休废。京氏即以此解说卦爻辞的吉凶。

总之，京房以阴阳五行学说解易，构造了一个以阴阳五行为间架的体系。他将八卦和六十四卦看成是世界的模式，认为《周易》既是自然界又是人类社会的缩影，作为世界变易的基本法则，即阴阳二气的运行和五行的生克，就表现在八卦和六十四卦及三百八十四爻之中，从而将西汉以来的自然哲学更加系统化了。京氏易学以阴阳五行观念解易，特别是以阴阳二气变易法则解释《周易》的基本原理，对后来的易学产生了重要影响。

二、郑玄易学的五行说

以五行说解释《周易》中的象和数，是郑玄易学的一大特色。把《周易》中的数同五行联系起来，始于西汉刘歆的《三统历》。以五行解释八卦爻位则始于京房。扬雄受其影响，将五行生数和成数配以时间方位，纳入其《太玄》图式之中，讲一年四季的变化过程。郑玄吸收了他们的观点，用来解释《系辞》中的天地之数和大衍之数。

他认为，《系辞》中所说的天地之数，就是五行之数。天地之数各有五，一二三四五和六七八九十之数即五行水火木金土的顺序。前者为生数，即生物之数；后者为成数，即成物之数。此天地之数又代表天地之气，天奇之数为阳，地偶之数为阴。仅有奇数，无偶数相配，即只有阳而无阴，还不能生成万物。所以五行之生数和成数要相配合，即地六配天一，天七配地二，地八配天三，天九配地四，地十配天五，这就是《系辞》所说的“五位相得而各有合”。有此阴阳之数相配合，天地之气方能生化万物。

他还以五行生成之数配以北南东西中五个方位，表示一年气候的变化。“天一生水于北”，表示阳气始于北方水；“地二生火于南”，表示阴气始于南方火；“天三生木于东”，表示阳气兴盛；“地四生金于西”，表示阴气兴盛。“天五生土于中”，表示土居中央，分管四时。但是只有阳气或只有阴气不能生成万物，所以阴气地六又在北方与阳气天一配合，阳气天七在南方与阴气地二配合。如此配合，天地之总数为五十五，也即大衍之数。由于五行之气各相并相通，故减去五数，唯有五十，所以《系辞》说“大衍之数五十”。

此种解释，就易学说，认为天地之数与大衍之数是一致的，大衍之数来于天地之数。但他又将筮法中的阴阳奇偶之数，推衍为五行之气的生数和成数，以五行相生说为核心，通过易学的形式构造了一个时空间架，作为万物生成的法则，这就具有了哲学意义。郑玄此说，成为汉易中象数之学的重要内容之一，后来影响很大，被称为五行生成说。到宋代，被易学中的图书学派吸收。刘牧将它用黑白点的图式画出来，称之为洛书，朱熹一派则称之为河图（详见本书第四章）。

三、张载的阴阳兼体说

张载以气运动变化的过程为道，前节已经谈及。但他所说的道的内容，即一阴一阳相互推移。气的运动变化，就其一阴一阳相互推移说，叫作道；就其阴阳变易神妙莫测说，叫作神；就其变易而无穷尽说，叫作易。张载认为，一阴一阳相互推移的过程永不停止，卦爻象和天地万物都是依据这一变易的法则而运动变化。这就是《系辞》所说的“一阴一阳之谓道”。

在张载看来，乾卦纯阳，坤卦纯阴，此两卦中的阴阳爻位互易，即相互推移，则有六十四卦的变易。所以，没有乾坤两卦，也就没有《周易》的变易。而乾坤的并列，来于天地的并立。天地以阴阳二气为其实体，以乾坤为其功用。因此，可以说《周易》讲的变易，也即天地阴阳造作万物的过程。此过程有其规律性，即阴阳二气的对立及其相互推移，是一切事物变易的根源。这就是他所说的“万物虽多，其实一物，无无阴阳者，以是知天地变化，二端而已”(《正蒙·太和》)。二端即指阴阳相互推移。

依据阴阳二气相互推移的法则，张载解释了天地万物形成的过程，认为气充满于太虚之中，升降飞扬，未尝止息，其中阳气清浮而上升，阴气重浊而下降，二气相感而凝聚成风雨霜雪，山川草木。阴阳二气的推移是一切自然现象生成变化的基本法则。而阴阳二气则处于永恒的变化过程中，其变化或消长更替，或聚散相推，或升降相感，或施受相糅，总之，不是相互渗透，就是相互胜负，只有一方而没有另一方，即有阴而无阳，或有阳而无阴，是不可能的。

这就是所谓阴阳“相兼相制，欲一之而不能”（《正蒙·参两》）。此种观点，他又称之为“兼体”，即兼有阴阳对立的双方。

他认为，个体事物是有偏滞的，如白昼不能兼有黑夜，可是道作为生化万物的过程，则兼有阴阳对立的双方，如天道兼有昼夜、寒暑，而不被一方牵累，此即“兼体而不累”。所以《系辞》说“一阴一阳之谓道”，“阴阳不测之谓神”，“一阖一辟谓之变”。只有从阴阳兼体说出发，考察事物的变化，才能不被表面现象迷惑，从千变万化中把握其根本。

依据阴阳兼体说，张载又提出了“一物两体”说，认为太极之气兼有阴阳两个方面而成为统一体。因为阴阳对立面相互依存，所以才有其变化的性能；因为此统一体含有阴阳对立的方面，所以才有气化过程的变化无穷。一切事物运动变化的根源即存在于此阴阳二气的统一体中。

张载的阴阳兼体说，强调对立面的双方不可偏废，是对中国古代两点论的进一步发展。他以阴阳对立面的相互渗透和相互推移说明一切事物的运动变化，认为其根源即存于作为物质实体的，阴阳兼有的太极之气中。这一论点，便将易学史上的内因论提高到了一个新的水平，有力地打击了各种类型的外因论。这是张载易学的一大贡献。

四、朱熹的阴阳流行和阴阳对待说

朱熹提出“易只是一阴一阳”的命题，强调阴阳变易是《周易》的基本法则，认为一切事物的存在及其变化，归根到底，无非是一阴一阳。就卦爻象的变化说，整部《周易》不过是一个阴阳奇偶，有奇偶两画相交相推，方有六十四卦象，方有易之变易。若没有奇偶卦画，凭什么写出那《周易》的阴阳造化，又哪里去得其变易？也就是说，卦爻象的变易无非一阴一阳卦画的相互推移。就阴阳之气的变化说，气的变化有进有退，有消有长，也是一阴一阳。万事万物都依此消长变易而出，所以个体事物的存在及变化也是一阴一阳。天地之间，无一物不有阴阳乾坤，以至于至微至细，草木禽兽，也有牝牡阴阳。这是将事物的变易归结为阴阳变易，是对以前阴阳说的发挥。

由此，朱熹进一步研究了事物变易的法则，特别是阴阳二气变易的法则。他认为，阴阳变易的法则有二：一是流行，即推移，如阳变阴、阴变阳，动变为静、静变为动，昼夜寒暑，屈伸往来。二是对待，即交错，如天地定位，山泽通气，阳中有阴，阴中含阳。前者指阴阳对立面相互转化；后者指对立面相互渗透。有对待方有渗透，而对待意味着阳是阳，阴是阴，各居其位，不相混淆，所以他又称交错对待为阴阳“有个定位底”。值得注意的是，他以“一气”说明流行，以“二气”说明对待。这种观点，含有对立统一的因素。

关于阴阳流行，朱熹主一气说，认为阴阳的推移，乃一气之消长。阴阳只是一气，长时为阳，消时为阴。阳的一面发展到顶点便开始消退，即转化为阴气，不是说阳气尽了，又另外有个阴气出来代替它。正如人的呼吸只是一气之呼吸，呼时为阳，吸时为阴。这是以一气自身的转化说明事物的盈虚盛衰，突破了汉唐易学的二气轮替说。此种观点意味着一事物在其变化过程中自身具有矛盾的同一性，所谓流转，不是二物更替，而是一物之分化，是对对立面转化学说的新阐发。朱熹又认为，此阴阳流行的过程，总是阳了又阴，阴了又阳，循环不已，既没有一个开头，也没有终结。整个物质世界的变化也是如此。现在的世界只是阴阳流转过程中的一个阶段，在此天地之前已有一番天地，此天地毁灭了，仍然另有一天地，其前无始，甚后无终。这既肯定了物质世界的变化是对立面转化的过程，又认为无论如何转化，阴阳二气作为世界构成的要素，不被创造，也不消灭，是朱熹阴阳说的一个贡献。同时他还认为，阴阳流行具有两种形式，即渐化和顿变，甚至以为顿变并非突然而成，阴阳的消长必须经过渐化即量的积累过程。如一年的小雪过后，阳气便一日生一分，到十一月半冬至，一阳始成；又如怀胎十月，方成一个儿子。此种学说，是强调对立面的转化必须经过量的积累，这在中国思想史上，也是一种新的观点。

关于阴阳对待，朱熹又提出了阴阳各生阴阳说。他认为，万事万物各分阴阳，一事一物又各有其阴阳，如人之男女为阴阳，一人身上又各有血气，血阴而气阳；又如昼夜之间，昼阳而夜阴，但昼阳自中午以后又属阴，夜阴自子夜之后又属阳。如此阳中有阴，阴中有阳，阴阳交错对待，便是“阴阳各生阴阳”。比如生死，生为阳，死为阴，但生死之中又有阴阳。精气为物为生，精则属阴，气则属阳。人身之生气为阳，其体魄为阴。生命为阳，但又带个死的道理，这又是阳中有阴；死亡为阴，其魂气游散上升，又是阴中有阳。朱熹此说，在于说明卦象和事物的对立是错综复杂的，对立面是由许多层次构成的，不能将《易传》所说的“分阴分阳”简单化。此种观点，又含有对立面相互渗透，或肯定中包含否定的因素。这是朱熹阴阳说的又一贡献。

总起来说，朱熹的阴阳流行说和阴阳对待说，对事物变易的过程和形式作了许多有价值的概括，丰富和发展了前人的阴阳观，闪烁着辩证思维的光芒。然而，应该指出，由于他区分形而上和形而下两个世界，认为阴阳流行和对待之事，皆出于其理之当然，而形而上的理世界只有对待，其自身并无变易，永恒如此。于是，又将对立性质凝固化，道出了阴阳定位不移说，以为个体事物和阴阳二气，其屈伸往来，虽然流行不已，但其本质和关系，定位不移，万古如是。这又陷入了形而上学。朱熹的阴阳流行和阴阳对待说，后来被明代的蔡清和来知德作了详细阐发，在易学史上产生了深刻的影响。

五、方氏易学的阴阳五行观

方以智父子的易学，从易学中的气论观点出发，解释阴阳和五行的起源及其性能。他们吸收了张载以来“虚空即气”的观点，提出“两间皆气”说，认为天地之间充满了气，一切有形的和无形的东西都是气化的产物。大一之气或元气自身分化为阴阳二气，阴阳二气“自相盘旋”，相互转化，又分出五行之气，五气凝聚成形则为五材，即水、火、木、金、土，五材又隐藏着五气，五气各具阴阳之性，彼此相制而又相成，交相为用，最终又归于一气。阴阳五行皆一气流行的产物。气分为阴阳和五行，并非分而相离，而是相互包含，阴阳即在五行中，“一时俱生俱成”，没有时间上的先后次序，但仍有差别和层次。这种观点是说，从大一之气到阴阳二气，再到五行之气，此种分化或转化的过程，同样基于涵蕴关系，乃一逻辑地展开的系列。这就使其阴阳五行学说具有了本体论的意义。

据此，方氏着重研究了阴阳以及五行之间的涵蕴关系。关于阴阳二气，方氏阐述了阴阳体用互藏说。他们认为，阳气无形体，以阴为体；此阴之体又以阳为用。如火性为阳，其凝聚成体而为阴，方有火炎向上，这是阳以阴为体；水性为阴，其中藏有阳气，方能流动润下，这是阴之体又以阳为用，即其功能属于阳。总之，阳总是藏于阴之中，成为主导。这就是“阴阳体用互藏”，又叫作“阴阳自转为主客体用”。阴阳不仅相互渗透，而且互为体用，相互包含，是一个不可分离的整体。因此，由气构成的万物就“物物有水火，物物有坎离”（《周易时论合编·坎》），都含有阴阳两个方面。这种解释，不仅表示阴阳相互依存，不容分割，而且突出了阳的主体作用。其以实体为阴，功能为阳，以功能和实体相互渗透和转化的观点，说明任何物体都具有两重性，实发前人所未发。

关于五行之间的关系，又阐发了五行互藏互化说。方氏不仅区分了五气和五材，而且详细分析了五行各自的性能。认为水为湿气，火为燥气，木为生气，金为杀气，土为冲和之气，能调合各种气，所以水火木金四气皆因土而成形，为五材，土形为五材之主。这样，其五行又成了物质的五种性能及构成物体的五大元素。在方氏看来，五行不仅相生相克，而且互藏互化。如其论海水的由来说，土中藏有火气，火气上升，遇冷则转为水汽，水汽凝结成水则下降。地体最重，水轻于土，故下降之水浮于地上。地球形如胡桃，有凸有凹，水则汇集于凹处而成海。这是以水火土三行的性能和互藏互化解释海水的形成。又如海水夜而发光，烧酒能发热，因为水中藏有火的成分；积雪融化凝为泥沙，因为水中藏有土。地中的土气受太阳照射而蒸发，其中含有火性，所以上升，遇冷又化为水汽成为云；如果日照积久，地气干燥之极则化为火，火燃土石化为灰烬，从地穴中喷涌而出，则成为火山。总之，五行之气相互包含，一行之中各具四行，自然物性所以有差别，在于所禀五行之气的多少强弱不同。

方氏易学还研究了五行之中哪一行最为重要的问题，提出了五行尊火说。方氏认为，五行说到底可以归之为水火二行，如气候的变化归为寒暑，气体的变化基于水火，五脏则以心肾为主，心为水，肾为火。这是因水火二气乃阴阳二气的代表，就易学说，坎离乃乾坤之正用。关于水火二气，方氏更推崇火气。其《周易时论合编》前的《图象几表》中，专门写有《五行尊火为宗说》，认为五行以火为尊，火为五行之宗主。他说，世人只知火能生土，却不知火能生金、生水、生木。其实，金非火不能炼成，水非火不能升降，木非火不能向荣。土中、石中、金中、海中、树中，经过敲击钻取，无不有火生出。火气无体，善于变化，所以能以其功能藏于万物之中，而又能生成万物。就人的生理而言，形骸五脏六腑十二经络，独以心火为君，命火为臣，方能助生化食，资养骨肉。此火不调，则百病生；此火一散，则百骸废。人初死之时，形骸俱在，独此火气一去，则构成形体的四大要素土金水木，就都溃散了。这是以火为五行的宗主，并视其为事物运动变化和生命的泉源。

方氏的阴阳五行观，以七大元素解释自然现象的特征及其性能，以阴阳互藏和五行互化的观点，考察物质世界运动变化的过程，说明世界的多样性和统一性，从而将易学中的阴阳五行学说发展到了一个新的水平，也大大丰富了张载以来的气论哲学，对王夫之的易学哲学起了重要影响。

六、王夫之的阴阳实体说

王夫之继承了气学派的传统，以阴阳二气解释卦爻象，从而在哲学上提出了阴阳实体说，即以阴阳二气为天地万物的本体，以气的性能及其变化规律解释天地万物变化的法则，并将“一阴一阳之谓道”这一古老命题纳入气本论的体系。阴阳二气说是王氏易学的纲领，也是其本体论的核心。

首先，他以阴阳二气解释卦爻象，认为卦爻象之所以有刚柔之分，有吉凶悔吝的不同，皆基于阴阳二气及其变化的法则。阴阳为体，刚柔即卦爻象为用。阴阳二气是客观存在的物质，就其未凝聚说，无形可见；就其凝结为形象说，则各有其质的规定性；就其交合而不可分离说，则浑沦而为一；就其各有清浊、虚实、大小等差别说，则为二；就其差别表现为性情功效说，则统称之为刚柔。有此阴阳二气之体，方有刚柔爻象之用。所以，王夫之认为，阴阳二气及其变化的法则乃圣人画卦立象的根据。总之，以体用范畴解释阴阳二气同卦爻象的关系，是王夫之以二气解易的基本原则。例如对乾坤两卦的解释，阳气舒畅，主运动，贯穿役使一切有形的物体，故其性刚健；阴气凝结，成为坚固的形体，但其变化听从阳气的指挥，故其性柔顺。乾坤两卦的卦义就体现了二气的德性。此种观点即以阴阳为体，乾坤为用。所以他说：“阴阳实体，乾坤其德也。”（《正蒙注 · 乾称》）

王夫之认为，阴阳二气不仅是卦爻象的本体，也是天地万物的本体。天地之间，凡有形有象的东西，自雷风水火山泽，以至蜎孑萌芽之小，从未成形到已成形，都是阴阳二气的产物。由于二气各有其性能，所以天地万物的性情和功效也各有差异。阴阳二气自身具有运动的性能，其聚散、消长、变化日新，神妙莫测，而六十四卦之变易，天地人物屈伸往来之故尽在于此。一切物质的和精神的现象，其存在和变化都依赖于阴阳二气。

以上所述，是王夫之气本论的大致轮廓，可以说是对以前易学中气学派世界观的总结。从易学史上看，王夫之的阴阳实体说，还着重阐发和提出了一些新的观点。

其一，阴阳实有。王夫之提出“实有”说，论证了阴阳二气的客观实在性。首先，他以“诚”解释实有，进而解释阴阳二气为实有。所谓“诚”，是说自然如此，本来如此。凡是客观存在的东西，无所谓虚假，都可以称之为“诚”。而宇宙中充满了阴阳二气；二气相互融合，相资相济，使宇宙广大而长久；阳健阴顺之性乃气所固有。总之，阴阳二气的存在及其性能和变化，皆自然如此，既非虚无，也非人为，所以有其客观实在性，此即“阴阳有实之谓诚”(《正蒙注・太和》)。其次，他以体用范畴论证阴阳二气是实有的，认为一切客观存在的东西都有体用两个方面，体规定其本质，用规定其功效。阴阳二气为其体，其健顺、屈伸往来为其用。体用相函，互相依赖，皆为实有。通过其功效即知其本体为实有。如冬寒夏炎，其功效明显可察，表明冬夏之体即阴阳二气乃实有之物。最后，他以物物相依论证阴阳实有。天地万物皆相依而生成，相依而存在，既然相依，所依者必真实不假，有其规律。因此，作为天地万物本体的阴阳二气，也是实有，并非虚妄。这就从肯定个体的客观实在性出发，论证了阴阳二气为客观存在的物质。

其二，阴阳无增减。王夫之重新解释了张载以来的气无生灭论，阐发了阴阳二气无损益说，认为天地之间的阴阳二气是自足的，屈于此而伸于彼，其总量无增减损益，所以“易言往来，不言生灭”(《周易内传・系辞上》)。人物之生死，只是表示阴阳二气互相屈伸往来，作为人物之本体的阴阳二气并无生灭，此即“生非创有，死非消灭，阴阳自然之理也”(《周易内传・系辞上》)。也就是说，阴阳二气不因个体的毁坏而消灭，个体有成毁，而阴阳无终始。这是因为，阴阳二气作为本体，即寓于个别器物之中而发挥作用，个体消灭了，其禀有的阴阳二气又转化为另一形态，寓于另一形器之中，如秋冬时节生物之气潜藏于地中，车薪之火转化为烟、烬，水银升华变为土粉等。以二气的屈伸往来解释其能量不增不减，以物质形态的转化进一步论证气不灭论，是王夫之的又一个贡献。

其三，阴阳协于一。王夫之认为，阴阳二气性情功效各有差异，因此个体事物方有刚柔、清浊、轻重、男女、文武、蠢灵等区别。二气虽有差异，但并不相舍相离，相毁相灭，而是相合相济，相因相通，和协为一。所以天地万物方各得其宜。任何有形象的东西，包括卦爻象，都含有阴阳两个方面，即使整体上属于阳性或阴性的事物，也含有对立的一方。这是因为独阳不生独阴不成，阴阳总是融为一体，不可分离。阴阳二气既相互排斥，相反相敌，又相互吸引，相资相济，絪缊交会，协和为一，从而构成万物的本体，推动事物的变化。阴阳截然分开，成为绝对对立的事物，无论自然界，还是人类生活以及人心的活动，都是没有的。据此，王夫之又以阴阳二气相调剂解释“一阴一阳之谓道”，一阴一阳相互调剂，相倚而不离，即是道。此阴阳合一之实体，乃万物之所共著，万有之所同出，是万事万物的本体。总之，阴阳之外无道，形象之外无阴阳。道作为本体只能寓于形象之中，不在其外，也不在空虚处游荡，又将这一古老命题纳入了气学派本体论的体系，发展了气本论的学说。

第四章

易图学

第一节 概 述

易图学是宋代开始兴起的用图象阐明易理的学术思潮。宋代以后，易图学思潮继续发展，成为宋明易学中象数学的一大特征。

易图学兴起的原因，是宋代易学思想的转变。

如果我们仅把《易经》作为经，那么，《易传》也可以说是先秦时代的易学著作，依《易传》的说法，八卦卦象，乃是圣人“仰观俯察”的结果。也就是说，八卦卦象，乃是虫鱼鸟兽、天文地理、以及人身诸种物象的象征。汉代易学家多数接受了《易传》的说法，把卦象当作物象的象征。他们认为，卦象的结构，象征着物的相互关系，卦象的变化，反映的是物的变化。他们认真地研究卦象的结构和变化，然后根据卦象所象征的物的相互关系及其变化去说明吉凶祸福。

此种解易学风，到了汉代形成了象数之学，并以《周易》中的象和数解释气候变化的过程，形成了卦气说，如关于大衍之数，京房说，其来源，是十日、十二辰、二十八宿，加起来一共五十。东汉大儒马融则又是一种说法。他说“大衍之数”五十是取象于太极、两仪、日月、四时、五行、十二月、二十四节气，加起来共是五十。此种解释是以卦气说回答大衍之数和卦象的来源，成为汉易的一大特色。

汉代流行的解易学风，到魏晋时期，遭到以王弼为代表的义理学派的反对，但易学中的卦气说，并没有中断，到宋初，被易学中的象数学派继承下来，并提出各种图式解释大衍之数，天地之数，进而解释八卦的来源，于是形成了易图学。易图学是汉易中卦气说的新发展，其特征是不仅用来解释一年气候的变化，而且视各种图象为某种模式，用来解释世界。

宋代以前，已经有许多有关易图的传说，比如说黄河里出了河图，洛河里出了洛书，但这些图、书都是什么样子，谁都说不明白。汉代“图纬”学盛行。所谓“图纬”，就是有关河图和解释儒经的书，其中可能也有与《周易》

有关的图，但由于图纬书中有许多粗陋的神学预言，那些在乱世中夺取皇位的人们，上台以前利用这些东西，做了皇帝以后怕别人也利用这些东西和自己作对，于是就严加禁绝，其中做得最为彻底的是隋炀帝。此后，汉代的纬书就几乎绝迹了，其中的图也未能流传下来。汉代以后，也有一些以某种图命名的易学著作，也没有流传下来。我们现在所看到的易图，都是宋代开始创造出来的。

北宋创造的易图，最有影响的是黑白点河图、洛书、先天图和周氏太极图。依南北宋之交的朱震说，这些图的源头都可追溯到陈抟，但并没有提出什么根据，所以不久就遭到人们怀疑。依据历史文献，我们只能确定：刘牧首先创造了黑白点河图、洛书，后来邵雍创作了先天图，周敦颐创造了太极图（为和以后的太极图相区别，我们称周敦颐图为周氏太极图）。

南宋初年，朱震的《汉上易传》，附有卦图三卷。杨甲的《六经图》，其中收有易图七十幅，易图的创作已具规模。

易图的真正繁荣，从朱熹《周易本义》开始。《周易本义》卷首，附上了黑白点河图、洛书等九幅易图。从此以后，易学家们作图成风，易学著作，几乎是无图不成书。这些易图，有的是采用前人的，有的是自己创作的。具数量究竟有多少，难有确切的统计，如果我们用“数以百计”这句话来形容易图数量之多，当不为过分。

在这众多的易图之中，仍然是黑白点河图、先天图和周氏太极图最为重要，影响也最大。元明之际，许多人企图重新创造河图，并都画出了各自的图形，在这许多新的河图之中，出现了阴阳鱼图，就是我们今天所说的太极图，不过它刚出现时，不叫太极图，而叫作河图。首先公布这张图的赵扮谦说，龙马从黄河里背上来的，就是这张图。

阴阳鱼图出现以后，一面受到排斥，一面也受到热烈欢迎。明代末年，章潢作《图书编》，把阴阳鱼图放在卷首，并给予了最高的评价。

清朝初年，一些学者开始批评宋明理学，认为宋明理学曲解儒经，甚至用佛教和道教的精神曲解儒经。在清代这一部分学者看来，宋明儒者的做法就是背离了圣人之道。最使他们不能容忍的，就是那些易图。他们认为，那些易图，原本都是道士们的修炼图。作为一个儒者，把道士的修炼图当作圣物，实在是背叛行为。黄宗炎甚至责骂先天图的出现，是把从人家弄来的螟蛉子当成了自己的高曾祖。在这种情况下，他们致力于考察这些易图的起源，其中最著名的人物是胡渭、毛奇龄等人，最著名的著作是胡渭的《易图明辨》。经过考察，他们指出，黑白点河图、洛书是宋朝才出现的作品，根本不是《周易》中说的河图、洛书。先天图也是宋代的作品，根本不是什么伏羲所画。他们还指出，图是根据易创作出来的，不是易根据图创作出来的。他们这些结论都非常正确，至今仍为当代易学家们普遍承认。他们也有说错了的，我们将在适当的地方加以说明。

胡渭等人的后继者形成了学术史上著名的“乾嘉学派”，乾嘉学派中的许多易学家对易图表示了极大的蔑视，他们的易学著作中，一幅易图也没有，一句关于易图的话也不说，采取了完全不理睬的极端冷淡、轻蔑态度。

乾嘉学派地位很高、影响很大，不过仍然阻挡不了易图学的发展。因为理学仍然是清朝官方确定的统治思想，朱熹等人的著作仍然是士人必读的教材，士人们要凭借朱熹等人的著作去应付科举考试，进入仕途。清初，理学名臣李光地协助康熙皇帝完成了御纂的《周易折中》，卷首仍然附有黑白点河图、洛书等易图。皇上既然崇信易图，就更加促进了易图学的发展。据《四库提要》，清初一百年左右的时间，有关易图的著作差不多相当于宋明时代的总和。

清代易图的特点之一，是更加鲜明地用当时的科学知识去附会易图。比如李光地，就把河图、洛书作为勾股原理的根据。清代易图的特点之二是更加庸俗化。他们几乎要给易学的每一个论题都配上一幅图，图又作得古里古怪，或者是俗不可耐，从而遭到《四库提要》作者的激烈批评。

《四库全书》成书以后，易图学的发展情况不甚清楚，不过从现在资料看，似乎有所收获。后来，就是清朝末年至今，有些学者为了证明所谓西学源于中学，也对易图作出了重新解释。他们说，许多易图之中，包含了近现代科学所发现的许多重要原理。这种思潮也经过了一些起落。从 20 世纪 80 年代开始，这种思潮又在中国大陆流行起来，并构成科学易思潮的重要组成部分。

本章所介绍的，是易图的起源及其在历史上的本来意义，以便读者正确了解易图的原貌。

第二节 易图学与汉代象数之学

以各种图式解说《周易》原理，始于宋代的图书之学。图书学是清代学者对宋易中象数之学的总称，乃汉易中象数之学的一种形式，也是对汉易象数之学的发展，汉代的象数之学并没有画出什么图式，用来解释《周易》原理，但其思维的路数，却完全可以用图表示出来。诸如京房的八宫说、纳甲说，《易纬》的九宫说、八卦方位说，《参同契》的月体纳甲说、水火匡廓说，虞翻的卦变说，后人皆依据其意义，制有各种图式。图书之学就是在其理论思维的基础上发展起来的。此种解《易》学风，后来又发展为易图学。

一、京房卦气说

前面说到，以卦气说解释《周易》原理，是汉易的重要特征。京房是汉易的代表人物之一，也是汉易象数之学的创始人。京房卦气说并非对《周易》的忠实解释，实际上是利用六十四卦卦象和卦爻辞的资料，以当时的天文历法知识，讲自己的易学体系，从而进一步发展了孟喜的卦气说。

1. 八宫说

京房解《易》富于创造，不同于当时流行的易学传统，而是另起炉灶，搞一套自己的易学系统。他在《京氏易传》中，对六十四卦的排列顺序，就提出了一个新的看法，后人称之为“八宫说”或“八宫卦说”。他将六十四卦分为八组，按照乾、震、坎、艮、坤、巽、离、兑的次序排列，称为“八宫”。这种排列顺序是出于《说卦传》，以乾坤为父母，各统率三男三女。前四卦为阳卦，后四卦为阴卦。此八卦又称为“八纯”。每宫一纯卦又统率七个变卦，如乾宫乾卦为纯卦，统率姤、遁、否、观、剥、晋、大有七卦。如此排列，便构成了一个新的六十四卦排列顺序，始于乾卦，终于归妹卦。每宫所属之卦，各有自己所处的地位，前五卦分别称为一世、二世、三世、四世、五世；第六卦称为游魂，第七卦称为归魂。清人惠栋作《易汉学》，依据京房义，制有八宫卦次表，今加以补充，列表于下（见表 4–1）。

表 4–1　八宫卦次表

世、游、归	八宫卦							
八纯上世	乾	震	坎	艮	坤	巽	离	兑
一世	姤	豫	节	贲	复	小畜	旅	困
二世	遁	解	屯	大畜	临	家人	鼎	萃
三世	否	恒	既济	损	泰	益	未济	咸
四世	观	升	革	睽	大壮	无妄	蒙	蹇
五世	剥	井	丰	履	夬	噬嗑	涣	谦
游魂	晋	大过	明夷	中孚	需	颐	讼	小过
归魂	大有	随	师	渐	比	蛊	同人	归妹

此图式中，每宫纯卦的上爻皆不变，又称为上世卦。其所属各卦有一爻变的，即阳爻变阴爻，或阴爻变阳爻，为一世卦，如乾宫中的遁卦，初画为阴爻，是由乾卦初九爻变来的。有二爻变的，为二世卦，如乾宫中的遁卦，初画、二画皆为阴爻，是由乾卦初九、九二爻变来的。三爻变者为三世卦，四爻变者为四世卦，五爻变者为五世卦。第六卦为游魂卦，即五世卦第四画，恢复本宫纯卦中的第四爻象，但尚未回到内卦之位，而是居于外卦四位，像灵魂一样在外游荡，故称为游魂。第七卦为归魂卦，即游魂卦的下卦变回本宫纯卦的下卦，表示复归本位，所以称为归魂。京房如此排列六十四卦的顺序，也是企图以卦爻象的变化表示阴阳消长的过程。八宫卦中的前四卦为阳卦，以乾为首，乾卦六爻皆阳，表示阳气极盛，其次姤卦一阴生，次为遁卦二阴生，至晋卦表示阳不可尽剥，又复于阳，最后大有卦表示阳气复归本位。这是阴息阳消

的过程。而八宫卦的后四卦为阴卦，以坤为首，坤宫八卦则表示阳息阴消的过程。宋代图书之学以六十四卦方位图说明一年节气的变化和宇宙的演变，就是此种理论思维的进一步发展。

2. 纳甲说

所谓纳甲，是以八宫中的八纯卦分别配以十干，其各爻又分别配以十二支。甲为十干之首，故称此说为“纳甲”。配以十二支，称为“纳支”。其具体配法是：乾坤两卦分内外卦，乾卦内卦纳甲，外卦纳壬；坤卦内卦纳乙，外卦纳癸。其他六卦震配庚，巽配辛，坎配戊，离配己，艮配丙，兑配丁。乾卦六爻自初至上配子、寅、辰、午、申、戌；坤卦六爻自初至上配未、巳、卯、丑、亥、酉；震卦六爻配子、寅、辰、午、申、戌；巽卦六爻配丑、亥、酉、未、巳、卯；坎卦六爻配寅、辰、午、申、戌、子；离卦六爻配卯、丑、亥、酉、未、巳；艮卦六爻配辰、午、申、戌、子、寅；兑卦六爻配巳、卯、丑、亥、酉、未。朱震《汉上易卦图》和惠栋《易汉学》依其义，均制有八卦六位图，现稍加改变，如表 4-2：

表 4-2　八卦纳甲表

八卦 爻位	乾 ☰	坤 ☷	震 ☳	巽 ☴	坎 ☵	离 ☲	艮 ☶	兑 ☱
上爻	壬戌	癸酉	庚戌	辛卯	戊子	己巳	丙寅	丁未
五爻	壬申	癸亥	庚申	辛巳	戊戌	己未	丙子	丁酉
四爻	壬午	癸丑	庚午	辛未	戊申	己酉	丙戌	丁亥
三爻	甲辰	乙卯	庚辰	辛酉	戊午	己亥	丙申	丁丑
二爻	甲寅	乙巳	庚寅	辛亥	戊辰	己丑	丙午	丁卯
初爻	甲子	乙未	庚子	辛丑	戊寅	己卯	丙辰	丁巳

京房纳甲说，也是企图以此说明八卦表示阴阳二气消长，并进而以此推测一年十二月节气的变化。他以甲乙壬癸配乾坤两卦，表示乾坤乃阴阳之终始。十干分为五阳五阴，甲为阳始，乙为阴始，壬为阳终，癸为阴终，故配乾坤父母卦。其他六子卦，阳卦震为长男，配阳干庚；阴卦巽为长女，配阴干辛；阳卦坎为中男，配戊；阴卦离为中女，配己；阳卦艮为少男，配丙；阴卦兑为少

女，配丁。就配十二支说，按当时的月历，阳月十一月为子，五月为午；阴月十二月为丑，六月为未。配以乾坤两卦，乾卦初爻为子（十一月），四爻为午；坤卦初爻为未（六月），四爻为丑，表示阴阳二气之终始。其余各爻由下而上，乾卦按阳支顺序配，坤卦按阴支顺序配。阳主进，阴主退，所以阳支顺行，阴支逆数。其他三男三女卦也分别按阳支配阳卦，阴支配阴卦的原则，顺次相配，表示阴阳二气在一年之中的运行消长。

3. 十二消息说

前章讲到，孟喜曾提出十二月卦说，即以十二辟卦代表一年十二月和一年节气中的中气，象征一年四季阴阳二气的消长变化。京房八宫卦说以乾坤两宫表示阴阳消长的过程，即继承了孟氏的十二辟卦说。后人称此种学说为十二消息说，并制有多种十二消息图。现依京房义，如图 4–1：

图 4–1　十二消息图

按照京房的解释，此图式中，姤卦为一阴生，表示阴气开始萌生而浸阳；遁卦为二阴生，表示阴荡阳，阴来而阳退；否卦三阴生，内卦阴长，表示阴气已经长大；观卦四阴生，内象阴道已成，表示阴气已盛；剥卦五阴生，柔长刚灭，表示阳气将要消灭；坤卦六爻皆阴，纯阴用事，表示阴气极盛。这是阴息阳消的过程。但阳气不能消尽，还要返归本位。复卦一阳复位，表示阴极则反，阳气又生，阳来荡阴，阴柔反去；临卦为二阳生，表示阳长阴消；泰卦为三阳生，表示阳气盛长，阴气为阳所浸，发生危机；大壮卦四阳生，表示阳气已经胜过了阴；夬卦五阳生，刚决柔，表示阴道将灭；乾卦六爻皆阳，纯阳用事，表示阳气极盛。这是阳息阴消的过程。

京房还将这十二卦配入一年十二月。据元代胡一桂《周易启蒙翼传》外篇“京房起月例”所载：姤卦主十一月子，遁卦主十二月丑，否卦主正月寅，观卦主二月卯，剥卦主三月辰，乾卦主四月巳，复卦主五月午，临卦主六月未，泰卦主七月申，大壮卦主八月酉，夬卦主九月戌，坤卦主十月亥。此说不仅同卦象的阴阳爻象不符，而且同一年节气的变化相矛盾，表现了逻辑思维的混乱。但十二消息说，即阴阳消长说，却对宋易中的象数之学起了很大影响。

二、《易纬》卦气说

《易纬》是对《周易》经传文所作的神秘主义解释，乃汉易中的一个重要流派。《易纬》进一步发展了孟喜京房的卦气说，并将卦气说理论化了，或者说，从世界观的高度对卦气说作了论述，力图为汉易象数之学提供一种哲学上的根据。

1. 九宫说

京房卦气说虽然以为阴阳二气运行的法遇，即表现在八卦和六十四卦之中，但二气的运行同八卦究竟是什么关系，并未作出具体说明。《易纬》则以阴阳之数的变化解释了阴阳二气的变化，认为气的变化具有数的规定性，并以此说明二气在八卦中的运行法则。

《易纬》认为，七、九为阳数，六、八为阴数。阳主进，由七而九，象征阳气之生息；阴主退，从八到六，象征阴气之消衰。根据筮法，七八之数为不变之爻，九六之数为可变之爻，《易》主变易，故以九六之数代表阴阳二爻，体现阴阳二气的变化。就阴阳之数说，阳七阴八为不变爻之数，合而为十五；阳九阴六为可变爻之数，其合亦为十五，认为这就是《系辞传》所说的：“一阴一阳之谓道”，即以“合而为十五”为“道”。这就通过阴阳之数，将阴阳二气变化的法则同卦爻的变化联系起来了。那么，阴阳二气如何在八卦之中运行，决定一年节气的变化呢?《易纬》从古代的明堂九室制度得到启发，提出了“太一行九宫”说。

什么是明堂制?明堂，就是天子处理国家事务的办公室。在古代社会中，天子依据季节的不同，轮流在不同方位的宫室内发布政令。春天居东方三室，夏天居南方三室，秋天居西方三室，冬天居北方三室，中央之室每季居住十八日。因为四隅之处为一室，不同的季节则出入不同方向的门户以为区别，如春天开东门，夏天开南门，所叫的室名也因此而不同。所以实际上是九室，这就是“明堂九室制”。

《易纬》吸取此说，说明阴阳二气在八卦中的运行法则。认为天神太一取其数即从一到九的次序，运行于九宫之中。九宫有四正四维，坎一、离九、震三、兑七四卦居于北、南、东、西四正位，为四正；乾六、坤二、巽四、艮八四卦居于西北、西南、东南、东北四角，为四维。四正四维与中五之数，纵、横、斜相加皆为十五。太一在九宫中的运行是：始于坎宫一，次入坤宫二，次入震宫三，次入巽宫四，然后进入中宫五休息；而后又入乾宫六，依次入兑宫七、艮宫八，到离宫九结束，这就是所谓“太一取其数以行九宫”。后人制有“太一下行九宫图”，如表 4-3 所示：

表 4-3　九宫表

巽四	离九	坤二
震三	中五	兑七
艮八	坎一	乾六

照纬书所说，太一即北极星神，乃四时变化的主宰者，而元气和卦气又是太一神口中吐出来的，元气或阴阳二气乃太一神的化身。可以看出，太一行于九宫，也就是阴阳二气周行于八卦之中。这就以阴阳之数、九宫之数的变化，说明了八卦所主一年节气的变化和阴阳二气消长运行的过程，是对京房卦气说的进一步发展，同时又将卦气说神秘化了。《易纬》的九宫说，到了宋代，被易学中的图书学派吸收，或被视为河图，或被视为洛书，成了宋易象数学派解《易》的重要内容。

2. 八卦方位说

《易纬》的卦气说，主要是八卦方位说，上述九宫说实际上也是八卦方位说的一种形式。它以八卦中的坎离震兑为四正卦，乾坤巽艮为四维之卦，各据自己的方位，配入十二月之中，主持四时的变化，体现一年四季阴阳消长的过程，决定着万物的生长成藏。“震生物于东方，位在二月。巽散之于东南，位在四月。离长之于南方，位在五月。坤养之于西南方，位在六月。兑收之于西方，位在八月。乾剥之于西北方，位在十月。坎藏之于北方，位在十一月。艮终始之于东北方，位在十二月。”（《易纬·乾凿度》）每卦主持四十五日，八卦之气周行一遍当一年三百六十日，而万物就各以不同的种类成就于其中了。它认为，四正之卦表示阴阳二气运行的终始，四维之卦确定二至二分的顺序。阴阳二气在其中消长运行的过程是：阴气从十月（亥、乾卦、西北方）开始萌生。到十二月（丑）形成，到四月（巳）盛壮。盛极则衰，阴气即开始发生，到六月（未、坤卦、西南方）形成，到十一月（子）达到极盛。阴极阳生，又让位于阳。阴阳二气如此循环消长，便形成了一年四时的变化。

不仅如此，《易纬》还以八卦配五行之气和五常之德。具体配法是：震居东方，为木，阳气生，生万物，故配仁德；离居南方，为火，阳气居上，阴气居下，阳尊阴卑，其德配礼；兑居西方，为金，阴气治理万物，其德配义；坎居北方，为水，阴气中含阳气，万物归藏，其德配信；中央统率四方，虽不配卦，但维系四维之卦，善于决断，其德配智。此种八卦方位说，可以图示之如下（见图 4–2）。

照《易纬》所说，此图式不仅表示八卦体现阴阳消长的过程，规定一年节气的变化和万物的盛衰，而且体现了五行的生克和人伦之道，又将卦气说伦理化了。这样，八卦方位说又构成了一个以阴阳五行为支柱，天地人皆包罗其中，时间与空间相结合的世界模式。就此而言，又将西汉以来的自然哲学进一步系统化了。此种理论思维，被宋易中的八卦、六十四方位说所继承，而其图式则直接成为后天方位图的蓝本。

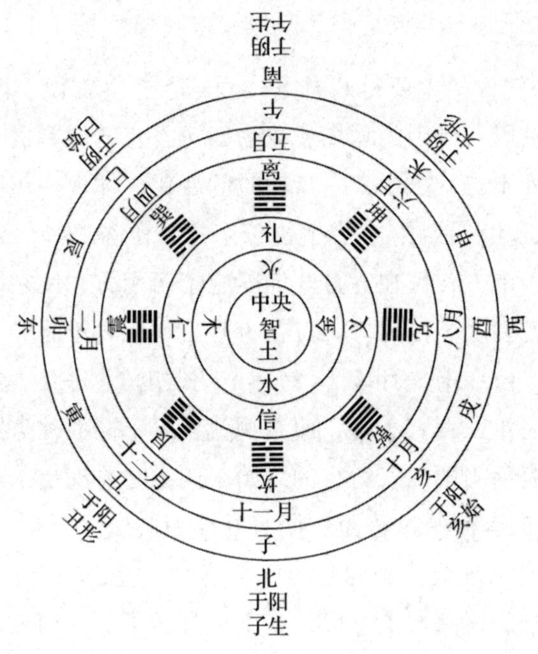

图 4-2　八卦方位图

三、《周易参同契》卦气说

《周易参同契》是东汉末年魏伯阳对古老的炼丹术所作的理论上的总结。《周易》同炼丹术本来并没有关系，炼丹术也不是来源于《周易》。魏伯阳著《参同契》，将《周易》同炼丹联系起来，是要为炼丹术提供一种理论根据，借以宣扬炼丹可以成仙。这种理论就是汉代易学中的卦气说。

1. 月体纳甲说

为了说明炼丹如何掌握火候，《参同契》提出了月体纳甲说。所谓月体纳甲，即以八卦配干支和月亮的盈亏，用以说明一月之中运火的程序。它以坎离配戊己，代表月精和日光，配五行土居于中央，其他六卦配月亮的盈亏过程，并纳以干支，配五行之色居于四方。初三月光始明于西方，配震卦纳庚；初八月光生出一半，为上弦月在南方，配兑卦纳丁；到十五日月光盛满，为望月在东方，配乾卦纳甲；十六日月光亏缺，居西方，配巽卦纳辛；二十三日下弦月位于南方，配艮卦纳丙；三十日月光消失，晦于东方，配坤卦纳乙。因为七八九六之数合为三十，所以至此阳气已尽，月光全部消失。乾坤两卦意味着阴阳消长的终始，所以又以壬癸配甲乙，居于北方，没有月光。以后，下月初三，月光又始见于西方。现参考后人所作纳甲图，依其月体纳甲说，制图如下（见图 4–3）。

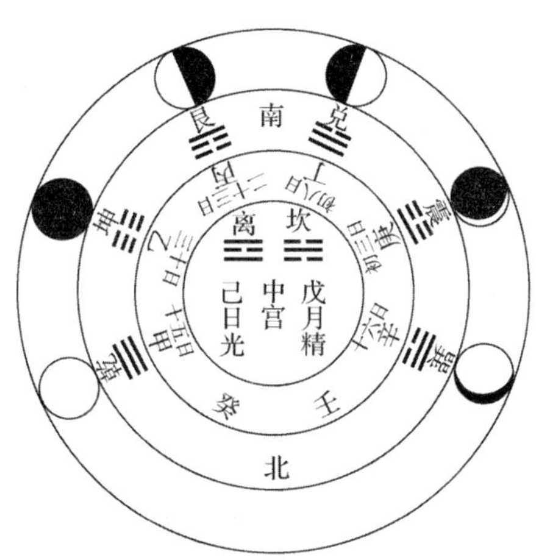

图 4–3　月体纳甲图

图 4–3 式置坎离于中宫，意谓“日月为易，刚柔相当”，表示月体凭日照而发光，乃月亮盈亏的根源。按卦气说，震居东方，兑居西方，此图式以震居西方，是因为月初生光在西方，震表示一阳始生，故配西方。月上弦在南方，兑乃二阳生之象，故配南方。月光由盈始亏，也见于西方，巽表示一阴如萌，故配西方。月下弦也在南方，艮表示二阴生，故配南方。月望和月晦在东方，乾为全阳，坤为全阴，故配东方。北方不见月光，表示乾消坤藏。总之，以六卦配四方和干支，用来表示一月之中月亮盈亏即阴阳消长的过程，并以此说明一月之中炼丹运火的程序。月初微明时，即震卦一阳生，表示阴阳始交，万物始萌，此时起火。以后随着月亮的盈亏，调节火候，初八加大火势，十五火势最大，十六日减火，至三十日坤卦用事之时，息火，观察鼎炉中药物变化的情况。次月月亮初明，再起火。

可以看出，月体纳甲说是卦气说的一种形式。《参同契》以汉易中的卦气说解释炼丹术，将炼丹用火同月亮的盈亏和四时的变化联系起来，认为药物的提炼同温度的变化有其必然联系，人掌握了这种自然法则，就可以改变自然物，创造奇迹，炼出金丹，从而为炼丹术提供了理论上的依据，成为道教易学的先驱。

2. 水火匡廓说

为了说明丹药的形成，《参同契》提出了“水火匡廓”说，用比喻的语言描绘了炼丹的过程。它以乾坤比作鼎炉，鼎的上釜为乾，下釜为坤，正如《周易》取象天上地下一样。坎离比作药物铅汞和水火，正如《周易》取象日月一样。炼丹靠鼎炉，所以说“乾坤者易之门户”，如同乾坤为众卦之父母。鼎中置以药物铅和汞，加温之后，药物和水火之气在鼎炉中翻腾变化，上下轮转，有如日月运行于天地之间。此即“坎离匡廓，运毂正轴”。鼎炉和药物、水火，乃炼丹的基础，鼎上为阳，鼎下为阴，铅为阴，汞为阳，水为阴，火为阳，所以说乾坤坎离四卦如同橐籥一样，包括了阴阳变易之道。《参同契》推崇此四卦，但以坎离两卦为变易的根源。它认为乾坤两卦，天上地下，各居阴阳之位，而坎离便运行于其中，此即“天地设位而易行乎其中”，正像日月在天地之间运行。因为坎离两卦为乾坤二卦的表现或作用，所以在一年气候的变化之中，不主管某一季节；在阴阳消息和月亮盈虚的过程中，亦无坎离之象，但它却流行于消息卦或一月之卦即震兑巽艮乾坤之中，正如月体纳甲所说。此即“二用无爻位，周流行六虚，往来既不定，上下亦无常”。坎离两卦的作用就隐藏在其他卦象之中。总之，坎离两卦乃四时变易的根本，此即“为道纪纲”。所以《参同契》概括说：“易为坎离。”这表面上是讲卦气说，但同时也是用来说明丹药的炼成，取决于药物和水火二气的变化。就炼外丹说，“天地设位”，指鼎炉取法乾坤二象。“易行乎其中”，指铅汞药物在鼎中变易和运行。坎离指铅汞和水火。药物和水火二气在鼎中运转，变化无常，此即“二用无爻位，周流行六虚”，此乃丹药形成的根本，所以说“为道纪纲”。铅为阴，汞为阳，水为阴，火为阳，经过一定的运火程序，阳禀阴受，雌雄相须，东西合抱，魂魄相拘，铅汞化合，融为一体，形成金丹妙药。此即炼丹术所说“龙虎相吸”；用易学语言说，即“坎离匡廓”或“易为坎离”。“坎离”即水火。所以后来的道教徒据此画了一个图式，叫作水火匡廓图，如图 4–4：

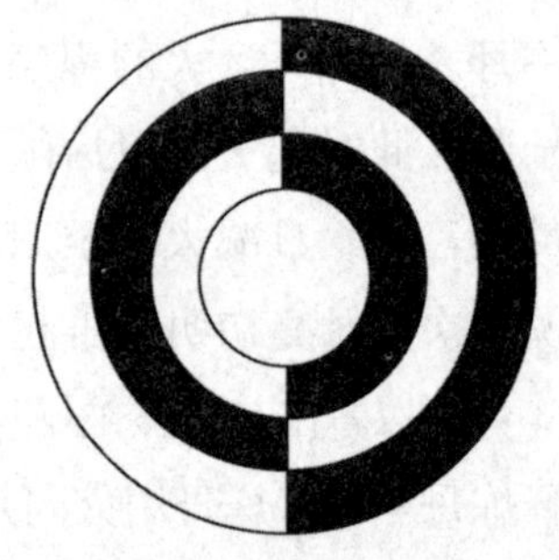

图 4–4

此图式中，左半为离卦象，右半为坎卦象，白者为阳爻，黑者为阴爻，构成一个坎离相抱图。就炼外丹说，左离为青龙即丹砂，右坎为白虎即铅，当中的小白圈指丹药。此图式，后来成为道教讲炼丹的图式之一。宋初陈抟所传的先天太极图、无极图和周敦颐的太极图，亦有本于《参同契》的水火匡廓说。

第三节 宋明时代的易图学

一、河图、洛书学

1. 宋以前的河图、洛书说

宋代以来，在许多人的思想中形成了一种根深蒂固的印象，认为河图、洛书是八卦的源泉，因而也是整部《周易》的源泉。其实，这种说法是不正确的，不符合历史事实。

河图、洛书是一种古老的传说，见于文字记载的，最早是《尚书·顾命》篇，说的是周成王死，周康王即位。即位大典上，陈列着各种玉器，其中一件就是“河图”。这个河图是什么样子？由于这块玉失传，至晚在秦代，人们就弄不清它的样子了。后来学者们有许多推测，但都难以置信。

稍晚于《尚书》，是《论语》中的记载。孔子说：“凤鸟不至，河不出图，吾已矣夫。”就是说，凤凰不来，黄河里不出图，我就要完了啊！从孔子的话可以看出，河图是和凤鸟一样的祥瑞，并且是可以多次出现的东西。不过孔子也没说出河图的样子。

《论语》以后，才是《易传》中的记载。《易传》说：“河出图、洛出书，圣人则之。”《易传》在河图以外，又说出了洛书。至于“圣人则之”干什么，《易传》没有说。也就是说，《易传》并没有说圣人则河图、洛书画了八卦，而《易传》相信的，是仰观俯察说。

除上述文献以外，《墨子》《吕氏春秋》《淮南子》等书都有关于“绿图”的记载。“绿图”就是“图”，是一种带有文字说明的图。《墨子》中说道，“绿图”是黄河里出来的；《淮南子》也说：“河出绿图。”至于绿图什么样子，也都没有更详细的说明。

西汉后期，谈论河图、洛书的文字多起来，《春秋纬》说，河图有九篇，洛书有六篇，似乎都是一种书籍。纬书之中，还有许多黄河出图的故事。《春秋·运斗枢》讲的是舜受河图，其中说道：舜以太尉作了天子，在东巡的时候，和三公、诸侯一起，到了黄河旁，见有一条黄龙背负着图从河中出来，把图放到了舜的面前。图盛在一个黄玉的匣子里。匣子像个小柜子，长三尺，宽八寸，厚一寸，上面有个小门。白玉做的检，黄金制的绳，芝草做的印泥封着两端，上面的图章是“天黄帝符玺”五个大字，每个字都三寸见方，深四分。舜和禹等打开了图，只见上面有“七十二帝地形之制，天文位度之差”。依据这个说法，河图上既有地理区划，又有天文位度。

在纬书《论语比考谶》中，说是帝尧率领舜等，到了黄河岸上，见有赤龙口衔玉苞从河中出来，放在岸上。他们打开玉苞，里面就是河图。河图上有字道:“帝当枢百，则禅于虞。”依据这个说法，河图又是一幅带有文字说明的图。

其实，只要认真想一想就会明白，河图既然是帝王受命时才出现的东西，只能是一幅带有文字说明的地图才比较合理。所谓“受命”，就是接受天命，接受上帝的命令。当上帝命令某人去统治某个国家的时候，假如他要送给这人一些礼物，送些什么最好呢？除了那象征权力的东西以外，最好的礼物就是一张地图。

后人经常引用的，是汉代儒者的一些说法。孔安国说，河图，就是圣人据以画八卦的东西。刘歆和班固也认为，河图是圣人画卦的根据，不过他们谁都没有说出河图的样子。至于洛书，刘歆认为就是《尚书·洪范》篇。班固则认为洛书仅是《洪范》篇中“初一曰五行”到“畏用六极”的六十五个字。而郑玄仍相信《春秋纬》，认为河图有九篇，洛书有六篇。

汉代的人们有关河图洛书的意见不尽一致，但有一点可以肯定，就是他们心目中的河图洛书绝不是宋代才出现的那些黑白点。

近年来，出土了一批古代的器物，有的上面钻了一些多少不等的洞，有的上面也有许多点，比如出土汉代的九宫占盘。有的学者就以为，这些器物证明，黑白点河图洛书确实是自古相传的东西，其实这完全是错觉。因为汉代及以前的人们，根本不认为占盘之类的东西是河图。我们说宋代出现的黑白点河图和占盘之类的器物相像是对的，说汉代甚至以前就有黑白点河图洛书是错误的。

从魏晋南北朝到隋唐时代，学者们仍然保留汉代的河图、洛书观念。据《宋书符瑞志》说，伏羲时代出过河图，被伏羲用来作为画卦的根据。伏羲以后，历代都有河图出现，而且文字都不相同。比如其中说道，黄帝时代，有一次大雾三日三夜，雾散以后，黄帝到了洛河岸上，见到一条大鱼。黄帝杀了五牲祭祀大鱼，于是天下大雨，七日七夜，鱼到了海里，黄帝也得到了图和书。龙图出于黄河，洛书出于洛水，都是“赤文篆字”。唐代官方颁布的定本《周易正义》承认郑玄关于河图是“河中得天书文图”的说法，《隋书·经籍志》不仅承认《河图》《洛书》是书，而且认为其核心内容是记载历代帝王的“天命之应”和“易代之徵”，它们简直就是一部天书。

宋代黑白点河图洛书出现以后，是否大家都承认这就是《易传》上说的河图、洛书呢？不是的。比如欧阳修，他认为河图、洛书是最姑妄的东西。他认为黄河里根本没有出过什么河图，洛河里也没有出过洛书。这是一种最激烈的意见，也是今天看来最正确的意见。

其他一些学者，如宋代的薛季宣，明初大儒宋濂，清初大儒黄宗羲、毛奇龄等人，不否认河图、洛书的存在，但认为河图、洛书是地图和用文字写成的书，而不是那些黑白点。他们的意见基本上是沿袭汉代以来的传统意见。

还有一些学者，他们也不认为那黑白点河图洛书就是《易传》中说的河图、洛书，他们自己又创作了新的河图、洛书。如元代大儒吴澄，说河图是马身上的旋毛，洛书是龟背上的裂纹。元末明初，以及明代中后期，都不断有新的河图问世，不过都没有流传下来。只有一幅阴阳鱼图，后来被叫作太极图。河图、洛书仍然是那些黑白点。那么，这些黑白点有什么意义呢？

2. 刘牧的河图、洛书学

宋真宗时，王钦若劝皇上封禅。封禅要有祥瑞，王钦若就劝宋真宗伪造天书下降。宋真宗有些迟疑。王钦若说：“陛下以为河图、洛书果真有那么回事吗？假造的东西，只要自己深信不疑，就和真的一样。”宋真宗仍然拿不定主意，又问大臣杜镐：河图、洛书是怎么回事？杜镐是个书呆子，直言不讳地说，不过是神道设教罢了。杜镐的话反而坚定了宋真宗的信心。于是宋真宗造天书、搞封禅，劳民伤财，闹得全国乌烟瘴气。但宋真宗没造天书，他把这个任务留给了学者。

刘牧就生活于这样的时代，他造出了河图、洛书。

刘牧才高气傲，曾得范仲淹赏识。据说他还著有《卦德通论》《新注周易》等书，今已失传。我们能看到的，就是他的《易数钩隐图》。

在序言中，刘牧说道，以往注释《周易》的人们，分析经义，都非常精妙。但谈到天地错综之数，语言都十分简略，与系辞不符，所以学者们难以知晓它的意思。现在，他采摭天地奇偶之数，用黑白点画成图，共五十五幅。每幅图下，都有文字说明，为的是让读者易于明白。

刘牧的五十五幅图，从太极开始，依次是两仪、天五、天地数十有五，天一下生地六、地二上生天七……凡与数有关的《周易》中的词句，他都要配上一幅图，至于那些少阳少阴、震为木、兑为金、七日来复等《周易》中的基本概念、命题，虽然与数无关，他也配上图。在这些图之后，才是河图、洛书。依刘牧，则河图、洛书的图形如下（见图 4–5）。

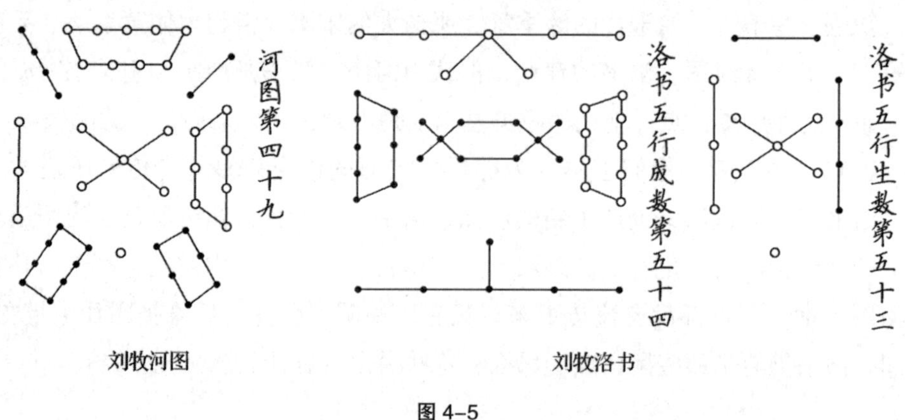

刘牧河图　　刘牧洛书

图 4–5

从图 4–5 可以看出，刘牧是用汉代的“九宫数”做成了河图，而用五行生成数做成了洛书。

刘牧列举了汉代以来，直到孔颖达为止，儒者们关于河图、洛书的言论，他认为这些言论“多背经书之旨”，“实非通论”。他认为，河图、洛书，都出于伏羲时代，而不是像汉代儒者所说的那样，洛书是出于大禹时代。他还列举了京房、刘歆、马融、董遇等人对“大衍之数”的解释，认为这是“采摭天地名数强配其义”。刘牧说，如果这样来进行配合，那就“靡所不可”。

刘牧认为，这黑白点的河图、洛书，才是大衍之数的来源，其中包含着四象八卦之义。伏羲就是据此画了八卦。而且这图的纵横，“皆合天地自然之数”，所以决不是后人所能伪造的。

我们看到，合乎“自然之数”，乃是刘牧确定真假、批驳前人的立论基础。然而，这图确是刘牧所伪造的，所以他心里并不踏实。于是自己设问道：“现在所传的河图、洛书，经书上都没有记载，乃是一种荒诞不实的东西。”刘牧自答说：“河图、洛书虽不载于经典，但也是前贤迭相传授。况且它的数与象符合，又和八卦一致，不多不少，合乎自然，不是人的智慧所能造就的。何况从古到今的阴阳书，没有不遵奉这些规则的，所以它通乎神明之德，合于天地之理，怎能说是虚妄呢？”

自然之理，乃是刘牧立论的最终根据。

那么，河图的意义是什么呢？刘牧说，它是圣人画卦的根据。圣人得到河图、洛书之后，就研究那天地奇偶之数，画出来，就成了八卦。

其具体做法是：水数六，用三画成坎卦，在子位，余下三画成乾卦，布于亥位；金数九，用三画成兑卦，其余六画成坤卦，布于申位；火数七，用三画成离卦，其余四画布于巳上，成巽卦；木数八，用三画成震卦，其余五画布于寅上，成艮卦。这就是四象生八卦。

刘牧说，河图数先分为四象，再分为八卦，如图 4-6：

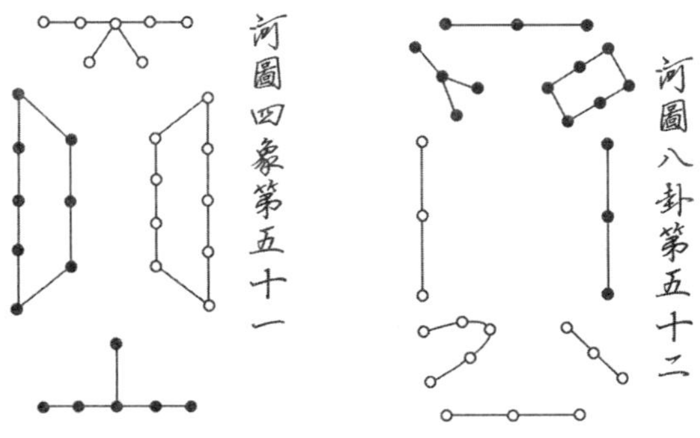

图 4-6

依刘牧此说，所生成的八卦是：坎，子位（北）；离，午位（南）；震，卯位（东）；兑，酉位（西）；乾，亥位（西北）；坤，申位（西南）；巽，巳位（东南）；艮，寅位（东北）。这个方位，就是后来所说的文王后天八卦方位。

这是一种数成卦论。刘牧说，八卦，是圣人观象而来。象，就是四象，它是形的象征，形的对应物："形由象生，象由数设。"舍掉数，就无法知道象的由来："舍其数，则无以见四象所由之宗矣。"

"形由象生，象由数设"，数，乃是卦象之原，因而也是一切有形物之原，这就是刘牧的基本思想。他认为，"舍其数，则无以见四象所由之宗"，而四象又是八卦之宗，这就是说，舍其数，则无以见八卦所由之宗。

刘牧认为，《易传》之中，之所以必须举出天地之极数来说明"成变化而行鬼神"之道，就是因为数是八卦之本，因而也是整部《周易》之本。

用数去解释卦象的起源，没有观物取象说那样的歧义百出。数与数之间的关系，比较稳定，而且符合自然之理。在这里容不得任意附会，比如，你不能把二加五说成八。因而在刘牧看来，这才是对卦象起源正确而合乎自然之理的解释。

那么，数从何来？来自河图、洛书。这是刘牧创作河图、洛书的根本动机。

在刘牧看来，从一到十，这十个自然数乃是天地之极数。这十个数之间，存在一种自然形成的关系。他做的河图、洛书，不过是将汉代出现的五行生成数和九宫数转换成黑白点，形象地表现了五行生成数和九宫数中所蕴含的十以内自然数间的某些相互关系。这些相互关系都是自然而然的。用它们去说明八卦起源，比观物取象说要合理得多。

因此，也可以说，刘牧创作河图、洛书，是要追求用一种自然而然的方式，对八卦起源，从而对整部《周易》作出合理的解释。

3. 朱熹的河图、洛书学

朱熹的弟子兼朋友蔡元定深通象数学，是他协助朱熹完成了朱熹的河图、洛书学的。

朱熹的河图、洛书学来自阮逸。

阮逸和刘牧是同时代人，深通音律和象数学。刘牧的《易数钩隐图》由自己的学生献给皇上，得到表彰。阮逸厌恶刘牧，就伪造了一个《关朗易传》，其中说道：河图的式样，“七前六后，八左九右”；洛书的式样，“九前一后，三左七右”。如做成黑白点图，式样如下（见图 4–7）：

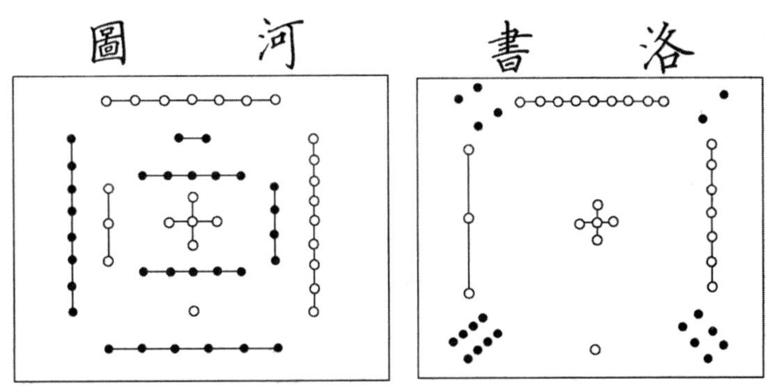

图 4–7

阮逸以后，邵雍的《观物外篇》也说过：“天圆而地方。圆之数起一而积八，方之数起一而积八，变之则起四而积十二也。八者常以八变，八者常以八变，而十二者亦以八变，自然之道也。”并且说：“圆者河图之数，方者洛书之文。”伏羲、文王据河图创作了《周易》，大禹、箕子据洛书创作了《洪范》。

后来胡渭等人认为，邵雍的意思是说：一个圆周围可“积”六个圆，一个或四个方周围可积八或十二个方，并且都可以六或八为等差，继续堆积（见图 4–8、图 4–9）。

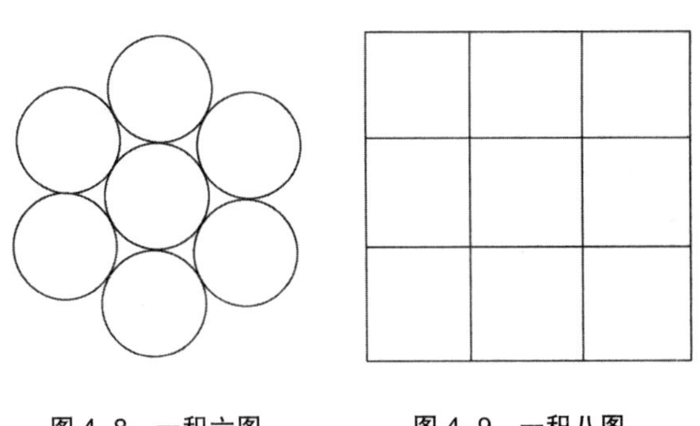

图 4–8　一积六图　　　图 4–9　一积八图

但朱熹认为，邵雍的“圆者河图之数”，说的是河图四个角没有数，因而是圆；“方者洛书之文”，说的是洛书四角有数，因而是方。于是，他就将刘牧的河图变成洛书，而将刘牧的洛书改成河图，并载于以他名义撰写的《周易本义》卷首。

因此，朱熹的河图、洛书，实际上源于阮逸。由于朱熹的权威，就使五十五点为河图、四十五点为洛书成为河图、洛书的定本。我们今天所说的河图、洛书，就是朱熹、蔡元定的河图、洛书。

朱熹和蔡元定说，河图的样子，从汉代孔安国、刘歆开始，中经关朗，到邵雍为止，都认为是五十五点，只有刘牧一人认为河图是四十五点，洛书才是五十五点。许多人跟着刘牧说，现在应该把这个错误纠正过来。

我们知道，孔安国和刘歆，仅仅说过伏羲据河图画八卦，或说河图就是八卦，并没说过河图就是五十五个黑白点。邵雍也只说过“圆者星也”，“方者土也”，“圆者河图之数，方者洛书之文”，并没有说河图、洛书是什么样子。在这里，朱熹不仅曲解邵雍，而且曲解历史了。

朱熹是个学风严谨的伟大学者，他知道《关朗易传》是阮逸伪造的，也知道从欧阳修开始，就认为河图、洛书不足凭信。但他认为《尚书》《论语》《易传》都说有河图，怎能轻易否定呢？在这里，儒经的权威使朱熹不敢否定河图、洛书，而儒经的记载成了他相信河图、洛书的根据。

朱熹继续说，河图、洛书的模样，说法虽然不同，但不互相抵触。图中的数字，无论顺数、逆推、纵横曲直，都有明确的规则。这些规则，是不可破除的。而且河图数与《易传》中的天一到地十相合，所以它是“天地自然之数”，是《周易》的源泉，不可破除的规则，“自然之数”，也就是说，河图中存在着一种自然的秩序。用这样一种自然的秩序去解释八卦以至整部《周易》的起源，正是宋代思想家们所追求的目标。

朱熹说，天地只是不会说话，所以借圣人出来说话。天地若会说话，一定说得更好一些。河图、洛书，就是天地画出来的。

朱熹和蔡元定都认为，河图、洛书中存在一种自然的天地之理。这个理，是古今如一的。如果今天再有图书出世，其中的数也一定如此，不会改变。从这个意义上说，圣人则河图画卦，其本原乃是出于天意。

见于儒经，出于天意，符合自然之理，乃是朱熹相信黑白点河图、洛书的三条原因。

朱熹认为,《易传》中的天一地二天三地四直到天地之数五十有五，就是孔子用以说明河图之数的。天地之间，一气而已，分化成为阴阳，于是五行、万物，都由此产生出来。所以河图的位置安排，一与六共宗，居北；二与七为朋，居南；三与八同道，居东；四与九为友，居西；五与十相守，居中。这些数，就是用一奇一偶表示一阴一阳。天是轻清之气，为阳，所以一三五七九为天数；地是重浊之气，为阴，所以二四六八十为地数。天以一生水，地以六成之；地以二生火，天以七成之；天以三生木，地以八成之；地以四生金，天以九成之；天以五生土，地以十成之。它们一一配合，体现了五行相生的顺序，即由东到南为木生火，由南到中为火生土，由中到西为土生金，由西到北为金生水。此为“左旋一周”。其中天数二十五，地数三十，合天地之数，就是河图的全数。河图以这样的全数而生八卦。

至于洛书，朱熹、蔡元定认为那是大禹时代才出世的，是大禹作《洪范》九畴的根据。配以五行和方位，其次序是，一六为水居北，二七为火居西，四九为金居南，三八为木居东，五土居中。此次序体现了五行相胜的顺序，即从北到西为水克火，从西到南为火克金，从南到东为金克木，从东到中为木克土，从中到北为土克水，此为“右旋一周”。

那么，河图、洛书的数以及位置为什么有那些不同呢?

朱熹说，河图以五生数统领五成数，各居一方，是用全数，表示“常数之体”；洛书以五奇数统四偶数，是以阳统阴，表示的是“变数之用”。

那么，为什么都是以五居中呢?

朱熹说，这是因为数开始于一阴一阳。阳之象圆，圆径一周三；阴的象方，方径一而围四。圆者以三为一，所以一阳就是三；围四者以四为二，以二为一，所以一阴就是二。一阴一阳，相加为五，所以河图、洛书都以五为中。

朱熹说，圣人法则河图，其意思是“虚其中”，法则洛书，其意思是“总其实”。河图五与十，就是太极。剩下的奇数一三七九之和为二十，偶数二四六八之和也为二十，这就是两仪；一六、二七、三八、四九，两两相配成四对，就是四象。把它们分开，再补上四角，就是八卦。至于怎么虚，如何补?朱熹没有详论。后人有个太极、两仪、四象、八卦图，使我们可略知一些从朱熹的河图如何生出八卦来（见图 4-10）：

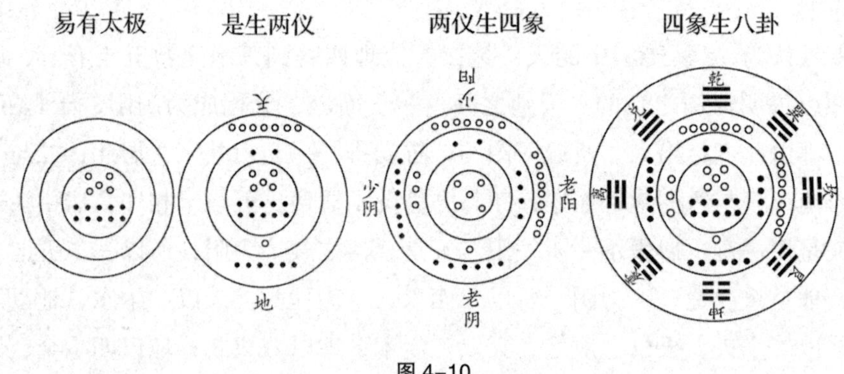

图 4-10

洛书数从一到九，朱熹说是表示《洪范》中的九条：一为五行，二为五事，三为八政，四为五纪，五为皇极，六为三德，七为稽疑，八为庶征，九为福极。意思清楚明白。

朱熹最后说道：洛书如果虚其中，也是太极。其余一三七九、二四六八，也可像河图那样组成两仪，分为四象八卦。河图的一六为水，二七为火，三八为木，四九为金，五十为土，也就是《洪范》的五行，所以洛书也可以为易，河图可以为《洪范》，又怎么知道河图不是洛书，洛书不是河图呢？

到最后，朱熹似乎又和刘牧调和了。因为在朱熹看来，谁是河图，谁是洛书并不重要，重要的是理，二者的理是相通的。

4. 张理的河图、洛书说

有关宋代书目中有陈抟著《易龙图》一卷，朱熹当时就认为此书为伪书。该书序言，载于《宋文鉴》。元代大儒刘因曾认为河图未必早于刘牧，然而张理仍相信《易龙图》为陈抟所著，并以《易龙图序》为基础立论，建立了自己的河图、洛书说。

张理的河图、洛书说认为，龙马所负之图，只是“天地未合之数”，其图形如图 4-11。

这个天地未合之数，天数和地数完全分开。天数二十五，五个一组共分五组。全是阳数，用白点表示。地数三十，六个一组，也分为五组。全是阴数，用黑点表示。地数组成方框，是象征地方之意。张理说，龙马从黄河里负上来的，就是这张图，即《易龙图序》所说“天意先未合而形其象”“天散而示之”。圣人伏羲看到这图以后，“观象而明其用”，“合而用之”，画出了天地已合之数图（见图4–11）。

这个图中，最上一个白点即是天一，即是阳爻— ；下面两个黑点即是地二，即是阴爻 --，其他各数，或象征五行，或象征四象。五行生成、大衍之数，乾策坤策，都可从中推算出来。

此图上下相交，即为八卦；四正四隅，是九宫之位。这个图，也像太乙遁甲图一样，可分天数地数，旋转交错，生成先天八卦、后天八卦。这就是《易传》说的“参伍以变”“错综其数。”

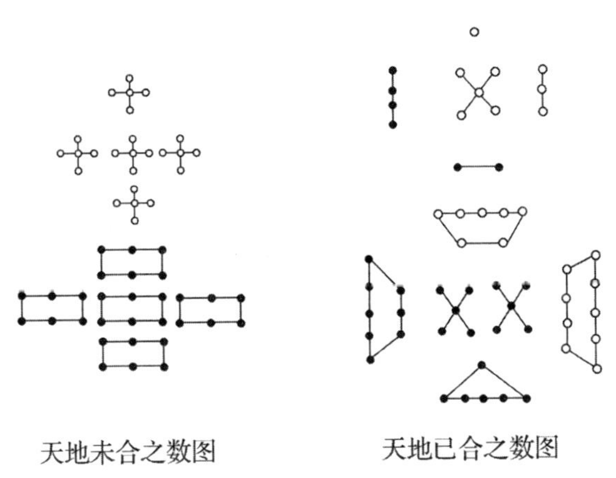

图4–11

依张理之说，则河图就是那天地未合之数图。今天所能看见的，是天地已合之数图。这天地已合之数旋转运行，再变幻出朱熹、刘牧等人的河图、洛书。意思很明白，张理认为，无论是刘牧《易数钩隐图》中的河图、洛书，还是朱熹《周易本义》卷首所附的河图、洛书，都不是真正的河图、洛书，只有他的天地未合之数图，才是真正的河图、洛书。刘牧、朱熹的图，仅是天地未合之数的派生物。至于如何旋转，如何交互、错综而生成八卦，不过是将旧说再加以排列组合，并无新意，就不再介绍了。

然而张理的河图，也和刘牧的河图一样，都没有力量和朱熹的河图抗衡。

5. 江永的河图、洛书观

清代江永作《河洛精蕴》。他认为朱熹说的据河图以成卦的道理是不对的。因为朱熹讲析四方之合，补四方之空，在所用数字上存在着一系列矛盾，特别是中间的五与十，置于无用之地。他认为，这是极不合理的。据他研究，河图之数，水北火南，木东金西，先天包含着后天的方位。形成八卦的机制，是剖析图中之九、四、三、八，为乾、兑、离、震之阳仪；分图之二、七、六、一，为巽、坎、艮、坤之阴仪。序列既定，然后从中间分开，作成圆形，乾兑离震居左，巽坎艮坤居右，恰好与洛书的八方相符。

河图是否果然如此形成的八卦？我们只能姑妄听之罢了。

然而河图是一些点，八卦都是一些线段组成。因此在江永看来，据河图画卦，其转折处是变点为线，并作有相应的变点为线图，称为“线河图”。线河图又分横列太阳少阴图和纵列少阳太阴图。其图形如下（见图 4-12、图 4-13）：

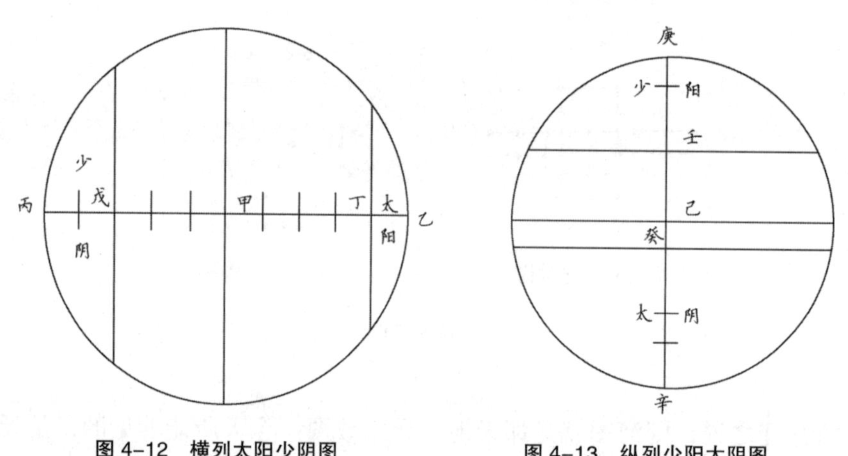

图 4-12　横列太阳少阴图

图 4-13　纵列少阳太阴图

图象太极，乙丙全径为十，乙甲半径为五，西方截出乙丁，为太阳一。

丁丙为九，丁甲为四，九四皆生于太阳，九为乾，四为兑，乾兑下二画皆太阳。

东方截出戊丙，为少阴二。

戊甲为三，戊乙为八，三八皆生于少阴。三为离，八为震，离震下二画皆少阴。

江永解释说，图像太极，直径为十，半径为五。西方截出乙丁为太阳一。丁丙为九，丁甲为四，九四皆由太阳产生。九为乾，四为兑，乾兑下二画都是太阳。于东方截出戊丙，为少阴二。戊甲为三，戊乙为八，三八皆由少阴产生。三为离，八为震，离震下二画都是少阴。

同样办法，在第二图中截下少阳三，太阴四，从而形成巽二坎七，艮六坤一，于是八卦形成。

> 庚辛全径为十，庚己半径为五。
>
> 南方截出庚壬，为少阳三。
>
> 壬己为二，壬辛为七，二七皆生于少阳。二为巽，七为坎，巽坎下二画皆少阳。
>
> 北方截出癸辛，为太阴四。
>
> 癸庚为六，癸己为一，六一皆生于太阴。六为艮，一为坤，艮坤下二画皆太阴。

江永相信“河图为体，洛书为用”，但认为不是河图，而是洛书产生的八卦方位才是先天方位，他还认为八卦方位自有天地以来就已确定，哪里还能等到文王？因此从天方位不应叫八卦方位等。

江永最重要的思想，是把河图、洛书说成是古代一切文化创造、特别是自然科学诸成果的源泉。

江永之前，李光地作《启蒙附论》，就认为洛书中含有勾股原理，并作有“洛书勾股图”（见图 4–14）。这个洛书勾股图，是“西学中源说”的进一步发展。

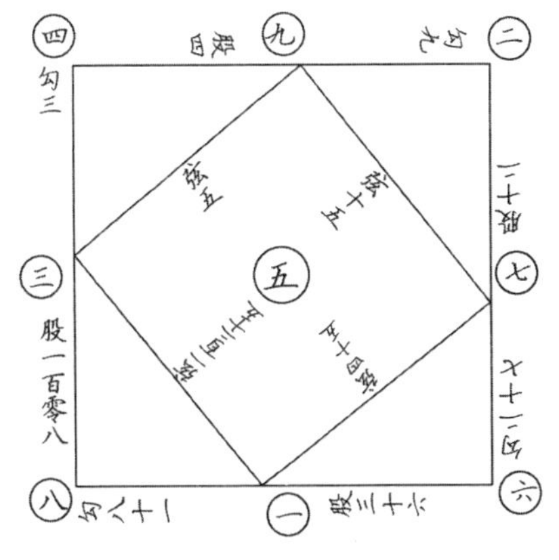

图 4–14　李光地洛书勾股图

清朝初年，数学家梅文鼎认真研究了刚传入不久的西方数学后认为，西方数学原理，都可归结为中国古代的勾股术。并且认为，中国的勾股术就是西方数学之源。他甚至还认为，周朝末年，王官失守，学者们分散到各国。一部分学者西行，带去了勾股术，遂后就在西方各国产生了一系列数学成就。李光地则进一步认为，勾股术的源泉是河图、洛书，于是，河图、洛书就成了中国数学和西方数学之源。

江永接着李光地往下说。他说道，勾股术非常重要。它可以测天，可以测地，其理至精，其用至博。方圆三角要用勾股来解，圆弧曲线，也要还原成直线，用勾股来解。虚空之中，日月星辰之运行，只要用勾股测算，就分秒不差。至于测算远近高低深浅，不过是勾股的小小用处罢了。若究勾股术的根源，就是河图、洛书、五行、八卦。于是他作了四幅洛书勾股图，见图 4–15，作了后天八卦应勾股图。

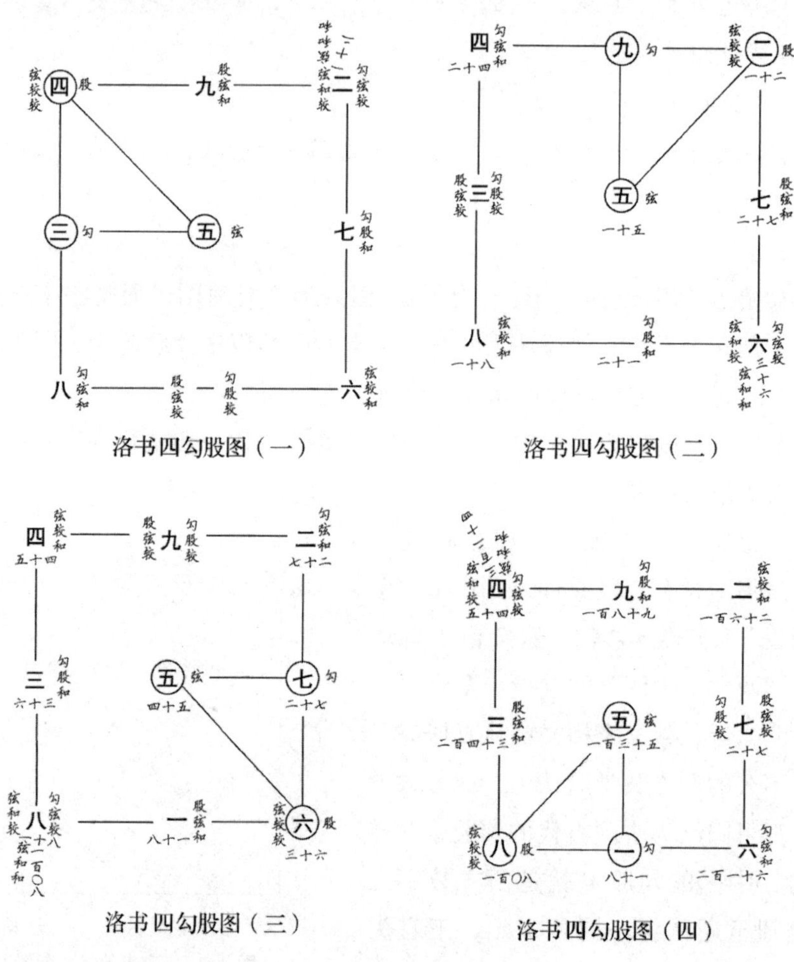

洛书四勾股图（一）　洛书四勾股图（二）

洛书四勾股图（三）　洛书四勾股图（四）

图 4–15

江永还认为，律吕声音源于河图、洛书，并画有洛书应十二律图，见图4-16。

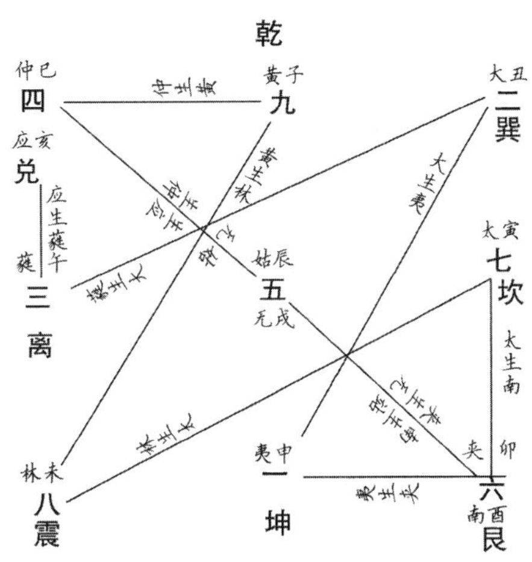

图 4-16 《洛书》应十二律图

江永解释说，人们认为洛书只有九个数，似乎与十二律无关，却不知十二律之中正藏于洛书十二位之中。从一至九，可配九律；在一之后，又得六五四三位，又可配三律。其中的道理，是儒家和五行家所不了解的。

江永还认为，河图、洛书和天上的五星七曜二十八宿相应，和人身经络、血气相应，因此河图、洛书也是医学的根源，治疗的准则。推而广之，河图、洛书中包含着一切物理，因为“天下事物，皆出于五行，则皆根源于河图”。只是由于世界上事物太多，江永才不能把它们都一一画出来。

江永，把河图、洛书的意义推到了顶点。

二、周氏太极图及其相类似的太极图

1. 周氏太极图的问世

北宋思想家们，立志重振儒学，他们对儒学的基本问题、也是对天道、人事中的一些基本问题，都要重新作出回答。刘牧造河图、洛书以回答八卦及易数起源问题，邵雍造先天图改造旧的卦气说，都是重振儒学的事件之一。周敦颐则企图从宇宙演化论的角度对社会诸种现象的原因作出说明，于是作了太极图及《太极图说》。太极图的原式保存在两宋之际朱震的《汉上易传》附图中，其图式见图4-17。

图的题记说："右太极图，周敦实茂叔传二程先生……"周敦颐原名周敦实，后来因宋英宗名叫宗实，为避皇帝讳，遂改名敦颐。因此，《汉上易传》所载，当是周敦颐作于英宗即位之前的原图。

周敦颐为这张太极图写了一个解说，名叫《太极图说》。大意是：

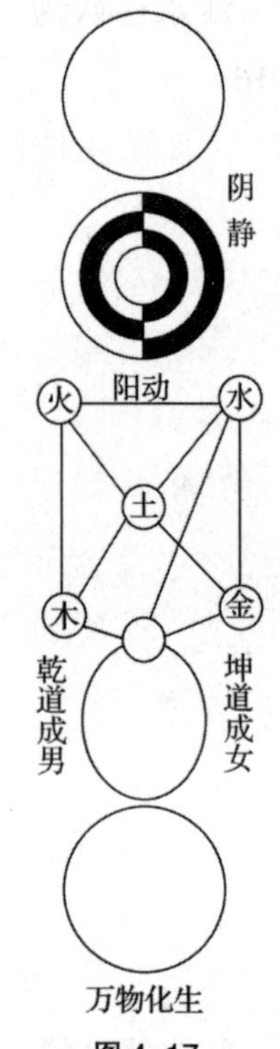

图 4-17

无极而太极。

太极动而生阳，动极而静；静而生阴，静极复动。一阴一阳，互为其根。分阴分阳，两仪立焉。

阳变阴合，而生水火木金土。五行之气顺次部署，四时就运行起来。五行，统一于阴阳；阴阳，统一于太极；太极的本原，是无极。

五行产生出来，各有自己的本性。无极的"真"，阴阳五行的"精"，神妙地结合、凝聚，乾道成男性，坤道成女性。二气交合感应，产生了万物。万物生生不息，并且变化无穷。只有人，得到了最精秀之气，所以最聪明。形体具备了，精神就发挥作用了。五种本性因感应产生运动从而分出了善恶。所有的事就这样产生了。

圣人规定出中正、仁义，并且以静为主导（无欲所以能静），建立了做人的标准，所以圣人的德行与天地相同，光明如同日月，有秩序如同四季，洞晓吉凶如同鬼神。君子修养这些，所以吉祥；小人违背这些，所以凶险。

所以说：建立天道的，是阴与阳；建立地道的，是柔与刚；建立人道的，是仁与义。又说：研究了开始再回头研究终结，因此懂得了死生的道理。

伟大啊，《周易》！这就是它最根本的道理。

依周敦颐自己的解释，太极图阐述的，乃是《周易》最根本的道理。这个道理是：从无极中产生了太极，太极中产生了阴阳五行。阴阳五行生成了人和物，五行的本性构成了人和物的本性。人与物之间的相互感应产生了运动，从而分出了善恶。圣人以仁义、中正作为做人的标准。而排除欲望使心灵宁静，是达到仁义中正的途径。

邵雍、刘牧也都不同程度地讲到了宇宙演化论，讲到人的由来和本性。但谁也没有周敦颐讲得这么明确，这么简明扼要。他从太极阴阳五行讲到人和物，讲到人物本性的由来，善恶为什么发生，并指出了善的标准和向善的途径。可以说，当时人们所关心的一些基本问题，周敦颐都讲到了，并且是在中国传统思想的基础上，在儒家经典的框架内阐述的。后人要谈论这些问题，似乎只要再补充些细节就行了。

但是周敦颐的图及其解说创作出来以后，却鲜为人知。或者是人们虽然知道他的图，却并不重视。比如人们在把他的著作结集时，将《太极图说》及太极图置于书后，好像是个附录。

朱熹认为，太极图及其图说，乃是周敦颐的主要著作。在他编定的周敦颐的著作集中，就把太极图及其图说放在卷首。朱熹还花了许多精力注释周敦颐的太极图及《太极图说》，并且总是觉得不满意，直到很晚才公之于世。

朱熹还著《伊洛渊源录》，讲述宋代理学的传授源流。其中把周敦颐作为理学的开山鼻祖，和朱震一样，也把二程说成是周的学生，这样一来，就把周敦颐推到了宋代学术的最高地位。而太极图及《太极图说》又是周的最重要的著作，太极图也就成了理学的开山之作，成了理学的根。

朱熹对太极图的推崇可说是无以复加了。朱熹是使太极图具有崇高学术地位，并且广泛流传的最大的功臣。

朱熹还考证了周氏太极图的源流。

乾道五年（1169），朱熹作《太极通书后序》，其中说道，他怀疑朱震所说的传授系统，当他看到周敦颐的友人潘兴嗣为周撰的墓志铭后，就认为太极图乃周敦颐自作。潘兴嗣撰的墓志铭道：

（周）尤善谈名理，深于易学，作太极图。《易说》《易通》数十篇……

古人著书，在一些重大问题上，常常假托更古的人，如刘牧就说黑白点河图、洛书是伏羲时代从黄河、洛河里出来的。周敦颐没有假托古人，所以潘兴嗣直言是周所作，而朱熹也由此认定太极图乃周敦颐自作。

但朱熹认为此图中“阴静在上，阳动在下”，不尽符合《图说》原义，遂加以改正。经朱熹改正的图形，见图 4-18。

这就是我们通常所见的周氏太极图。

由于太极图及《太极图说》被朱熹推为周敦颐最重要的著作，所以影响深远。元代由国家建立的第一个国家级书院，就叫作“太极书院”。书院内供奉着周敦颐的像，朱熹、二程等站在两旁。明代曹端、薛瑄等著名儒者，认为太极图说出了宇宙间最根本的道理。读了太极图，也就明白了学问的根本。太极图及其说明，也是士人们必读的教材。

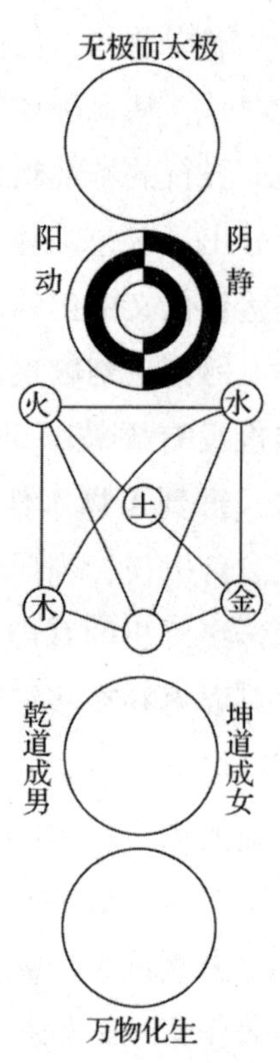

图 4-18 太极图

2. 周氏太极图的意义

周氏太极图实际上是太极化生图，它描述的是宇宙化生万物的过程。

人获得最灵秀的气以下，图上没有表现出来。不过由此可以看出，周敦颐的太极图虽然是表现宇宙化生，但他的目的，则是为了从此出发，说明人及人类社会一切现象的来源，特别是人的思想、善恶，一句话，人的本性的来源。进而说明圣人制订的那些道德准则：仁义礼智、君臣父子等，都是天经地义的，人们应该好好遵守。

稍年轻于周敦颐的程颢、程颐是理学最主要的奠基人。他们说，“天理”二字是他们自己“体贴”出来的。他们认为，君臣父子、仁义礼智就是天理，人们应该无条件遵守，不应有非分之想。如果有，就应坚决去掉，叫作“存天理、灭人欲”。他们不关心宇宙化生问题，他们的弟子们也不关心宇宙化生问题，周敦颐的太极图也就长期被他们冷落。

朱熹建立了比二程更加庞大的哲学体系。大约朱熹认为，不讲宇宙化生不行。因为人是从哪里的呀？为什么要遵守那些道德规条呀？这些从古以来人们就普遍关心、广泛讨论的问题，怎么能不关心呢！二程说他们的天理是从“万事万物都有个理”中体贴出来的，认为讲到天理就可以了。但是，万事万物从哪里来的呀？为什么它们都有个理呀？要使哲学体系完整，必须讲宇宙化生，万物起源。所以朱熹才推崇太极图，把周敦颐说成二程的老师。其实二程并没有跟周敦颐学习过，最多问过一两次问题。

依朱熹的思想，阳中有阴，阴中有阳。阴阳只是一气，流行时就是阳，静止时就是阴，并不是有两种截然不同的气。所以他认为上数第二圈“黑中有白，白中无黑”不对，应当是白中也有黑，使两边都是黑白相间。他还认为，《太极图说》第一句“自无极而为太极”不对，因为有老子“无中生有”的嫌疑。有一个本子是“无极而太极”，他认为这个说法还差不多。后来他看到了国家史馆中的档案，上面也是“自无极而为太极”。他认为是记错了，要求修改。但掌管史馆的洪迈认为这是原始档案，不能修改。不过元朝人修的《宋史·周敦颐传》中所记的《太极图说》还是改成了“无极而太极”。大约是修史的人不少都信奉程朱理学。

朱熹解释说，“无极而太极”，就是“无形而有理”，太极，就是理。或者说，这句话仅表达了这个意思：理，是无形象的。那么为什么不单说一个太极呢？朱熹说，加个“无极”，只是强调理是无形的，为的是怕人把理当成一个物。

因此，所谓太极化生，也就是理化生了阴阳、五行、万物。

经过朱熹的推崇和改造，太极图得以广泛传播，在宋元明清时代，曾影响到社会思想的各个方面，周敦颐也被作为当时卓有贡献的儒者，和二程、朱熹一起，配祀孔庙，享有极高的荣誉。

3. 与周氏太极图相类似的太极图及其意义

现在可确定年代的最早太极图式样，当是刘牧《易数钩隐图》中的太极图，其图形见图4-19。这是刘牧55幅易图中的第一幅图。这幅图用一个圈表示太极，圈上分布着十个黑白相间的点。其白点表示阳，黑点表示阴。整个图的意思是：太极之中包含着阴阳。

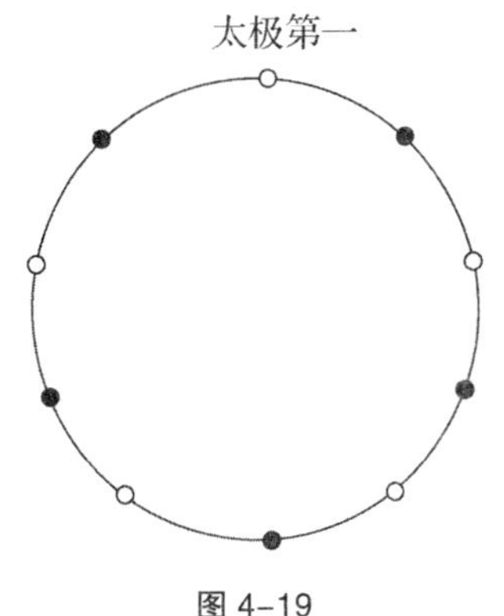

图 4-19

刘牧以后，还有许多太极图，都是一个圈。随手拈来两例如下（见图4-20）。

《易外别传》作者俞琰，生于南宋末年，他用一个圆圈表示太极。这个圆圈是邵雍所说的“心”，是朱熹所说的“虚中之象”。《易象图说》作者张理，元代人，他的太极图表示的是朱熹所说的理，是“至极之义”。太极之中含有阴阳，但没有分化，所以只能表示成一个圆圈。

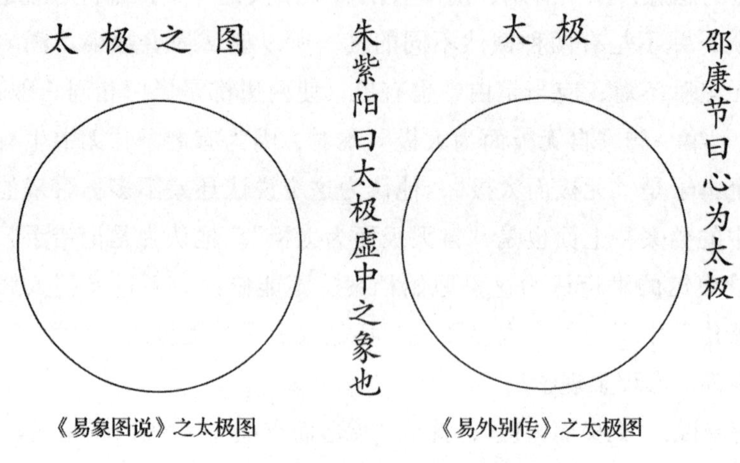

《易象图说》之太极图　　《易外别传》之太极图

图 4-20　太极图

南宋初年杨甲的《六经图》中也有一幅太极图，其图形见图 4-21。

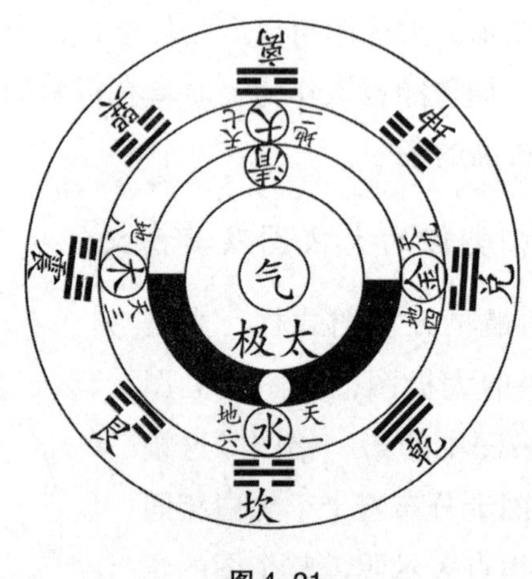

图 4-21

此图后来也曾被多种著作转载，影响很大。《六经图》说“旧有此图”，很可能出于北宋。

据《六经图》的解释，这个图的意思是：太极只是一气，没有分化。一气分化，轻清着上为天，重浊着下为地，这就是太极生两仪。两仪分为四象，就是金木水火。水数六，居坎位生乾；金数九，居兑位生坤；火数七，居离位生巽；木数八，居震位生艮。这是四象生八卦。这个太极图，把太极、两仪、四象、八卦的《周易》命题，和元气剖判，阴阳五行化生万物的过程统一起来了。这个图以金木水火为四象，刘牧河图以七八九六为四象，但在如何化生八卦的问题上，则意见一致，即水六生坎和乾，火七生离和巽等。

小结：仅有一个空心圆的太极图，也仅表示一个未加分化的太极。周氏太极图和《六经图》中的太极图，其实是太极化生图，它表示太极分化为阴阳五行，再生成万物的过程，道士们则将周氏太极图改作他用。《六经图》中的太极图也表示生八卦的过程，然而生八卦是河图的任务。这样一来，太极图和河图在内容上首先合流了。

三、阴阳鱼太极图及来氏圆图

1. 阴阳鱼图的问世及其意义

明朝初年的赵扮谦，在他的《六书本义》中首次公布了阴阳鱼图。依赵扮谦对图的说明，则这个阴阳鱼图就是河图（见图 4-22）。

图 4-22 天地自然河图

赵㧑谦把这幅图命名为“天地自然河图”，并解释说，伏羲时代，龙马从黄河中出来，负的就是这张图。《尚书》说的陈列于东厢的河图，《周易》说的“河出图”圣人则之的，也是这张图。八卦就是根据它画出来的，它是“万世文字之本原，造化之枢纽”，唉！真是伟大而神圣啊！

依赵㧑谦的意思，阴阳鱼图的问世，首先也是为了说明八卦的起源。图周围的文字表明，赵已把此图瓜分为八份，并依各自的阴阳比例，可画出八卦。

据赵㧑谦说，这图是蔡元定在四川青城山的一位隐士那里得到的。胡渭《易图明辨》认定陈抟传给邵雍的就是这张图。是否如此，尚待进一步考证。

据宋濂《河图、洛书说》，元末明初，又有一些新的河图、洛书问世。

福建有个罗端良，出示了新的河图、洛书。河图是阴阳相含，从中分成八份，就是八卦。洛书则是方圈之内一个井字形的图案。宋濂说，这两张图，绝与以前的不同。还有一张图，据说是谢枋得传下来的。中间坎离相互交流，好像方士抽坎填离之术。至于这些图的模样，宋濂没有描绘下来。

张宇初作《先天图论》，提到了这两种图。张宇初描绘罗端良的图：“其象如车轮，白黑交错而八分之以为八卦，白者纯阳象乾，黑者纯阴象坤。黑白以渐杀之，以为余卦。”依据这个描写，罗端良的图很像阴阳鱼图。张宇初对谢枋得图的描述和宋濂相似，也是中间坎离相交，类似丹道坎离之术。

阴阳鱼图，就是明初问世的许多新河图中的一种。阴阳鱼图一问世，一面遭到一些人的反对，一面也得到不少人的热烈拥护。然而由于黑白点河图以及周氏太极图已经成为官方认可的标准图样，这图就既不能叫作河图，又不能叫作太极图。明朝末年，章潢作《图书编》，其中收集了各种各样的图，而以易图居首。易图之中，又以阴阳鱼图居首。其名叫作：古太极图。章潢附了一个说明，热烈赞扬这图的意义。

章潢说，《周易·系辞传》的第一章，和这图的意思相同；《周易·说卦传》讲天地定位的数章，简直就是对这个图的注解。为什么呢？这个图的总体，就是太极；一黑一白，就是阴阳两仪。黑白的多少，就是阴阳的消长。从这里，可以看到寒暑的往来，如果把它分成八份，则乾坤定位于上下，坎离并列在东西，震巽艮兑，随阴阳升降，分布于四角，八卦不就全部具备了吗？

这个图的妙处，还在于它正确表达了太极和阴阳、八卦的关系。太极，不过是阴阳未分、浑沦为一的状态罢了。本来就不是先有太极，再有两仪；先有两仪之后，再生四象八卦。也不是说两仪产生以后太极就不见了，四象产生以后两仪就灭亡了。两仪、四象、八卦各为一物，而另外还有一个太极在中间掌握着它们，在外面包含着它们。这个图，就避免了以往易图使太极、阴阳、八卦分离的缺点。而先天圆图卦气起于复卦，然后阴阳此消彼长的意思，也由这张图鲜明表现出来了。

清初，在胡渭的《易图明辨》中，一面把它叫作“天地自然之图”，一面仍然称作“古太极图”。其图如 4–23、4–24：

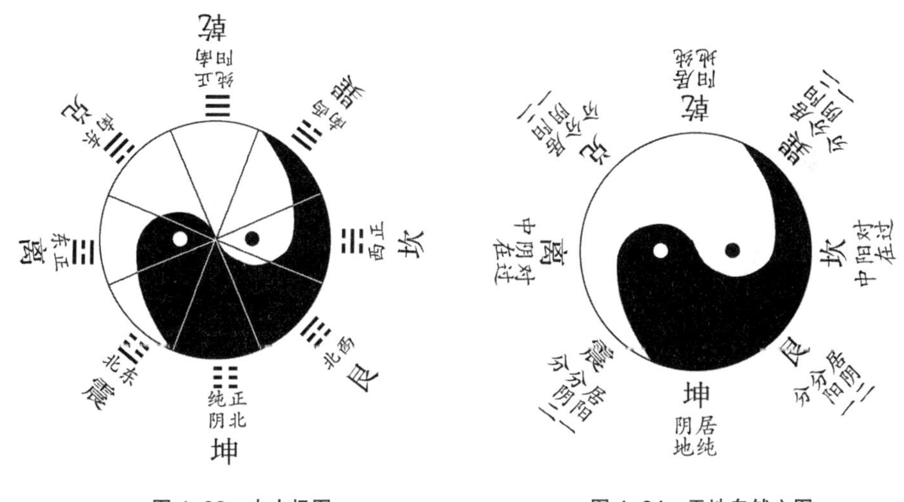

图 4–23　古太极图　　　　图 4–24　天地自然之图

据胡渭说，这图被称过“天地自然之图”，也被称过“太极真图”。他不承认这图是河图，但同样热烈地称赞这图的美妙。

胡渭说，这图整个是太极，两边白黑回互，白为阳，黑为阴，阴盛于北而阳来相薄，阳盛于南而阴来相迎。乾正南，全白，纯阳，为三奇；坤正北，全黑，纯阴，为三偶。其他离东坎西，卦划的奇偶，与白黑的多少，依次相对应，这是天工呢？还是人巧呢？这样的巧妙！这样的自然而然！如果不是窥到了造化阴阳的奥秘，是做不出这样的图的。一部《参同契》千言万语，都被这一张图包括了。说它幽深，却又显著，说它简约，却包罗万象。炼丹家怎能不视为至宝，怎肯轻易出示与人。

胡渭认定它是炼丹家的创造。

大约明末以来，阴阳鱼图逐渐被称为太极图。时至今日，多数人就只知道太极图就是阴阳鱼图，他们既不知道这图的本名，又不知道在宋明时代说的太极图，其实是周氏太极图。至于这图的意义，从赵㧑谦到胡渭，已讲得比较充分。此外如果说还有什么意义，就都是后人给发挥或附会出来的了。

2. 来知德圆图的问世及其意义

明朝后期，来知德完成了他的圆图，也被称为太极图（见图 4–25）。

来知德解释这图的意义说：这是圣人作易的本原。理气象数、阴阳老少、往来进退、常变吉凶，都包括在这一张图之中。孔子作《易传》，从“天尊地卑，乾坤定矣”，到“易简而天下之理得”，其全部意义，也包括在这张图中。《易传》中的重要命题，如“一阴一阳之谓道”“易有太极，是生两仪……”“形而上者谓之道，形而下者谓之器”等，以及它们所在的篇章内容，还有“幽赞于神明”一章等，其内容，也都包括在这张图中。因此，假若弄通了这张图，那么一部《周易》，就不在四圣那里，而在他这里了。

图 4–25　来知德圆图

来知德自己设问道：伏羲、文王已经有图了，还要这个图干什么呢？来知德自己回答道：伏羲有了图，文王又做了一个图，难道是伏羲的图错了吗？不是的。伏羲的图讲对待，文王的图讲流行，而他的图，则是既包括了对待，又包括了流行，因而超出伏羲、文王之上。这就是来知德对自己的评价。

这图中的白，表示阳仪；黑，表示阴仪。黑白分作两路，是表示阳极生阴，阴极生阳，生生不息，这就是太极，并不是说中间那一圈白的才是太极。

来知德解释说，这图和周氏太极图不一样，并不是要故意和周氏不同。周氏的图分开画，使人容易明白；这圆圈合在一起画一总体。那些解释周图的人，认为中间一个小圈是太极，其他表示太极的分化，这是不对的。至于对图的解说，周氏已说尽了，所以他不再多说了。

这就是说，来知德此图，不仅包含了伏羲八卦方位、文王八卦方位的意思，还包括了周氏太极图的内容，而来知德绝不到此为止，他认为自己的圆图还包括更多的内容。比如说：世道之治乱，国家之因革，山川之兴废，王霸之诚伪，风俗之厚薄，学术之邪正，理学之晦明，文章之淳漓，士子之贵贱，贤不肖之进退，华夷之强弱，百姓之劳逸，财赋之盈虚，户口之增减，年岁之丰凶，以至一草一木之贱，一饮一食之微，皆不外此图。

如此说来，世界上还有什么事情没有包括在这图之中呢？没有了。世界上所有的事情，大到世道治乱，小到一草一木，全都包括在这张图之中了。

举例说吧，比如一年之气象，可和万古之人事相比。所以来知德有“一年气象”图。图形见图 4–26。

图 4–26　一年气象图

来知德说，一年之中，春作夏长，秋收冬藏，一年如此，万古也如此。从盘古开天，到尧舜，其间的风俗人事，逐渐生长，这相当于一年中的春作夏长。尧舜以后，风俗人事，由长而消，这就是秋收冬藏。这叫作大混沌。大混沌中有小混沌，就像人身的血气盛衰。盘古到尧舜，好比是人初生到四十岁。从尧舜以后，就像从四十到百年而死。这是总论。如果就消息论，则大消中有小息，大息中也有小消，小息小消之中也有小消小息。为什么呢？比如天生圣人，尧舜以前，圣人很多，尧舜以后，是大消，圣人很少，但还是生了孔子，这是大消中的小息。因为是小息，所以官位，名声，寿命，都赶不上尧舜。

来知德说，做大丈夫，就要把万古看作一个昼夜，这样就会襟怀开阔，如海阔天空，一心只想做个圣贤，把功名富贵，看得如尘土一般。

来知德还分别用这图去表示帝王兴衰，表示历代文章，表示历代人才，等等，如图 4–27：

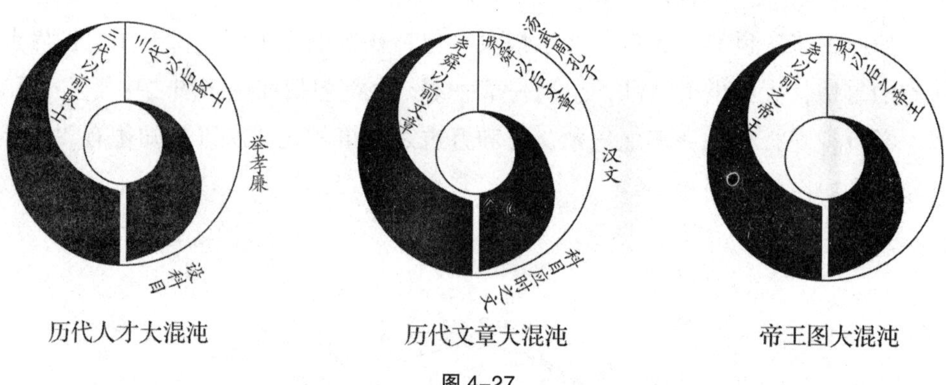

历代人才大混沌　　历代文章大混沌　　帝王图大混沌

图 4–27

来知德认为，从这些图中可以看出，天地，是西北高，东南低；风水，右边白虎，太极盛。所以历代帝王，长子往往不能继承王位，都是二房子孙继承。人才：圣贤都出生在西北。因为西北山高秀丽挺拔，出于天外。以财赋论，则聚集在东南，原因是水都聚在湖海。而中原一带泰山最高，所以产生了孔子这样的圣人。有一天他去游泰山，路上见到一座山，高耸秀美，问路人，说这是王府陵。第二天走到孟庙，原来孟子就出生在这里。从天气论，寒冷之气，始于西南，盛于西北。温暖之气，始于东西，盛于东南。寒冷之气多生圣贤，温暖之气多生富贵，从人的性情论，西北人多直实，刚蠢，下得死心，所以多圣贤。东南人多尖秀、柔巧，下不得死心，所以圣贤少。而这一切又好像一年之中的气候变化，寒极必热，热极必寒，久晴必雨，久雨必晴，人事中有大权者必有大祸，多藏者必有厚亡。知道这些，就可以居易俟命，不怨天也不尤人。

来知德还给他的图编了一个歌，叫“弄圆歌”：“我有一丸，黑白相和，虽是两分，还是一个；大之莫载，小之莫破；无始无终，无右无左。”

从一方面说，世界上的事物，确实普遍存在着对立，而对立的双方又在不停地运动转化。来知德要用图表示这样一个普遍规律，自然可以说是无所不包。从另一面说，他的无所不包，究竟包进了一些什么呢？不过是那最普遍的对待流行罢了。而这最普遍的对待流行，不过是最普通的老生常谈罢了。

所以，易图，都是一些以往已经得到的思维成果的示意图，易图可以使这些成果简化，易于明白，但本身并不提供新成果。而易图本身并无意义，所以可被人附会上任何意义。周敦颐太极图是如此，来知德的圆图就更是如此。

四、先、后天图

1. 什么叫先天图，什么叫后天图

据《易传·说卦传》：“震，东方也”，“巽，东南也”，“离，南方之卦也”，“乾，西北之卦也”，“坎，正北方之卦也”，“艮，东北之卦也”。其他二卦，兑为正秋，应在西方；坤自然只能在西南了，如图 4–28（后天图）。这个八卦方位一般认为是由周文王确定的，所以叫作“文王八卦方位”。

宋代邵雍，对八卦方位重新做了安排，如图 4–28（先天图）。据邵雍说，这个方位是伏羲画卦时确定的，所以叫“伏羲八卦方位”。

邵雍认为，《易传·说卦传》中的“天地定位，山泽通气，雷风相薄，水火不相射”，就是伏羲八卦方位的文字表现，乾为天，坤为地，“天地定位”，就是说的乾南坤北。同理，依八卦所象征的天地风雷水火山泽，则“山泽通气”就是艮处西北而兑处东南；“雷风相薄”就是震处东北而巽处西南；“水火不相射”就是坎处正西而离处正东。

伏羲在文王之前。邵雍说，伏羲的八卦方位是先天方位，那么，文王的八卦方位也就成了后天方位。而依两种方位所作的卦位图，也就分别成了先天图和后天图。

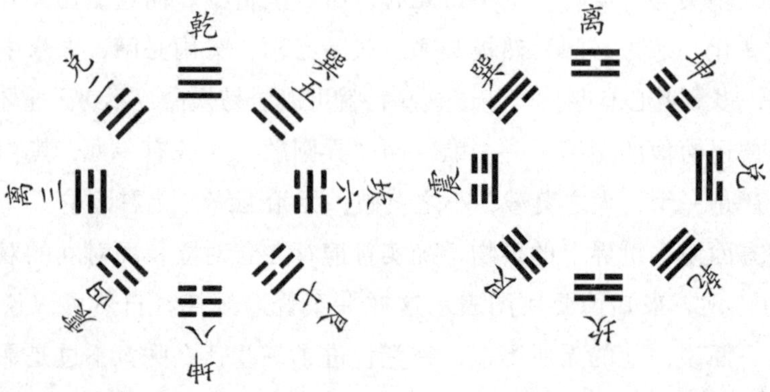

伏羲八卦方位(先天图)　　文王八卦方位(后天图)

图 4–28

先天图的方位和次序是邵雍的创造，在历史上影响深远。有关先天图的问题我们下面还要详细论说。此处先说说后天图。

从字面上看，似乎是先天图在前而后天图在后，邵雍也说先天图是伏羲所画而后天图是文王所画，伏羲自然在文王之前，实际上，却是后天图在前，而先天图在后。后天八卦方位形成于战国时代，而先天八卦方位是邵雍的创造。邵雍之所以要创造先天图，是因为觉得后天八卦方位不合理。

后天八卦方位坎北离南，震东兑西，乾坤巽艮四卦处于四角。这种安排的指导思想是五行方位，依五行方位，水北火南木东金西中央土，而坎为水、离为火、震为木而兑为金，所以被安排于北南东西。其他四卦，因为不和五行相对应，只好安排在四角，去代表东北、西北、东南、西南了。

但这样的安排有许多不合理处，离虽为火，但不是纯阳卦；坎虽为水，但不是纯阴卦，南方为火，是因为阳极盛，北方为水，是因为阴极盛，从这个意义上说，应是纯阳乾卦在南，而纯阴坤卦在北。况且从社会意义上说，乾为天为君，坤为地是天的配偶，怎能处于偏僻的一角呢？

单是这八个卦象的方位，安排起来就有许多抵牾，如果再要把六十四个卦象都做出某种安排，就更加不易了。汉代，卦气说盛。卦气说借助卦象表示阴阳二气的消长，通过阴阳二气消长说明天道人事，卦象位置的安排也应与阴阳二气的消长相适应才对。但是汉代流行的卦气说，仍然用五行思想去安排卦位，震东兑西，离南坎北，坎离震兑作为四个正卦，在卦气体系中居于特殊地位。其他卦象，分别加以安排。

其他六十卦中，最重要的是第一卦，即卦气体系的初始卦。汉代人一般把中孚 ䷼ 卦作为初始卦，所谓“甲子卦气起中孚”，就是说卦气从中孚开始。为什么从中孚开始呢？有人说，中是黄之色？五行为土，律气为黄钟。律气本来就是从黄钟开始。卦气从律气而来，也应从中孚开始。有人说，中孚下卦原本为坎 ☵，卦气从冬至开始，冬至一阳初生，坎卦变为兑 ☱。兑卦的意义，是位居北方的坎卦一阳初生，中孚为卦气之首，也是表示一阳初生的意思。这样的解释，在后人看来就非常勉强。其他卦位的安排，自然也有它的道理，但那道理恐怕在当时就很勉强，今天也难以寻觅了。依卦气说，冬至以后，阳气渐长，应是一阳、二阳、三阳……直到夏至，阳气极盛，同样，夏至应是一阴初生，阴气逐渐生长，到冬至阴气极盛。然而从汉代传下的卦气说，从卦象上往往很难看出阴阳二气的此消彼长，再据此来说明天道人事，自然不会合理。所以当卦气说传到宋代，儒者们立志振兴儒学的时候，自然要对卦气说进行改进，担当这个任务的是邵雍，邵雍首先从改进卦序入手。他要用一种合理的，自然而然的方式来安排卦序，并由此产生他的先天图。

2. 邵雍的先天卦序图（大小横图）及其理论意义

为了给社会秩序寻找根据，邵雍要找出一种自然而合理的秩序来安排卦序。

邵雍援引《易传》“易有太极，是生两仪，两仪生四象，四象生八卦”，接着说道：

> 是故一分为二，二分为四，四分为八，八分为十六，十六分为三十二，三十二分为六十四。故曰：“分阴分阳，迭用柔刚”“易六位而成章”也。

这段话什么意思，邵雍自己没有解释。依后来朱熹的解释，这是伏羲画卦的过程。伏羲画卦，仰观俯察，远求近取，观、察、求、取的对象，最显著者，就是天地万物的生成。两仪未分之时，存在的只是浑然太极。太极之中，包含着两仪四象六十四卦之理。太极分为两仪，太极仍然是太极，两仪仍然是两仪。两仪分为四象，这时两仪又为太极，四象就成了两仪。依此类推，由四到八，由八到十六，由十六到三十二，由三十二到六十四，一直推下去，可以推到百千万亿以至无穷。看有人在画卦，这个过程好像是出于人为。实际上，这是反映了事物已经存在的那些道理，不容人不这样想的。这就是程颢说的“加一倍”法，也是邵雍说的画前易。有人认为圣人作易只是自己凭心思冥思苦想，这是非常错误的。

朱熹还说，由此可见，圣人书卦，并不是单单根据河图、洛书。因为天地之间，一切事物都具备太极阴阳的奥妙，观察它们都可以画卦。在这里，朱熹又给了传统的仰观俯察说一个不大不小的地位。

具体画法是：“易有太极”，先画一个太极。太极中没有形象，但已具形象之理。在河图、洛书之中，都是“虚中之象”。周敦颐说“无极而太极”，邵雍说“道为太极”，又说“心为太极”就是这个意思。太极画出来，就是一个空心圆：○。

“是生两仪”。就是说太极剖判，最初产生一奇一偶，两个一画：⚊、⚋，这就是两仪。论数，则阴一而阳二。在河图、洛书，就是那奇偶之数。这就是周敦颐说的动而生阳、静而生阴，分阴分阳，互为其根。也就是邵雍说的一分为二。

“两仪生四象”。两仪之上，再各生一奇一偶，于是一画成为两画，共有四个：⚏、⚍、⚎、⚌，这就是四象。四象之中，太阳、少阴、少阳、太阴依次排列。从河图而言，一得五为六，二得五为七，三得五为八，四得五为九，成为四象。周敦颐说的水火木金，邵雍所说的二分为四，说的都是这个意思。

“四象生八卦”。四象之上，再各生一奇一偶，得到八个三画卦，于是成了八卦。八卦的排列顺序是：乾一、兑二、离三、震四、巽五、坎六、艮七、坤八。在河图，就是乾坤坎离居四实位，兑震巽艮居四虚位。在洛书，乾坤坎离居于东西南北四方，兑震巽艮居于四角。《周礼》说的“三易经卦皆八”，《易传》所说的“八卦成列”，邵雍说的“四分为八”就是这个意思，如做成图，则如下面形象（见图 4–29）：

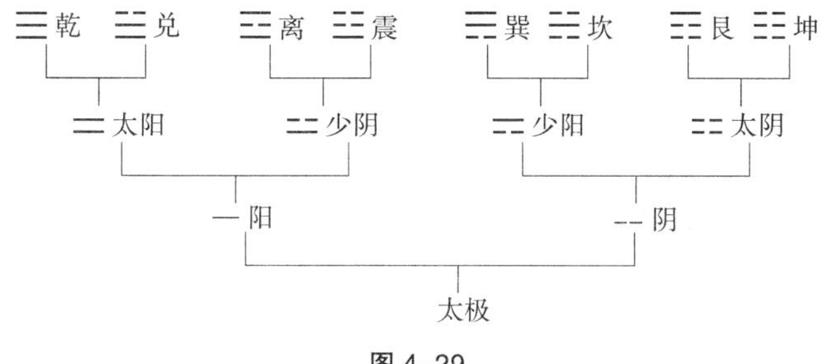

图 4-29

图 4-29，被称为小横图。

从小横图继续下去，可以产生六十四卦。其做法是：

八卦之上各生一奇一偶，得十六个四画卦。到这里，经上就没有记载了。这是邵雍说的八分为十六。这十六个四画卦，等于在八卦之上又加了两仪，也等于在两仪之上又加了八卦。

四画之上，再各生一奇一偶，得三十二个五画卦，这就是邵雍说的十六分为三十二。这可说是四象之上加了八卦，也可说是八卦之上又加了四象。

五画卦之上，再各生一奇一偶，得六十四个六画卦，也就是得到六十四卦。《周礼》说三易别卦都是六十四，《易传》说“因而重之，爻在其中”，邵雍说的三十二分为六十四。画成图，则如以下形象（见图 4-30）：

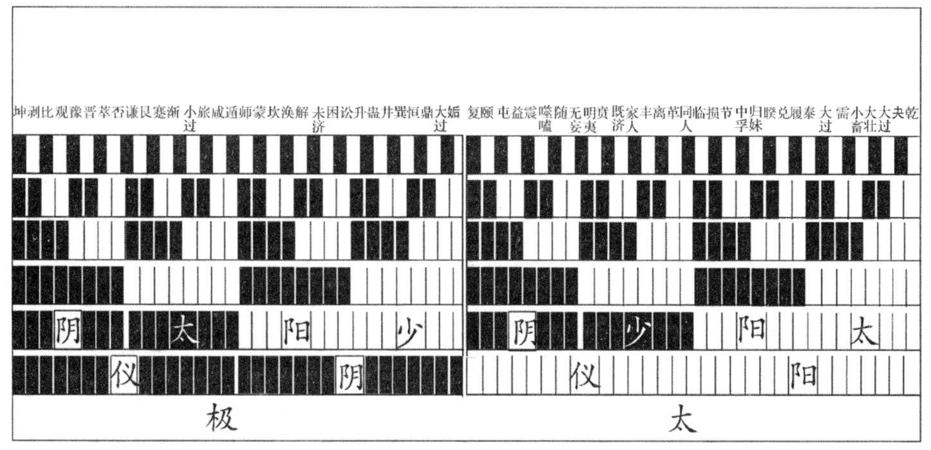

图 4-30 先天六十四卦横图

这就是所说的大横图。

大横图还可以继续相生下去，六画卦之上，再各生一奇一偶，得一百二十八个七画卦，七画卦上再各生一奇一偶，得二百五十六个八画卦……这样一直生下去，到二十四画卦，则有六百七十七万七千二百一十六个。再继续下去，直到无穷。由此得出的卦可能没有什么用处，但由此可见易道之广大。

以上就是朱熹对邵雍那段话的解释。

朱熹认为，由此而产生的卦序才是合理的，依据这个卦序，可以做成先天八卦方位图，可以做出先天六十四卦圆图及先天卦气图。

3. 邵雍的先天方位图（大小圆图）

邵雍的伏羲八卦方位图就是先天方位小圆图，其图已见本节第一段，不再赘附。

把小横图中乾、坤两卦分别置于南、北之位，然后使兑、离、震等乾系三卦居左，象征天左旋；使艮、坎、巽等坤系三卦居右，象征地右动，就做成了新的八卦方位图。邵雍说，这个图，就是伏羲据河图画的八卦方位图，所以又称伏羲八卦方位或先天八卦方位图。邵雍说，《易传》中乾坤定位，雷风相薄，山泽通气，水火不相射这几句话，说的就是伏羲八卦方位。“乾坤定位”，说的就是乾南坤北；“雷风相薄”，就是震巽对，居于东北和西北；“山泽通气”，就是艮兑相对，居于西北和东南；“水火不相射”，就是坎、离二卦居于西东。也就是说，依邵雍的意思，伏羲八卦方位早已存在，并且载于《易传》之中，只是长期以来，大家都不觉察罢了。

事实上，《易传》中的“天地定位”等话，和卦象方位并没有什么关系。“定位”，定在何处呢？至于“雷风相薄”，为什么就是东北西南，而不能是东西或东南西北呢？“山泽通气”“水火不相射”等话都有类似的问题。即使他们讲的果然是方位问题，也看不出这些方位究竟应安在何处。邵雍的说法，不过是为他的先天方位找经典上的根据罢了。

上一段的叙述已使我们明白邵雍怎样重新安排了卦的次序。不论朱熹对邵雍那段话的解释是否合乎本义，都必须承认，朱熹的解释，是对邵雍新卦序的最合理的解释，在朱熹看来，由这种方法形成的卦序，是自然而然，不加人为安排，因而是最合理的。这种形成新卦序的方式，有一种内在的逻辑。这种内在的逻辑也是客观存在的。画成了卦，不过是把这个逻辑表现出来罢了。不画出卦，这种逻辑照样存在，所以朱熹说这就是邵雍说的画前易。

依邵雍安排的新卦位，乾南坤北，从图上看，乾在上坤在下，表示天在上地在下，即“天地定位”的意思。比原来的八卦方位，合理多了。若依五行思想，离火在东而坎水在西，是非常不合理的。但这是依一阴一阳相生而自然形成的，没有办法。

若将六十四卦次序图即大横图中乾定于南，在上；坤定于北，在下。然后使乾系居左，象征天左旋；坤系居右，象征地右动，就形成了六十四卦方位圆图。其图形如图 4–31。

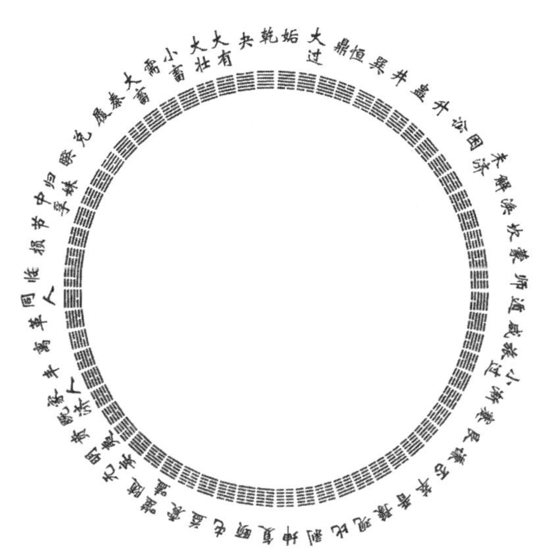

图 4–31　先天六十四卦图圈

邵雍说：“先天图，心法也。”心，就是中心的意思。所以先天图的起点都在中间，即从乾坤二卦开始。

从乾开始，图象征天地运动，左往左行，右往右行，这就是“乾以分之”；左右运动，到坤会合，这就是“坤以合之”。中间有长有消，有分有合。长消分合，都是指阴阳的分合消长。

朱熹解释圆图说：圆图左属阳，右属阴。从内八卦而言，坤无阳，艮、坎一阳，巽二阳，象征阳在阴中逆行。乾无阴，兑、离一阴，震二阴，象征阴在阳中逆行。震一阳，离兑二阳，乾三阳，象征阳在阳中顺行。巽一阴，坎艮二阴，坤三阴，为阴在阴中顺行。如果从外八卦而言，右方外卦共分四节，都是从乾开始，到坤终了。四个坤卦无阳，从四个艮卦开始各有一阳里逆行。而至于乾的三阳，阳爻都是自下而上，也是阳在阴中，阳逆行。左方外卦四节也是从乾开始、到坤为止。四个乾卦无阴，从四个兑卦开始各有一阴，逆行而至于坤之三阴，阴爻都是自上而下，这是阴在阳中，阴在逆行。左方外卦四坤无阳，从四艮开始各有一阳，顺行而至于乾之三阳，其阳都是从下而上，这是阳在阳中的顺行。右方外卦四乾无阴，从四个兑卦开始各有一阴，顺行而至于坤之三阴，都是自上而下，这是阴在阴中的顺行等等。朱熹在这里的基本思想，仍然是说，先天圆图表示的是天左旋，地右动，也表示的是阴阳二气的运行消长。从这里，产生了邵雍的先天卦气图。其图见图 4–32。乾、坤、坎、离四卦象在外圈也有显示。

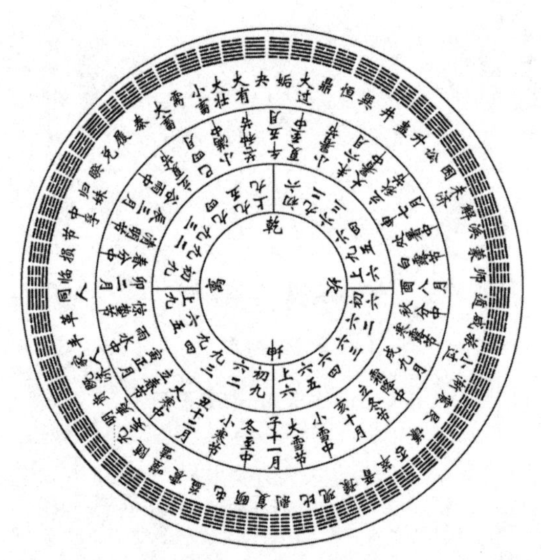

图 4–32　先天卦气图

这个先天卦气图，复卦居正北，起首，其卦象是初爻为阳，其他五爻为阴，表示冬至时分一阳初生。比起以中孚卦为首，要自然得多，也合理得多。

而且，这样形成的卦序，全是一阴一阳相生的结果，不是人为的故意安排，这正是邵雍、朱熹等人追求的目标。

有人批评先天卦气图的卦序，认为它的安排极不合理。比如说，从复到临，经十七卦才得到二阳。按阴阳消息，十二月就应是二阳，可卦气图上的位置已经到了春分，来年二月了。又经八卦，得三阳。三阳应是正月，而卦气图上已是立夏，四月了，又经四卦，得四阳；又经二卦，得五阳卦夬。这样的间距分配，很不合理。从姤卦一阴初生，其后的卦序安排，也存在同样的问题。

新的卦气图确实存在这些缺点。然而这是不得已的事情。卦象，本不是为表达阴阳二气消长而创造的。尽管如此，新的卦气图和旧的相比，还是要合理得多，特别重要的是，它的那些卦序，都是根据一个统一的原则，自然而然形成的。

4. 邵雍先天卦气图的意义

邵雍把新的卦气图用来描述人类历史的发展。

卦气图描述的，是一元之内，即从天地开辟到毁灭，十二万九千六百年中阴阳二气消长的状况。

依旧卦气图将六十卦分配于一年的方式，新卦气图将六十卦分配于十二万九千六百年之中，则每卦主管：

$$129600 \div 60=2160（年）$$

如同旧卦气说每卦主管六日七分一样，新卦气说每卦主管二千一百六十年。也就是说，这二千多年中天地间所发生的事变，都可用这一卦的性质加以说明。

这虽然有些力不从心。一个卦象，怎能说明这么多年中的事变？比如从秦朝建立到现在，就是二千一百多年，一个卦象，能说得清这么多年中的事变吗？

邵雍在这里采取了变卦的方法。比如复卦，若初爻由阳变阴，则成坤；二爻阴变阳，成临；三爻阴变阳，成明夷；四、五、上爻都依次由阴变阳，则可成震、屯、颐。这样，依据这个变卦原则，一个复卦可变为坤、临、明夷、震、屯、颐六卦。将 2160 年再分配给六个卦象，则每卦主管：

$$2160 \div 6=360（年）$$

这 360 年中的事件，即可由复卦和由复卦变来的某一卦，比如说屯卦，共同加以说明。这样，每卦主管的范围就小得多了。

尽管如此，360 年还是太长，于是一卦又变六卦，每卦主管 360 ÷ 6=60（年）。还可继续变下去，直到满足需要为止。

依邵雍的思想，一元并非一定是 129600 年。一元，只是一个单位；这个单位，可以灵活运用。一元也可当作一年，一年也可当作一元。一元可以当作一年，所以卦气说就可运用于一元之中。一年也可当作一元，那么，每年就也可画成 129600 个单位。而每个单位又可当作一元而继续分成 129600 个单位。同样，往大处说，则 129600 年，或 129600 个元，也可当成一个单位，这样的单位，又可用 129600 个组成一个更大的元，即更大的单位。无论是往大处的组合，还是往小处的划分，都可以无限进行下去，直到满足自己的需要为止。

流传至今的邵雍的《皇极经世书》，都是别人整理的本子。有的本子推算到 $12^{16} \times 30^{16}$，即 7958661109946400884391936000000000000000 这样大的数字，即使把一个单位当作一秒，它所表示的时间长度也比现在所知的地球的年龄以至整个太阳系的年龄要长得多得多。

邵雍认为，无论多大的时间范围，也无论多小的时间范围，只要运用他的方法，把卦象依新的卦气图卦序分配于这个时间范围之内，那么，这个时间范围之内的天道、人事都可得到说明！！

听一听吧，邵雍的口气有多大啊！迄今为止，在人类历史上，还有哪一个思想家有过这么大的口气！在邵雍的体系面前，什么上知千年、下知千年之类都非常微不足道了，非常非常微不足道了。

依汉代形成的宇宙演化论，轻清上升，重浊下降，从而天地剖分以后，到某一阶段，才产生了人。《易传》也说，有天地然后有万物。人，自然也应产生于天地开辟之后。

邵雍也接受了这些说法，并且似乎认为，在一个漫长的历史时间内，人类的情况如何，是个非常难以了然的问题。或者说，没有什么历史记载，甚至连传说也没有。

邵雍认为，较为可信的历史，应当从帝尧开始。据邵雍推算，帝尧，处于我们这个元内的巳会、癸运、未世。巳会近午，因此正当日之中天。我们的时代，已处于午会。因为一会有 129600 ÷ 12=10800（年）。所以直到今天，我们仍处于午会的开始阶段，正是这一元之内兴盛发达的时代，距离天地毁灭还远得很。

邵雍根据自己的经世体系，一一考察了历史上的重大事件：从尧、舜、禹、汤，一直到宋赵匡胤做皇帝之前。以后的大事，邵雍不写了。

列举了这些历史事件以后，再和新的卦气图对天道、人事的说明相比照，有人认为是“若合符契”。就是说，依照改造过的卦气图来说明历史，乃准确无误。

我们不来讨论邵雍的历史理论和实际的历史进程是否真的“若合符契”。我们只想借此向读者说明，邵雍创造的先天图，究竟有什么用处。

事情并没有到此为止。邵雍的目的，绝不是仅仅为了说明历史。说明历史，仅仅是对自己理论的检验，理论的真正目的，是要预测未来。

5. 邵雍的先天方图和方圆合一图

把大横图从乾到坤分为八节，叠加起来，就成了一个先天方图。图形见图4–33。

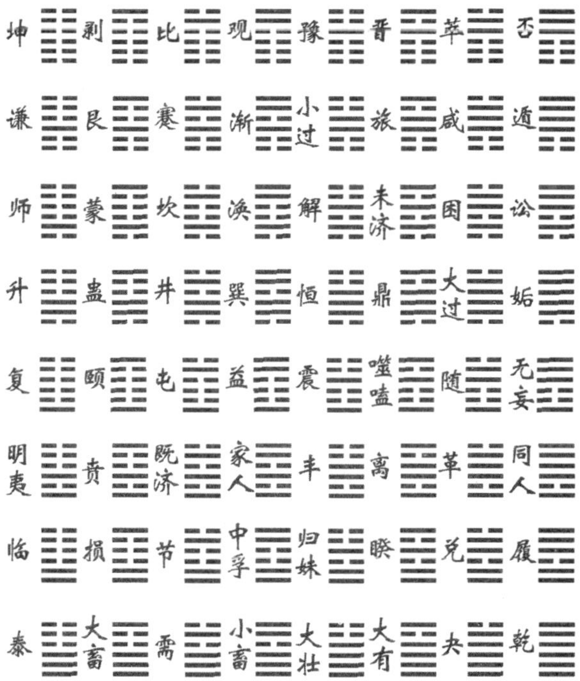

坤 剥 比 观 豫 晋 萃 否
谦 艮 蹇 渐 小过 旅 咸 遁
师 蒙 坎 涣 解 未济 困 讼
升 蛊 井 巽 恒 鼎 大过 姤
复 颐 屯 益 震 噬嗑 随 无妄
明夷 贲 既济 家人 丰 离 革 同人
临 损 节 中孚 归妹 睽 兑 履
泰 大畜 需 小畜 大壮 大有 夬 乾

图 4–33 先天圆图中之方图

方图之中，是震、巽二卦，依邵雍说，这是表示《易传》中的“雷以动之”“风以散之”，震巽二卦各依它们连成的斜线向外延长，则是离坎二卦，表示“雨以润之”“日又暄之”。再延长，是兑、艮二卦，表示“艮以止之”“兑以说之”。最后，是乾坤二卦，表示“乾以君之”“坤以藏之”。这样的顺序是从中间开始，逐步到达两端，所以说，方图也是从中间开始，即邵雍说的“皆从中起”。

从阴阳消长说，震、巽二卦，巽为一阴，震为一阳，二卦通说，是一阴一阳。然后是坎离艮兑四卦，分别有二阴二阳。最后到达乾坤，三阴三阳。内四卦，震、巽、恒、益四卦，各分内外两卦，则有四个震、四个巽，邵雍说有“雷风相薄之象”。震巽之外，十二卦纵横排列，坎离有水火不相射之象。坎离之外，二十卦纵横，艮兑有山泽通气之象。最后一圈，二十八卦，乾坤有天地定位之象。这样，从中心四卦围成一个小正方形开始，向外扩展，是十二个卦围成的正方形，然后是二十个卦、二十八个卦围成的正方形。从四到十二、二十、二十八，构成一个以八为等差的等差数列。音律学上，有“隔八相生”之说，所以邵雍说，这个方图，有“隔八相生”之妙。

朱熹说，圆图象征天，方图象征地。圆图中有顺有逆，流行之中有对待。方图中则有逆无顺，定位之中有对待。这是方圆的不同。

方图和圆图合在一起，就是一个方圆合一图，即伏羲六十四卦方圆图（见图 4-34）：方圆合一图象征天地，各自的作用仍旧，不再介绍。

后世对邵雍的方图、圆图都有所批评，如王夫之、黄宗羲及明清之际许多著名的学者，批评的焦点是:《易传》明说不可为“典要”，而邵雍的做法，恰是把周流六虚、变化无穷的易道做成了一个有条不紊的次序，因而就成了“典要”。这样的批评，可说是抓住了邵雍学说的要害。因为在邵雍看来，易也是所谓兼有天地人之道。他重新安排卦序，创作先天、方圆之图，目的也是正确地反映天地人之道。天地人道，最根本的，就是那一阴一阳。一阴一阳地对待流行如果必依邵雍的先天方圆之图，世界上的事情岂不是要简单多了！然而事实并非如此。所以王夫之、黄宗羲等人才激烈地批评邵雍的先天方圆之图以及所谓先天之学。

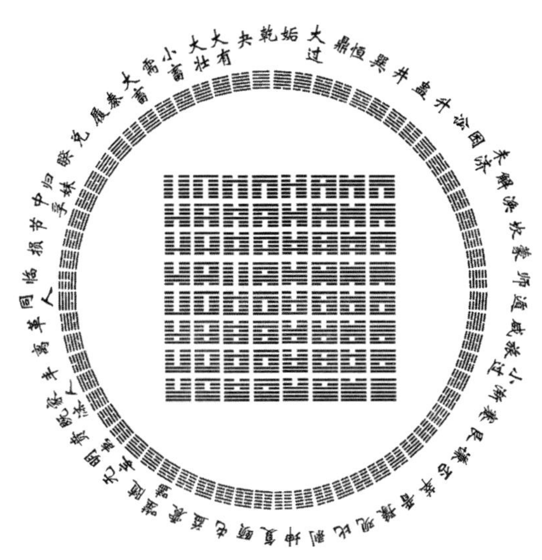

图 4–34　伏羲六十四卦方圆图

先天方圆之图的创作，建立在一个基本理论之上，即战国时代开始的阴阳二气消长说。依据此说，冬至一阳初生，此后阳长阴消，天气转暖；到夏至阳气极盛，一阴初生，此后阴长阳消；到冬至，阴气极盛，又是一阳初生，开始下一年循环。随着阴阳消长，是温凉寒暑的变迁。随着温凉寒暑的变迁，是春生夏长、秋收冬藏，一切人事活动，政治、军事、宗教、生产，都必须据此安排，否则就会受到天的惩罚：冬雷夏霜、人病田荒，直到国家败亡。在明代，就有思想家批评这种阴阳二气消长说是“万古糊涂之论”。随着近代科学的传入，人们开始明白，冬夏寒暑的变迁，原来是地球围绕太阳运动的结果，所谓阴阳二气消长，则是不存在的、“子虚乌有”的假说。这种假说，反映了北温带农业国度的一些实际。在北温带、农业国这个狭小的领域内，这个假说反映了一部分真理，拿到地球上其他地方就不适合。即在北温带，在已工业化甚至电子化了的现代社会，就更不适合。如果今天谁还要把阴阳消长到处套用，那么，这个阴阳消长论就会成为文化领域里的堂吉诃德长矛。

6. 邵雍的“天根”“月窟”说

邵雍有一首诗道：“耳目聪明男子身，洪钧赋予不为贫。须探月窟方知物，未蹑天根岂识人。乾遇巽时观月窟，地逢雷处见天根。天根月窟闲来往，三十六宫都是春。”由这首诗，产生了所谓“天根”“月窟”说。

什么是“天根”“月窟”，历来众说纷纭。朱熹说：天根、月窟指的是复、姤二卦。也有人认为，若以十二辟卦言，则十一月为天根，五月为月窟。程直方认为天根在卯，即离兑二卦之中，月窟在酉，坎艮二卦之中；俞琰从内丹立论，说月窟在上，天根在下，心在天根、月窟之间往来。

清朝初年，黄宗羲作《易学象数论》，其中认为，邵雍的天根月窟说，其根据是先天图，也就是《参同契》中乾坤为门户，四卦为牝牡之论。以八卦立论，则坤震二卦之间为天根，因为这是一阳所生之处；乾巽二卦之间为月窟，因为这是一阴所生之处。黄宗羲还总结了关于天根、月窟的诸种说法，并得出结论说：诸家说法虽有不同，但都认为阳气始生为天根，阴气始生为月窟。他推测邵雍的意思，是把天根当作性，月窟当作命。性命变修，是道教的主张。因此，这个道理不是易学的内容。

胡渭作《易图明辨》，一一考察了天根、月窟的说法之后认为：天根、月窟，就是《参同契》中的纳甲之说。天，就是阳；月，就是阴。以八卦立论，月于初三日在庚位生明，纳震一阳之气。庚当乾终巽始之位，所以邵雍说：“乾遇巽时观月窟。”震一阳始交于甲位，纳乾初九之气，甲当坤终震始，所以说是“地逢雷处见天根”。以六十四卦立论，纯乾遇巽之一阴，成为姤卦，于月为生魄，阳消阴息从这里开始，所以叫作“月窟”，也就是乾在午中，一阴初生之意。纯坤遇震之一阳，成为复卦，对于月亮来说，是合朔，阴消阳息从此开始，所以叫作“天根”，也就是坤在子中，一阳初生之意。

天根、月窟之说既然从先天图而来，或据纳甲图而来，那么，先天、纳甲图也就是天根、月窟图，此图前面已载，读者自可参看。

第五章

易学中的思维方式

第一节　易学思维的特征

研究易学，按照从具体到抽象的思维走下去，最后留给人类的成果，莫过于其中的思维方式。

思维方式是人类观察世界、认识世界，从而指导自己改造世界的思想方法。人类的进步、社会的文明，在物质方面表现为生产工具的发展、生产技能的提高、财富的积累、生活水平的提高，等等，其中最为集中的表现是生产力的发展；在精神方面表现为文化水平的提高、伦理道德观念的发展、对自然社会和思维规律认识的深化，等等，其中最高的表现是思维方式的科学化。所以揭示《周易》及其研究中的思维方式是我们研究易学的重要目的之一。

《周易》及其研究展示出了诸多思维方式，其中具有一定价值的有五种，即直观思维、形象思维、象数思维、逻辑思维和辩证思维。

这五种思维方式各有自身的特点，各有自身的功用，相互之间不能替代，但从人类思维方式的发展进程来看，前两种属于初级的思维形式，运用于感性认识阶段，后两种属于高级的思维形式，运用于理性认识阶段。而第三种是由初级形式向高级形式过度的思维形式。由于人的思维是一个复杂的感性认识和理性认识交融一体的过程，所以五种思维形式的运用在《周易》及其研究系统中难分难解。为了叙述的方便，我们只好把它们分解开来。

《周易》的表现形式是象和辞;《周易》的内蕴是义和理。象分为爻象和卦象；辞分为爻辞、卦辞和卦名；义与理是象、辞所象征的诸种事物中包蕴的意义及道理，是贯通象、辞及天地万物之中的游魂，也是《周易》研究所要揭示的内涵。

以求索义理为宗旨，五种思维方式交互使用，往复游刃于象、辞及天地万物之间，是易学思维的基本特征。

第二节　直观思维

直观思维是以以往感官的直接感受或经验判定事物及其发展趋势的一种思维方式。《周易》用它来描摹天地万物，体认事物及其发展趋势，判定人事的祸福吉凶，决定人的举止动静及进退取舍，作为一种思维方式，影响着易学的研究。这种思维方式用以推测事物未来的前提不是普遍的原则，而是前人的直观感受或体验，所以称之为直观思维。

一、《易经》中的直观思维

直观思维在《易经》之中已有表现。《易经》中的卦爻辞，大多是前人处理生活中所遇之事的经验记录，出于个人的体验而不是一般的事理或原则。《易经》编者将它们汇集起来，经过筛选和编辑，作为后人判定事物和推测未来的比照范例。这种思路正是直观思维方式的表现。

如履卦 ䷉ 卦辞为："履虎尾。不咥人。亨。"意谓踩了老虎的尾巴，老虎却没有伤人，所以亨通。按照卦爻辞是算卦者算卦及验证情况记录的说法，此卦表明，有人行事之前以筮法求吉凶，得 ䷉ 卦，之后外出行事，路经草野之地，无意中踩了老虎的尾巴，万幸的是老虎未曾伤人。事后将履卦卦象 ䷉ 及行事验证的情况一并记录下来，以示履卦 ䷉ 为吉利的象征。《易经》编者以此卦卦辞为此卦卦象的验证结果，以此卦卦象为此卦卦辞的先验征兆，将其编入《易经》之中，作为后人求得此卦时预测吉凶的比照例证。在《易经》编者看来，履卦卦象 ䷉ 是逢凶化吉的征象。凡是求得此卦之人，所行之事虽然貌示凶险，但却不会有大妨碍，根据便是："履虎尾。不咥人。亨"的直观体验。

又如坤卦 ䷁ 卦辞为："元亨。利牝马之贞。君子有攸往，先迷后得，主利。西南得朋。东北丧朋。安贞吉。"意谓，有人在远行之前求问远行是否吉利，得坤卦 ䷁。之后，乘牝马而行，结果颇为吉利。虽然在行走之时曾经迷失了道路，但到后来终于到达了目的地，受到了主人的接待。总结此次远行，开始往东北方向走，越走离朋友的所在地越远，而后转往西南方向走，终于达到了目的地，找到了朋友。根据这种直接体验可知，求问平安与否，得到此卦则为吉利。求卦人将这种直接体验记录下来，《易经》编者以此卦卦辞为此卦卦象的验证结果，以此卦卦象为此卦卦辞的先验征兆，将其编入《易经》之中，作为后人求得此卦、预测吉凶的比照例证。在《易经》编者看来，坤卦卦象 ䷁ 是君子远行的吉利征象。凡是求得此卦的人，乘牝马出门则不会有大的妨碍，虽然可能会遇到暂时的坎坷，但最终会顺利成行，根据便是卦辞记录的直接体验。

如此等等。

如果说，《易经》中卦爻辞的记录者仅仅是把自己算卦和验证的情况作为个别的、不一定具有普遍性的例证记录于所得卦象之下的话，那么《易经》的编者则是将记录者的验证情况作为一般的、带有普遍可比照性的事例与卦爻象一并收编到了《易经》之中，由此，记录者的直接体验变成了相关卦爻象的内涵展示，与此相连，也变成了算得相应卦爻象者预见来事的参照标准。由此可见，在《易经》编者的头脑中已经形成了一条判定事物的思路：为了判定事物而算卦，由算卦而得出卦爻象，由得出的卦爻象找到相关的卦爻辞记录者的直接体验，由记录者的直接体验判定所要判定的事物。

《左传》和《国语》中有关算卦的记载也反映着直观思维的方式。比如春秋时期，周朝有位史官来到陈国，说自己善于用《易》算卦。陈厉公让他算算公子完的前景，结果算得观卦 ䷓ 变否卦 ䷋。两卦的变化在第四爻，所以周史依照卦术，以观卦的第四爻作为判定公子完前景的根据。

该爻爻辞为“观国之光。利用宾于王”。意谓瞻仰国家风彩，求问朝觐国王，则利。按此爻辞所载，当是一方诸侯求问朝觐之事。算卦之后到周朝受到了上等待遇，瞻仰了国家级的文物典章，大开眼界。所以将验证记录在爻象之后，说明遇此一爻求问朝觐之事则利。周史以记录者的直观体验为参照，看待和判定公子完的前景，说“此其代陈有国乎！不在此，其在异国，非此其身，在其子孙”(《左传·庄公二十二年》)。其意是说：这一爻辞说明代陈而起的有更为昌盛的国家，不过不是在目前的陈国之地，而是在其他国域，此事的应验也不在公子完身上，而在公子完的后代身上。周史所以得出这一结论，虽然还参照了卦象和爻象的征兆，但其依据的核心在于第四爻的爻辞。因为爻辞说明此卦有利于求问朝觐帝王之事，而作为陈国公子的所谓前景，最大不过是接受君位，得到周天子的承认和封赏，意同朝觐。在这里，周史思考事物发展趋势使用的是直观比照，即拿观卦爻辞记录者的直观体验作范例，不加分析，平移过来，描绘陈公子的前景。

又如鲁僖公二十五年（前635），晋侯与其臣下卜偃商讨勤王之事，让卜偃求卦，得大有卦 ䷍ 变睽卦 ䷥。两卦的变化在第三爻，卜偃依照卦术，以大有卦的第三爻作为判定晋侯可否勤王的根据。该爻爻辞为“公用亨于天子。小人弗克”。意谓公侯受到天子的盛宴款待，平民则不及。按此爻辞所载，当是一方诸侯求得此卦之后，在验证时受到了天子的盛宴款待，而又有平民求得此卦却没有出现类似结果。卜偃以爻辞记载的这种直观体验为参照，看待和判定晋侯事奉周王的前景，说：“战克而王飨，吉孰大焉。”（《左传・僖公二十五年》）其意是说，这一爻辞预兆晋侯会克敌制胜，得到周王的盛宴款待，没有比这再大的吉事了。卜偃之所以得出这一结论，主要是比照了大有第三爻记载的直观的验证经验。因为第三爻爻辞记载者的经验是公侯受到了天子的盛宴款待，所以作为诸侯的晋侯便会取得勤王成功，得到天子的赏赐。

再如鲁昭公七年（前535）秋八月，卫襄公死了，卫卿孔成子与史朝计议由谁继位的问题。卫襄公有两位公子，一位名叫縶，一位名叫元。縶年长，但为跛足；元年幼，但为全人。

为解疑惑，孔成子用《周易》算卦。第一卦，孔成子祷告说：元希望继承卫国君位，掌管卫国社稷，求问可行与否。结果算得屯卦 ䷂。其卦辞为：“元亨利贞。勿用有攸往。利建侯。”意谓算得此卦为吉利。不要外出巡游，利于重立新侯。第二卦，孔成子祷告说：“我们又想立縶为君主，希望能得到好的结果。”结果算得屯卦 ䷂ 变比卦 ䷇。两卦变化在于第一爻，依照卦术，应以屯卦 ䷂ 第一爻爻辞进行推断。该爻辞为：“磐桓。利居贞。利建侯。”意谓徘徊往复，求问安居则为吉利，也利于重立新侯。孔成子将算卦结果拿给史朝看。史朝说，一定是要立元为君了，还有什么疑问呢？因为屯卦卦辞和爻辞说得很清楚：其中的“元亨”，是让公子元享有君位；其中的“利建侯”，是让重立新侯。縶为长子，元为次子，长子继位称之为嗣位，不可说是重立新侯；次子继位，不可称嗣位，只可说重立新侯。其中的“磐桓”“利居贞”是言縶跛足，不利行走，难于主持社稷、处理政事，而只利于居家安处。据此，孔成子立公子元为君。在这里，史朝对本卦卦辞和爻辞的理解不完全合乎原意。但其基本的思路是以卦辞、爻辞记录者的算卦直观体验进行比照。卦辞记录者在求得屯卦、进行验证时重立了新侯，得到了吉利；在求得屯卦第一爻时，外出受阻，时进时退，归家安居而转为吉利。史朝则以这种直观体验的记录为比照，分别判定立元为君为利，让絷安居为吉。

在上述诸例中，算卦者不是以自身的直观体验、感受判定事物的前景和结局，而是以前人，以《易经》卦爻辞记录者的直观体验和感受判定事物的前景和结局。这两种判定的依据虽然有所不同，但所依据的都是直观的体验和感受，所遵循的都是直观思维的路子，不同之处仅仅在于前者依据的直观感受是直接的，而后者依据的直观感受是间接的。

二、《易传》的直观思维

《易传》作者不但继承了《易经》编者和运用者的直观思维形式，而且自觉地意识到了这种思维形式，不但把它视为创制《易经》时遵循的基本思维形式，而且把它视为运用《易经》时应当遵循的基本思维形式，因此，提出了“观象玩辞”说，主张从观察卦象和物象、体会卦爻辞所言之具体事物中得到启发，引出做人处事的原则，还提出“观象制器”说，把发明创造归于对卦象和物象的观察或模拟。

在《易传》作者看来，天地万物各有自己的特定位置、形态、性质、功能及运动变化的轨迹呈现出来的纹理。这些位置、形态、性质、功能、轨迹和纹理，既显示了自然界的客观状况，造成了自然界的和谐，也展现出了天地万物之间的相互关系，决定着天地万物各自的发展趋向和兴衰成败。将这些位置、形态、性质、功能、轨迹和纹理归纳起来，可以用两个字来表示，这就是形象。所谓形，是直接以四维空间展示于人们感官的事物的外在状态；所谓象，是通过这些外在状态显示出来的事物的性质和功能，它们自身虽然有时不能直接展现在人们眼前，但却通过事物之间的关系或相互作用呈现出来。人们在生活中直观感受到了天地万物的形象，从中感受到了事物的相互关系及事物的成败盛衰，从而在这种直观感受的基础上，仿照自然界的形象创制了《易经》，用以描摹事物的发展前景，预测人事的吉凶祸福。

对此，《系辞传》有详细描述。它说：

天高高在上而呈现出尊贵之象，地平平在下而呈现出卑贱之形，乾坤两卦是仿照天地之象形创制的，所以也就显示出一尊一卑的地位。天绕地运行不止，呈现出阳刚雄健之势，地居中恒常不动，呈现出顺随柔弱之性。这种动、静的常规引出了刚柔之间的区分。物以类聚，人以群分，不同种类的人物呈现出生死兴衰的不同结局，从而显示出了吉凶之间的差别。天上形成风雷云雨之象，地上形成山河草木之形，天地万物都随着时间的推移而推移，因此展示出了运动变化。《易经》正是仿照这些自然现象创制的，其中分别以八卦象征雷霆风雨、日月寒暑，以乾象征男，以坤象征女，以乾作为万物肇始之祖，以坤作为万物成功之母。

由此可见，《易传》认为《易经》是人们仿照自然、人世中的各种现象编制出来的，是对自然、人世各种现象观察描摹的产物。因为这些认识大都是事物外在形态、外在关系、外在性质、外在功能在人们头脑中的反映，比如天高地平、天刚地柔、日月交替、昼夜更迭，等等。所以《易传》把认识的对象概括成“形”“象”二字，说“在天成象，在地成形”，而把认识的过程称之为“观”，亦即对事物整体、对事物外在关系的直接观察。由这种直接观察而形成认识，由直接观察形成的认识而创制出乾坤八卦及卦爻辞来。

正因如此，所以《易传》在表述《易经》的一些名称和《易经》形成过程时，使用了很多与直观思维相照应的语词。如《系辞上》说：“圣人有以见天下之赜，而拟诸其形容，象其物宜，是故谓之象。圣人有以见天下之动，而观其会通，以行其典礼，系辞焉以断其吉凶，是故谓之爻。言天下之至赜而不可恶也，言天下之至动而不可乱也。拟之而后言，议之而后动，拟议以成其变化。”前两句是在解说《易经》中“象”“爻”名称的含义。意思是说，圣人对天下事物的形迹有所认识，模拟事物的外貌，比照事物的禀性而画出了《易经》中的符号。因为这些符号是对事物外貌和禀性的模拟和比照，所以称之为“象”。圣人对事物的运动变化有所认识，观察事物相互沟通的关系，制订出一些行事的规矩来，用“—”“--”等符号的关系表示出来，同时附上语词说明，用以判断事物的吉凶，所以称《易经》中的“—”“--”为“爻”。“爻”也就是变化会通之意。后两句是说《易经》的形成过程。其意是说，《易经》是对天下事物的模拟，而天下事物的形迹是不可违背的，天下事物的变化秩序是不可颠倒的，所以必须仿照天下之事物而后言，遵循天下之事物而后行。仿照、遵循要有个认识过程，也就是拟议的过程，经过拟议，认识事物的变化，从而才得以用《易经》的形式推演变化。在这里《易传》使用了"拟诸其形容""象其物宜""观其会通""拟议以成其变化"等语词，都带有通过直接观察、模仿而认识事物外貌和整体的色彩，这些色彩正是直观思维的特征表现。

《系辞下》对《易经》编者用直观思维方式制作《易经》的情况做了概述，说："古者包牺氏之王天下也，仰则观象于天，俯则观法于地，观鸟兽之文，与地之宜，近取诸身，远取诸物，于是始作八卦，以通神明之德，以类万物之情。"这是对《易经》制作情况的推测。《系辞下》作者认为，《易经》是包牺氏创制的，包牺氏上观天象，下观地法，中观鸟兽的纹理和草木的禀性，近取于人的形象，远取于物的形象而制作了《易经》。正因如此，《易经》之中汇集了天地万物的神妙功用及诸种属性。在这里，《系辞下》作者用"观象""观法"等展示《易经》作者的直观思维特色。

有鉴于此，《易传》主张"观象玩辞"，即通过观察卦爻象和卦爻象象征的物象、揣摩卦爻辞所言的具体事物去判定事物的趋向。比如《易经》中孚 ䷼ 的九二爻辞为"鸣鹤在阴。其子和之。我有好爵。吾与尔靡之"。其意是说，老鹤在树阴之下鸣叫，小鹤亦鸣叫应和，好像两鹤对语，说"我有好酒，与你共享之"。而《象》传解释说："'其子和之'，中心愿也。"将小鹤应和老鹤的鸣叫说成是发自内心的意愿。《系辞》则更进一步做了说明，认为君子言善则远近皆应，言之不善则远近皆违。老鹤鸣叫、小鹤应和则是言善顺应的象征，是教诲人们言善施恕。这种从卦爻辞所言的具体事物中引出生活教训的解释，显示出了"观象玩辞"中的直观思维的特征。

"观象制器"说的直观思维特征更明显。《系辞》说伏曦结绳造网用以渔猎，是受了离卦 ䷝ 卦象的启发。神农制造耒耜用以耕作，是受了益卦 ䷩ 卦象的启发；教人们中午集市贸易，是受了噬嗑卦 ䷔ 卦象的启发。黄帝、尧、舜教人们缝合衣服是受了乾 ䷀ 坤 ䷁ 二卦卦象的启发；刳木为舟、剡木为楫，是受了涣卦 ䷺ 卦象的启发。如此等等，这便是观象制器。所说的"观"指对事物的观察或模拟，亦即直观；"象"指卦象和卦象象征的物象。从观象出发断定吉凶、探求义理、制器造物，都是直观思维的表现。

三、易学的直观思维

根据《易传》对《易经》的理解，历代易学家围绕着象和理的关系展开了讨论，其中象学派认为“观象”是理解《易经》和运用《易经》的基本原则，因此把“象”放在第一位。

两汉时期象学派盛行，为了更广泛地解说事物，象学派大大扩展了八卦的物象。据统计，在东汉经师虞翻的学说中，其所取之象，乾卦六十种，坤卦八十二种，震卦五十种，坎卦四十六种，艮卦三十八种，巽卦二十种，离卦十九种，兑卦九种，如乾卦 ☰ 象征天、神、人、贤人、君子、善人、武人、行人等，坤卦 ☷ 象征妣、民、姓、刑人、小人、鬼、尸、形、身等，而且还提出“半象”说、“互体”说。半象说是取经卦卦象之一部分来充当整卦，用以解说卦的意义，如坎 ☵ 的半象为 ⚍ 或 ⚎，巽 ☴ 的半象为 ⚌ 或 ⚎ 等；互体说是将别卦中的二三四爻及三四五爻分别视为两个经卦，用以解说卦的意义，如小畜 ䷈ 中的二三四为兑 ☱，三四五爻为离 ☲。下面是虞翻用半象说、互体说解说小畜 ䷈《彖》文“密云不雨，尚往也”的例子。虞翻说：

> 密，小也。兑为密，需坎升天为云，坠地称雨。上变为阳，坎象半见。故密云不雨，上往也（《周易集解》引）。

虞翻认为小畜卦 ䷈ 是由需卦 ䷄ 变化而来，需卦第六爻“--”变为“—”即成小畜卦。小畜二三四爻的互体为兑 ☱，兑象征密，所以说“兑为密”。原先的需卦 ䷄，上为坎 ☵、下为乾 ☰，坎象征云、乾象征天，所以说“需坎升天为云”，坠地称雨。需卦 ䷄ 第六爻 -- 变为—而成小畜卦 ䷈，上经卦成了巽 ☴，但其中还包括着坎 ☵ 的半象 ⚎，所以说“上变为阳，坎象半见”。坎的半象与二三四爻组成的互体兑 ☱ 相依附，象征密云不雨，上行而不落于地下，所以说“密云不雨，上往也”。“上”同于“尚”。整个解说都从取象出发，以象为根据。

由于取象派对卦象象征物的解说越来越繁杂，所以引起了取义派的抨击，特别是魏晋时期，取义派的学说大为流行。至唐代，孔颖达主编《周易正义》，继承了取义学说，同时又进一步运用了取象之法，以校正取义说的偏颇。比如在解说《说卦》传“乾健也。坤顺也。震动也。巽入也。坎陷也。离丽也。艮止也。兑说也”一句时说：

> 此一节说八卦名，训乾象天，天体运转不息，故为健也。“坤，顺也”：坤象地，地顺承于天，故为顺也。“震，动也”：震象雷，雷奋动万物，故为动也。“巽，入也”：巽象风，风行无所不入，故为人也。“坎，陷也”：坎象水，水处险陷，故为陷也。“离，丽也”：离象火，火必著于物，故为丽也。“艮，止也”：艮象山，山体静止，故为止也。“兑，说也”：兑象泽，泽润万物，故为说也。

《说卦》传是从卦义上解说八卦之名，未涉及卦的象征之物，孔颖达则从八卦的象征物入手，以八卦所象自然之物的属性分析出八卦卦名之义来，体现出观象体义的特点，将直观思维融在了他的学说之中。

明清之际的王夫之对观象体义、观象明理的思路做了理论总结，他认为世界上的一切道理、法则都是具体事物的道理和法则，没有脱离开具体事物而独立存在的道理和法则。而具体事物都是有形有象、可以耳闻目见的，因此要认识事物，探究事物的道理和法则，判定事物的趋向和结局，必须要从观象入手，不能脱离开物象而空谈义理。循此他提出了“天下无象外之道”的命题，认为“天下有象，而圣人有《易》，故神物兴而民用前矣”，圣人之《易》是根据天下之象作的，百姓用《易》不能脱离观象，必须遵循“即器求道”的路子。这一理论总结对中国科学思维的发展有深刻的影响。

四、直观思维的特征

直观思维是人类在认识世界的初始阶段使用的一种思维方式，也是人们在接触新事物时首先使用的一种思维方式。这种思维方式以事物整体外观在头脑中的印象为信号来体认事物，并以这种体认为借鉴再去审视和认识新事物。因此，思维过程直接以事物外在的表象为中介，通过新旧事物的外在形象、属性及功能的对比进行判断，具有表面性、肤浅性、简单性，不能认识事物的本质，更难以把握事物的发展趋势。

直观思维虽然存在很大局限性，但在人类认识过程中却是难以避免、难以超越的思维形式。因为无论是早期人类认识世界还是成熟的人类认识新事物，首先接触的是有关事物的外表，得到的第一印象也是外表。这种外表的印象既是对事物的第一认识，又是进一步认识事物的起点，只有在这种表面的认识积累到一定程度时，人们才能剥开事物表层，进入深层认识。

人们要想求得真知，不是要绕过或抛弃这种思维方式，而是要正确认识这种思维方式的使用范围及其局限性，自觉地把这种思维方式作为认知起始阶段的思维方式；在使用这种思维方式的时候，不局限在它的框框之中，更不以它的思维结果作为真知，而只以这种结果作为进一步使用理性思维的参考材料，作为达到真知的桥梁。

《周易》的编著者在认识和判定事物时也没有完全局限在直观思维中，直观思维仅只是诸多思维方式中的一种。不过它对直观思维的作用作了过高的估价，在使用这种思维时，更多盲目信从的特点。比如拿互不相干的两件事情相互比照，以一种事情的结果推断另一件事情的前景，认为《易经》是对天象、地理直接观察得出的结果，而这种直观的结果又成为判定其他事物的根据，如此等等，从而给《周易》蒙上了一层难以理喻的神秘色彩。

历代易学家们在运用这种思维方式时又表现出不同的倾向。其中的一种倾向是重视事物外在的功能、作用和事物运动的形式，从而引出功能原则。中国古代的天文学、医学、化学等自然科学的研究受这种倾向的影响，都是从功能的角度了解其本质的，如对天地、阴阳、五行的解释，王夫之说“从其用而知体之有”，等等。另一种倾向是注重具体事物的因果关系，所以又可以称为具体思维。用它观察和处理问题，不是从一般的抽象原则出发，而是从具体事物出发，从中引出教益，如从桀纣亡国事件出发，引出民为邦本的结论。这种倾向的优点是不受任何框框的限制，从实际出发提出可行的对策；缺点是往往限于就事论事，忽视一般规律的探讨，忽视事物内在结构的研究。

第三节　形象思维

形象思维是直观思维的深化，它与直观思维的共同之处在于，两者都以事物的形象为思维过程的媒介，不同之处在于直观思维往往以事物的整体印象去比照、衡量另一种事物，具有整体平移的特点，而形象思维则不局限于事物的整体，它往往通过对事物印象的再现，拆卸、组装去体会事物中包含的道理，甚至于创造出新意。

《周易》系统的典籍特别注意形象，认为形象之中具有深刻的蕴意。有些蕴意难得用言词表达出来，只能体会，不可言传，所以形象比言词具有更强的蕴意和表意的功能。

所谓形象包括两种：一种是客观世界上自然存在的事物形象；一种是人们用以表示事物形象的符号。而《周易》系统的形象思维更侧重于符号。表象的符号又有两种：一是卦爻象；一是图像。前者如"—""--""☰""䷀"，后者如太极图、河图、洛书等。

形象思维，在《易经》《易传》及易学中都有不同程度和不同形式的反映。

一、《易经》中的形象思维

《易经》原本就是算卦书，按照它的成书程序，应是先有爻象"--""—"，后有八卦之象，再有六十四卦之象。在已有卦象可以算卦的前提下，经过算卦的实践，之后才附上卦爻辞的。虽然新附的卦爻辞并不反映卦爻象的蕴意，但是肯定原本的卦爻象本身是有其含义的，因为没有含义便不可能推断事物，更不可能预测事物变化的前景和吉凶。也就是说，《易经》的创制者，在《易经》正式成书之前的很长历史时期，是通过卦象来预测、判定事物的。八卦及六十四卦卦象是人为的图像，自然界中本无卦象。《易经》以八卦卦象或六十四卦卦象来表达人事的祸福，展示吉凶之义，这便是一种形象思维的萌芽。《易经》的创制者在运用形象思维的形式，并把这种思维的程序和结果用卦爻象记录了下来，这是显而易见的，不过因为没有文字记载，这种思维的程序和结果是什么，就很难考证了。

虽然难于考证，但是，后人一直在论说它。而现存史料中，却留有不少早在《易传》形成之前的春秋时期人们运用《易经》算卦的记录。其中反映出了一定的形象思维过程，也很可能保存着一些《易经》原本形象思维的内容。

比如在前节讲的直观思维中曾经谈到陈厉公请周史算卦的事。周史除了用直观比照的方法说明陈公子完日后可以振兴陈国外，又用卦象及爻象的蕴意对"'观国之光，利用宾于王'，此其代陈有国乎？不在此，其在异国，非此其身，在其子孙"一句断语做了解释。

周史说："光，远而自他有耀者也。坤，土也；巽，风也；乾，天也；风为天于土上，山也。有山之材，而照之以天光，于是乎居土上，故曰'观国之光'。庭实旅百，奉之以玉帛，天地之美具焉，故曰'利用宾于王'。犹有观焉，故曰其在后乎！风行而著于土，故曰其在异国乎。"(《左传·庄公二十二年》)

周史为陈厉公求得的是观卦（䷓）变否卦（䷋）。这段解说的意思是："观国之光"中的"光"字，是从自身之外的远处照射而来的光彩。观卦的下卦为坤（☷），象征土；上卦为巽（☴），象征风；变成否卦后，上卦成为乾（☰），象征天；由于风（☴）变成了天（☰），天（☰）又居于土（☷）之上，所以构成了否卦（䷋），从而从下向上数的二、三、四爻便成了艮（☶），艮象征山；山（☶）是生林木、聚禽兽的宝藏之地，上面照耀着天（☰）光，下面坐于厚土（☷）之上，呈现福泰光耀之象，所以爻辞说"观国之光"。艮（☶）又象征门庭，乾（☰）又象征金玉，坤（☷）又象征布帛；艮（☶）在中，而上有乾（☰），下有坤（☷），呈现出金玉布帛充满门庭、天下宝物皆聚于此的诸侯朝贡的气象，所以爻辞说"利用宾于王"。再说观卦的"观"字，本有观看他人而非自视的含义，所以说这种繁荣景象不在公子完自己身上，而在其后代身上。观卦（䷓）上卦为风（☴），下卦为土（☷），是风行于土上的象征，风行于土上则吹动之物不会落于原地而只能落于异地，所以说这种繁盛的景象不会出现在陈国而只会出现在异国。

前节讲的直观思维中曾经谈到晋侯为勤王与否令卜偃算卦的事。卜偃除了用直观比照的方法说明晋侯勤王之举大为吉利之外，又用卦象和爻象的蕴意做了解释。

当时卜偃求得大有卦（䷍）变睽卦（䷥）。有关爻辞为“公用享于天子。小人弗克”卜偃认为此卦预兆晋侯会克敌制胜，得到周王的盛宴款待，没有比勤王再大的吉事了。

卜偃说：“且是卦也，天为泽以当日，天子降心以逆公，不亦可乎？大有去睽而复，亦其所也。”(《左传·僖公二十五年》)

其意是说：大有卦（䷍）的下卦是乾（☰），乾象征天；睽卦（䷥）的下卦是兑（☱），兑象征泽；大有与睽卦的上卦一样，都是离（☲），离象征日。大有卦（䷍）变为睽卦（䷥）是由下卦的乾（☰）变为兑（☱）引起的，也就是说由天变成了泽引起的。然而无论是天也好，无论是泽也好，都在上卦日（☲）的照耀之下。大有卦（䷍）的下卦为天（☰），象征天子；睽卦（䷥）的下卦为兑（☱），象征天子离位，天子离位终究是要复位的，复位则要依赖于当头之日，即大有卦（䷍）及睽卦（䷥）中不变的上卦离（☲）。这个日便是晋侯的象征。乾（☰）与兑（☱）在离（☲）之下，象征着天子礼下公侯迎接公侯；由睽卦回归大有卦，由晋侯协助恢复天子之位，这是自然而然的事。所以晋侯勤王为大吉大利。

在这两个卦例中周史及卜偃把对卦爻象的解释与爻辞的内容融成了一体，多有附会之辞，不过其中却反映出了解《易》的一种思路，即用卦象之间的位置关系、承接关系推演事物发展变化的趋势和结局。在整个推演过程中，基本上没有离开过形象，从卦象到卦象，从卦象到物象，从物象到物象，从物象到卦象，其卦象、物象的分、合、重组、转化，构筑起了一条思维通道，借此达到由此及彼的认知目的。如果我们把这些卦例中的具体内容抽掉，仅只剩下其中的思维过程，可能在一定程度上反映着《易经》编著者们形象思维的形式。

二、《易传》中的形象思维

《易传》对《易经》及其解说者们的形象思维做了总结和概括，提出了“圣人立象以尽意”的命题，认为人为的图像、符号可以表达圣人的心意，并且进而认为文字和语言不能充分表达心意，但图像即卦象却可以充分表达心意。在《易传》作者们看来，思维不能脱离形象，形象的内容比语言文字所表示的更为丰富。如乾卦卦象☰所蕴含的内容可象征一切阳性的事物和性能；爻象的变化也不限于象征某一具体事物的变化，而可以包括一切有关事物变化的过程。因此判断吉凶之义不能脱离卦爻象。所谓“极天下之赜者存乎卦，鼓天下之动者存乎辞，化而裁之存乎变，推而行之存乎通，神而明之存乎其人”(《系辞上传》)，也正是要说明人依赖于卦爻象的变化推断吉凶，展示出了判定事物不离爻象的形象思维特色。

形象思维在《易传》中的具体表现集中在如下几个方面：

1. 汇总并扩展了八卦卦象的象征意义

这集中反映在《说卦》传中。

八卦分别象征八种自然现象：乾（☰）象征天，坤（☷）象征地，震（☳）象征雷，巽（☴）象征风，坎（☵）象征水，离（☲）象征火，艮（☶）象征山，兑（☱）象征泽。这是八卦的基本象征意义，它起源于何时还缺乏考证，但在春秋时期已被大量使用。

从春秋到战国时期，《易经》的运用者们不断地为八卦增添着象征意义，《说卦》传将前人提出的象征意义汇集在一起，并从八卦基本象征意义出发沿着功能、属性、形象、地位关系等几个方面引申，把诸多象征意义与基本象征意义贯通起来，形成了一个卦象谱系。比如它以乾象征天，认为天是万物之首，所以又象征首；天体遵循圆周运行，所以又象征圆；天的运行刚健有为，所以象征马；天为万物之始，所以又象征父……以坤象征地，认为地随天而行，柔顺随和，所以又象征中；地容藏万物，所以又象征腹；地平坦而有纹理，所以又象征布；地畜养万物，所以又象征母……以震象征雷，认为雷震动万物，所以又象征动；雷雄健滚动、出入云中，所以又象征龙；雷运行不息，如足行走，所以又象征足；震（☳）的初爻为阳爻，所以又象征长男……如此等等。

《说卦》中八卦的引申意义极为广泛，每卦少则十几种，多则二十多种，为拓展形象思维开辟了更为广阔的、更为多向的路子。

2. 在八卦引申象征意义的基础上提出了八卦之间相互关系的象征意义

《易传》不但扩展了八卦之中每个卦象自身的象征意义，而且在此基础上提出了八卦之间相互关系的象征意义。《说卦》传对此有集中表述。它把八卦两两相对起来，展示这种对立关系的象征意义，如以乾坤相对，展示天地高下的关系；以艮兑相对，展示山泽一气相贯的关系；以震巽相对，展示雷风相互搏击的关系；以坎离相对，展示水火相互克制的关系。它用八卦的相互交错象征事物之间的相互交错，展示事物在相互交错之中引出的发展变化。比如认为雷具有震动的功能，风具有散发的功能，水具有浸润的功能，火具有烘烤的功能，山具有栖止的功能，泽具有取悦的功能，天具有主宰的功能，地具有容藏的功能，因此用八卦的交错象征雷、风、水、火、山、泽、天地的相互交错，展示事物由交错而引出的发展变化。它还以震象征大地苏醒、万物萌生，象征东方；以巽象征万物齐长、共昌共荣，象征东南方；以离象征光照天下、万物相见，象征南方；以坤象征大地畜养、万物得资；以兑象征中秋时节、皆大欢喜；以乾象征交替时节，象征西北方；以坎象征劳作，劳而成物、万物归藏，象征北方；以艮象征万物最终成就而又重新开始，象征东北方。由此它按着震、巽、离、坤、兑、乾、坎、艮的顺序重叠交替，用以象征万物由萌生到丰茂，由丰茂到成熟，由成熟到收藏由收藏到万物重新萌生的发展变化的过程。

这样一来《易传》的形象思维又向前推进了一步，不但以八卦卦象，八卦象征的八种基本物象为思维素材、思维媒介，而且以八卦象征的引申物象，以引申事物之间关系引发出的种种现象、功能、属性为思维素材和思维媒介，拓展了《周易》形象思维的疆域，大大增加了以《周易》说明世界万物及其发展变化的功能。

3. 以八卦及八卦之间相互关系的象征意义解说六十四卦的象征意义

《易经》的卦象是由八卦两两上下相重而构成的，如乾“䷀”，由两个乾（☰）构成；坤（䷁）由两个坤（☷）构成；屯（䷂）由下震（☳）上坎（☵）构成；师（䷆）由下坎（☵）上坤（☷）构成，共六十四个卦象。易学研究者一般称三画的八卦为经卦、六画的六十四卦为别卦。在《易传》作者看来，别卦的这种构成是通过经卦卦象拆分组合，象征事物的分离交合，展示事物在分离交合中引起的发展变化的。比如《易传》把这种拆分组合分为三种情况：一种是同卦相叠，一种是反卦相叠，一种是异卦相叠，由此引出了种种不同的象征意义。

所谓同卦相叠，指同一个经卦上下相叠组成别卦。这种卦共有八个，即乾（䷀）、坤（䷁）、震（䷲）、巽（䷸）、离（䷝）、坎（䷜）、艮（䷳）、兑（䷹）。《象传》认为：

乾（䷀）由两乾（☰）上下相叠构成。乾（☰）象征天，天上加天仍是一天，所以乾（䷀）仍象征天。天的基本属性是刚健，日夜运行永无休止。所以，君子观乾（䷀）之象，以天为榜样，则勤勉劳作，自强不息。

坤（䷁）由两坤（☷）上下相叠构成。坤（☷）象征地，地下叠地仍是地，所以坤（䷁）仍象征地。地的基本属性是广阔柔顺、容纳万物。所以，君子观坤（䷁）之象，以地为楷模，则修养厚德，容人纳物。

震（䷲）由两震（☳）上下相叠构成。震（☳）象征雷，两雷相叠象征雷相继而作。雷有刑罚的蕴意，相继而作表示惩暴罚恶。所以，君子观震（䷲）之象，以刑罚为警戒，则反身自省，谨慎修身。

巽（䷸）由两巽（☴）上下相叠构成。巽（☴）象征风，两风相叠象征风相随而行。风有教化的蕴意，相随而行象征教令重申，所以君子观巽（䷸）之象，以宣教为己任，则再申教令，遵命而行。

所谓反卦相叠指两个同位爻阴阳相反的经卦上下相叠组成别卦。这种卦也有八个，即否（䷋）、泰（䷊）、恒（䷟）、益（䷩）、未济（䷿）、既济（䷾）、损（䷨）、咸（䷞）。

否（䷋）和泰（䷊）都由乾（☰）和坤（☷）上下构成。否（䷋）是乾（☰）上坤（☷）下，泰（䷊）是坤（☷）上乾（☰）下。乾（☰）象征天，坤（☷）象征地。否卦（䷋）之中乾处上、坤处下，象征天之气不下降、地之气不上升，天地不相交。天地不交则万物不生，是闭塞不通的气象。“否”即闭塞之意。所以，君子观否（䷋）卦之象，则崇尚简朴，退隐避难，不可贪图荣华富贵。泰（䷊）之中乾（☰）处下，坤（☷）处上，象征天气下降、地气上升，天地相交。天地相交则万物丛生，是诸事亨通的气象。“泰”，即亨通之意。所以，君王观泰䷊卦之象，则顺天应时，助民耕桑。

未济（䷿）和既济（䷾）都由离（☲）和坎（☵）上下构成。离（☲）象征火，坎（☵）象征水。未济卦（䷿）是离（☲）处上、坎（☵）处下，象征火在上，水在下。火在上燃烧，水在下流失，是以水灭火未能成功的象征，所以卦名为“未济”。“未济”，即事未成就之意。之所以不能成就，与水火的性能与位置有关，因此，君子观未济（䷿）之卦象，则审慎辨物，调整方位。既济卦（䷾）是坎（☵）处上、离（☲）处下，象征水在上、火在下。水在上而下浇，火在下而上蒸，是以水灭火成功的象征，所以卦名为“既济”。“既济”是事已成就之意。火虽已灭，但隐患须除，所以，君子观既济（䷾）之卦象，则思患之因，防患未然。

所谓异卦相叠，指两个不同的经卦上下相叠组成别卦。这种卦共有四十八个。除了同卦相叠、反卦相叠者外，都属此类。

比如观卦（䷓）。观（䷓）由巽（☴）和坤（☷）构成。巽（☴）象征风，坤（☷）象征地。巽（☴）在上、坤（☷）在下，象征风行于地上。风有教化的蕴意，风行于地上象征教化行于民间。教化行于民间意味着在上者导民行善，导民行善必须了解民情，了解民情则必须省察四方，所以卦名为“观”。“观”，即省察之意，因此，先王观观卦（䷓）之象，则巡视四方，了解民情，推行教化。

又如革卦（䷰）。革（䷰）由兑（☱）和离（☲）构成。兑（☱）象征泽，离（☲）象征火。按卦位，上为外位、下为内位，兑（☱）处上、离（☲）处下，象征泽在外、火在内，即泽中有火。泽本含水，含水则火不能燃，而此时，泽中有火是水已蒸腾，火焚草木之象，表示泽内发生了根本变化，所以卦名为“革”。“革”，即去故更新之意。去故更新须待时而行，所以，君子观革卦（䷰）之象，则创制历法，以明时令。

《易传》以八卦及八卦之间相互关系的象征意义解说六十四卦的象征意义，通过形象之间的各种关系将原本没有内在联系的卦象与卦名、卦辞勾挂起来，赋予了《易经》卦象更为深远的蕴意，把《易经》糅合成了一个象、名、辞、义相互贯通的有机整体。

4. 赋予爻象以种种蕴意

《周易》中的爻“--”“—”在原初的《易经》中究竟象征什么？《易经》

本身没有说明。至《易传》做了明确的解释：

首先，《易传》赋予了爻象以性质的意义，称“--”为阴，称“—”为阳，认为这两个爻象分别象征着各自的性质，而相互之间则存在着性质上的对立和依赖关系。

其次，《易传》赋予爻象以地位的意义，这种意义扩展了《易经》中爻位的内涵。在《易经》中，卦象中的六爻已有位置的名称，从下往上数，六爻的位置分别以“初”“二”“三”“四”“五”“上”表示，在《易传》中这些位置包含了多种象征意义，第一爻由于处在一卦的最下部，所以象征在下，由于是奇数位，与阳爻“—”的数为同类，所以称为阳位，象征是阳爻应该占据的位置。第二爻由于处在下经卦的中间，所以称为中位，象征适中；由于是偶数位、与阴爻“--”的数为同类，所以称为阴位，象征是阴爻应该占据的位置。第三、第四爻处在整个卦象的中间，除了第三爻为阳位、第四爻为阴位外，没有特殊的象征意义，其意义由处在其他位置的爻的影响决定。第五爻由于处在上经卦的中位，所以象征中正、尊贵，是阳位。第六爻由于处在卦象最上位，所以象征极端，为阴位。所谓极端既有最高地位的蕴意，又有途穷回返的蕴意。

最后，《易传》在爻象的性质、地位及相互关系等各种蕴意的基础上，为三百八十四个爻象描绘出了种种景象。这集中反映在《象传》中。比如它认为：

乾（䷀）的初爻为阳爻，是刚强的象征，犹如龙；处在初位，是潜隐的象征，所以此爻表示龙潜于下，不宜出动。

坤（䷁）的初爻为阴爻，是阴气的象征，处在初位，是开始凝结的象征。所以此爻表示阴气开始凝结，顺此以往继续凝结则会结成坚冰。

蒙（䷃）的二爻为阳爻，是男子的象征，初爻为阴爻，是女子的象征；男处上，女处下，是刚柔相配的象征。所以此爻表示男子可以成家。

屯（䷂）的二爻为阴爻，是女子的象征；初爻为阳爻，是男子的象征；阴爻居于阳爻之上，是女子凌驾男子之上的象征，与常规相背。所以此爻表示，女子欺凌男子，出嫁困难，十年之后方能嫁出。

姤（䷫）的上爻处在极高位，前行无路，犹如遇兽以角抵触，陷于困境。

升（䷭）的上爻居最上位，是地位高极的象征。此爻表示，地位极高且孜孜不倦秉烛夜读，以求上进，可以减少贫乏，丰富知识。

如此等等。

《易传》在赋予爻象种种蕴意的过程中，将爻象与爻辞的内容联系起来，一方面消除了爻象通向爻辞之间的障碍，另一方面使爻象爻辞共同融于《周易》整个体系之中，成为其中的一个有机组成部分。这样一来，便完全打通了爻象、爻辞、卦象、卦辞及卦爻象所象征事物之间形象思维往来的通道，构成了《周易》特有的形象思维的逻辑。

三、易学的形象思维

以形象来表达意念和义理是形象思维的基本特征。但形象和意念或义理谁是根本的或第一性的？汉代之后，易学家们就象与意的关系问题展开了争辩。

或者主张象生于义，如魏晋时期的王弼。王弼注重卦的义理，因此在解说《易传》“易者象也”一句时提出了义为原本、象生于义的观点。他说：“夫易者象也。象之所生，生于义也。有斯义然后明之以其物。故以龙叙乾，以马明坤，随其事义而取象焉。”认为有某卦之卦义，方有某卦所取之物象，如乾坤两卦：乾含刚健之义，所以才用龙象来象征之；坤含柔顺之义，所以才用牝马来象征之。在王弼易学中，形象思维占据很次要的地位。

或者主张假象以显义，如宋代的程颐。程颐与王弼一样，在易学研究中重视义理，同时认为要将《易》中的义理表达出来则需要借助于卦象、爻象。在这里形象思维成了求取义理的途径。

或者主张因象以求义，如宋代的张载、明清之际的王夫之。张载和王夫之特别注重象与义的联系，认为没有象外之意，也没有无意之象，某种象必须表达某种观念。

在易学的发展过程中，将形象思维推向新的层次的是易图学。易图学打破了原有《易经》卦象、爻象的符号系统，用图象来蕴含和表述事物之间的关系及其运动变化情况，从而在《周易》系统形象思维王国里演绎出一种特殊的形象思维样式，亦即易图思维。

易图是用以解说《周易》内蕴而画出的图像，比如《八卦方位图》《卦气图》《河图》《洛书》《太极图》《阴阳鱼图》。

易图思维，指根据易图不同部位，不同符号及其相互之间的关系构想事物相互之间的关系以及由这些关系造成的事物发展变化的思维方式。

比如《阴阳鱼图》在一个圆圈中卷缩着两个黑白有别、首尾相衔、环抱一体，塞满圆圈的鱼，而每个鱼的圆眼之间又包含着两个黑白有别、首尾相衔、环抱一体、塞满圆眼的鱼，以此类推以至无穷。整个图形简捷而明晰，其中却蕴含着作者一定的想象和意念，并且能够蕴含观者更为丰富的想象和意念。择要而言，图的外圈可以表示整个宇宙，因为宇宙混沌一体，无边无际，极而复返，循环无端，只有用圆来象征；圆中黑白两色可以表示天地相分，阴阳相分，一中有二，一分为二；鱼眼中又是一个《阴阳鱼图》，以此类推，以至无穷，可以表示宇宙至小无内，当然反过来又可体会宇宙的至大无外，把外圈当成更大阴阳鱼的鱼眼；二鱼环抱一体，大头细尾，相衔相续，给人以首尾交替，游动不息的感受，可以展示宇宙内部的天地、阴阳运行不息、循环交替。如此等等，以一蕴万，以静显变，人们循其图像而引发思考，生出种种体会和感受来。这是易图思维的特征。

四、形象思维的特征及影响

形象思维在整个过程中以形象为思维媒介，虽然它可以在头脑中拆卸、组装原有形象的印象，从而创造出新的形象，体味出新的意境来，但由于它不脱离形象去认识事物、把握事物，因此往往将认识停留在事物的表面或事物外在的联系上，难以认识事物的内质和事物之间的共性。比如我们来到从未涉足的民族区域，见到当地人在载歌载舞。他们的动人歌喉和婀娜舞姿可以震撼我们的心，激荡我们的情，使我们伴随他们的情感而游荡回旋，甚至引起我们的回忆或向往。但是如果不进行语言交流，不从种种情绪，舞姿中进行抽象、分析，只在形象里打圈子，就不能了解他们激情的来源、歌舞的原由，也不能了解他们声乐的内涵和舞姿的意义，亦即得不到理性的认识。

不过在形象思维的领域中却有言语难以涉入、难以表达的意境，特别是在体悟和感受艺术形象时更是如此。因为人类的语言是有限的，人类的情感是无限的，有什么样的境遇，就会产生什么样的情感。情感自然流露就形成表达情感的形象，而有限的语言要完全表达出无限的情感产生出来的无限形象，是不可能的。正因如此，以形象思维来理解情意就成为人类不可缺少的方式，而且是一种以语言为媒介的理性思维不可完全替代的方式。

《周易》和易学的形象思维是形象思维中的一种特殊类型，除了具备一般形象思维的特征外，又有自身的特点。它以爻象、卦象和易图为诱发思维的放射源，以自然界及人类社会具体事物形象在人的头脑中的印象为思维的媒介，将爻象、卦象、易图与头脑中的印象对照起来，构成一种双轨照应型的思维模式。因为爻象、卦象及易图的形象及其变化是有限的，因此形象思维的范围便受到了局限。为了满足算卦的需要，就必须突破这一局限去进行自由联想。然而突破爻象、卦象和易图的局限去自由联想又会失去与《周易》外在形式的关系。解决这一矛盾的途径，便是赋予爻象、卦象和易图越来越多的含义，使爻象、卦象和易图的蕴意越来越丰富，从而促进了易学形象思维的发展。

形象思维，特别是其中的图像思维方式，对中国的美学、文艺理论发生了深刻的影响，认为上等的艺术品不是对某种实物的摹写，其中一定会体现创作者的意境。任何造型艺术都要体现某种思想境界。中国的绘画和书法表现得最为突出。

形象思维虽然在整个思维过程中都贯穿着具体的形象及形象的变化，但是其中却蕴含着理性的活动。它是以形象为媒介，理性、价值观念和情感因素相互交融的动态过程，熔真、善、美于一炉，形成了中国人思维方式的一大特色。由于它的局限性，它不能代替逻辑的和辩证的思维方式，否则将阻碍科学思维的发展。

第四节　逻辑思维

逻辑思维，指遵循形式逻辑的法则思考问题、认识事物的思维方式。

形式逻辑思维的法则有许多，《周易》及易学的形式逻辑思维主要表现在三个方面，即分类、类推和思维形式化。

一、分类

分类，在《易经》中已有萌芽。比如爻象、卦象、爻辞、卦辞，各有自身的功能，相互之间存在固定的限界，分别成为一类，而爻象、卦象、爻辞及卦辞内部又分为吉、凶、悔、吝等不同的类别。发展到《易传》，不但用类的观点观察和分析《易经》，而且将这种思维方式总结出来，形成了自觉的观念。比如睽卦《彖传》说“万物睽而其事类”；乾卦《文言传》说万物“各从其类”；《系辞传》说“方以类聚，物以群分，吉凶见矣”。意思是说，万物相别，而其运动变化却有同类者；万物各自都顺从其类；天下之物同类相聚，以群相分，从而显示出吉凶祸福。认为天下的事物虽然各有各的特性，但是又具有相同之处，相同的事物相聚为一类；类与类又有区别，各自根据本类事物的属性和境遇展现出吉凶与祸福等不同的趋势和结局。在这里，《易传》作者推断事物的趋势与结局，依据的是事物的类属性及其境遇，将类属性作为事物发展变化的内在根据，而将境遇作为事物发展变化的外在条件。

《易传》认为，类是事物之所以可以相互沟通的纽带，一个事物与另一个事物本来是相互区别的，所以从事物的名称到事物的性质都各守其界，不得逾越，但从同类的角度来看，一个事物与另一个事物又相互沟通，可以逾越，由此可以由一个事物旁及另一个事物，推断另一个事物。

《系辞传》以这样的观念解释《易经》中的卦名及卦辞、爻辞中事物之名，它说：“其称名也，杂而不越。于稽其类，其衰世之意邪？”“其称名也小，其取类也大，其旨远，其辞文，其言曲而中，其事肆而隐，因贰以济民行，以明失得之报。”意思是说：卦辞、爻辞中涉及的事物名称虽然复杂多端，但各有其自身的规定性，不相混淆。之所以不相混淆，因为它们分别属于不同的类。考察其类别，可以判断吉凶。卦辞、爻辞中涉及的事物名称，虽说只是指某一具体的事物，但它代表的那一类事物却很广泛。由此，卦辞、爻辞所讲的事物，其意义不限于此一事物，可以旁及其他事物。其所言之事虽然是偏僻小事，但切合事理，虽然谈的事迹都很显见，但其中蕴意却很幽深。正因如此，人们根据卦辞和爻辞，可以解除疑惑，预知吉凶。而这一切之所以可以通行，原因皆在于同类，亦即触类而旁通。

《说卦》传也以这样的观念解释《易经》中的八卦卦象和卦名。它以八卦代表自然界中八大类事物的类属性，如乾卦的性质为刚健，其包括的物象有天、君、父、马、首、圆等；坤的性质为柔顺，其包括的物象有地、母、牛、布、釜、车等；震卦的性质是震动，其包括的物象有雷、龙、足、路、马、竹等；巽卦的性质为介入，其包括的物象有风、鸡、腿、木、工匠、长女等；坎卦的性质为下陷，其包括的物象有水、沟、豕、月、盗、陷车等；离卦的性质为光明，其包括的物象有火、日、月、雉、电、蟹等；艮卦的性质为静止，其包括的物象有山、手、狗、鼠、狼、石等；兑卦的性质为愉悦，其包括的物象有泽、舌、口、羊、妾、少女等。根据八卦各自的类属性，将一事物的发展变化情况及吉凶祸福结局推衍到同类的其他事物身上。

易学史上的义理学派特别注重类的观念，将它作为《周易》推测事物的逻辑依据。

魏晋时期的易学家王弼在《周易略例·明象》中曾说："是故触类可为其象，合义可为其征。义苟在健，何必马乎？类苟在顺，何必牛乎？"其意是说，《周易》中的卦象如乾、坤等，都具有一定的内涵，其内涵是一类事物的共同属性，也是《周易》之象用以表达的蕴意。设象是为了表达其蕴意，只要能揭示其中的类属性，揭示卦象的内涵，则不必局限在卦象上。比如乾卦的蕴意为刚健，刚健是乾卦所代表的一类事物的共性，只要能揭示刚健之义就行，不一定非要以马作为乾卦象征之物，马可以，天可以，凡是蕴含刚健之义的一类事物都可以作为乾卦的象征之物。又如坤卦的蕴意是柔顺，柔顺是坤卦所代表的一类事物的共性，只要能揭示柔顺之义就行，不一定非要以牛作为坤卦象征之物，牛可以，地可以，凡是蕴含柔顺之义的一类事物都可以作为坤卦的象征之物。在这里，王弼注重的是《周易》卦象中含的蕴意，这个蕴意就是指卦象象征的一类事物之共性，即类属性。

南宋易学家朱熹也持这种观点。他在解说同人卦《象传》"类族辨物"时说："如牛类是一类，马类是一类，就其异处，以致其同。"（《朱子语类》卷七十）其意是说，事物皆有类属关系，类属关系是不同事物的相同之处。他主张异中求同。在他看来，这个同便是一类事物的本质、事物的道理，也是由一事物推导出另一事物的桥梁。

宋代的学者邵雍也重视分类，他说："别生分类，圣人成能。"并按照一分为二、二分为四、四分为八的程序前后将宇宙中的事物分为两大类、四大类、八大类，如太极分出天地两大类，天地又分出阴阳刚柔四大类，阴阳刚柔又分出日月星辰石土火水八大类，认为母类和子类相互蕴含。

分类，是形式逻辑思维中最基础的形式，正因为如此，它在人的理性思维过程中具有启智发蒙的作用，在人类认识客观世界的初始阶段，世界在人的头脑中是一片朦胧。随着人类智能的提高，世界在人的头脑中渐渐清晰起来，化作一个个的单个事物。它们是形象、用途各不相同的具体事物，比如看见太阳是炽热的明亮物体，月亮是阴冷的明亮物体，而星星在太空中各不相干地眨着眼睛。这个时候，可以说人对世界有了认识，但却是极其简单、极其表面的认识，至于事物之间的相互关系，在人的头脑中还没有展现出来。只有在对每个个别的具体的事物具有了分析的能力，除了对每个事物有整体的统一感受和认识之外，对事物的性质、性能、形象、功用等又有了进一步分解的认识，才可能从不同事物中抽取出局部的类同之处，从而寻找出异中之同，划分或聚合成一类。比如说，太阳在发光，月亮在发光，星星也在发光，知之长久才可能把“发光”的特征从三种东西中抽取出来，作为太阳、月亮及星星的共同属性，从而把三者归为同类，称之为发光的天体。至此，才可以说对事物有了剥表入里的初步认识。它既标志着人类思维能力的进化，标志着人类认识的深入，又标志着人类理性认识的开始，标志着人类对事物由表及里认识的起步。类观念的产生及类观念在认识实践中的使用，正是这一思维深化的结晶。分类的思维形式是初级的认识形式，又是人类深入进行理性认识的必要前提。这在《周易》和易学中已经显示了出来，这便是以类属性为事物之义理。

二、类推

类推是指把一个事物的类属性推及同类的另一个事物身上，以求对另一种事物有所认识的思维形式。它是分类思维形式的继续和深化。

类推在《易经》成书之时便已存在于编著者们的头脑之中，虽说《易经》本身没有记载，但是《易经》用以算卦的方法却贯穿着类推的思维形式，因为用《易经》算卦离不开用卦辞和爻辞记述的事情去推测来事吉凶的过程。这便是类推的过程。比如《左传》所记周史用观卦六四爻辞“观国之光。利用宾于王”推测陈侯后代有国而朝于王。

《易传》对这种思维形式做了概括，说“夫易，彰往而察来”“蓍之德圆而神，卦之德方以知”“神以知来，知以藏往”。“往”，指卦辞和爻辞所记述的往事；“来”指将要发生的事，亦即算卦求问的事。认为《易经》用蓍草算卦是依据以往验证之事来推断所问未来之事。以往验证之事所以能作为依据去推断未来求问之事，那是因为《周易》编著者认为，它们是同类事物。同类事物异中有同，所以可以从一个事物的类属性推出另一个事物的类属性。朱熹将这种方法称之为“推类旁通”。《朱子语类》卷七十五记载他的话说：“一卦之中，凡爻卦所载，圣人所已言者，皆具已见的道理，便是藏往；占得此卦，因此道理以推未来之事，便是知来。”意思是说，《易经》的卦辞、爻辞所记载的事，是过去圣人所经验的事，这些事不单单是一件事，其中包含着圣人已经体认出的道理。这便是《易传》中所说的“藏往”。算卦时求得一卦，根据此卦包含的道理推出求问的未来之事，便是《易传》中所说的“知来”。朱熹所说的“道理”，便是往事和来事中共有的类属性。所以从藏往而达知来的认知过程，便是根据往事与来事中共有的类属性进行推理的思维过程。这一过程的思维方式便是类推。比如一人求问攀登险峰是否平安无事，算卦时求得了益卦，其卦辞说“利有攸往，利涉大川”。依据“利涉大川”推出登山可以平安的结论。这一推论也就是把涉大川与登险峰视之为同类事物。同类事物，其类属性相同，其道理相同，因此可以相互印证。

近代学者严复将《周易》中包含的类推法称之为“外籀”，亦即形式逻辑中所说的演绎法。他在《天演论自序》中对这种方法做了解释，说：“据公理以断众事者，设定数以逆未然者也。”所谓“公理”和“定数”，皆指同类事物中共有的类属性；所谓“众事者”和“未然者”，皆指求问的来事。“据公理以断众事”“设定数以逆未然”，就是根据已知之事及其包含的类属性推知未知之事。

《周易》类推思维方式也表现在卦象的逻辑结构和以蓍草组合以求卦的过程中。《周易》求卦的方法具有一定的逻辑结构。卦象的基本要素为奇“—”、偶“--”两爻。按照三画重叠，必然导出八个图像来，而不是七个或九个，这就是八卦。按六画重叠，必然得出六十四个卦象来，这是数学中的演绎法则即排列组合法则决定的。《系辞传》对此解释说：“八卦而小成，引而伸之，触类而长之，天下之能事毕矣。”意思是说，从八个经卦卦象引而申之，则形成六十四个别卦卦象。它把引申说成是“触类而长之”，也就是说这种引申的纽带是类推的思维方式。

类推的思维方式是建立在分类基础上的初步的理性思维方式。相对于思不离象的直观思维和形象思维而言，它是较为深入的一种认知手段，已经可以从具体的形象中抽取出共相，并通过共相去认识新的事物。这种认识已经不完全停留在事物的表面，它走过“具象—抽象—具象”的曲折道路，对新事物的认识比纯粹的直观思维和形象思维来得深刻。之所以说它深刻，是因为它已经进入了理性思维的领域，尽管仅仅是初步和起始，但毕竟已经开始超越形象，捕捉形象背后的类属性或道理，已经开始用形象背后的类属性或道理去理解未知的事物。不过在《周易》的运用过程中，类推的思维方式往往会出现偏差，原因在于运用者牵强附会或者把本非同类的事物当成同类看待，或者用同类事物中非类属性进行类推。这正展示了作为算卦书的《易经》本身所带有的非科学性。

三、形式化

形式化，指仅仅注重思考问题所遵循的思维形式，不及所思问题具体内容的一种思维趋向。这种思维趋向的特点是在思维的过程中，逐渐形成一定的、相对稳定的法则或公式，以此公式去限定思维的定向，衡量思维的得失，而不涉及所思问题在实际中的情况。用逻辑学的语言说，那就是只管对错，不管真假。所谓对错，指思路是否符合思维法则和公式；所谓真假，指所思考的事物是否与实际相符合。这是形式逻辑思维的一大特征，至近代，发展成为符号逻辑学。

思维形式化在《易经》中已有体现，这便是爻象、卦象以及爻象、卦象之间形式的变化和联系。六十四种卦象，都由奇“—”、偶“--”两个爻象组成，而两个爻象由六重相叠形成六十四种不同的符号。这整个的符号系统包含着一定的逻辑结构，虽说这种结构象征着自然界和人类社会的变化逻辑，但却并不涉及自然界和人类社会的具体事物，它仅仅是奇“—”、偶“--”二爻按六重相叠，排列组合的形式展示。这正是思维形式化的一种表现。

《易传》对《易经》思维的形式化做了概括，点明了《易经》采用的思维形式化的媒介是“象”，并认为爻象和卦象及其相互关系是自然界和人类社会中事物发展变化普遍趋势的一种抽象，它普遍适用于任何事物，而不局限于某一个具体事物的具体内容。比如《系辞传》解释卦象说：“圣人有以见天下之赜，而拟诸其形容，象其物宜，是故谓之象。”“易者，象也。象也者，像也。”认为天下事物十分复杂，所以以卦画为其象征，即以卦象这种符号作为万物的性质以及变化过程的标记。如万物都有阴阳两种性质，所以用奇“—”、偶“--”两个符号表示。如事物的变化都有通顺和闭塞等情况，并不限于某种具体的事物，所以用泰卦卦象（☷☰）表示一切事物的通顺，以否卦卦象（☰☷）表示一切事物的闭塞。在《易传》看来，六十四卦的卦象不是某些固定事物存在形态和发展变化的象征，而是一切事物存在形式和发展变化的共同象征、抽象公式，因此可以适用于各种具体事物的物象。

易学思维的形式化表现在对算卦方法的解释中。《周易》算卦遵循“彰往而察来”的类推方法，但要使类推有效，往、来二事则必须是同类。如果将《易经》中卦爻辞所记之事作为一个具体的事，则难以与求问之事一一对应、划为同类。为了将求问之事纳入卦辞、爻辞所记之事的同类之中，就须将卦辞、爻辞所记之事抽象化，视其为预测来事吉凶的公式。这样才能赋予其无限的灵活性和包容性，才能对所问之事做出各种各样的判断。基于这个道理，宋代学者程颐说：“不要拘一，若执一事，则三百八十四爻，只作得三百八十四件事，便休也。”（《遗书》卷十九）所谓“不要拘一”，就是不要就事论事，把卦辞、爻辞所记之事只当成一件事。程颐认为，如果只当成一件事，《易经》中三百八十四条爻辞只能说明三百八十四件事，根本不能起预测来事的作用。“不要拘一”，也就是要把每一个爻辞和卦辞所记之事当成一类事物的共同象征，使之具有与任何求问之事都相照应的功用。这样一来，爻辞与卦辞所记之事便成了一个形式、记号，成了一个不涉具体事物内容的框架。所以朱熹说“易只是个空底物事”，即《易经》的卦辞、爻辞仅只是一个空套子，可以套在各种有关的事物身上，从而进行类推。

思维的形式化是人类对自己思维进行自觉研究的基本趋向，它是形式逻辑的基本特征。形式化的结果，形成了人们正确思考问题必须严格遵守的诸多逻辑法则或逻辑规律，如矛盾律、同一律、排中律，等等。这些法则和规律，由于脱离了具体事物的内容，所以只能规范人们的思路，而不能起到保证所思事物符合实际的作用。比如按照正确的推理法则进行推论，由错误的前提可以推出错误的结论。

在《周易》及易学研究中，所谓思维形式化，并没有形成对思维进行研究的专门学问，而仅只是在思维中自然显露出来的一种倾向，它出于《易经》算卦功能的需要，也出于解说《易经》算卦功能的需要。所以，在这里，思维形式化是自在的，而不是自为的，只是一种思维倾向，而不是一种逻辑学说。虽然如此，它却表现出人类思维功能的提高，展示出人类由具体的形象思维向抽象的理性思维迈进的足迹。

分类、类推和思维形式化，在《周易》中是结合在一起的，是其形式逻辑思维的三个不同的层次。这种思维形式或倾向，对中国古代文化的发展有很大影响。中国古代的逻辑学说称为名辨学说，在战国时间颇为兴盛，但到秦汉之后则销声匿迹，人们关于逻辑思维能力的训练，大都是通过对《周易》经传的研究和解释来实现的。

第五节　辩证思维

所谓辩证思维，是指以运动的、变化的、联系的观点认识事物的思维形式。

辩证思维是《周易》及易学研究中蕴含的最为突出、最为系统、最为丰富、最为珍贵的一种思维形式，成为《周易》及易学研究的显著特点之一。就其内容而言，大体上可以归纳为三个方面。

一、变易思维

变易思维，是从变化的观点考察一切事物的思维方式。

《周易》是模拟事物的变化而创制的，自身充满了变化，之所以称之为“易”，也包含变易的意义在其中。

《周易》中的变易观念表现为三个层次：一是卦象及爻象的变化；二是卦

象、爻象所象征的人事吉凶的变化；三是卦辞、爻辞借以表示的自然现象的变化。

1. 卦象、爻象的变化

在《周易》中，卦象是可以变化的，这种变化通过爻象的变化来实现，由此，一卦的卦象则变为另一卦的卦象，变化成了两卦卦象乃至于所有卦象相互联系的纽带。比如八卦中的乾卦卦象为 ☰，最下爻由阳爻“—”变为阴爻“--”后，则化为异卦卦象“☴”；第二爻由阳爻“—”变为阴爻“--”后，则化为离卦卦象“☲”；第三爻由阳爻“—”变为阴爻“--”后，则化为兑卦卦象“☱”。第一爻和第二爻同时由阳爻“—”变为阴爻“--”后，则化为艮卦卦象“☶”；第二爻和第三爻同时由阳爻“—”变为阴爻“--”后，则化为震卦卦象“☳”；第一爻和第三爻同时由阳爻“—”变为阴爻“--”后，则化为坎卦卦象“☵”；三个爻同时由阳爻“—”变为阴爻“--”后，则化为坤卦卦象“☷”。这样一来，八卦卦象虽然各自有所象征，但相互之间却存在着联系，这种联系通过爻的变化来实现，从而反映出人事及自然界事物的变化和联系。六十四卦的情况也是如此。

2. 人事吉凶的变化

用《周易》算卦，本来是为了预测人事的前途及结局。可是从《周易》中寻找的答案却不是绝对的，固定的，而是根据条件的变化而变化。因此结局便成了相对的变化的。比如坤卦卦辞说：“元亨利牝马之贞。君子有攸往。先迷后得。主利。西南得朋。东北丧朋。安贞吉。”《易经》的编者以此告诉求卦者所求之卦是吉利之卦。但是所谓吉利是有条件限制的，结局好坏要依条件的变化而变化。首先一个条件是它所谓的吉利仅指出门外游之事，用其求问其他事可就难说了，这可以从“君子有攸往”之语悟出；其次是只以骑牝马出门才可吉利，不骑牝马可就难说了，这可以从“利牝马之贞”之语悟出；再次是出门之后有一个由不太顺畅向吉利的变化过程，这可以从“先迷后得主”之语悟出；最后是只有向西南方向走才吉利，而向东北方向走则不利，这可以从“西南得朋。东北丧朋”之语悟出。“变化”这是《周易》言及人事时特有的基本精神，吉凶随事而变，悔吝应时而呈，这是用《周易》预测人事时使用的基本技巧。

3. 自然现象的变化

《周易》的卦辞和爻辞记述了很多自然现象，这些自然现象大都处在变化之中，反映出记录者的变易观念。比如大过卦的爻辞说“枯杨生华”，离卦的爻辞说“日昃之离”，泰卦的爻辞说“无平不陂，无往不复”，意思是说，枯槁的杨树又长出了枝叶，太阳偏西出现了彩虹，没有无坡的平地，没有往而不返的事情。事物都处在变化的过程之中。《易传》作者认为，所谓算卦，就是观察变化的趋势，推求变化的结果。所以《系辞》说“动则观其变而玩其占”，所谓“占”就是用蓍草算卦；又说“知变化之道者，其知神之所为乎”，意思是说，《周易》讲的变化之道，就意味着阴阳变易神妙不测。

《易传》和易学研究者沿着《易经》的变化观念继续引申，提出了一系列有关变化的观点：

其一是变化日新。所谓变化日新，包含双重意义：一是说变化永无休止，每时每刻都在进行中；二是说伴随着变化的是新事物的不断出现和旧事物的不断消失。《系辞》说：“日新之谓盛德，生生之谓易。”认为每日产生新的事物是大自然的最高尚品德。不断有所更新，这才是所谓的变易。《系辞》还认为，事物的存在和发展，只有不断变易，方有出路，所谓“穷则变，变则通，通则久”，而且爻象和事物的变化总是经历从渐变到突变的过程，所谓“化而裁之谓之变”。变又有变革之义。所以革卦《彖》传说“天地革而四时成，汤武革命顺乎天而应乎人”，视变革为事物发展的规律之一。不仅如此，还认为事物的变易永无穷尽之时。《序卦》传说：“物不可穷也，故受之以未济终焉。”意思是说，事物的变化是没有穷尽终了的，所以按《易经》六十四卦的卦序排列，最后一卦是未济，表示没有终了之意。

变化日新的观点为汉代之后的许多易学学者所发挥，比如汉代易学大师京房以阴阳变易为《周易》的基本法则，认为阴阳二气相互更迭交替永无休止之时，这种交替展示出了新生事物的不断出现，所以称之为“易”。这种观点发展到明末清初，学者王夫之提出太虚本动和变化日新的学说，认为宇宙永远处于运动和变化的过程中，而且不断推陈出新。只有日日推陈出新，才能使世界上的事物越来越丰富。

其二是阴阳流转。所谓阴阳流转，是指阴阳两个相反的方面不断更迭交替，从而引发事物的变化发展，比如《系辞》传说“刚柔相推，变在其中矣”；又说“一阖一辟谓之变，往来不穷谓之通”;《彖》传说“君子尚消息盈虚，天行也”。无论是阴阳，还是刚柔，阖辟、往来，都是指性质相反的两个方面、两种东西。在《易传》看来，性质相反的两个方面或两种东西，总是处于相互推移的过程。汉代易学家称这种变易形式为阴阳消息，朱熹则称其为阴阳流转。在《周易》学者看来，在阴阳流转过程中，对立的一方发展到了极点，再往前进便要向相反方面回转。如《文言》解释乾卦上九爻辞说:“亢龙有悔，不可久也。”后来的易学家将此解释为“物极则反”或“物极必反”。

物极必反的观点具有重要的实践指导意义。它一方面告诉人们办事情要掌握一定分寸，不要过头，以免引起相反的结果；另一方面告诉人们在顺利的时候需要保持清醒的头脑，创造条件保持优势，防止向相反的方面转化。遵照这一思路,《系辞》传提出“安而不忘危，存而不忘亡，治而不忘乱”的警句，对后世很有启迪作用。

其三是阴阳不测。所谓“阴阳不测”是指阴阳爻象和事物对立的两个方面更迭、交替所产生的变化千姿百态，难以揣度。在《周易》及其研究学者们看来，阴阳相互更迭、交替引发事物的发展变化，这本身是一种常规，是可以把握、可以揣度的。但它们呈现出的具体形式和变化过程，又是多种多样、不拘一格的，所以又是难以把握、难以揣度的。《易传》把变易的这一特征称之为“神”，所谓“神无方而易无体”“阴阳不测之谓神”。这种观点，后来被王夫之阐发为事物的变化既存在着必然性，又存在着偶然性；既有确定性，又有不确定性。承认事物变化形式的多样性和变化过程的无限性，成为易学辩证思维的一个重要组成部分。

二、相成思维

相成思维，是以相互联系、相互依赖、相济互补的观点看待对立的两个方面或对立的两种事物的思维方式。此种思维方式，被称之为“相反而相成。”

依照这种思维方式，世界上任何相互对立的两个方面或两个事物都不是孤立存在的，也不可能孤立存在。其中的一个方面或一个事物虽然与另一个方面或另一个事物是对立的，但又以对立面或对立事物作为自身存在的条件或前提。对立的双方共同构成一个统一的事物。如《系辞》所说“阴阳合德而刚柔有体”,《周易》的研究者也正是按照这种思维方式理解《周易》及其象征的客观事物的。

首先,《易经》的基本符号是奇“—”与偶“--”。奇与偶是相互对立的,但作为《易经》的基本要素,又是不可分割,不可独立存在的,否则的话便构不成《易经》的卦象,也就不成其为《易经》的要素了。二者之所以能构成八卦和六十四卦象,一方面是因为它们是相异的,对立的,而另一个方面则又因为它们是互补的,配合的。

其次,《易经》的八卦及六十四卦也是成双成对的,比如八卦中的乾 ☰ 与坤 ☷ 相对,震 ☳ 与巽 ☴ 相对,坎 ☵ 与离 ☲ 相对,艮 ☶ 与兑 ☱ 相对;六十四卦中的泰 ䷊ 与否 ䷋ 相对,既济 ䷾ 与未济 ䷿ 相对,等等。每双每对不仅表现在卦象的对立上,而且表现在卦象所象征事物的对立上,然而这种对立本身又包含相互补充、相互接济、联合一体、共同发挥作用的意义。比如乾 ☰ 与坤 ☷,从卦象而言,每一爻都是奇“—”偶“--”相互对立的,而就其象征的事物而言,前者为天,后者为地,前者呈现阳刚之性,后者呈现柔顺之性。这是相对的方面。然而天以四季变化生长万物,地以水土营养成就万物,独天不生,独地不成,天地相互配合才能使万物萌生,成熟乃至于繁衍发展。这便是相成的方面。

再次,《易传》将《易经》中的相成思维做了概括,使之带有了理论色彩。比如坤卦的《文言传》说“坤至柔而动也刚,至静而德方”,泰卦《彖传》说“天地交而万物通”,乾、坤两卦的《彖传》说“乾元资始”“坤元资生”,《说卦传》说“乾以君之,坤以藏之”“水火相逮,雷风不相悖,山泽通气,然后能变化既成万物也”,都是把柔与刚、动与静、天与地、乾与坤等视为既对立,又互济的两种物象,认为对立双方的相配相济既是卦象也是卦象象征事物的共同法则。《系辞传》把这一情况概括成一句话,即“一阴一阳之谓道”。意谓对立的两个方面既相推移,又相辅助,不可偏废,是自然界一切事物遵循的法则,也是自然界一切事物繁衍发展的缘由。

最后,从事《周易》研究的学者进一步发挥了这一思维方式。比如汉代易学据此提出了飞伏说,认为阳性背后隐藏着阴性,阴性背后隐藏着阳性,阴阳二性虽说相互对立,但却不能截然分离开来。北宋的邵雍认为阴为阳之基础,阳为阴之发扬，阳去则阴衰竭，阴尽则阳消减，阴中有阳，阳中有阴。张载提出“阴阳兼体”说，认为事物变化的过程总是兼有对立的双方，一阴一阳，缺一不可，所谓“欲一之而不能”(《正蒙·参两》)。南宋的朱熹认为事事物物中各有阴阳，而阴阳之中又各生阴阳。明代之后出现一种阴阳鱼图，以一大圆圈之内黑白两色的鱼代表宇宙之内的阴阳对立的两个方面，但黑鱼画有一个白眼，象征阴中包含有阳，白鱼画有一个黑眼，象征阳中包含有阴。而黑白眼中又各包含阴阳两鱼，以此类推，以至无穷，表明阴阳相对相蕴、相辅相成，永无止境。明清之际，王夫之对此种思维加以总结，又提出了“阴阳协合为一”说，认为阴阳虽有差异，但并不相舍相离，相毁相灭，而是相合相济，相因相通，协合为一，从而构成万物的本体。

在《周易》与古代易学研究者们看来，相互对立的两个方面相互补充、相互接济，不但是客观世界自然而然存在的一种方式，而且是客观世界和谐存在的前提。乾卦《彖传》说:“保合太和乃利贞。”“太和”即高度和谐的境地。此是说，乾卦六爻皆阳，各有其规定性。如果各逞其刚强，相互侵犯，六爻皆不能自保。如果容纳阴柔成分，做到刚而不暴，即进入太和境地，方有利于正常发长。所以历代易学皆以太和为变化的最高准则，如王夫之所说:“天地以和顺为命，万物以和顺为性。”易学中的和谐观，对中国的哲学、政治、地理、医学、美学和文学艺术起了深远影响，成为中华文化的一大特色。

三、整体思维

整体思维，是以普遍联系，相互制约的观点看待世界及一切事物的思维方式。这种思维方式不仅把整个世界视为一个有机整体，认为构成这个世界的一切事物都是相互联系相互制约的，而且把每一个事物又各自视为一个小的整体，除了它与其他事物之间具有相互联系、相互制约的关系外，其内部也呈现出多种因素、多种部件的普遍联系。

整体思维在《周易》及易学研究中有比较充分的体现。

首先，《周易》自身在形式上有一个完整的体系。就卦象和爻象来说，卦象是由爻象组成的。八卦由奇（—）偶（--）两爻象三重构成，自成一个体系；六十四卦又有八单卦推衍而成，自成一体系。也就是说，《周易》卦象自身的逻辑结构是一个圆满的整体，不是一个残缺不全、随意可以增减的符号形式。不仅如此，八卦与六十四卦的爻象又是各卦之间的联系纽带，爻象的变化引起卦象的变化，由一个卦变成另外一个卦。如乾卦（☰）的最下一爻由奇（—）变为偶（--），则使乾（☰）变成巽（☴）；乾卦（䷀）的最下一爻由奇（—）变为偶（--），则使乾变成姤（䷫）。也就是说一爻的变化不仅仅是一爻自身变化，而且造成了整个卦象的变化，造成了整体卦象象征事物的变化。卦象、爻象在《周易》中是普遍联系，相互制约的。

其次，《易传》以普遍联系、相互制约的观点解释《易经》。比如《序卦传》认为《易经》中的六十四卦不是杂乱无章的，它有一定的排列顺序。宇宙中先有天地，然后才生出了万物，因此象征天地的乾坤二卦，列在六十四卦之首。充满天地之中的是万物，所以乾坤二卦之后继以屯卦。“屯”是盈满的意思。屯又具有万物初生的意义，所以屯卦之后继之以蒙卦。“蒙”是萌生的意思。万物萌生需要营养，所以蒙卦之后继之以需卦。“需”是供给需求的意思。如此等等。不管《序卦》传所说的卦序之间的联系是否牵强，在《序卦传》的作者眼里，六十四卦是一个或相反或相因的前后相联系的因果系列。此外，《易传》解经提出爻位说，视一卦为一整体，用普遍联系、相互制约的观点解释卦象和爻象的意义。比如将一卦六爻分为三部分，称为“三才”，上两爻为天，下两爻为地，中两爻为人；认为此三部分，一方面各有其规定性，另一方面又相互影响，不可分离。如《说卦》所说：“昔者圣人之作易也，将以顺性命之理。是以立天之道曰阴与阳，立地之道曰柔与刚，立人之道曰仁与义，兼三才而两之，故易六画而成卦。”按此说法，是以一卦象征宇宙整体，以卦中六爻分别象征天、地、人，认为各有其遵循的法则，但又同受一共同法则即“性命之理”的支配，后来历代易学家皆以三才说解释人与自然的关系，导出了人与自然相互影响和相互依存的结论。

在《易传》的解释中，同一个性质的爻所处的位置不同，其象征意义也不同，体现出事物与其所处的位置之间的联系；一个爻的性质及位置不变，其邻近各爻的变化也引起此爻象征意义的变化，体现出事物与其他事物之间的联系，以夬卦（䷪）为例：

夬卦（䷪）由乾（☰）和兑（☱）组成。《彖传》认为：乾象征天，象征刚健；兑象征泽，象征和悦。从整个卦象来看，五个阳爻在下，一个阴爻在上，象征刚健一方占绝对优势，可以对阴柔一方起决定作用，因此卦名为“夬”。“夬”即决定之意。虽然刚健一方占绝对优势，但因具有和悦之性，所以对阴柔一方采取既统领又友好的态度。然而，最上位的阴爻又象征阴险小人，其他五爻又象征刚直君子；小人处于最高位，象征朝廷受小人左右；众君子处于小人之下，象征君子顺从小人之意。小人左右朝廷，诸多君子听从号令，整个朝廷具有极大危险。在这种情况下，边防出现战事则不利于对外作战，只利于派人出使、调停。之所以调停为吉，是因为第六位的阴爻处在最末之位，是穷途末路的象征，而其他五位阳爻由下而上，是生长兴旺的象征，表示事物发展会出现小人消亡而君子满朝的前景。用调停延长时间，以待变化，所以为吉。

由此可见，《易传》在解释卦象和爻象之时，不是孤立地看待一卦、一爻，而是从整个卦象中上经卦与下经卦之间的关系，各个爻之间的关系来分析。这是整体意识的表现。

最后，易学研究者继承和发扬《周易》，以普遍联系，相互制约的观点看待《周易》、看待世界。

《周易》的整体思维在中国古代有深远的影响，从汉代到明清，许多易学研究者都受其熏陶，用普遍联系相互制约的观点看待事物。如汉代易学中的卦气说，以阴阳五行观念解释天时、气候的变化，进而解释世界，即将宇宙视为一整体，通过阴阳推移和五行生克的法则解释宇宙中的个体事物存在着的普遍联系。又如西汉末期思想家严君平以算卦维生，以《周易》解说自然界，认为自然界是由一个统一的混沌分化而来的，因此各种事物之间虽然存在着形态性能的严格区别，但却相互感应，就好像肝胆首足一样，虽然它们互相之间不认识，但却相互贯通，相互联系，首有疾则足不能行，胸中有病则口不能言。之所以如此，因为它们是一母所生，同为一体。严君平的学生扬雄仿照《周易》创造出一个《太玄》图式来，认为天地万物都是依照阴阳法则由一个本原衍化出来的，化为天地万物之后又以五行法则为纽带，在变化中相互影响、相互制约。易学中的阴阳五行学说，视宇宙为一整体，追求自然现象的普遍联系，对古代的科技思维起了深远影响：中国古代的天文气象学、物理、化学和医学都是依易学整体思维观察自然现象变化的过程和规律的。

辩证思维用对立统一、发展变化、普遍联系的观点看待世界，正确地反映了客观世界的实际情况，是人类思维高度发展的重要标志。它与形式逻辑思维相辅相成，共同构成人类理性思维的高级形式。后者从静态的视角分析个体事物之间的差异及其内在的结构，有助于理解事物的稳定性；前者从动态的视角统观事物之间存在的影响和联系，有助于理解事物的变动性。《易经》作为古老的占筮典籍，在思维过程中已经孕育着辩证思维的萌芽，在之后的发展中逐渐形成了一套系统的辩证思维的传统，成为中华民族传统文化的瑰宝之一。

第六节　象数思维

象数思维是以符号和数为媒介，认识、推断或预测事物及其发展变化的一种思维形式。与形象思维不同之处在于，它在借助形象进行思维的时候总是伴随着数的变化，以象数合一的观念考察事物变化的过程和规律。

象数思维是《周易》特有的一种思维形式。它与中国古代崇尚数的观念相联系。在中国古代一些人的观念中，自然界的变化是遵照数的变化程序进行的。数的变化程序标志着事物变化的趋势和结局，人们称之为气数。因此，推测事物变化方向和趋势，则通过数的演绎来进行。《周易》以象和数相互转换的观点解释卦爻象和事物变易的过程和法则。

《易经》中既有象又有数。比如“—”“--”爻象，前者称“九”，后者称“六”。“☰”为经卦卦象，“䷀”为别卦卦象；五十根蓍草及揲蓍中的九、六、八、七则是数，六个爻的位置由下至上分别是初、二、三、四、五、上，也是数。揲蓍过程是以数定象。比如需卦䷄，按照《易经》，第一爻为初九，第二爻为九二，第三爻为九三，第四爻为六四，第五爻为九五，第六爻为上六，卦象中各爻的阴或阳都是由揲蓍结果的九、六之数决定的，而且，如果九、六换成了八、七，则该爻则会由可变之爻转为不变之爻。这种以数定象，由象和数合在一起推断吉凶的思维方式，乃是象数思维的萌芽。

《易传》对《易经》之数变引起象变、象变引起对天下事物推测之变化的关系做了概括，说：“参伍以变，错综其数，通其变，遂成天下之文，极其数，遂定天下之象。”（《系辞》）认为《易经》揲蓍形成的数的变化、阴阳之爻所在卦位的交错变化反映着天下事物的变化，因此数变的结果造成象变，而象变的结果表示着天下事物的变化。又说:“参天两地而倚数，观变于阴阳而立卦。”(《说卦》) 认为《易经》既讲象又讲数，象和数是统一的，如奇偶之数和阴阳爻象是同一件事的两个方面，所谓“阳卦奇，阴卦偶”，要求人们从象数两个方面揭示事物变化的法则。《易传》称之为“极深研机”“探赜索隐”。

历代易学家围绕象数的问题展开了争论。一派主张“有数而后有象”，一派主张“有象而后有数”，但都把象和数紧密联系在一起，认为象、数不可偏废。他们将《周易》筮法中的象数观念加以推广，认为世界上的一切事物，从自然到人类社会，都有象和数两个方面，既有可感知的性质，又有数量的规定性。如明清之际的方以智说“虚空皆象数”，认为只有认识其象和数即事物的信息和度量，方能了解和控制其变化的过程。又如易学中的卦气说按一年三百六十五日划分四季寒暖之象，制定出卦气图，人们由日数的增加和象的变化可以得知寒暖和变化。北宋的刘牧则提出“象由数设”说，认为河图、洛书显示天奇地偶之数，圣人观天地之数而画八卦之象，卦象出于天地之数变的法则，非圣人任意而为。他将圣人观象解释为观天地之数，将圣人画卦说成是“画其数”。在刘牧看来，有天地奇偶之数才有五行生成之数，尔后才有八卦之象。正因如此，所以奇偶之数及八卦之象表征着天地及一切事物的性质及变化。南宋的朱熹又依爻位的变化提出量变引起质变的理论，将这一理论用于人事，提出了防微杜渐说。

就卦象说，象乃一类事物的象征。《易传》说“象者，像也”，以卦象为一种符号。六十四卦卦象是用以标志事物变化的符号，不过这种符号作为一种系统，又有数的规定性，成为事物的“表法”，如方以智以河图、洛书图式为宇宙的表法，以卦象符号表达事物变化的规律。这种思维方式既是逻辑的、静态的，又是辩证的、动态的，以转化的符号表达变化的过程。

象数思维作为一种思维方式，是抽象的思维，如符号系统，与具体的思维，如取象系统，相结合的产物。它从具体中引出抽象，如圣人观象作八卦，再从抽象中认识具体，如得卦观象以判吉凶，将抽象的与具体的合而为一，成为中华思维的一大特色。

第六章

易学与中华传统文化

第一节　易学与哲学

《易经》原本是算命之书。但其所依据的是象、数、辞、义四种观念和简单推理的过程，具有理性思维的内容。所以《易经》及其具体运用，包含着向哲理过渡的内在因素，具有引发出哲理的内在功能。

由《易经》引发出的哲理，最早的系统表述是《易传》，特别是其中的《系辞传》。我们给它起个名字，可以叫作易学哲学。

自《易传》之后，几乎每个时代都有人玩味、体认和发挥易学哲学，使易学哲学化为一条长河。撮取精要，大约涉及宇宙的演化问题、宇宙的本体问题、宇宙存在的形态问题、天人关系问题，等等。

一、宇宙演化学说

宇宙演化学说是有关天地万物起源及其演变过程的学说。

《易传》认为，《易经》之所以可以预测未来、决断吉凶，首先因为它是整个宇宙的缩影，内蕴着整个宇宙的妙理。之所以这样说，是因为卦象是上古圣人仰观天文、俯察地理，近取于身，远取于物，对整个自然界的纹理进行总括汇合而制成的。正因如此，《易经》囊括着人世和自然界一切事物发展变化的道理，取之不尽，用之不竭，从中可以找到一切事物变化趋势及其结局的答案。《系辞》传把它概括成一句话："易与天地准，故能弥纶天地之道。"其次是因为揲蓍成卦的整个过程是模仿天地、四时，五年两闰的数目演变的程序。认为使用五十五根蓍草的数目是天地之数的总和；使用其中的四十九根，以与卦象之六爻相合（或说使用的蓍草是五十根，使用其中的四十九根，余一根不用，以象征原始的混然一体）；之后将四十九根蓍草一分为二，象征天和地，挂一以象天地人，揲四以象征四时，归奇象征闰月，五年两闰，如此等等。使整个求卦程序具有天时、节气演化的象征意义。

《系辞传》将这一成卦的程序归之为："易有太极，是生两仪。两仪生四象，四象生八卦，八卦定吉凶，吉凶生大业。"后来的易学家依据这一生卦的程序，即从一到二，从二到四，从四到八，推衍出一套关于宇宙生成的模式，对中国传统哲学中的演化论具有深远的影响。

顺着这一脉络，易学研究者对宇宙的演化提出种种具体的构想。比较有特色的有两种，一种沿着由虚向实转化的思路，一种沿着由少向多分化的思路。前者的代表有汉代的《易纬·乾凿度》和宋代周敦颐的太极图说，后者的代表有宋代邵雍的二分法模式。

《易纬·乾凿度》依成卦的程序，提出了宇宙演化学说。认为乾坤二卦既然用符号表示了出来，那就是已经具备了形象。可是有形的东西都是从无形的东西演化而来的，演化出乾坤的东西一定无形无象，这便是《周易》所说的"易"。"易"无形、无象、无气、无质，因为处在宇宙的最原初的阶段，所以称之为"太易"。"太易"无形无象，连气这样无色无臭的东西都不存在，之后逐渐产生了气；开始有气的时候称为太初。"太初"，开始有气，但还没有固定形态，之后逐渐演化而有了形态；开始有形的时候称为太始。太始开始有形，但还没有质地，之后逐渐演化出了质地；开始有质地的时候称为太素。从有气开始到有形有质，虽然具备了有形个体的物质条件，但却没有界限，没有区分，混沦一体，眼睛看不见，耳朵听不到，所以笼统地称为太极，太极又称为"元气"。宇宙处在太极之时，虽然阴阳未分，天地未萌，但却已经具备了气质，之后太极分为阴阳二气，化为天地，所以才有了象征阴阳及天地的乾坤二卦。

《易纬·乾凿度》的宇宙演化学说实际上是老子由无生有思想与《易传》太极生两仪思想的结合，它所努力要解决的是宇宙如何从虚空无有的形态转化为实存实有形态的问题。它所找到的途径是渐化，即从一无所有逐渐有气、有形、有质，从而与《易传》太极生两仪的思想衔接了起来。因受汉代卦气说的影响，它提出了太极元气说，以元气为原初物质，此种演化论对中国科学观中生成论的思维方式具有深远的影响。

宋代的哲学家周敦颐依太极生两仪的公式，提出太极图说，认为宇宙的始基是无极，后来生出太极元气，元气又分为阴阳二气和天地，二气结合，即阳变阴合，又生出五行之气，五行相生，则形成了万物和人类。此种演化论是易纬说的继续，对宋明时期的宇宙论和本体论都产生深远的影响。

宋代学者邵雍依太极生两仪的模式，提出一分为二、二分为四、四分为八的二分法构筑其宇宙演化的图式。他认为宇宙之始是“太极”；太极之时无有差别，所以又称之为“一”；由一分而为二，产生了阴阳；阴阳交错产生四象，四象又分为天之四象和地之四象，于是形成八卦乃至万物。整个宇宙经历了这样一分为二，二分为四,四分为八，由少至多，由一至万的分化过程。如他在《皇极经世·观物外篇》说:“一分为二，二分为四，四分为八……十分为百,百分为千,千分为万，犹根之有干，干之有枝，枝之有叶。愈大则愈少，愈细则愈繁。合之斯为一，衍之斯为万。”认为宇宙演化过程是按二的倍数逐次增加的过程，而且愈分愈细，没有穷尽。

宇宙演化论是中国古代哲学研讨的基本问题之一。这一问题的提出是人类智慧发达的必然结果。在此以前，古人以天神为天地万物的本原。从老子和汉易开始，抛弃了这种天命论的信仰，以理性探讨宇宙和人类的起源问题，这是一大进步。虽然他们对天地万物起源和演化的观点具有猜测的性质，但是把宇宙视为一个统一体，认为天地万物和人类的出现，经历了一个演化的过程，即由混沌向清晰、由单一向众多的演化过程，体悟到了宇宙的统一性，从而打击了创世说，为中国古代对宇宙的认识勾画出了基本的思路，为人类智慧的增长做出了贡献。

二、宇宙本体学说

宇宙本体学说，是有关天地万物之所以产生、之所以存在、之所以发展、之所以变化的凭借及根据的学说。演化论是从起源问题上探讨宇宙的统一性，而本体论则从本质和现象关系的角度探讨宇宙的统一性，标志着人类理性思维进一步的发展。

《易传》认为，卦爻象的变化遵循一定的规律。如乾坤两卦，其爻象相互推移，则分别形成其他六十二卦，乾坤乃《周易》的基础。乾坤卦象是有形的，可称为器；爻象变化的法则是无形的，可称为道。提出“形而上者谓之道，形而下者谓之器”的命题。又《易传》说“圣人立象以尽意”，认为卦象可以充分表达吉凶之义。象是有形的，可感知的，其义理是无形的，但隐藏在卦象之中。后来的易学家通过对道和器、象和义的解释，以形器或形象代表事物的现象，以道和义代表事物的本质，将道器和象义的关系归之为本质与现象的关系，在哲学上导出宇宙本体论的学说，大大丰富了中国传统哲学的内容。

易学哲学中的本体论学说，因易学的发展，曾有过四种影响大的派别：一是魏晋以王弼为代表的无本论；二是宋代以朱熹为代表的理本论；三是南宋以杨简为代表的心本论；四是以北宋张载和明清之际王夫之为代表的气本论。

无本论以《周易》中的太极为天地万物之本，认为太极是“无”的一种称谓，提出“天地万物皆以无为本”的命题。王弼认为，算卦时用五十根蓍草，抽出一根不用，只用四十九根，这不用的一根看似无用，但其他四十九根，通过四营而成卦，都依赖于此不用之一。此不用之一，象征宇宙终极的原因，亦即“太极”。而其他四十九根象征天地万物的变化，依赖于无用的“太极”。太极无形无象，正因为它是“无”，什么形象也没有，所以才没有任何规定性，才能统率一切有形有象的事物，成为宇宙的本体。一能制多，寡能统众，寂然至无为万物之本，这是无本论的基本思路。此种贵无论的本体论，基于其易学中的象义之辩。王弼易学属于义理学派，认为象生于义，有刚柔之义方有乾坤之象，卦象和所取的物象是有形的，其义理是无形的。将这种观念加以推广，哲学上便导出万象以无为本的结论。

理本论将卦爻象变化的根源归之为阴阳变易之理，从而将无形无象的太极理解为“理”，即天地阴阳之所以然及其当然之则。认为理和象不相分离的程颐说“体用一源，显微无间”，但同时认为理为本，象为末，象是理自身的表现形式。以此种观点观察道器关系，又导出道为器本的结论。朱熹依此，以阴阳二气为器，以其理为道，认为形而下的气依赖于形而上的道，提出理本气末说。他还以阴阳五行之理为太极，导出太极之理为天地万物本体的结论。理本论的思路是，将事物的本质和规律视为脱离个体事物独立自存的实体，这同易学中追求卦爻辞中的抽象义理、以卦义为一卦之主体的思维方式是分不开的。

心本论将卦爻象变化的根源归为人心的产物，提出“心为太极”说，从而将天地万物及其变化的法则视为人心具有的法则，以心为宇宙的本体。如杨简在《己易》中说：“天，吾之高；地，吾之厚；日月，吾之明；四时，吾之序；鬼神，吾之吉凶……故大传亦曰范围天地之化而不过，曲成万物而不遗。”所谓“吾”，即“自我”，具有自觉意识的主体，亦即“心”。认为一切事物的变化都归属于我之心，心统率、决定宇宙的变化。

气本论来源于汉唐易学中的阴阳二气说，将太极理解为阴阳二气的统一体，如张载以“一物两体”解释“太极”，认为太极之气无形，其凝聚则转为天地万物，其散开，万物又复归于太极之气。个体有生灭，气则无生灭。王夫之阐发了张载的观点，以“太和氤氲之气”为太极，认为此太极之气自身具有运动的性能，其展开则为天地万物，其作为宇宙的本体，则寓于一切个体之中。因此，在象义问题上，提出“象外无道”，在道器问题上，提出“无其器则无其道”，认为理器是气运动变化的条理和形式，反对了理本论、心本论和无本论，在本体论上做出了重大贡献。气本论的易学思路主取象说，认为“易之全体在象”，一卦之义理不能脱离一卦之卦象及其所取的物象，同样，阴阳二气无形而有象，其变易之理不能脱离个体物象而存在，从而在哲学上导出太极之气作为宇宙的本体即寓于天地万物之中的结论。

一般来说，人们在认识事物的过程中，首先要知道的是它们是什么，其次要知道的是它们是如何产生、如何变化的，第三步才会进一步去探讨它们之所以产生、之所以发展变化的原因、凭借的依据。本体论所要解决的问题是透过宇宙中千差万别的现象去捕捉共同的本质。因此本体论学说的创立表明了人类思维的深化、人类认识的进步。虽然中国古代哲学家们的答案并不相同，但他们沿着易学提供的思路提出了各种各样的想法，构成各种各样的系统，为人类智慧的发展开通了多种渠道，特别是其中的气本论，为古代科学中的自然观提供了理论基础。

三、宇宙形态学说

天地万物是以什么样的形态存在的，也是哲学所探讨的重要问题之一。在讨论过程中形成两大派别，一派认为，就根本而言，宇宙是静止的、凝固不变的，变化只是表面的现象，其原因在于事物外部。一派认为，宇宙本质上是运动变化的，运动变化原因在事物的内部。在中国古代哲学中，上述两种派别都存在。而易学系统的发展观则是后一派别的代表。其发展观主要涉及以下三个问题。

1. 天地万物处在不断流转和更新的过程中

《易经》用蓍数的变化得出卦象，又以卦爻象的变化判断吉凶，筮法本身即具有变化的观念，故称其为“易”，即变化之意。

变化的观点，在《易传》中被提到了理论的高度，从蓍数和卦象的变化，讨论了天地万物的变化过程和形式。在《易传》看来：天地万物同卦爻象一样，处在不断的变化之中，刚柔相摩，八卦相荡，鼓之以雷霆，润之以风雨，日月运行，一寒一暑。而且其变化没有穷尽，没有止境，如同爻象的变化一样，“不可为典要，唯变所适”。其变化的形式，如同卦爻象的变化一样，是阴阳相互推移，一来一往，一屈一伸，相互转化，日月相推而明生焉，寒暑相推而岁成焉，屈伸相感而利生焉。其变化不是旧事物的重复，而是不断地更新，即所谓“日新”。《易传》的这种变易观后被历代易学所阐发。汉代的卦气说通过阴阳二气的变易解释这一原则。认为阴消阳息，升降反复，二气交互不停，天地万物皆依此而变易。宋代的程颐将这种变易的过程，称之为“动静无端，阴阳无始”，即阳动和阴静，相互流转，既无开端，也无终止，以阳动为天地之心。朱熹依此得出了我们现在所处的天地毁灭之后又有新的天地出现的结论，并以高山具有蚌壳化石的地质学的知识作了论证，认为宇宙中一切事物都处于阴阳升降和盈虚消长的过程。明清之际学者王夫之着重阐发了天地日新的学说，指出天地之化，日新月异，生生不息；江河之水，今水非古水；灯烛之光，今火非昨火；今日之日月，非昨日之日月；只有扬弃旧的，不断更新，方能永放光明，唯其日新，方富有一切。从而提出阳动不停，推陈致新的命题，对易学中的变化观作了一次总结。在他看来，宇宙即是个体事物一生一灭、连续不断而又向前发展的过程。

2. 天地万物变化的原因基于刚柔相推

《易经》之中，卦象的变化基于阴阳两爻的相互推移。所谓推移既包括相互排斥，又包括相互吸引。《易传》则概括为“刚柔相推而生变化”，并作为解释一切事物变化的泉源。它将变化的动因称为“神”，将变化的过程称为“化”，提出“穷神知化”的认知任务。这是中国古代内因论的代表，在中国古代哲学中具有深远的影响。

历代易学也阐发了这种内因论。较为突出的是宋代张载的神化说。他提出“一故神，两故化”。“一”谓阴阳对立面合而为一，即相互依存，说“合一不测之谓神”。“两”谓阴阳呈现差别对立、相互推移。他认为“两不立则一不可见，一不可见则两之用息”，有对立才有依存，有依存才有推移的过程，以对立面的统一为运动和变化的泉源。王夫之进一步阐发了这一论点，认为神即在化中，变化的潜能即在变化的过程中。关于运动的潜能，他提出“太和絪缊”说，认为由于阴阳二气相互吸引和补充，才使天地万物运动变化而不停息。事物运动变化的根源是对立面的斗争，还是对立面的依存及其相辅相成？这是哲学家们长期争辩的问题。而易学哲学则注重于对立面的相互渗透、相反相成而否定相互损害和毁灭。这成为中国传统哲学的一大特色。

3. 天地万物的变化遵循一定的规律

《易经》中卦爻象的变化，并非杂乱无章，如一卦变为另一卦，八卦衍为六十四卦，都遵循阴阳二爻排列组合的法则。《易传》的作者依此提出了事物的变化具有规律性的学说，如其所说“天下之至动而不可乱也”“议之而后动，拟议以成其变化”，也就是说，要依运动变化的法则而行动。恒卦《彖传》，将世界变化的规律性称之为“天地之道，恒，久而不已”，认为日月运行遵循其规律，才永放光明；四时的变化遵循其规律，才长久而有秩序，历代学者依此而阐述世界变化具有规律的学说。

汉易认为，阴阳二气互为消长。如果有阴而无阳或有阳而无阴，或只能长而不能消，结果必败，以此解释《易传》说的“一阴一阳之谓道”。“道”指阴阳互为消长的规律。王弼依《易传》义，将卦爻象和万物变化的规律称为“一”，认为人掌握其规律，便可以控制运动的过程，因而又提出“物无妄然，必由其理”，即一切变动并非妄动，而具有其规律性。宋明易学尤其重视运动变化的规律性。程朱易学取王弼义，亦称事物运动变化的规律为“理”，即条理。程颐提出“即事尽天理便是易”。“天理”指事物存在和变化的根据，包括变易的规律。他认为“理有消衰，有息长”“顺之则吉，逆之则凶”，以遵循事物盈虚消长之理为君子的智慧和美德。张载在反对佛教虚无主义的斗争中，特别强调事物变化的规律性，认为气化万物的过程是有规律的，所谓“虽聚散攻取百途，然其为理也顺而不妄”，即气之聚散，相排斥和相吸引，都有其规律，所以天地万物的变化并非虚幻。王夫之将此解释为“其必信乎理者，诚也”，即以阴阳二气相荡，有其必然性和规律性，非出于人的主观安排，有其客观性，所谓“天无心而成化”，人不能以私意加于事物变化的过程。总之，肯定自然界和人类社会的变化，有其客观的规律，人应遵循其规律而行动，如剥卦《象》所说："君子尚消息盈虚，天行也。"此是易学哲学的一大贡献。

卦爻象和事物的变化虽遵循一定的规律，但并没有固定不变的形式，如某卦象，由于其爻象和爻位的变化，可以变为另一卦象，也可成为其他卦象，《易传》将此种现象称为"神无方而易无体""阴阳不测之谓神"。"神"谓变化多端，不拘一格，神妙莫测。历代易学发挥了这一观点，用以解释事物变化的不确定性和偶然性。王夫之提出"神妙万物，不主故常"说，是说，万物的变化神妙莫测，不固守一种格式；又说："乘时因变，初无定体。"即变化的格式，因时因地而不同。据此，他尖锐地批评了那种墨守一种形式而不知因时变化的顽固派，指出这是将"一隅之理"视为世界变化的普遍法则，必然遭到现实生活的否定。在王夫之看来，常与变是统一的，君子既要知常，又要通变，方能处理好人类生活。在肯定事物变易的规律性的基础上，又提出因时通变的原则，也是易学哲学对中国传统哲学的一大贡献。

总起来说，易学关于宇宙形态的学说，充满了辩证思维的内容，又具有中国的特色，乃中华民族智慧的结晶，是值得我们批判继承和发扬光大的。

四、天人关系学说

《易经》虽然没有明确表述天人关系，但已经内蕴着自然界与人类社会融为一体的观念。卦辞、爻辞尽管有许多地方记述的是人事，但也有许多地方记述的是自然现象，不但将人事与自然现象合在一起来说明吉凶，而且算卦时也往往拿卦辞、爻辞中所谈的自然现象回答求问的人事问题，把自然现象和人事视为同类。《易传》展示了这一内蕴，并且进行了发挥，认为天、地、人既分而为三，又合而为一，它们都具有同样的变化法则，人居天地之中，应自觉地效法天地，择善而行。

1. 推天道以明人事

《易传》把天地人物视为一个统一整体，认为它们各自呈现出自身的具体规律，称为天道、地道和人道，即三才之道。从这种立论出发，《易传》认为衡量人们行为的正确与否，就要看它是否与天地之道相合。如《系辞传》所说:“天地变化,圣人效之。”不仅圣人如此,君子、贤人乃至百姓,都在按着天地之道行事,不同的是君子自觉而百姓自然。《系辞传》说:“乾以易知,坤以简能。易则易知,简则易从。易知则有亲,易从则有功。有亲则可久,有功则可大。可久则贤人之德,可大则贤人之业。”是说贤人效法天地之道即乾坤简易的法则,故能亲近百姓,德高望重,立功建业,为世人所景仰。

《易传》认为,人类效法天地可以表现在诸多方面,其中最主要的表现是人的品格。如乾卦《象传》说:“天行健,君子以自强不息。”坤卦《象传》说:“地势坤,君子以厚德载物。”君子效法天地之德性,则刚健有为,自强不息;容民畜众,包纳一切。小畜卦《象传》也说:“风行天上,小畜,君子以懿文德。”此卦(䷈)之上卦为巽,象征风,下卦为乾,象征天,所以说“风行天上”。君子效法此种自然现象,以道德教化行于朝野,蓄积美德。

如此等等。

《易传》以天地之道为人类行为的准则,将天道和人道合而为一,对中国人的世界观发生了深刻的影响。历代的易学家都阐发了这种天人合一的世界观,如宋代程颐所说“天地人只是一道”;张载提出“天人合一”的命题,认为人是气化的产物,人性具有气的本性;王夫之同样认为人道本于天道,如人的聪明智慧和仁义道德来于阴阳二气之精者。这种观念成为儒家推行道德教化的经典根据之一。

2. 天地设位,圣人成能

在《易传》看来,人道虽效法天道,但不等于说,人在自然面前无所作为,人应发挥自己的努力,与天地相协调,并协助自然界成就其化育万物的功能,从自然界中汲取养料,以提高人的智力和品德,此即《易传》所说:“天地设位,圣人成能。”

历代易学倡导的天人合一观,将天道之必然和人道之当然统一起来,成为中国哲学有关天人之学的一大特色。因此,《易传》提出了“顺天”“应天”等说,又具有发挥人谋的因素。如说:“火在天上,大有。君子以遏恶扬善,顺天休命。”(《象》)“天地革而四时成,汤武革命,顺乎天而应乎人。”(《彖》)这是说,人的行为,既要顺天道,又要尽人事。如《彖传》所说,君子要修治法则,明确时令,以便掌握时令季节变化的法则,适应时节以安排生产与生活。

据此，《易传》又提出了“裁成辅相”说。泰卦《象传》说：“天地交，泰。后以财成天地之道，辅相天地之宜，以左右民。”“财”同裁。“财成”即加以裁制完成。“辅相”即遵循固有的规律而加以辅助。“财成天地之道，辅相天地之宜”，就是在遵循自然规律的基础上，对自然物的变化加以辅助、节制或调整，使其更加符合人类的需要。

这一思想在《文言传》中也有体现。其中说：“夫大人者，与天地合其德，与日月合其明，与四时合其序，与鬼神合其吉凶。先天而天弗违，后天而奉天时。”所谓“先天”，是说，先于天时到来而行动，即能预测天时的变化，为天时变化之前导。所谓“后天”，是说，天时到来后又按天时的变化而行动，即从天而动，在自然变化既已发生之后，又注意适应。此种“与天地合其德”说，不只是顺应自然，而是利用和控制自然规律，为人类造福，也就是裁成辅相之意。

圣人成能说和裁成辅相说，可以说是一种天人谐和论。从理论思维说，涉及了客观规律性和人的主观能动性的关系问题。《易传》一方面强调要遵重客观规律，“顺天休命”；另一方面又强调要发挥人的主观能动性，“财成天地之道”。这一学说，猜测到了自然与人为的辩证统一关系，反映了中国古代先哲们的高度智慧，在易学史上，一直受到易学家们的重视和推崇，建立起具有中国特色的天人之学的体系。

宋明时期的易学家出色地完成了这一任务。为了论证“圣人成能”这一命题，理学派和气学派的学者又研究了天人区分的问题。如程颐指出，天人虽是一理，但天道和人道又有区别，所谓“天人所为，各自有分”。如四时变化，有其规律为天道，春种秋收，则为人道，二者不能混同。张载指出天道“无心无为”说，认为自然界的变化，没有思虑和仁德，思虑和仁德是人道的特点。他说：“天能为性，人谋为能。大人尽性，不以天能为能，而以人谋为能。”（《易说·系辞下》）“天能”谓自然之所能，指气化万物，无有思虑，乃自然而然，故称为“性”。“人谋”，指人的谋虑。认为大人君子要发扬人的本性，不能因循自然，应发挥人的聪明才智，利用和控制自然，为人类造福，方以智依此提出“圣人主天地”和“圣人以造造化”说，即人类依自然物的性能及其变化的规律控制和改造自然物。王夫之则提出“天道无择，而人道有辨”说，认为气化万物无所选择，即“无心而化成”，而人则懂得善恶之分，故从事道德生活。因此，他提出“自然者天地，主持者人，人者天地之心”(《周易内传·复》)，以人为自然界的主人，行裁成辅相天地之道，利用自然的东西，创造人类的物质文明。他将这一论点，称为“延天以佑人”，即通过人的智力，延长自然的功能，为人类服务，从而对天人之学做出了重大贡献。

按易学系统，天人问题是自然与人的关系问题。易学家们依“圣人成能”说，指出人同自然既有同一性，又有差异性，二者乃对立统一的关系。就其对立说，人有智慧和仁德，可以改变自然的现状；就其统一说，人与自然又相互依存，相资相济，认为人改造自然，不是破坏和毁灭自然，而是按自然的规律调整人和自然的关系，使其符合人类的利益。这种天人观不同于西洋传统哲学中将人与自然对立起来的观点，对处理人与自然的关系，有重大的理论意义，是值得我们发扬光大的。

第二节　易学与道教

一、《周易》哲学与道教

阴阳学说本是春秋末年以后普遍流行的学说。《易传》采用阴阳学说去解释《易经》，认为《易》是讲天地人之道的书。道的基本内容，是“一阴一阳”。所以《易传》说“一阴一阳之谓道”。在儒家经书之中，《诗》《书》《礼》《春秋》各自偏重社会生活的某一领域，而《周易》，则讲的是天地人的普遍法则。在儒家被独尊以后，《周易》的地位就更加被尊崇。凡是讲普遍法则的，几乎都要归结为《周易》，或者借助《周易》的命题和概念。

阴阳法则曾是普遍流行的观念，但被《易传》采用以后，讲阴阳法则的就逐渐归到了《周易》。比如《庄子·天下篇》说，“易以道阴阳”，认为《周易》是专门阐述阴阳学说的。虽然司马迁把《周易》归结为讲变化的书，说“易以道化”，和《庄子》有所不同，但没有否定“易以道阴阳”的判断。

从这个意义上说，出现于东汉末年的道教把阴阳学说作为它们的基本理论之一，当是与《周易》的影响有关。

《太平经》说："天失阴阳则乱其道，地失阴阳则乱其财，人失阴阳则绝其后，君臣失阴阳则其道不理……"就把阴阳学说作为自己立论的基础之一。并且在以后的发展中，阴阳学说也是道教的理论基础之一。这里所说的"天失阴阳则乱其道"，显然认为天道就是《易传》中的一阴一阳之道。

然而天地、男女、昼夜、寒暑、君臣、父子的存在是一个事实，人们要认识世界，早晚会把这些现象归结为普遍性的对立法则。其他民族的古代哲学，有的就把这一切归结为光明与黑暗的对立，和中国哲学有相似之处，但他们并没有借助《周易》。在中国，说道教讲阴阳与《周易》有关是对的，但不能说道教讲阴阳就是来自《周易》。

道教采纳阴阳学说后，根据自己的宗教需要又有所发展。比如从唐代开始，道教企图消解阴阳对立，要炼尽纯阴，使自己成为纯阳之体。"纯阳""重阳""元阳"等道号，就反映了道教的基本思想。

天地万物本原，也是道教所关心的问题。《老子》一面讲返璞归真，一面讲道生万物。万物的生长，是有生有死，但追求长生，返老还童，不仅是不死，而且是要"返"，要"还"，是个逆着自然过程的运动。魏晋以后，道教对自己行为的性质越来越明确，他们用"颠倒""逆""返本还元"来说明自己求长生运动的本质。但是，要颠倒、要逆，首先要知道顺过程，就像要弄清回去的路，首先必须弄清来路一样；要返本还原，也须先知本元在何处？道教出于自己的宗教目的，也积极关心万物本原，宇宙演化理论。

依《老子》说，道生一、生二、生三，三生万物。但道是什么？一、二、三又是什么？天地在何处？人体由何构成？为什么有生有死？怎样使它不死？许多问题单靠《老子》一书无法解决。

从汉代开始，宇宙演化论逐步完善，这个理论的要点是：从无中产生了元气，元气剖判，形成天地阴阳，天地阴阳产生了万物。这样，人本从元气生身。所谓颠倒、逆，就是把自身变成元气。元气就是璞，就是真，返还的目标也找到了。道教接受了这种宇宙演化论，并把它纳入自己的体系。

《易传》讲，"易有太极，是生两仪，两仪生四象，四象生八卦"。汉代学者把太极理解为元气，两仪理解为天地阴阳。道教接受了汉代学者的思想，在讲天地生成论时，往往援引《易传》的"太极生两仪"，把《周易》的命题当作宇宙演化论的根源。

和道教吸收其他理论一样，它总是要根据自己的需要加以修改，并和自己原有的理论相结合。道教就把元气剖判、太极两仪，和《老子》的道生一、生二、生三相结合，认为道就是元气。

二、《周易》符号系统与道教

汉代学者，借用《周易》符号系统讲阴阳二气的逐年消长运动，形成了易学的新内容：卦气说。卦气说表现的是寒暑交替、昼夜代换，因而是处于北温带的中国感受最深的自然法则。人们往往把这个法则的理论表现：阴阳二气消长作为宇宙间最根本的法则，因而在许多领域都以某种方式遵奉着这个原则。

在道教中，特别是在“术”的部分，往往把阴阳消长作为自己的基本原则。这首先开始于汉末魏伯阳的《周易参同契》。

《周易参同契》讲炼丹，炼丹有两个最重要的因素，一是选择药物、决定配方；二是掌握火候。依《周易参同契》说，火候大小，必须遵循阴阳二气消长法则，所以他采用了当时流行的卦气说，并认为卦气说就是《周易》的内容，因而把自己的书名定为《周易参同契》，表明《周易》的学说是自己的理论基础之一。

魏晋南北朝时期，炼丹家们坚信服丹可以成仙，并认为只要改进配方，选好药物，就能炼出金丹，如道教大师葛洪于《抱朴子》中大讲炼丹术。这一时期，他们不大关心炼丹的一般理论问题，《周易参同契》也得不到重视。在长达数百年的时间里，炼丹家们很少有人提到《周易参同契》。

炼丹术不断失败，炼出的丹药总也不能使人长生。失败不仅促使人们进一步选好药物和改进配方，而且促使人们对炼丹的一般理论进行反思。到唐代，《周易参同契》受到了重视。现存《道藏》中至少有两个注本，都被认为是唐代人的著作。

唐代末年，外丹术的失败，促使越来越多的人抛弃了它。外丹术转成了内丹术。在外丹向内丹转变的过程中，《周易参同契》也起了重要作用。

唐末五代时期，彭晓注《周易参同契》，开始用内丹的观点解释其中的词句。从此以后，道教学者就把《周易参同契》作为内丹的理论著作，并认为《周易参同契》乃是万古丹经之王。

依内丹说，《周易参同契》所说的乾坤鼎器就是人体，说的坎离周流，就是心肾之气在体内运行。这样，《周易》的卦象符号系统就成为人体各部的标志。

内丹说的要点，是把铅汞、水火、龙虎等都说成是比喻。被比喻的对象，就是五脏之气，只是各家各派说法略有不同。越到后来，水火坎离的作用日益突出，以致内丹术日益被称作“抽坎填离”之术。

依八经卦，离中虚，卦象为 ☲，坎则与之相反，卦象为 ☵，所谓抽坎填离，就是把坎中的阳抽出来，填进离卦卦象之中，使坎变为坤 ☷，而离变成乾 ☰。也就是唐代就有的所谓炼尽纯阴，成纯阳之体，得道成仙。

内丹重视“水火”，自然注意火候。于是卦气说就成了内丹经常讨论的话题。他们不仅用卦象符号系统来描述身体各部器官的作用，而且用卦象符号系统来描述内丹修炼的过程。这样，通过《周易参同契》，内丹家们似乎把《周易》作了内丹的理论基础。有人甚至产生一种错觉，认为《周易》本来就是一部内丹书，是为自我修炼而创作的。这种情况表明，《周易》符号系统和内丹术的结合，已经到了不可分离的程度。

道教还用《周易》的卦象符号系统标志方位，标志自己教内各种物质设施，如八卦炉，就是用卦象标志道教法器的例子之一。其他方面，如道教的建筑、道士的服装，以及其他法器，几乎随处可见卦象的标志。这种情况也给人一种错觉，似乎《周易》八卦是道教的正宗。

阴阳鱼图出来以后，首先也是被道士采用，作为自己的某种标志，其他人也就认为那原是道教的物事。中医界不愿用阴阳鱼图作标志，就是怕与道教沾边。至于河图、洛书、先天图，都有类似的情形。

在这一方面，道教毫不犹豫地采用其他人的思想成果，来充实和武装自己，不论是儒家的，还是佛教的。道教兼容并蓄、不作门户之见的态度，对自己的发展是有利的。

三、周氏太极图与道教

宋代周敦颐用太极图形象地表现了汉代以来的宇宙生成论，为儒家成圣人的理论立一哲学的依据。后来有些道士又利用周氏太极图讲炼丹，也就是用

《周易》最根本的法则讲炼丹。

南宋宝庆二年（1226），观复道士萧应叟著《元始无量度人上品妙经内义》，把周氏太极图改造成为丹图，称为“太极妙化神灵混洞赤文图”（如图6–1）。明代初年，四十三代天师张宇初作《元始无量度人上品妙经通义》，原封不动地照抄了萧应叟的图。

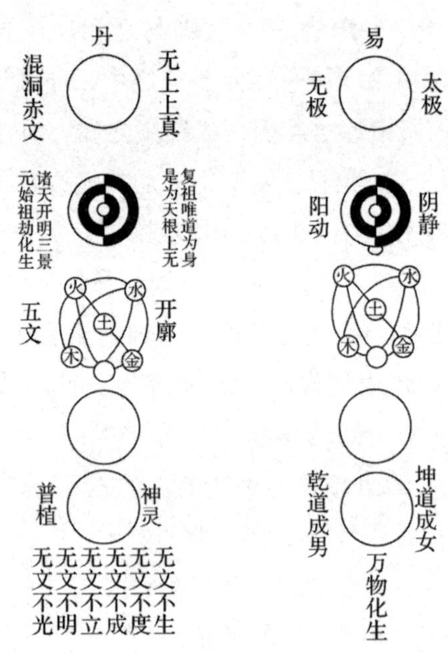

图 6–1 太极妙化神灵混洞赤文图

萧应叟说，儒家和道教和信仰不同，儒家讲究原始反终，穷理尽性，知道幽明之故而通达生死；道教却要求长生不死。老子的知白守黑，知雄守雌之类，就是讲的还丹之道。他改造成的丹图，仿照周敦颐无极生太极，太极分为阴阳五行，然后万物化生的顺序，说混洞赤文，无上上真就是无极而太极。然后是元始祖劫，化生诸天，开明三景，即天地最初生成。这是“天根”。此上再没有什么别的祖先。接着是金木水火土“五文开廓”“普植神灵”，最后“无文不生，无文不度……”等语，是说只有借助由“混洞赤文”所化之文，才可以长生久视，度成神仙。

继萧应叟之后，元代陈致虚著有内丹学名著《金丹大要》，又将周氏太极图作为顺则生物的“顺”图，改造成为逆则成丹的“逆”图，通叫“太极顺逆图”，其图形如下（图 6–2）：

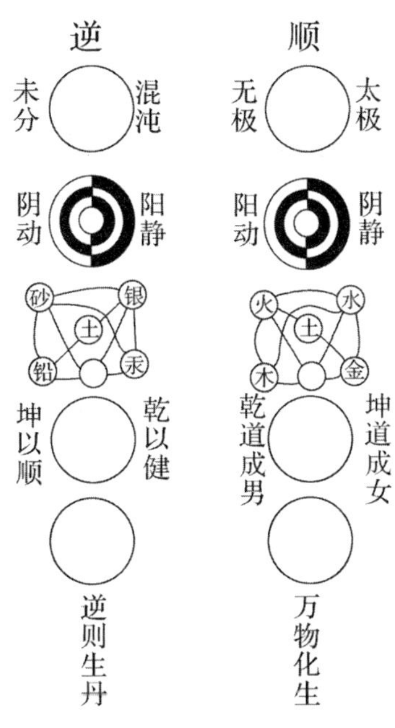

图 6–2　太极顺逆图

依太极顺逆图，从无极太极，经阴阳五行，生就了万物。这是万物化生的顺过程。要炼就金丹，必须逆着这个过程进行，顺图中的金木水火，逆图中改为铅银砂汞，表示炼丹所用的药物。顺图中的阴静、阳动，逆图中改为阳静，阴动。这样，用乾健坤顺之道，经铅银砂汞等药，逆转为阴阳二气，阴阳二气又逆转为混沌未分之元气，于是金丹告成。需要注意的是，这里的铅汞金丹，都是一种比喻，并非是外丹术中真用什么铅汞来炼。

还有一部分道士，将周氏太极图改为无极图。首先这样做的是南宋末年道士萧廷芝（见图 6–3）。

依萧廷芝解释，上数第一个圆圈，表示形而上之道，也就是无极而太极的意思，中间黑白相间的圈，表示的是“含三为一”，接下来也是五行化生等。可以看出，萧廷芝改换了图名以后，对内容的改动不是很大。“无极而太极”朱熹说是理，萧廷芝说是道，相差不远。

元代，东蜀道士卫琪又将周氏太极图改为无极图（见图 6–4）。依卫琪的解释，上数第一圈是表示“玉清”，玉清的意义是“虚无自然”。第二圈才是“无极”，这个无极，是天地之根。周氏图中五行顺布部分，这里用来表示“文昌”。“文”，已不是混沌未分，而是有了分化和区别。卫琪借用汉代纬书中的太易、太素、太初、太始来表现这个文昌阶段。太极，也属于这个阶段。第四部分是“总真”。所谓“总真”，就是“二五之精”，即阴阳五行之精。阴阳五行之精化生万物，也就是“大洞”。卫琪最后的结论是“万炁生万神”，也就是说，一切神灵或精神现象，都是由各种各样的气（炁）产生的。

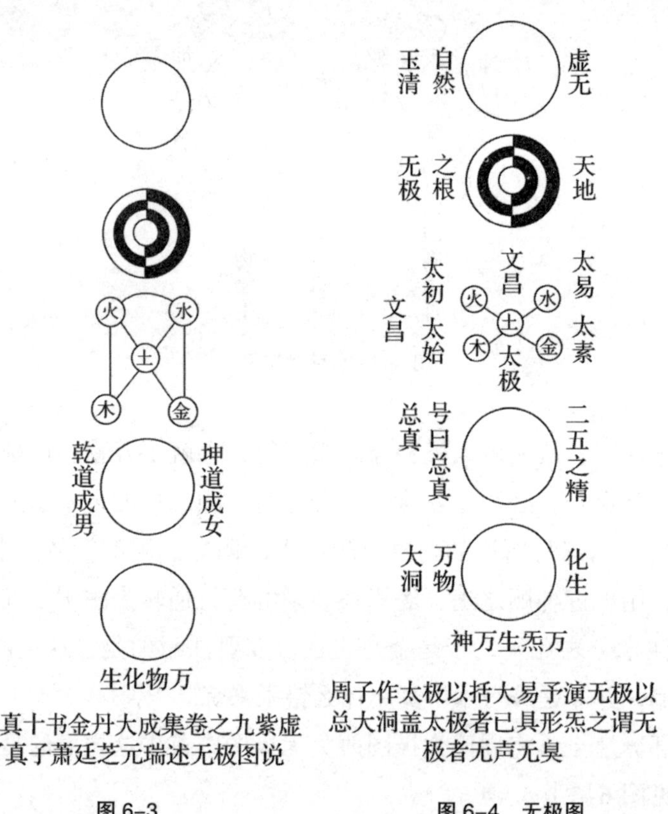

图 6–3　　图 6–4　无极图

从卫琪的叙述可以看出，他的无极图，也是讲万物化生的图，和萧廷芝的图意义相同，但是加了更多的道教术语和思想，对周氏图的改造，也比萧要彻底得多。他们改制这些图式，无非是为道教的炼丹术提供理论上的论证。

依据道教对“逆而成丹”的解释，在内炼过程中，首先要养精、养气、养神，使在劳累中受损的精气神得到补充，为内炼做好物质准备。之后用神支配气，使气带动精，沿着任脉与督脉的经络反复运转，使精化为气，即所谓“炼精化气”。由此体内原有之精气神三合为二，只剩下了气与神。气在下，神在上，气为坎、为水、为阴，神为离、为火、为阳。二者相交于脐下的下丹田。经过不断的激荡和薰蒸，坎中之阳被离吸取，离中之阴被阳填补，所谓“取坎填离”，从而化气为神，使原有之神成为纯阳之神，即所谓“炼气化神”。由此，体内的气与神合二为一，形成圣胎，这就是神丹，结于人体的下丹田。此圣胎再加修炼，就进入虚无缥缈，没有极限的神仙境界，称为“炼神还虚，复归无极”。此无形无象的虚无境界，也就是道家和道教所说的“道”。由于人体与道合为一体，所以可以长生久视，永不朽灭。

第三节　易学与政治、伦理

《周易》是古代经邦济世的宝贵经典。它对于我国古代政治，伦理思想的发展，起过重要作用。古代贤明君主、大臣，无不认真研读，从中汲取治理国家，安定社会，发展经济，提高伦理道德水平的思想原则。其基本思想原则得到历代易学家的继承和发展。王弼《周易注》、孔颖达《周易正义》、朱熹《周易本义》成为官方规定的教材，列入科举考试内容，充分显示易学的政治影响。唐代名相魏徵从古籍中选取“作训垂范，为纲为纪”的政治内容，编为《群书治要》，其第一篇即摘自《周易》。

一、易学与政治

《周易》和历代易学著作，蕴含着古代思想家忧国忧民的政治思想。不少著作阐述了维护国家统一，促进社会进步，进行政治革新，增强民族团结的思想原则。这些原则，成为中华学人长期追求的治国理念。

1. 天下和平

《易传》从巩固封建国家，加强中央集权制的政治目的出发，提出“建万国，亲诸侯”(《象·比》)的主张，要求君主亲和诸侯，诸侯亲附中央，保持诸侯国与宗主国和谐统一的政治局面。王夫之将此种关系比作“水之依地，地之承水”，亲密无间，故能“以一人而统万方”(《周易内传·比》)。这一主张，数千年来实际上起着巩固中华民族团结统一的历史作用。朱熹说：“万国各得其所而咸宁，犹万物之各正性命而保合太和也。”(《周易本义·乾》)中华大地虽有短暂分裂，仍保持长期国家统一、民族团结的局面，绝非偶然。程颐说：欲使“万方咸宁”，王者当体天道，“天地之道，常久而不已者，保合太和也。……乾道首出庶物而万汇亨，君道尊临天位而四海从，王者体天之道，则万国咸宁也”(《周易程氏传·乾》)。

保持国家的长期统一。安定，并不容易。首先，执政者要能大公无私，在民众中享有崇高威信。王夫之说：“诸葛孔明有言：‘淡泊可以明志。’无私无欲，则不待表著于人而如日之升，有目者共睹之矣。”(《周易大象解·晋》)其次，君主与臣民要上下通气，《象》云：“天地不交而万物不通也，上下不交而天下无邦也。”这是说天气与地气不交合，万物不会生长，君主和臣民不通气，邦国定有危险。又说：“惟君子为能通天下之志。”这是说只有君子最能通达臣民志趣。朱熹说：“通天下之志，乃为大同。”(《周易本义·同人》)上下一心，保持安定和睦的政治局面，即《咸》卦所谓：“圣人感人心而天下和平。”天下和平，是《周易》提出的理想政治蓝图，从全国来说，中央与地方、地方与地方之间，不生冲突，不起分裂；从世界说来，国与国、民族与民族之间，不起战争，和平相处。天下和平，是一高尚理想，实现这一理想，绝非易事。邻国之间，难免战争，必须巩固国防，保卫社稷，《象传》主张“王公设险以守其国”，是十分必要的。没有国防实力，十分危险。王夫之阐述“除戎器，戒不虞”的主张说：“既不可弛武备而不修，抑不可散民间以启乱。”对待武备的政策，应当是“无事则藏，有事则给”(《周易大象解·萃》)。平时“设险”，防患于未然，战时保家卫国，抗击外敌。国防不固，社稷不保，哪有邦国安宁，何来天下太平！

2. 崇德广业

《周易》倡导的治国之道是“德业日新”。《系辞下》说：“《易》其至矣乎！夫《易》，圣人之所以崇德而广业也。”圣人利用《周易》推行德政，开拓事业。德与业，相提并论，而以德为首。

“崇德”，就是尊崇道德。以高尚道德原则指导行政，叫作“德政”，儒家称为“仁政”，即用仁爱之心去制定政策，推行利民政治措施。《文言》说：“君子体仁，足以长人。”体现仁德之人，才配作众人之首长。王夫之指出：“君子克去己私，扩充其恻隐”，“故为万民之所托命而足以为之君长”（《周易内传·乾》）。所谓仁爱之心，就是对人民慈爱，同人民声息相通，而不独断专行、欺凌人民。《系辞下》云：“天地之大德曰生，圣人之大宝曰位，何以守位？曰仁。”这是说天地之大德在生长万物，圣人的大宝是固守王位，凭什么固守王位呢？靠仁德。仁德是固守王位的根本前提。《文言》说：“宽以居之，仁以行之。”以宽容精神处世，以仁爱之心施政。王弼阐述道：“江海处下，百谷归之，履尊以损，则或益之。尊以自居，损以守之，故人用其力，事竭其功，知者虑策，弗能违也，则众才之用尽之矣。”（《周易注·损》）要做到“人用其力，事竭其功”，执政者必须处事光明正大，不结党营私，坚持“以同而异”的原则。王夫之说：“同而异则为和，同而同则为党，异而异则为争。各成其用，无所争矣。”（《周易大象解·睽》）

关于“广业”的内容，《周易》和历代易学著作，有不少论述，提出一些基本原则。

首先，发展农业。《易传》表彰炎帝神农氏行“耒耨之利，以教天下”（《系辞下》）。制造农具，发展农业生产。提倡开荒种粮，反对“不耕，获；不苗，畬”（《无妄·六二》）不耕种而占有粮食，不开荒而占有熟地。

其次，发展手工业。致力于“备物制用，立成器，为天下利”（《系辞下》）。制造舟车、农具、弓矢，修造宫室，以丰富的手工业产品，便利人民的物质生活。

再次，发展商业。“日中为市，致天下之民，聚天下之货，交易而退，各得其所。”（同上）使农产品同手工业产品相互交换，调剂余缺。

还要发展交通。兴水上交通，借“舟楫之利，以济不通”；发展陆上交通，

“服牛乘马，引重致远”（同上）。促进商业繁荣，便利人民交往。

发展生产，增强国力，还要不断改善人民物质文化生活，做到“厚下安宅”（《象·剥》），提供丰厚的生活资料，使人民安居乐业。王夫之阐述道：“厚下，取坤之载物，养欲给求以固结人心；安宅，取艮之安止，自奠其位也。民依于君，君亦依于民，则虽危而存矣。”（《周易内传·剥》）

崇德与广业，是易学所注重的巩固政权、安定社会、增强社会凝聚力的两个重要方面，极有借鉴意义。

3. 民为邦本

民本思想在我国思想史上源远流长。《尚书》云：“民为邦本，本固邦宁。”《周易》从爱民、悦民、与民同患等方面，阐发民本思想的重要性。

首先，要爱民，不害民。《易传》云：“安土敦乎仁，故能爱。”执政者富有仁德，爱心，才能使人民安居乐业。王夫之说：“君子临民，不尚威而尚德。”（《周易大象解·临》）又说：“君子体此以修明于上，无所加于民，而移风易俗，不知其然而自化。”（《周易大象解·小畜》）不止爱民，还要如《彖》所说，“节以制度，不伤财，不害民”（《节》）。程颐阐述道：“人欲之无穷也，苟非节以制度，则侈肆至于伤财害民矣。”（《周易程氏传·节》）执政者不可大兴土木，违背农时，奢侈浪费，劳民伤财。

其次，均施财货。《象》曰：“裒多益寡，称物平施。”（《谦》）衡量财物的多寡，取多补少，公平地施予。要做到“损上益下，民说无疆”（《彖·益》）。减少上层人士的财富，增益下层民众，人民则无限欢欣。这一原则颇有针对性，对于巩固国家，安定社会十分重要。

最后，与民同患。执政者当与人民同甘共苦，共赴危难。“吉凶与民同患。”（《系辞上》《彖传》）指出：“说以先民，民忘其劳；说以犯难，民忘其死。”（《兑》）在上者甘愿身先百姓，百姓则任劳忘苦；甘愿带头赴难，百姓则舍生忘死。这一思想教导仁人志士。与人民同呼吸，共命运，时时将人民忧患放在心头，将个人安危置之度外，“先天下之忧而忧，后天下之乐而乐”。

4. 隆礼重法

中国古代思想史上，曾有注重礼治与注重法治两大派别。儒家讲以礼治国，法家讲以法治国。《易传》将二者结合，使之相得益彰。

首先，主张“非礼弗履”。人们的行为要受礼的约束，违礼之事决不可做。在封建社会，“礼”是维护封建等级制度的，君臣上下各有常规；族规家法，成为国法的补充。所以《彖传》说：“父父，子子，兄兄，弟弟，夫夫，妇妇，而家道正。正家而天下定矣。”（《家人》）又说：“男正位乎外，女正位乎内，男女正，天下之大义也。”（同上）表明父子、兄弟、夫妇各自遵守礼的规定，家庭就和睦。将此原则扩大起来，就会维护社会等级秩序，保障社会安定。正如程颐所说：“父子、兄弟、夫妇各得其道，则家道正矣。推一家之道，可以及天下，故家正，而天下定矣。”（《周易程氏传・家人》）

其次，主张“明罚敕法”。赏罚要严明，法令要清楚。法令不明确，是引起争讼的原因。王弼说：“谋始在于作制。契之不明，讼之所以生也。物有其分，职不相滥，争何由兴？”（《周易注・讼》）有了法，则按法施刑，但量刑之轻重应得当。《象》曰：“刑罚清而民服。”（《豫》）防止执法不严，纵容有罪者而枉罚无辜。施行法令制度，要贯彻“遏恶扬善”（《象・大有》）的原则，否则，法令虽好，形同虚设。执法过程，应坚持“赦过宥罪”（《象・解》）精神，反对一味严刑峻罚。王弼说得好：“过轻戮薄，故屦校灭趾，桎其行也，足惩而已。……小惩大诫，乃得其福。”（《周易注・噬嗑》）

“非礼弗履”的礼治精神，同“明罚敕法”的法治精神相结合，成为维护封建社会秩序的有效制度。

5. 革故鼎新

中华民族富有革新思想，每当政治危机时刻，明君贤相、志士仁人则奋起进行政治经济改革，推动历史前进。《彖传》最早提出“革命”观念，“天地革而四时成，汤武革命，顺乎天而应乎人”（《革》）。“革命”二字，指变革夏桀、殷纣的“天命”，与今天的革命概念不同，但所提出“革命”当“顺乎天而应乎人”的原则是可取的。孙中山曾强调中国革命当“适乎世界之潮流，合乎人群之需要”，意义与此相通。

革故鼎新一要得其人，二要善立法。王弼说得好，“革去故而鼎取新，取新而当其人，易故而法制齐明，然后乃亨。……革既变矣，则制器立法以成之。变而无制，乱可待也”（《周易注・革》）。革去旧法度，以新的法度代替之，人民才易遵循，乃可变而不乱。《彖传》云："时止则止，时行则行，动静不失其时，其道光明。"（《艮》）是说当废止的旧法令，坚决废止；当推行的新法令，应雷厉风行，不失时机才前途光明。但建立新制度一定要策划周密，不可轻易暴露，正如王弼说的："为节之初，将整离散而立制度者也，故明于通塞，虑于险伪，不出户庭，慎密不失，然后事济而无咎也。"（《周易注·节》）计划不周密，过早泄露天机，良好愿望，难免失败。因此，鼎革之际，要有"居安思危"的忧患意识。《系辞下》云："君子安而不忘危，存而不忘亡，治而不忘乱，是以身安而国家可保也。"要求平安时不忘危险，生存时想到灭亡，治理时谨防祸乱。要时时"思患而预防之"（《象·既济》）。程颐说："时当既济，唯虑患之生，故思患而预防，不使至于患也。自古天下既济而致祸乱者，盖不能思患而预防也。"（《周易程氏传·既济》）祸患的发生，必有其滋长过程，"冰冻三尺，非一日之寒"。正如程颐所说："天下之事，未有不由积而成。……其大至于弑逆之祸，皆因积累而至，非朝夕所能成也。明者则知渐不可长，小积成大，辩之于早，不使顺长，故天下之恶无由而成。"（《周易程氏传·坤》）《周易》教导人们善于防微杜渐，"履霜，坚冰至"，消除祸患于萌芽状态。这是十分高明的政治领导艺术。

总之，《周易》作为五经之首，是古代经邦济世的宝贵经典。其中阐述的一些很有现实价值的基本政治准则，为历代仁人志士所认同，并身体而力行之。凭着这些治国理财的政治思想原则，保证国家的统一，社会的安定，民族的团结；推行德政，发展经济，保障人民安居乐业，安土重迁，增强社会凝聚力；推行民本思想，法治思想，贯彻"不伤财，不害民"的原则；保持居安思危的忧患意识，发扬自强不息的革新精神，本着"顺天应人"的原则，制定革新措施，推动社会前进。《周易》和历代易学著作对古代的社会状况和政治实践，不断进行深刻总结，其凝结而成的精辟见解，至今仍蕴含着极大的生命力，值得永久借鉴。

二、易学与伦理

伦理道德是调节人与人之间、个人与社会之间的关系的行为规范总和。《周易》系统，从《易传》开始，基于忧患意识，以充分的篇幅论述人伦问题，将其作为易学的内容之一。《周易》也可以说是阐明儒家伦理道德思想的典籍之一。

1. 立人之道，曰仁与义

《说卦》云："立天之道，曰阴与阳；立地之道，曰柔与刚；立人之道，曰仁与义。"天道、地道、人道是天人之际三大纲领。仁与义是作为人道的基本准则，是中国传统伦理道德标准的核心。数千年来，成为调节人际关系的中心环节。

在古代中国人看来，仁与义是相互联系又相互对立的两个方面。说仁与义相互联系，是表明二者都在导人行善，都是维护社会和谐的行为规范；说二者相互对立，是表明仁是对待他人的态度，义是要求自身的原则。善待他人为仁，严以正己为义，二者相反相成。

"仁"的基本内容是爱心，孔子说过："仁者爱人。"《易传》主张人要具备"厚德载物"精神，像大地一样，普施恩泽，养育万物，以慈爱之心处理人际关系，使人人相亲相爱。《文言》说："君子体仁，足以长人。"朱熹解释道："以仁为体，则无一物不在所爱之中，故足以长人。"（《周易本义·文言》）善于体恤人民疾苦的人，才能治理人民，取得人民的爱戴。仁的思想所强调的是以人为中心，一切措施，一切行为，以关心他人，尊重他人为前提。

"义"的核心内容是公正无私，处事得宜。《文言》云："利物，足以和义。"利物，即施惠于人；和义，指公平合理，不徇私情。贪不义之财，见利忘义，被视为不道德，为社会所不齿；仗义施财，舍生取义，见利思义的人，才是社会的楷模。

《易传》将仁与义作为划分正人君子与无耻小人的试金石。《文言》曰："君子敬以直内，义以方外。"是说对人要恭敬，心术要正直，行为不苟，处事端方。王夫之在《周易外传》中指出，能符合上述要求，"天下皆敬而服之"，自然就会"德不孤"（《坤》）。小人则不然，"小人不耻不仁，不畏不义；不见利不劝，不威不惩"（《系辞下》）。他们的处世哲学是利己主义，不明仁、义的重要，难有高尚情操。

2. 进德修业，尚忠尚诚

《易传》十分强调，人应有良好的社会公德。无论服公务还是待人接物，首先要忠诚。《文言》曰：“君子进德修业，忠信，所以进德也；修辞立其诚，所以居业也。”君子当自强自重，不断增进其品德，完善其事业，最注重的就是忠诚老实。对国家尽忠职守，对事业忠心耿耿，对社会不弄虚作假，对友朋言而有信，为人处世保持高尚道德，建功立业可日益完善。《系辞下》论及君子与小人的分野，无非一“阳”（君子）一“阴”（小人），指出：“阳，一君而二民；阴，二君而一民。”这是说，光明正大者（阳），“一君二民”，广得群众拥护；阴险诡诈者（阴），足踏两只船，常怀二心。表彰君子，提倡忠心，鄙弃小人，反对二心。存二心者，口是心非，阳奉阴违，欺上瞒下，阴险狡诈，绝无忠诚可言。

3. 为人处世，贵宽贵和

《易传》主张为人处世当宽厚为怀。《文言》曰：“宽以居之，仁以行之。”以宽容态度待人，心眼不偏狭，能容人之所不能容；遇事不予斤斤计较，保持豁达大度。即使对待别人的过失、错误，也坚持宽容原则，不无限上纲，更不乘人之危而落井下石。《彖传》曰：“保合太和，乃利贞。”倡导和谐原则，符合孔子“和为贵”的主张。历代易学家多将和谐原则视为处理人际关系的基本准则。王夫之说：“天地以和顺而为命，万物以和顺而为性。”（《周易外传·说卦》）人与人之间，合衷共事；国与国之间，和睦共处。《周易》以“王用三驱，失前禽”（《比》）的故事，比喻王者的宽和精神。天子田猎，左右后三面合围，网开一面，对于猎物，来者抚之，去者不追。程颐称颂这种精神说：“天子之畋，围合其三面，前开一路，使之可去，不忍尽物，好生之仁也。”（《周易程氏传·比》）孟子主张“天时不如地利，地利不如人和”，同样倡导和谐原则。和谐、宽容，成为中华民族的传统美德，这对于增强社会凝聚力，加强民族团结，有着无形的巨大力量。

4. 致命遂志，不谄不渎

《易传》倡导的另一处世准则，是光明正直，不谄不渎。《系辞下》云：“君子上交不谄，下交不渎。”意思是与在上位者交往，不谄媚逢迎；与在下位者交往，不盛气凌人，无论贵贱，一体谦和。《象传》曰：“人道恶盈而好谦。”（《谦》）谦虚和蔼者人皆敬之，逞强霸道者人皆恶之。

能谦和处世，则虚怀若谷。《象传》曰：“君子以虚受人。”（《咸》）抱虚心态度，接受别人的意见，取人之长，补己之短。又曰：“劳谦君子，万民服也。”（《谦》）有功绩而谦虚的人，民众心悦诚服。谦虚的人，必定“劳而不伐，有功而不德”（《系辞上》）。有劳绩而不自我夸耀，功勋卓著而不自居恩德。程颐称赞这种高尚情操说：“有劳而不自矜伐，有功而不自以为德，是其德弘厚之至也。”（《周易程氏传·谦》）相反的人，有点功劳就沾沾自喜，四处张扬，居功自傲，要求别人感恩戴德。《文言》主张：“居上不骄，在下不忧。”担任领导工作的人，不骄傲自满，目中无人；作下层工作的人，不患得患失，怨天尤人。这是易学宣扬的一种基本道德修养境界。

为人处世有了不谄、不渎的独立人格，又具有不骄、不忧的道德修养，则能充分显示其“致命遂志”的高尚人生观。生活就是斗争，艰难困穷往往是人生的考验。《象传》主张：“险以悦，困而不失所，亨。”（《困》）程颐阐发道：“虽在困穷艰险之中，乐天安义，自得其说乐也。时虽困也，处不失义，则其道自亨。”（《周易程氏传·困》）传说孔子当年困于陈蔡之间，绝粮，而弦歌不绝，其弟子多不理解，孔子讲述古人因困穷而奋志终成大业的历史故事教育他们，得出结论道：“吾闻之人君不困不成王，列士不困不成行。”（《说苑·杂言》）《象传》主张：“困，君子以致命遂志。”王夫之阐述道：“困其身，而后身不辱；困其心，而后志不降。”“非困则志不可得而遂矣……憔悴枯槁以行乎忧患而保其忠厚，知困而已。”（《周易大象解·困》）这是说虽遭穷困忧患，仍自强不息，毫不动摇其心志，行其所当行，永葆忠厚美德，而完善其独立人格。

总之，易学蕴含着极其丰富的人伦思想的精华，要求人们不断加强伦理思想认识，提高道德修养境界，做一个具有高尚道德的人，对国家尽忠职守，不弄虚作假；对人有爱心，遇事主持正义；待人宽厚，保持和谐；胸怀谦逊，不谄不渎；坚持自立自强，“致命遂志”的高尚品格。这些传统的优良道德思想，为易学和历代易学家所注重，不断加以发展，弘扬。今天，在新的历史条件下，应当采取批判继承原则，取其精华，加以发扬，以利于当代的精神文明建设。

第四节　易学与数学

《四库全书总目提要》说“易道广大，无所不包”，在很大程度上表达了易学的文化包容性。由于易学特有的符号系统而使得易学与数学的关系尤为密切。由阴爻和阳爻两个符号排列组合的易卦系统与以阴阳概念为纲纪组成的范畴体系相结合，构成了一种特殊的理论结构。经历代易学家的阐释，其范畴体系、符号系统以及它们之间的同构关系逐渐完善并模式化。不仅易学卦图符号变化的魅力和筮法数学机巧的神秘性吸引着历代学人的思考，而且其阴阳对待概念也启发了他们的创造性。

易学与数学的关系是双向的，一方面易学吸收数学知识解易，另一方面在数学研究中援易为说。在数学解易方面，象数本身就有很强的数学性，李光地（1642—1718）以勾股解河洛图，莱布尼兹（1646—1716）发现邵雍（1011—1077）易卦系统与他的二进制数表的一致性，焦循（1763—1820）以代数比例和二项式定理解易，是著名的事例。在援易为说方面，汉末刘歆（？—23）以易数附会历律，南北朝时期的数学家刘徽（公元3世纪）把河图洛书看作数学的远源，易学关于数的形上讨论对数学的科学研究有着复杂的影响，秦九韶（约1208—约1261）发现大衍筮法的同余结构并进而发明作为一次同余式求解程序的“大衍求一术”，以至当代人还试图从易学中寻求启迪未来的素材。

我们这里只简单地介绍易学符号系统的数学内涵、易学与传统数学范式的形成、易学数学派与科学的数学、易学与中西数学的会通等几个方面的一些情况。

一、易学符号系统及筮法的数学内涵

六十四卦三百八十四爻这一特殊的符号系统，其组合变换以及进一步推演可以给人以无穷的想象余地，为表征复杂系统的巨大信息量提供了可用的形式。仅就这种形式系统的变换的复杂程度说，似乎在现代科学中都难以找到能

与它相媲美的符号系统。

历代易学家发展的符号系统主要有两种：一为《周易》系统（包括汉焦赣在其《易林》中提出的由六十四卦相重而得的四千零九十六卦系统），另一为扬雄（前53—后18）的《太玄》系统（包括九天玄女卦）。前者是二元符号系统，后者是三元符号系统。除此之外，尚有汉代道教易学的四元系统《灵棋经》，北宋司马光（1019—1086）易学的十元系统《潜虚》，南宋蔡沈（1167—1230）易学的九元系统《洪范皇极》。以现代数学语言讲它们都是有限重集排列，《太玄》的三元符号系统从一开始表现为一个完整的三进制数表，而二元符号系统到北宋也由于邵雍的《先天图》而发展为完整的二进制数表，并且他还把二元素有限重集排列推广到排列数n可为任意自然数，即N等于2的n次方。

易学发展史上的易卦排列研究，如京房（前77—前37）的"飞伏"说、孔颖达（574—648）"复变"说、来知德（1525—1604）的"错综"说实为不同的符号分类原理；各种卦变说，如荀爽（128—190）、虞翻（164—233）、李之才（980—1045）、朱熹（1130—1200）、俞琰（1258—1314）等人的"卦变"说，可视为不同的符号生成法则；而有关卦序的种种研究，如"八宫"说、"重卦"法、"先天"说和"后天"说等，都提出了各自的符号排序规则。易图的方圆排列问题涉及对称性，不仅卦气和纳甲的易图作为原始时空坐标系统广泛地用于历法、舆地和炼丹术的时空表示，而且还对六十四卦的对称性进行了系统的研究。这些都反映了易卦符号学研究的数学水平。

关于天地数、大衍数的种种解释往往是附会多于科学，但其中的一部分工作有一定的科学意义，如天地之数的解释涉及数的奇偶性和自然数列求和，又如来知德的三角排列、李光地的四方数和六角排列、陈梦雷（1650—1741）的大衍勾股解、杭辛斋（1869—1924）的诸多易图，都涉及几何学。东汉郑玄（127—200）的九宫数和天地数，经刘牧（1011—1064）《易数钩隐图》附会为洛书和河图，导致河洛图的纵横数图（幻方）研究，数学家杨辉（公元13世纪）的《续古摘奇算法》、易学家丁易东（13世纪）的《大衍索隐》、数学家程大位（1533—1606）的《算法统宗》和王文素（1465—？）的《古今算学宝鉴》、方中通（1633—1698）的《数度衍》、张潮（17世纪）的《心斋杂俎》和保其寿（17世纪）的《增补算法浑圆图》都是沿这一方向相继而出的著作。

《周易》筮法作为运用概率决疑的一种程序，其机巧设计蕴含了一种数学结构。筮法实质上是利用同余式性质求得预期余策的技巧，秦九韶发现它的这种同余结构并发明了求解一次同余式的一种程序——大衍求一术，领先世界数百年。

同余式属于现代数论，它是关于数的可除性的一种理论。其定义如下：命m为一自然数，若（a–b）为m之倍数，则称a、b为对模m同余，记作a=b（mod m），意即a–b=mK，K为一整数。若a–b不为m之倍数，则称a、b为对模m不同余，记为a ≠ b（mod m）。在中国历史上，同余式问题首先出现在筮法的设计中，后来出现在历法上元积年的计算中，作为正式数学问题则出现在《孙子算经》中。下面我们就着手分析筮法的同余结构。

筮法分“成卦法”和“变卦法”以及“释卦法”，同余结构主要表现在成卦法中。所谓成卦法，即将五十根蓍草取出一根不用，其余四十九根名为“用策”，“用策”经“分二”“挂一”和“揲四”三变二十一演而决定一爻，十八变而成一卦。朱熹在其《周易本义》（？）中，把“揲四”做“四四数之”，因而每三变所得必为下列四种可能策数之一：4 × 9=36，4 × 8=32，4 × 7=28，4 × 6=24。而秦九韶则把“揲四”做“数四次”，即先一、一数之，再二、二，三、三，四、四，重新数之，因而三变所得必为1、2、3、4四种可能策数之一。以数学的观点看，朱熹筮法和秦九韶筮法并无本质区别，其中机巧皆与数论的同余式理论相合，也就是说《周易》筮法的数学结构和秦九韶的大衍术要解决的问题是同类的。

秦九韶在其《数书九章》序中说：“今数术之书尚三十余家，天象历度谓之缀术，太乙壬甲谓之三式，皆曰内算，言其秘也。九章所载，及周官九数。系于方圆者为专术，皆曰外算，对内而言外也，其用相通，不可岐二。独大衍法不载九章，未有能推之者，历家演法颇用之，以为方程者，误也。且天下之事多矣，古之人先事而计，计定而行，仰观俯察，人谋鬼谋，无所不用其谨，是以不愆于成，载籍章章可覆也。后世兴事造始，鲜能考度，浸浸乎天纪人事之淆缺矣，可不求其故哉？”秦九韶的这段话以及他把《周易》筮法作为第一个例题并将其冠以“大衍”之名，意在表明他的“大衍求一术”源于《周易》筮法。因而他的“数与道非二本”的总结是他这一创造性研究的切身经验。

二、易学与中国古代数学的理论范式

大约成书于西汉时期的《周髀算经》和《九章算术》中的数学思想在很大程度上确定了中国传统数学的范式。虽说这两部书都将算术的远源推及相传画八卦的庖牺氏未必真实，但其易学的阴阳观念和思维模式对于传统数学范式的形成确实提供了思想基础。

《周易》的阴阳概念经数的奇偶而转化为几何之圆方，开辟了中国数学研究的圆方论的独特方向。《周髀算经》首章言昔周公问商高“数安从出”，商高答：“数之法出于圆方，圆出于方，方出于矩，矩出于九九八十一。故折以为勾广三，股修四，径隅五。既方其外半其一矩，环而共盘得成三四五。”三国时代赵爽对此有注释说：“圆径一而周三，方径一而匝四。伸圆之周而为勾，展方之匝而为股共结一角，邪适弦五。政圆方斜径相通之率。故曰数之法出于圆方。圆方者天地之形，阴阳之数。”“然则周公之所问天地也，是以商高陈圆方之形，以见其象，因奇偶之数，以制其法。所谓言约旨远，微妙幽通矣。”赵爽这段话有两个要点：第一他以单位直径的圆周三和单位边长的正方形周长四分别为勾和股而成两直角边，其斜边恰为弦五，对勾三股四弦五的勾股弦定理给出解释；第二圆周率取近似值三，显然是出于圆方配阴阳、奇偶。不妨再看他的进一步说明：“物有圆方，数有奇偶。天动为圆，其数奇。地静为方，其数偶。此配阴阳之义非实天地之体也。”圆周率取三固不精确，但毕竟在整数范围内，借阴阳原理建立了形与数的比率关系。魏晋南北朝时期的刘徽注《九章算术》亦遵循阴阳原理，“观阴阳之割列，总算术之根源”，许多圆方问题从平面发展到立体，其计算多运用分解圆方，包括以连续分割正方和立方形作为开平方和开立方的几何原理。他的著名的“割圆术”，在圆内作内接正多边形及借助勾股定理的相关计算，实为分解圆方术的第一次成功的发展。刘徽运用他的割圆术，通过圆的内接正 192 边形的计算，把圆周率的精度提高到相当 $\pi=3.1416$。祖冲之（429—500）计算圆周率到七位小数（$\pi=3.1415926$），据推测也是用“割圆术”，如此高之密率要计算圆的内接正 614412288 边形。宋代沈括（1031—1095）的“会圆术”把圆方论引到求圆弧长，李冶（1129—1279）的《测圆海镜》（1248）沿分解圆方发展到求直角三角形的内接圆，郭守敬（1231—1316）等人将其法用于天文测量，以及稍后有赵友钦（13 世纪）

以正 16384 边形割圆，都是刘徽思想的继续。清代梅文鼎（1633—1721）著《方圆幂积说》（1710），系统地讨论了：1）方中容圆、圆中容方，方边与圆径之比，方面积与圆面积之比；2）立方容球体、球中容立方，立方边与球径之比，立方体积与球体积之比；3）方圆面积相等，方边与圆径之比，方周与圆周之比；4）球面积与外切圆柱面积之比；5）截球体的表面积与它的体积。李善兰著《方圆阐幽》（1845）阐述他的尖锥求积术，从分解圆方走向“微积分”。

《周易》的模型论思想经《九章算术》开辟了中国传统数学的模型论传统。《九章算术》设方田、粟米、衰分、少广、商功、均输、盈不足、方程、勾股九章，把几乎囊括了现今初等数学中算术、代数和几何的大部分内容分为九类算法模型。东汉时马融、郑玄等读过这部书，光和二年（179）被朝廷定为校核度量衡的依据。魏晋人刘徽为之作注，唐李淳风（602—670）再释。唐设算学博士，《九章算术》被列为教科书，宋承唐制，也规定其为必修科目之一。后世数学著作多宗《九章算术》体例，唐王孝通（6—7 世纪之交）的《缉古算经》、宋杨辉（13 世纪）的《详解九章算法》（1261）、明吴敬（15 世纪）的《九章算法比类大全》（1450）和程大位（1533—1606）的《直指算法统宗》（1592）、清屈曾发的《九数通考》和顾观光（1799—1862）的《九数存古》等，多与《九章算术》有“血缘”关系。隋唐时期还留传到朝鲜和日本。《九章算术》及刘徽注开辟的数学理论化的模型道路，作为数学研究的范式，可与欧几里得《几何原本》公理论范式对举而论。

《易传》“类族辨物”的方法论原理，经《黄帝内经》将其发展为“比类”的若干种具体方法，而在《九章算术注》中刘徽又将类推发展为等式推理以建立数学概念体系，至宋代理学家再给“类推”增置以“格物穷理”的前题，“比类”方法广为宋元数学家们采用。沈括首创堆积术（即高级等差级数求和）是比类方法之典型应用，贾宪（11 世纪上叶）可能依据邵雍的六十四卦衍生的“二分法”比类得到他的三角数表。而朱世杰（13—14 世纪）的三角垛积求和公式与贾宪三角之可互译性，允许我们猜想朱世杰也可能通过与易卦生成图比类得出他的诸垛积公式。比类方法在数学中的应用获得众多创造性的成果，诸多的成功更促成它的推广应用，因而出现若干题名包含“比类”的数学著作，诸如杨辉（13 世纪）的《田亩比类乘除捷法》（1275）、吴敬（15 世纪）的《九章算法比类大全》（1450）。

三、易学数学派与科学的数学

汉代象数学至宋代分裂为数学和象学两支。陈抟（？—989）以数学授穆修（979—1032），以象学授种放（955—1015）。穆修传李之才，李之才再传邵雍，并形成易学的数学派。邵雍的易学数学派实际上是一个准算学家团体，邵雍的数学在其后学者手里分为两支发展。一支走向术数，张行成（13 世纪）、祝泌（13 世纪）等人为其代表；另一支则并入算学派，精于《皇极经世书》的刘秉忠（1216—1274）团结了包括历史上著名历算家张文谦（1216—1283）、郭守敬（1231—1316）和王恂（1235—1281）在内的一批算学家。在金元之际，不少历算家受到《皇极经世书》的影响，包括在中国数学史上占有重要地位的李冶（1192—1279）和秦九韶。李冶对邵雍多所称赞，秦九韶师从的"隐君子"极可能是邵雍的后学。

数学作为一个科学学科的名称是从易学中借用而来。在古代中国长期名为"算术"或"算学"这一学科，由于宋代邵雍先天易学的兴起而逐渐更名为"数学"。算学家荣棨在其《黄帝九章算法细草·序》（1148）中使用了"数学"二字，而秦九韶则以"数学"入书名。按秦九韶自序，其书写成于宋理宗淳祐七年（1247）。1842 年首次刊刻题名《数书九章》，但考察其前近 600 年的传抄史，发现尚有《数学大略》和《数学九章》之名。宋代文献中，秦九韶同代人陈振孙在其《直斋书录解题》卷十二"象纬类"中有"《数术大略》九卷"，"鲁郡秦九韶道古撰"，而元初成书的周密（1232—约 1298）著作《癸辛杂识续集》卷下"秦九韶传"中有"所述《数学大略》"语。其后有关记载，在《永乐大典》（1403—1408）中名为《数学九章》，北京《文渊阁书目》（1441）记为《数学九章》，叶盛（1420—1474）《竹堂书目》卷五记《数学九章》，赵美琦（1563—1624）藏本为录王应麟万历抄本《数书九章》，钱谦益（1582—1664）《绛云楼书目》卷二记《数学九章》，清初钱曾（1629—1701）《也是园书目》卷一记《数书九章》，《四库全书》（1773—1781）辑永乐本名《数学九章》。秦氏书流传六个世纪，书名四出，何为原名至今难以确断，但"数学"一词在秦九韶后逐渐流传。元代莫若为数学家朱世杰（13—14 世纪）的《四元玉鉴》（1303）作序称"朱先生以数学名家"，明代顾应祥在其《测圆海镜分类释术》（1550）的序中多次述及"余自幼好学数学"。以"数学"为名的书在明代已多见，如柯尚迁的《数学通轨》(1578)和李笃培(1575—1631)的《中西数学图说》(1631)。清初又有杜知耕的《数学钥》(1681)。这些足以表明易学的“数学”与科学的数学接轨的渐进过程。

易学史上“象”与“数”的关系之争导致了对数的形上研究。宋代重建象数学时，以“数生象”的形上观为指导原理的数学派和以“象生数”为指导原理的象学派，虽然两者在数的形上观上针锋相对，但因前者把象看作数和理的中介，而后者把数看作理和象的中介，都是兼及象、理和数的。义理派易学家虽然重理，反而衍生出象数学的阐发者，其中阐发邵雍数学的是蔡氏父子。蔡元定(1135—1198)在其《经世指要》中说:“盖超乎形器，非数之能及矣。虽然，亦数也。伊川先生曰：数学至康节方及理。康节之数，先生未之学，至其本原，则亦不出乎先生之说矣。”蔡元定的学问近邵雍，《西山蔡氏学案》引唐氏语可以为证:“孔孟教人，言理不言数。邵蔡二子欲发诸子所未发，而使理与数灿然于天地之间，其亦不细矣。”蔡元定有子蔡渊和蔡沈皆通易学，前者承朱熹义理，后者继父之学。蔡沈著《洪范皇极》，将“数”和“理”统一起来，以数解理，发展河洛之学，探索宇宙之数理法则。他极推崇数，认为“圣人因理以著数，天下因数以明理”，对数与物、数与理作出详细论述。

对于易学家用以推演造化的数理哲学，许多科学家颇感兴趣。沈括曾在其《梦溪笔谈》卷七“象数”中谈及推往古兴衰运历之法，“西都邵雍亦知大略……终不知其何术”而“常恨不能尽得其法”。徐光启(1562—1633)把象数学视为数理科学，“象数之学，大者为历法，为律吕，至其他有形有质之物，有度有数之事，无不赖以为用，用之无不尽巧极妙者”(《泰西水法·序》)，倡导“度数旁通十事”，将天文和气象、测量和水文、音乐、军工、会计、建筑、制造、测地、医学和计时都纳入数量化的轨道，以图“由数达理”(《条议历法修正岁差疏》)。清王植《皇极经世直解》说及康节数学，赞邵子以前知著称，其数学之详不传，而推万物之大略已具(《观物外篇·十二》注)。

四、易学与中西数学的会通

《易传·系辞上》第八章“圣人有以见天下之动而观其会通”中的“会通”思想，是中国学者接受外来文化的观念基础。朱熹在其《周易本义》中注释说:“会谓理之所聚而不可遗处,通谓理之可行而无所碍处。”在《朱子语类》中他又解释说:“会以物之所聚而言,通以事之所宜而言。……且如事理间,若不于会处理会,却只见得一偏,便如何行得通?须是于会处都理会,其间却自有个通处。……会而不通,便窒塞而不可行;通而不会,便不知许多曲直错杂处。”在中西文化接触以后,这种“会通”就成为处理中西学关系的一种指导思想。

中西会通之努力是从历算方面开始的。徐光启一方面与利玛窦(1552—1610)合译《几何原本》(1607),把西方数学介绍给国人,另一方面他发挥易学“革故鼎新”的思想,主张“治历明时取象于革”(《崇祯历书·恒星历指》),引西法人《大统》,主持编成《崇祯历书》(1635)。其后的著名代表人物是方以智(1611—1671)。他出身三代易学世家,二十岁就立下研《易》之志,实践两个方面的会通。一方面,他会通中国传统文化的诸领域,另一方面,他企图调和中西,以易学改造西学。为兼采西学,他不仅遍读传进中国的西学,还走访意大利传教士毕方济(1582—1649)和结交德国传教士汤若望(1591—1666)。在他的思想中充满渴望新生而又眷念旧物的矛盾,以致在会通中西的努力中过多地致力于易学的发微。

在明清之际的中西文化的相会中,追求进取精神正旺的西方学者也很快对中国文化作出了反应。孜孜不倦地致力于中西文化交流的德国数学家和哲学家莱布尼茨(1646—1716),发现邵雍的先天易图与其二进制数表的一致性。莱布尼茨于1679年3月15日完成《论二进制》论文的初稿,1703年4月1日才看到法国传教士白晋(1656—1730)寄给他的邵雍的先天易图。从莱布尼茨回复白晋的回信中可以看出,他更关心的是如何借助易经符号发展普遍语言问题和神学问题。白晋在给他的信中说,伏羲与希腊神话中的赫耳墨斯·特里斯墨吉斯忒斯可能是同一个人,因而《易经》的语言可能是《圣经》所说洪荒辟世前的学者们所共同使用的语言,中国与埃及文化可能是同源的。主张东西方普适宗教统一的莱布尼茨立即想到,易图与其二进制数表的一致性,对于有兴趣于其神学意义的鲁道夫·奥古斯特大公和对于期待它的实际应用的巴黎科学院来说,也就可以成为接受它的充分理由,于是他把自己的有关二进制的论文送交科学院。

由于西学东渐的刺激,乾嘉学派两位可谓身兼“科学家”的易学大家,江永（1681—1762）和焦循（1763—1820）热衷于易学与科学的会通。从科学史角度看，乾嘉学派有两大功绩：一是辑佚、考释了一批古代科技典籍，为传统格致学的发展奠定了资料基础；二是它的实事求是、追寻证据的精神，为接受近代科学架起了方法论的桥梁。乾嘉学派中的易学大师亦是潮流中人，面对西学之挑战亦须作出应战的反应，易学究竟有何程度的自我调节能力也受到检验。在“朴学”的“艺以明道”的桎梏下，江永对西学不能采取积极而又实事求是的态度，焦循面对中西学争论而潜言。由于在比较中西科学方面不能实事求是，会通也就难于有什么重大的成就。

江永开清代朴学皖派之先河，专治《十三经注释》，于古今制度、天文地理、钟律推平无不深究索隐，著作甚丰，《四库全书》收其书目十五种，易学著作有《河洛精蕴》，同科学有关的著作有《翼梅》《律吕新论》《春秋地理考实》。江永研习西洋历算，治《易》亦根于西法，读梅文鼎《历算丛书》后，著《翼梅》八卷（1740），实事求是地纠正梅氏的说法。以至作为梅氏历算合法继承人和御前历算家的梅瑴成（1681—1763），觉得江永“主张西学太过”，认为《翼梅》是“入室操戈，复授敌人以柄而助之”，讥其“谄而附之”（梅瑴成:《五星管见附记》）。多年以后，钱大昕（1728—1804）还以这段故事告诫江永弟子戴震（1724—1777）不要因“少习于江而特为之延誉”，暗示戴震，江永曾受西学之“愚弄”。

焦循出身易学世家，中年中举，会试京都不弟后，归卧北湖，筑雕菰楼教馆，授徒为业。深居简出，潜心研读著述，成为清代朴学的扬派代表。他学识广博，邃于经义，尤精于天文历算，易学著作集成《雕菰楼易学三书》四十卷，数学著作集为《里堂学算记》，还有医药和地理及博物类著作数种。焦循博采中西，会通百家，潜心研究中西数学，反省并阐发古义。在《加减乘除释》中，他以字符代替数字以及对四则运算的基本定理所进行的讨论，可视为当时抽象数学方法的代表。他主张“名主其形，理主其数”的名数观和“名起于立法之后，理起于立法之先”的法理观（《加减乘除释·序》），并将这种哲理用于指导经学研究，一切事物的变化都归为“理之一”或“数之约”（《加减乘除释》卷二）。当他把数学的研究方法和知识用于易学研究时，他发现六十四卦结构与五乘方分解相同而实质上给出了它的代数解。他企图通过把卦爻辞也看成类似卦画的另一种符号系统，从而构造一个严格的成数学比例关系的易学体系。

易学与现代科学的关系不同于它与古代科学的关系。易学与传统科学的关系是处在同一个中国文化整体中的两个部分之间的关系，两者基本上是水乳交融的。易学与产生自欧洲的现代科学的关系涉及两种不同的文化背景。两种文化接触和交融本是文化发展的一种动力机制。“中西会通”在理论上是正确的，尽管在实践操作上有很大困难，而且还需依情势权衡偏重。但是，几乎从一开始，这种“会通”就在虚幻的“西学中源”说的影响下，以考据学的方法进行，走到一条歧路上去。在东西方两种文化接触之后，中西哲学—科学家们为沟通易学与西学所作过种种努力，以及20世纪以来更多的人以现代科学的观点考察易学的底蕴，所有这类工作都属于解释学的范畴，也只是在解释学的意义上发现易学与现代科学的某些相通之处。易学与现代科学没有发生过有历史意义的整体性关系。但源于科学内部的新自然观和新科学观却预兆了易学与后现代科学整体相关的美好前景。一些科学家自认为他们的新观念的发展方向与东方古典哲学基本上是一致的。可以说现代科学重新发现了易学，有如现代之初，科学重新发现在中世纪被忽视的某些古希腊哲学。因此，易学与科学的关系应着眼于科学的未来。

第五节　易学与天文气象

据说，庖牺氏创造了八卦，而后又发展为六十四卦。可能这标志着人类文明进入一个新的阶段。

据《易传·系辞》文，天象是建立八卦和六十四卦的基础之一，因而易学不仅言人事，也要言天道，但是易学毕竟不是天文学，它不能像天文学那样详尽入微地说明天体运动的本质等。它只是从一般原理上探讨天体运动和气象变化的一般法则，易学是从阴阳和阴阳变化的原理来解释天象和一切事物的演变过程和法则，这个原理也成了中国古代天文气象学的理论支柱之一。

本节以《周易》经传中明显涉及天象历法的资料为例，说明《周易》经传和易学对中国古代特别是汉唐天文和气象学的深刻影响。

一、《周易》经传关于天象和历法的论述

《周易》经传中蕴含着丰富的天文历法知识，看起来虽不甚系统，但却反映了古代人类在开辟自然环境的奋斗中，不断观测天象，不断利用对天象的观测制订用以指导生产、生活的历法。

1. 卦爻辞中天象和历法的记录

按《序卦传》的卦序，对各卦爻中有明言天象历法者加以介绍。

首先是蛊卦。蛊卦在卦序中排列为第 18 卦。蛊卦卦辞说："元亨。利涉大川。先甲三日。后甲三日。"说得到这一卦，可以举行大型祭祀，可以渡越大河。但要在甲日前三日的辛日和甲日后三日的丁日。可见这一卦辞论述了一种记录日序的古老历法。按《尚书·尧典》言"期三百有六旬有六日，以闰月定四时成岁"，即一年有 366 日（实际应是 365.25 日）。古代用干支法纪日，据甲骨刻辞知商代已用此法。此历法最初是用十干：甲乙丙丁戊己庚辛壬癸；或十二支：子丑寅卯辰巳午未申酉戌亥单独纪日。后来发展为以干和支组成的干支对，如甲子，乙丑等纪日。干支一共可组成六十个干支对，故一个干支周为六十日，一年有六个干支周。每一个干支周又分六旬，每旬十日。每旬以甲开头，如甲子旬、甲戌旬、甲申旬、甲午旬、甲辰旬、甲寅旬，古称六甲。甲子旬第一日为甲子日，第二日为乙丑日，第三日为丙寅日等，排至癸酉日为甲子旬终。甲戌旬第一日为甲戌日，第二日乙亥，第三日丙子等，至癸未日甲戌旬终，接着排甲申旬，等等。简单言之，亦可谓甲子、甲戌等日为甲日，乙丑、乙亥等为乙日，丙寅、丙子等为丙日，等等。这种干支纪日法再配以太阴月（月亮的朔望周期，即朔望月）。每个朔望月约 29 天半稍多，故每个月或三十日（大月）或二十九日（小月）。一年有二十个朔望月稍多，十二个朔望月只有 354 天多一点，不足一年 365 日之数。为此古人加置闰月以调整太阴月与季节物候对应。这样使得中国古代的历法具有阴阳合历的特色，即既有据太阳运动制定的阳历，又有据月亮运动的阴历，两者结合在一起，使历法的功能大大提高，至今仍在行用。

《周易》的第二十四卦复卦就进一步说到这一点。复卦卦辞说："亨。出入无疾。朋来无咎。反复其道。七日来复。利有攸往。"卦辞的意思是如果得到

复卦，可以举行享祭，通达。出门或居家均无疾病，朋友来不会有什么麻烦。出行则往返于途中，七日可返回。有所往则有所利。这里要说明的是，《彖辞》中说："反复其道，七日来复，天行也。"即认为七日是天道循环往复的一种周期。对前已述及的蛊卦卦辞中的先甲后甲，《彖传》也说："'先甲三日，后甲三日'，终则有始，天行也。"即是说自甲前三日之辛日至甲后三日之丁日，共为七日，天道之运行是终而复始，往复循环历七日为一周。《易传》从阴阳观点出发，认为阴阳之气，此消彼长，历经"七"数而来复一次。如五月姤卦一阴始生，至十一月复卦一阳生，历经七个月。又从古代之气候物候而言，春夏天气变暖变热，昼长而夜短；秋冬天气变凉变冷，昼短而夜长。春夏历六个月，秋冬历六个月。阴气自正月衰落，至七月又逐渐兴旺，共历经七个月，《易传》言之则阴气至七而复；阳气自七月衰落，至次年正月又兴旺起来，亦共历经七个月，即阳气亦至七而复。阴阳二气皆至七个月而复，此即"终则有始"的天道循环。这里反映了古代对于天道周期的认识。正是对于天度（日月和其他天体的运行规律）和气数（气候与物候状况）相应的规律性的认识，以及用《周易》阴阳观点和卦的爻数来描述这种天道的实际，而得出"七日来复"的周期性认识（卦之爻数亦至七而复。每卦六爻，依次数至第七则复于原爻，正是"至七而复"普遍性认识的易学基础）。

我们再看《周易》卦爻辞中关于天象论述的另一例子，第三十卦离卦。离卦中的九三爻辞，论说了一种特殊的天象："日昃之离。不鼓缶而歌。则大耋之嗟。凶。"这条爻辞的含意是离卦代表太阳，日昃是太阳过了中天而向西偏移，不久就要下落。如同人到了晚年，这时应该乐天知命，鼓缶而歌，否则会陷于忧愁悲嗟的凶境。但是高亨在其《周易大传今注·离卦九三爻辞》中说："离借为螭，龙也，谓云气似龙形者，虹之类也，音转而谓之霓。"据此，则爻辞的意思应是，下午至傍晚时分，有虹霓出现在天空，这是一种凶兆，如果不击缶唱歌以禳解之，则有老人悲伤忧叹之凶。虹霓是一种大气现象，常出现在日旁，《汉书·五行志》引《京房易传》说"霓，日旁气也"，并列出 14 种关于霓出现的占测，皆为凶兆。《唐开元占经》卷九十八引《汉书·天文志》说："虹霓，阴阳之精。"如淳曰："雄曰虹，雌曰霓。"又曰："色著为虹，色微为霓。"说明古代人们对虹霓现象的注意。

以下我们看第五十四卦的归妹卦。归妹卦的六五爻辞说："帝乙归妹。其君之袂不如其娣之袂良。月几望吉。”这一爻辞的意思是帝乙将女嫁于周文王，并以女之妹（称为娣）作陪嫁。但娣的礼貌容止较其姊为佳。结婚之良辰选在月望之后，是吉利的好日子。爻辞中提到月几望，望是满月的月相，即每月的十五日（由于历法未精时，有时望可能在十五日前，有时在十五日后）。几望当为既望，既望是望后数日中的月相。古人已知月食必发生在望日，除望日可能发生月食外，按《唐开元占经》卷十七引甘德占说：“月生十日至十四日而食，天下兵起。”又引石申说：“十五日而蚀，国破灭亡。”即古人以为望日之前数日都有可能发生月食。而望过后，即既望就不可能发生月食，因而吉日当在既望。

再说丰卦，是《周易》第五十五卦。丰之义为大，占得丰卦谓能成就大事。丰卦卦辞说：“亨。王假之。勿忧。宜日中。”占得丰卦，可以举行祭祀，王须亲至祭祀处，有危难不必忧虑，祭祀时间应在日中（正午）。这里特别提出时间“日中”，意谓成大事除王要亲至祭祀外，还要如太阳正在中天时那样光照天下。丰卦六二、九三和九四三爻，都提到日中。六二爻爻辞说：“丰其蔀。日中见斗。往得疑疾。有孚发若。吉。”其意思是太阳光被大团蒙气遮蔽，日光昏暗，而可见到星辰，如明亮的北斗星在此时隐约可见。此际受此自然界变异之影响，有得疑心病者。如果相信这只是一种自然界的变异，云层离开后就不会有事。九三爻辞是：“丰其沛。日中见沬。折其右肱。无咎。”其意思是蒙气加厚，似欲大雨滂沛，虽在日中，昏暗无光，或觉见鬼魅，而吓得将右臂折断，但一旦天变回复之后，就可治好、无灾咎。九四爻辞是：“丰其蔀。日中见斗。遇其夷主。吉。”意思是：蒙气浓重，在大白天见到北斗星，这时碰上旅店主人，可有房屋遮蔽，吉利。丰卦这三爻爻辞中所见，都基于蒙气浓重所致。蒙气，《汉书·五行志》引《京房易传》说：“有霓、蒙、雾。雾，上下合也。蒙如尘云。霓，日旁气也。”《唐开元占经》引《黄帝占》说：“凡连阴十日，昼不见日，夜不见月，乱风四起，欲雨而无雨，名曰蒙。”又古代认为太阳于日食时无光，还有一种称为“薄”的现象，就是“日月无光曰薄”（《唐开元占经》卷九），又引《京房易传》说：“（日）食皆于晦朔，有不于晦朔者名曰薄，虽非日月同宿，时阴气盛，犹掩薄日光也。”除日薄日食时太阳光暗外，古代还观测到一种“日昼昏”的情况，据《唐开元占经》引石申说：“日昼昏，行人无影，到暮不止。”甘德说：“日昼昏乌，乌群鸣。”又引《春秋·威精符》

说:“日者，阳之精，曜魄光明所以察下，夫以照灭、昼晦，甚所惧也。”还引《京房别对灾异》说:“……日无光，暗冥不明。《易》曰日中见斗。日中星见明其冥也，故贬之为暮也。”可见丰卦所记的是一种特异的大气现象，古代人们常观测到，并对这种天象的出现进行占测。

然后顺便说一下第五十七卦巽卦。巽卦主要涉及的自然现象是风，但我们这里要谈的只是其九五爻。九五爻辞说:“贞吉悔亡。无不利。无初有终。先庚三日。后庚三日。吉。”筮得这一爻，所占者吉，其悔将亡，没有不利的。开始行事虽然忙乱无章，但逐渐有数而得良好结果。先庚三日即庚前之丁日，后庚三日即庚日后之癸日，都是吉日，先庚三日，后庚三日，于历法言之，是古代干支记日的应用，已于前面蛊卦中说明，此处不赘。

2.《易传》对天象的解释

（1）彖、象二传关于天象历法之论述

首先讨论排在第六位的讼卦。讼是争讼，打官司的意思。《象辞》关于讼卦说:“天与水违行，讼。君子以作事谋始。”古代人们观测天空，看到天上的星体诸如日月星辰都是从东到西运行。当时尚不可能知道这是地球自转的反映，而认为是天向西运转，即所谓“天左旋”。同时古代人们观测到大地上的河流，大都是水向东流，这是由我国整体的地形是西北地势高而东南地势低，从而水往东流。这样就形成一个天与水违行的情况。正如《周易集解》引荀爽之说:“天自西转，水自东流，上下违行，成讼之象也。”而从卦象上看，讼卦上乾下坎，乾天坎水，天向西转，水向东行，也描述了天与水违行的自然界状况。从天与水违行的自然状况，推而至人，若人与人相背而行，必然意见不一，相互发生争讼。故而占得此卦，行事就要注意，事先多所考虑和谋划，避免发生争端，而免讼事。故说“君子以作事谋始”。

其次探讨排在第二十二位的贲卦。按《序卦传》说:“贲者，饰也。”凡饰物必有文采杂色，所以贲卦主要说的文饰方面的事。但《彖辞》却作了发挥，说:“刚柔交错，天文也。文明以止，人文也。观乎天文，以察时变。观乎人文，以化成天下。”古代天文家认为宇宙间充满元气，宇宙间的一切均为元气所生。《淮南子·天文训》说:“宇宙生气，气有汉垠。清阳者薄靡而为天，重浊者凝滞而为地。”即是天为阳气，地为阴气。天上两个最主要也是最大的天

体太阳和月亮，也是一阴一阳。张衡《灵宪》中说："日者阳精之宗"和"月者阴精之宗"。其余诸星也各有阴阳。因而天上各种星体的排列、运行，只不过是阴阳并陈和阴阳之迭运。这种情况如果用卦象表示，即如卦爻之刚柔相错，而刚柔交错以成文。所以一切天象就构成天文，或者说天文现象。人们观察天文现象，并从中探索出其随时间变化的规律，就是考查前已述及的天度与气数相应的情况，从而由天象察知时序之变化，以便作好安排和准备。这是治国者所必须关注的。《尚书·舜典》说："正月上日，受终于文祖。在璇玑玉衡，以齐七政。肆类于上帝……"说的是在正月吉日，舜在尧的太庙接受了禅让的帝位，立即观察北斗星，列出了七项政事，然后向上帝报告自己登位。可见上古帝王施政很注意观察天文，并根据观测立出施政纲领。《彖辞》在这里还讲到人文，人文似乎是各种使人们活动要合乎礼法的规则、制度、设置和文教等。这些也体现出各类阴阳的排列和迭运，故也成文，是为人文。所以说"文明以止"，"以化成天下"。

又次讨论一下剥卦，剥卦在卦序上排在第二十三位。剥卦是剥落、衰落的意思。《彖辞》关于剥卦说道："顺而止之，观象也。君子尚消息盈虚，天行也。"剥卦下卦为坤，上卦为艮。坤有顺义，艮有止义，故说顺而止之，即顺应客观形势而不乱动。要顺应形势，必须观察客观形势，即是观象。包括天象、气候、物候等，也包括人事现象，要从观象认识客观形势，就要从天地间各种事物都有各自阴阳变化的盈虚消息，即"君子尚消息盈虚"。而消息盈虚正是天道的体现。《史记·历书》叙述自黄帝以来，各代考察天度、建立时序，制订和改进历法的情况。首先提到黄帝"考定星历，建立五行，起消息，正闰余"，即是观察星象及其随时间的变化而建历法、确立五行，观察随星历变化的阴阳消长，再调整置闰以使天度与气数相应。然后说到战国时期，列强忙于争并，无暇顾及修订历法，但指出"是时独有邹衍，明于五德之传，而散消息之分，以显诸侯"。即是说在战国纷争之时，还有邹衍注意观察和了解阴阳消长的情况（消息就是消长）并将这种观察得到的阴阳消长情况，调整历日安排（将阴阳消息分布于历谱），使人们知道如何顺应。《彖辞》对剥卦的这一解说，揭示中国古代历法的一个特色，就是注意历法与气候、物候的相应，并从天道的消息盈虚得到启发，用以观察其他万事万物，诸如天气、年景、社会、人事等的消长盈虚，从而知所顺应。

以下讨论晋卦和明夷卦中《易传》关于天象情况的叙述。晋卦是第三十五卦，明夷是第三十六卦。首先看晋卦，从卦象看晋卦上卦离而下卦坤。离为日而坤为地。所以《彖辞》对于晋卦说："晋，进也。明出地上。"即晋卦卦象象征日出地上。太阳出平后，在天空冉冉前进，所以晋卦有上进的意义。《象辞》也说："明出地上，晋。君子以自昭明德。"这里进一步将日出地上，明照于天下，比喻人之光明能照察天下事物。

其次再说明夷卦。明夷卦在卦象上正与晋卦相反，是坤在上而离在下，坤为地离为日，故表示日入于地中，即太阳落在地平之下，是一种黑夜之象。明夷卦的《彖辞》说："明入地中，明夷。内文明而外柔顺，以蒙大难，文王以之。"就是说日入地中，明夷的意思也就是日没之义，即太阳下山转入地中。从明夷卦象看来，坤为柔顺，离为文明，故日入地中也表示"内文明而外柔顺"。引到人事方面说，就是贤人忠臣蒙受大难。这可能根据周文王自身的经历而言，周文王内有文明之德，外用柔顺之道臣服于殷，而纣王却将其拘囚于羑里，使遭大难。

晋卦和明夷卦相连，两卦分别表示昼和夜，实际上描述了太阳在天空的周日视运动，即太阳从地下升出地平，又上升到天空，又从天上没入地平转于地下的过程。这一现象是地球自转的反映，但古人却以为是太阳绕着大地旋绕运行。

再次看一下排在第四十九位的革卦。对于革卦的卦象，《彖辞》说："革，水火相息，二女同居，其志不相得，曰革。"革卦之上卦兑，下卦离。兑为泽而泽中有水，离为火，形成水在火上之象。水大灭火，火大把水烧干。故"水火相息"，这里的"息"据高亨说是灭的意思。又上卦兑为少女，下卦离为中女，故说"二女同居"。水火相聚则不能相容，二女同居共事一夫则互相争妒。这两者均会导致变革。《彖辞》进一步说："天地革而四时成。汤武革命，顺乎天而应乎人。革之时，大矣哉。"对于自然界认为是天地变革而成四时之应。所谓天地革，在天上是太阳的周年视运行，即太阳在黄道上位置的改变。在地上则是物候的变化（包括气候变化），这两者变化而形成春夏秋冬的四季。而从社会人事方面看，过去商汤起兵革夏桀之命，周武文王起兵革商纣之命（此革命谓革去夏桀商纣的天命），也是当时情势所致。因而君子要善于应时变革，应时变革能成大事。

《象辞》也对革卦作了解释，其说为：“泽中有火，革。君子以治历明时。”从革卦卦象而言，上兑下离，即上泽下火，也可说是泽中有火。泽中有火，就会使泽有变化。泽有水，有草木，等等。有火在泽中，其极端情况或是水涸草木枯焦，这时火胜水；另一极端就是水胜火，则寒气升而草木零落。在这两个极端情况之间还有各种可能状态。由此当可观察泽水涨落，草木枯荣的周期性变化。所以君子要注意掌握历法，以便掌握时令。

（2）《易传》其余各篇关于天象历法之论述

《易传》其余各篇是指《文言》《系辞》《说卦》《序卦》和《杂卦》，这里不是分篇来讨论各篇中提到的天象历法内容，而是着重讨论它们关于若干天文历法方面的叙述，揭示《周易》与古代天文学的关系。

①仰观天文。天文学是一门观测的科学。自远古时代迄至今日，天文学都保持了这一特色。《系辞》就报导了远古时代人们仰观天文的情况。《系辞》就说：“仰以观于天文，俯以察于地理，是故知幽明之故……”即说通过仰观俯察，不仅仅了解关于天象和地理等情事，而且进一步探讨事物之原理。《系辞下》举了古代的著名例子，即：“古者庖牺氏之王天下也，仰则观象于天，俯则观法于地……于是始作八卦，以通神明之德，以类万物之情。”古人仰观天文的目的，虽不是着眼于探讨天体的本质或其运行机制，但却是想通过仰观天文取得人类生存所须要的知识和智慧。庖牺氏正是这样做的。他通过仰观俯察，近取远取，作出了八卦，大大提高了人类认识天地和开发世界的能力。于是仰观天文是《易传》各篇中关心的主题之一，也一直是中国传统文化中关心的主题之一。

通过仰观天文，建立起来的八卦系统后来重为六十四卦，成为一种符号体系。通过这一符号与体系，将天象等与人类生活和生产中的事件联系起来。前面我们已经看到不少例子，但《系辞下》还举例作了说明。例如：“日中为市，致天下之民，聚天下之货，交易而退，各得其所，盖取诸噬嗑。”噬嗑卦上离下震，离为日，震为动。离日在上表示太阳在天空中天附近，震之动可表示人群扰嚷进行交易。这就是日中为市的卦象描述。又如：“上古穴居而野处。后世圣人易之以宫室，上栋下宇，以待风雨，盖取诸《大壮》。”大壮卦的卦象是上震下乾。震为雷亦可表示雷雨；乾为天，亦可表示为天穹似的圆盖。于是卦象就表示伴着隆隆雷声的大雨落在如同苍穹似的圆盖上，而在圆盖庇护下的人和物免于雷雨之淋。这正是古代宫室之象。日中为市是一种人类交际活动现象，这就要求人们按时而至。日中是一个明显的易于观测的天象，这个时间也是容易遵守的。宫室的建筑是人类文明发展的标志，人们日常观测到的天球之象，使人们想象到生长在地上的人和万物是被天覆盖着，联想到建造遮避风雨的宫室应该有一个苍穹似的圆顶。

②天圆地方。大壮卦所示的卦象，反映了古代人们关于天地的一种观念，即天覆盖着人类和万物，而大地负载着人类和万物，即所谓“天覆地载”,《黄帝内经·素问·宝命全形论》说：“天覆地载，万物悉备，莫贵于人。”这样自然呈现的天地之位,《系辞传》说是“乾坤成列”，于是“乾坤成立，而《易》立乎其中矣”。天地定好位,《易》就在其间体现,《易》之道就在天地间发挥作用。所以《系辞传》强调《易》：“广大配天地，变通配四时，阳阳之义配日月。”就是将天象与《易》紧密地联接在一起。这种天在上和地在下的天地结构形态，在古代是属于盖天说构思的天地类型。虽然没有详细说到天地的具体形状，但却已经说到宫室的圆顶是对天球苍穹的模拟，所以天的圆形是不言而喻的。至于地是什么形状没有明说。只有《说卦传》说到“坤为地，为母，为布”。将地与布联系起来，似乎认为地是平展的，像是展平的一幅大布。《文言》对于《坤》说：“坤至柔而动也刚，至静而德方。”似乎是说了坤为地为方，不过说的是“德方”，未必是说地的形体为方。《周易本义》又引荀爽《九家集解》说坤还“为牝、为迷、为方……”所以坤地为方或许还是有根据的。

然而从《文言》关于坤“至静而德方”之说，可以看到古人对天地的观察，不只停留在直观形态的描述，还要从天圆地平的直观形态进一步从中概括出圆和方的更深层的含义。从天体的周期性运行想到天道为圆，又从地面之山陵、河流等之固定不移，方方正正地分布在平展之大地上，推想到地道为方。《吕氏春秋·圜道》中解释说：“何以说天道之圆也？精气一上一下，圆周复杂(匝)，无所稽留，故曰天道圆。何以说地道之方也？万物殊类殊形，皆有分职，不能相为，故曰地道方。”

③天动地静。上一段已经说到《易系辞》很强调天地的定位。除了为勾勒出一种盖天型天地构形外，还有就是想从天地上下定位这个对立中将天地的深层次的特性描述清楚。《系辞传》一开头就说：“天尊地卑，乾坤定矣。卑高以陈，贵贱位矣。动静有常，刚柔断矣。”这三句话就是从天地的对立状态来描

述天地。第一句本质是说古代圣人仰观于天，俯察于地，因其尊卑而定乾坤之象。第二句则是天在上而地在下，而分出爻位之贵贱。第三句是说天常动而地常静，因天地之动静而知爻象有刚柔之分。第一第二句仰观俯察和天地上下的论述前面已加讨论，此处不再提及。第三句天动地静的观点则是《易传》讨论较为深入的。这里只就其天文方面的情况略加讨论。

首先，《系辞上》说："刚柔者，昼夜之象也。"这里刚代表昼而夜代表柔。而《易》之阳爻为刚，阴爻为柔。因而刚柔相推而成昼夜交替。后面又说昼夜道："通乎昼夜之道而知。"按焦循说："昼夜之道，即一阴一阳之道也。"所以《易传》论昼夜，昼阳而夜阴，刚为昼而柔为夜。若能通昼夜之道，即通阴阳之道就有智慧。这些都是从天动地静的认识而来。

其次，从天动地静而言，则天体常动而地体常静。所以四季的变化，一天时间的变化都是由天体的运动显示。所以《系辞下》说："日往则月来，月往则日来，日月相推而明生焉。"这是说的周日运行，即太阳升起，月亮不见（往）；而太阳下山，月亮照明。如果考虑到月相的每日变化，实际上还说了月亮的周期运行。又说："寒往则暑来，暑往则寒来，寒暑相推而岁成焉。"这是说太阳的周年视运动。寒往暑来是说太阳在过春分点后的运行；暑往则寒来是说太阳在秋分点后的运行。一寒一暑成一岁之功。在《易传》看来这是天运的结果，是天动地静的宇宙结构状态的自然体现。

④阴阳配日月。前面说到昼夜时，讲到昼为阳，夜为阴。实际上就说了阳配日，因为白昼只有太阳在照耀。而在夜晚，黑夜为阴，应是没有光亮。但一个月中虽不是每个夜晚都有月亮，也不是每一个有月亮的夜晚，月光整夜都有。但毕竟夜晚会有月光出现，而且在满月及附近的几天月亮整夜在天空照耀。或许是由于月亮在夜间出现，不将之列为阳而是把它列为阴的一类。所以《系辞》说《易》"广大配天地，变动配四时，阴阳之义配日月"，即将日月作为阴阳的具体体现。

⑤五岁再闰。《系辞》论大衍之数说："归奇于扐以象闰。五岁再闰，故再扐而后挂。"此是以"五岁再闰"解释揲蓍成卦中的"归奇"程序。在汉代以前行用的历法叫作四分历（由于后汉又用新的四分历，就将汉以前的四分历叫作古四分历）。所以叫四分历就是一年有$365\frac{1}{4}$日。这一年实际上应称为回归

年，即地球绕太阳一周，或者严格些说是太阳连续两次通过春分点（中国古代常用冬至点）的时间间隔。但古代一个月的时间单位则是 29.530851 日，这样一年 12 个月只有 354.37 日，与一回归年差了大约 11 天，这样过三年，两者就差一个月多，为了调整月份与季节的对应（古代的十二个月是与四季紧密对应的，各季的三个月分别称为该季的孟、仲、季月。如春季的第一个正月，称为孟春之月，二月称为仲春，三月称为季春），就要加置闰月。如果每次经三年加一个闰月，则因为不能补足太阴年（12 个朔望月组成的一年）较回归年差的日数，几次加闰之后，就要额外再加闰月补足，所以古代往往采取三年一闰，五年再闰的办法加置闰月。古代历法家采用 19 年置七个闰月的规则来调整，19 个回归年的长度是：365.25 × 19=6939.75 日，19 年加七个闰月共有 235 个朔望月（19 × 12+7=235），共有 235 × 29.530851=6939.749985 日。由此可见，19 年加置七个闰月的长度几乎等于 19 个回归年的长度，所以采用五岁再闰的办法大致符合十九年加七闰的规则。

⑥八卦方位。《说卦传》详细交代了八卦的两种方位排列，后被称为先天和后天卦位。其先天卦位是这样说的："天地定位，山泽通气，雷风相薄，水火不相射，八卦相错。"所谓"天地定位"是说定出乾坤二卦方位相对立，前已说明《系辞》把天尊地卑（天在上，地在下）的天地对立作为《易》之根本。"山泽通气"是说艮兑二卦相对立，"雷风相薄"则是说震巽二卦之对立，"水火不相射"谓坎离二卦之对立。各对立卦都是阴阳相错，如山泽通气之艮兑二卦对立，艮卦上爻为刚爻，下两爻为柔爻，而与之对立的兑卦，则上爻为柔爻，下两爻为刚爻，其他各对立卦均如此，故说"八卦相错"。如果从方位上来排，扬雄《太玄经 · 太玄告》中有所说明，《太玄告》说："天地相对，日月相刿，山川相流，轻重相浮。"又说："南北定位，东西通气，万物错离乎其中。"说天地相对，南北定位，即谓乾南坤北。相刿谓相会，离为日，坎为月，故说日月相会，东西通气即说离不坎西，天地日月据四正方位，其余山川相流，和轻重相浮，则指艮兑和震巽，两两对立之四隅卦，则未详细说明方位，只说"万物错处于其中"，从卦之方位言，即此四卦对立相错地分布于四正卦位之中。

除了上述称之为先天卦位的八卦方位，还有后天卦位之说明，即："万物出乎震，震东方也。齐乎巽，巽东南也。……离也者，明也，万物皆相见，南方之卦也。……坤也者，地也，万物皆致养焉。……兑，正秋也。……乾，西北之卦也……坎者水也，正北方之卦也。……艮东北之卦也。”这一段说的是后天卦位，以八卦配八方，也配八节（四立二分二至）亦即用物候和气候表一年之历程。

以上两种八卦方位说都是《易传》用以说明气候和事物变化时所常用的，成为后来卦气说的依据。

二、易学中的卦气说与历法

西汉时代，有些易学专家受《易传》的启示，将《易》与四时节气联系，进一步发展了《周易》的解释功能。其中《易》与历法的联系比较普及。这里主要介绍卦气说与历法的关系。

1. 孟喜卦气说与太初历

西汉时代的著名《易》学家孟喜，创立了他的《易》家侯阴阳灾变之说，而后世传孟喜卦气。卦气说是以六十四卦爻象的变化解释大陆气候一年变化的过程。孟喜卦气主要有三个内容：一是十二月月卦或十二消息卦。从冬至前坤卦当令，冬至时一阳生为复卦，当十一月天正建子。十二月地正建丑为临卦二阳生。正月人正建寅为三阳泰卦，每月变一爻到四月建巳得乾卦，阳气鼎盛。至夏至一阴生，五月建午得姤卦，六月建未二阴生得遁卦，七月建申三阴得否卦，每月长一阴爻至十月建亥得六阴卦坤。

二是孟喜卦气说，其说分为三个方面，第一方面是将卦分为两大类：第一大类只有坎震离兑四正卦，主管一年之四季，坎主冬至及其后五气小寒、大寒、立春、雨水、惊蛰共六气。震主春分、清明、谷雨、立夏、小满、芒种六气。离主夏至、小暑、大暑、立秋、处暑、白露六气，兑主秋分、寒露、霜降、立冬，小雪、大雪六气，即四正卦主全年二十四气。第二大类是其余六十卦，平分于十二个月即每月五卦。这五卦分别赋予爵位，作为月卦或消息卦的那个卦是一月之主卦，称为辟卦，辟为君王之义；其余卦分为公、侯、卿、大夫四等，这五等爵位之每一爵均有十二卦，例如前述之辟卦就是十二个卦。每个月各卦的安排是自该月中气由公卦开始（二十四节气若从冬至开始，则冬至为中气，小寒为节气，大寒为中气，立春为节气，凡奇数位者中气，偶数位者节气）。这是由于每年历法的起点是冬至，对应的卦是中孚，中孚是三公卦。所以五个卦三十天过后，又逢中气，则由下一个公卦开始。十一月中气冬至是中孚公卦，十二月中气大寒，公卦是升卦，正月公卦自雨水始等，紧接公卦的是辟卦，十一月冬至起中孚，下接十一月辟卦复卦，十二月大寒起公卦升卦，升卦后为临卦等。排在辟卦后面的是侯卦，接着是大夫卦，再接卿卦，然后就是下个月公卦。这是从节候来排的。若按月份说，则每个月先是节气，而后是中气，排在节气的卦是侯卦，不过不像公卦那样初爻起于中气，而是节气居于侯卦之中间，侯卦四爻起于节气，例如十一月中气冬至交中孚公卦下一卦是十一月辟卦，再接就是侯内卦即侯卦下卦，共历十五日，然后侯外卦。侯外卦后接大夫卦和卿卦亦共历十五日（以上见《新唐书》卷二十八上）。

三是六日七分法，这是孟喜将四正卦之外的六十卦共 360 爻来配日。由于一年为 $365\frac{1}{4}$日（365.25）而爻只 360，所以每爻配一日外，还要稍多。为此孟喜将一日分为 80 分，则 5.25 日共 420 分（5.25×80），再将此 420 分均匀分布于 60 卦中，则每卦得 7 分，或说是 80 分之 7 分（420/60=7），于是每卦共得六日七分。一个月五卦，得 $30\frac{35}{80}$日，可见是纯阳历系统。

孟喜卦气说大约于汉宣帝时行世，这时正是汉武改历之后，朝廷颁行太初历。因而孟喜卦气说受太初历的影响和启发。首先是武帝改历是采用邓平 81 分法，即其一望朔月为 $29\frac{43}{81}$日。但一年长度仍是按四分法[①]。采取了邓平的 81 分法，是将音律引入历法。《汉书 · 律历志》言："太极中央元气，故为黄钟，其实一龠，以其长自乘，故八十一为日法，所以生权衡度量，礼乐之所由出也。经元一以统始，《易》太极之首也。"每日分为 81 分，是得自黄钟之数，所谓黄钟之数 81，是因钟律管长 9 寸，这个 9 寸长的管子的容积是一龠，孟康说："黄钟律长 9 分，围 9 分，以围乘长，得积 81 寸也。"造《汉初历》

① 一朔望月长度改变，原则上不改变回归年长度，但却会改变回归年与朔望月的比例关系，但太初改历仍坚持 19 年 7 闰不变。因为回归年长度改为 $365\frac{385}{1539}$日，即为 365.25016 日，这一微小的差异，当时未加注意。

时就说："律容一龠，积 81 寸，则一日之分也。"这个黄钟之数也表示了太极中央元气。

这因为黄钟律数表示了太初上元气的情况。太初上元是指太初历起始的天象情况，即甲子日的夜半，又交冬至，又逢合朔，同时五大星也聚在一齐。这时的气正是十一月天正，律中黄钟。孟康说："太初上元甲子夜半朔旦冬至时，七曜（日月五星）皆会聚斗，牵牛分度，夜尽如合璧连珠也。"要再次回复到太初上元的情况，要历经 4617 年，这时天度气数同于太初上元，一元要历经三统，所以也可以说经三统又回复太初上元。这在《易》而言，就是为首的太极，所以太初改历就有意将历象与元气联系起来，有意将历与《易》联系起来。孟喜卦气说正是在这方面作了系统的安排，他坚持四分法系统，坚持天度与气数的对应，都是根据太初历的原则。此外，孟喜还认为"自冬至初，中孚用事"。以中孚卦配冬至初候，为一年节气的开始。而太初上元也起于冬至，也应配中孚卦。又说太极中央元气之黄钟律，黄色于五行为土，土为中央，《淮南子·天文训》说："黄者土德之色，钟者气之所种也。日冬至，德气为土，土色黄，故曰黄钟。"因此孟喜卦气说的起点，以中孚卦担当，实际上也是根据太初上元配中孚卦，也就是根据太极中央元气来加以安排的。

2. 僧一行卦气说与大衍历

唐开元九年（721）僧一行奉诏作新历。一行推大衍数立术推演新历，历 5 年草成而一行卒，后由陈说陈玄景等编为历术七篇，略例一篇，历议十篇，开元十七年（729）颁行，称为大衍历。大衍历在推算方法上有其特色，且有所革新。钱宝琮说："就一切推算方法而论，一行大衍历可以算是一个比较完善的历法。"但一行所取天文数据和解释方法则有欠精密之处。当时就有人提出意见，于是进行实测比较。当时三种著名历法比较的结果是："大衍十得七、八，麟德（历）才三、四,九执（历）一、二焉。"所以总的说来，大衍历在当时是一部较为精密的历法。

一行造历实受《易·系辞》的影响甚巨，他在其《历本议》中说："天数始于一，地数始于二。合二始以位刚柔，天数终于九，地数终于十，合二终以纪闰余。天数中于五，地数中于六，合二中以通律历。"就是据于《系辞》"天数五，地数五,五位相得而各有合……此所以成变化而行鬼神也"。他由此推出大衍历法中的通法 3040。3040 是日法，相当于古四分历中的 940 和太初历中的 81，但在大衍历中，所有日、月和五大行星的运动周期的分数部分，都用 3040 为共同分母，而 3040=19×160。其中 19 是汉历 19 年 7 闰的 19，称为章法。故历家称其通法，暗含旧章法。依一行说，旧章法的 19 是天地二终数相合纪闰余（即 19 年加 7 闰月）。一行又进一步说："夫数象微于三、四，而章于七、八。"即说三和四是微，而七和八是章。又说："自五以降，为五行生数，自六以往，为五材成数。"生数为一、二、三、四、五，成数为六、七、八、九、十，生数总共为 15，成数总共为 40。40×15=600，15×40=600，前式为成数乘生数称为天中积，后式为生数乘成数，称为地中积，皆为 600。又说："天地中积，千有二百。揲之以四，为爻率三百。以十位乘之，而二章之积三千；以五材乘八象，得二微之积四十。兼章微之积，则气朔之分母也。"这就是 3040 之由来。

一行造历推演各数都据于《易》外，在大衍历中又有步发歛术，步发歛就是求卦气，将六十卦与七十二候对应起来，同时求五行用事。《新唐书·历志》说："十二月卦出于孟氏章句，其说《易》本于气，而后以人事明之。"说明一行卦气说据于孟喜卦气。又说："七十二候原于周公《时训》、《月令》，虽颇有增益，然先后之次则同。"将卦与七十二候联系起来入历，始于北魏正光历。其法先推四正卦，即求冬至日为坎卦用事日，春分日即震卦用事日，夏至为离卦用事日，秋分即兑卦用事日，然后由冬至日或坎卦用事日求中孚卦。由此再求次卦，即复卦，等等。推七十二候，如冬至日入蚯蚓结之候，每一节气三候。但在大衍历的步发歛术是先立下几个基本数据，即：天中之策五（天数一、三、五、七、九之中数），地中之策六（地数二四六八十的中数），贞悔之策三。求七十二候说："各因中节命之，得初候。"就是说根据中气和节气定下候的名称，先由中气得初候，加天中之策（5 日）得次候，又加，得末候。因中气命之，得公卦用事（即公卦起于中气）。以地中之策累加之，得次卦。若以贞悔之策（3）加侯卦，得十有二节之初外卦用事（即节日起侯卦上卦）。等等。因而一行的卦气本质是将孟喜卦气编进历法中去。

由于大衍历是著名历法，受其影响，后世都将步发歛作为历法的一项内容。

三、易学思想与天体论

汉唐是古代天体论发达的时期，其中有四说，即盖天说、浑天说、宣夜说以及天体演化论。此四说同周易经传和汉易的思想都有密切联系，受易学的影响颇深。

1.《周髀算经》与盖天说

虞喜在安天论中强调，天在上，地在下，而且说天地或者都是圆形或者都是方形，这正是，盖天说的基本类型。如果稍为详细一点考察盖天说可分为两种：一种是古老的说法，即天圆地方。还有一种精致的盖天说，按《周髀算经》卷下说："极下者，其地高人所居六万里，滂沲四隤而下。天之中央亦高四旁六万里。……天象盖笠，地法覆盘。天离地八万里，冬至之日虽在外衡，常出极下地上二万里。"古老的盖天说认为天圆地方。前面已说过，《易传》可能有地方的思想，但不明确。只有荀爽引九家易说，有地为方之根据，但也不能肯定他指的是方形大地。精致的盖天论似乎是说天与地是两个同心球的一半，按钱宝琮的说法，浑天说是天球包地球，而盖天论只取其地平面上的一半，所以如果将两种盖天说通看，盖天说的本质只是天在上而地在下，即只是上下两个平展的平面，当然各有厚度，所以盖天说关于宇宙结构的根本观点，就是《系辞》传讲的"天尊地卑"。

《周髀算经》说："日出左而入右，南北行。故冬至从坎，阳在子，日出巽而入坤，见日光少，故曰寒。夏至从离，阴在午，日出艮而入乾，见日光多，故曰暑。"将太阳在不同季节出入地平的方位与八卦后天方位联系起来。当人面向南背靠北时，左面为东，右面为西。而太阳在冬至那一天太阳在天空运行的轨道处于天空的最南面，而在夏至那一天太阳在天空运行的轨道则处于最北面。所以若在中午观测太阳，从冬至到夏至太阳从最南走到最北。从夏至到冬至，则见太阳从最北走到最南。故说太阳南北行。从八卦方位而言，冬至对应于坎位，阳气在子位，这时看到太阳在东南巽方出来而入于西南坤位。大地上见日光少，故为寒天。夏至对应于离位，阴气在午位，太阳出于东北艮位而入于西北乾位。大地能见日光多，所以是暑天。这里讲了太阳周年视运动的大致情况，将《系辞》所说的"寒往则暑来，暑往则寒来，寒暑相推而岁成焉"，说得十分明白。

《系辞》在这后面接着说:“往者，屈也；来者，信也。屈信相感而利生焉。”而《周髀算经》也接着说:“日月失度而寒暑相奸。往者诎，来者信也，故屈信相感。故冬至之后日右行，夏至之后日左行。左者往，右者来。故月与日合为一月，日复日为一日，日复星为一岁，外衡冬至，内衡夏至，六气复返，皆谓中气。”日月运行失度，则寒暑不时，太阳北移谓来，南移谓往。往者白昼变短，故称为诎，来者白昼变长谓信，故屈信相感。所以冬至后，太阳右行，夏至后日左行。左行谓往，右行谓来。正由于太阳往来而得一岁之功，万物历生长化收藏而得利。太阳两次出来的时间是一日，太阳与月亮相合（合朔）为一月，太阳两次与同一星体相会为一岁（注意这是恒星年，与四归年不等）。

由于太阳在不同季节时，其东升西没的轨道是不一样的，冬至太阳的周日天空运行轨道最南，叫作外衡，夏至太阳在天空运行轨道最北，叫内衡。春秋二分到太阳周日运行视轨道叫中衡。从夏至出发，夏至为内衡为第一衡，夏至过后的中气是大暑，为第二衡，大暑后中气是处暑为第三衡，再下一个中气就是秋分，中衡亦即第四衡，然后霜降中气为第五衡，再下一个中气小雪为第六衡，然后就是冬至为外衡即第七衡。到冬至最南点后又往四走，冬至后一个中气大寒是第六衡，然后雨水为第五衡，雨水后是春分又是第四衡（中衡），再来就是谷雨为第三衡，谷雨后为小满是第二衡，小满后又是夏至内衡——第一衡，从第一衡到第七衡又回到第一衡，在《周髀算经》上称“六气复返”，而在《周易》则称“七日来复”。

由上面诸事可见，《周髀算经》的一些重要关节显然受《易传》思想的影响。

2. 浑天说与《易》学

《系辞》中讲了盖天说的基本构型，即天在上而地在下，无论是上下平展的是两个圆形平面，或上面是一圆形平面而下面是一个方形平面。但浑天说却与此不同，认为“浑天如鸡子，天体圆如弹丸，地如鸡子中黄，孤居于内。天大而地小，天表里有水。天之包地，犹壳之裹黄。天地各乘气而立。”即地是个球形，天是个蛋壳。

扬雄是浑天说者，他对盖天说作了系统的批评。在其大著《法言·重黎篇》中提到了浑天说优于盖天说的观点。《隋书·天文志》记载了扬雄批评盖天说的八条，即“扬雄难盖天八事以通浑天”。盖天说是天与地平行而一上一下，日月之运行，五星见伏昏明都由于自远处移近而见，由近处移远则伏。如太阳之升，是从远处而来，与人相近，则光明炎炽；而太阳之没，是逐渐离人远去，明衰光灭，但太阳绝不会下到地表以下。扬雄的批评认为，如于高山之上，设水平以望日，则日出水平之下。若天在上常高，地在下常卑，就不会有太阳自水平下升起之理。这比较击中了盖天说的要害，对此，东汉末吴人陆绩说：“周公序次六十四卦，两两相承，反覆成象，以法天行，周而复始，昼夜之义，故晋卦彖曰‘昼日三接’，明夷象曰‘初登于天，后人于地’。仲尼说之曰‘明出地上，晋，进而丽乎大明，是以昼日三接。明入地中，明夷。’明夷，夜也。……日月丽乎天，随天转运，出入乎地，以成昼夜也，浑天之义，盖与此同。”（见瞿昙悉达《唐开元占经》卷一）从晋卦，明夷卦，不仅描述昼夜，同时明确表明了与盖天说的对立，太阳是由地下升入天上，又从天上没于地中，这正是浑天说的思考才有。因而陆绩认为，不只晋、明夷二卦，整个六十四卦两两相承，反覆成象，都反映《周易》经传中的浑天思考。

3.《黄帝内经》与宣夜说

《黄帝内经》中也讨论了天地。前已引《宝命全形论》说到天覆地载，即《内经》对宇宙天地的看法，由于天在上、地在下是盖天说的基本论点，遂使人们以为《内经》持盖天说。但《内经》与盖天说不同，它不是固定的上面一片天，下面一片地的结构，而是认为大地漂浮在太虚大气中，而其所漂浮于太虚中所能及的那一处太虚就是相对于这片大地的天。在《素问·五运行大论》中说：“夫变化之用，天垂象，地成形，七曜纬虚，五行丽地，地者所以载生成之形类也，虚者所以列应天之精气也。形精之动，犹根本之与枝叶也。仰观其象，虽远可知也。帝曰：地之为下，否乎？岐伯曰：地为人之下，太虚之中者也。帝曰：凭乎？岐伯曰：大气举之也。”即说太虚大气托举着大地，而面临地的太虚大气就是那一片天。《晋书·天文志》引郗萌记述先师关于宣夜说的思想说：“天了无质，仰而瞻之，高远无极，眼瞀精绝，故苍苍然也……日月众星，自然浮生虚空之中，其行其止皆须气焉，是以七曜或逝或住，或顺或逆，伏见无常，进退不同，由乎无所根系，故各异也。故辰极常居其所，而北斗不与众星西没也。”因而与浑天说也不同，浑天说有一个蛋壳式的天，众恒星缀附在上，绕地旋转，而宣夜说却没有这个蛋壳式的天，他还说：“摄提（木星），填星（土星）皆东行，日行一度。月行十三度，迟疾任情，其无所系者可知矣，若缀附天体，不得尔也。”《黄帝内经》之所述与宣夜说有相通之处。

《黄帝内经》中《天元纪大论》和《五运行大论》，其阴阳观颇受《易传》乾坤彖文和系辞文的影响。如《系辞》说：“在天成象，在地成形，变化见矣。”此即《五运行大论》之所本，又《天元纪大论》依《彖传》乾坤二元说，提出“太虚”说，认为广大虚空，充满气，为乾坤二元之所本。《五运行大论》依此，提出与宣夜说相通的天体论。此种天体论，到明清之际，因受欧洲天体论的影响，被一些科学家如方以智等解释为中国古代的地球中心说。

4. 天体演化

关于天体（或宇宙）演化的思想，张衡在其《灵宪》中做了介绍，他说：“太素之前，幽清玄静，寂漠冥默，不可为象，厥中惟虚，厥外惟无，如是者永久焉，斯谓溟涬，盖乃道之根也。道根既建，自无生有。太素始萌，萌而未兆，并气同色，浑沌不分。……斯谓庞鸿，盖乃道之干也。道干既育，有物成体，于是元气剖判，刚柔始分，清浊异位，天成于外，地定于内。天体于阳，故圆以动，地体于阴，故平以静。动以行施，静以合化。堙郁构精，时育庶类，斯谓太元，盖乃道之实也。”他将天体之演化分为三个阶段，即溟涬、庞鸿和太元三个阶段，溟涬阶段是道之根，其时呈虚无状态，庞鸿是道干阶段，其时已呈现有物质，有象，有形，有质，但是浑沌不分，最后进入太元阶段，天地定位，而有万物。张衡的这一天体演化思想，除受老子道论影响外，就其具体内容说，显然受了汉易中太极元气说的影响。张衡提出的三个演化阶段分为太素之前、太素始萌和元气剖判三种状态，这就要考虑到《易纬·乾凿度》关于天体演化的论述，其说为：“夫有形生于无形，乾坤安从生，故曰有太易，有太初，有太始，有太素也，太易者未见气也（寂然无物），太初者气之始也（元气之所本始），太始者形之始也（天象形），太素者质之始也（地质之所本始也），气形质具而未离，故曰浑论（万物浑成未相离析）。”张衡显然吸收了《易纬·乾凿度》的思想，把太素视为达到混沌状态，浑沌状态之前是从无到有的演变，混沌状态之后是从无序到有序的演变。还要更进一步考虑到《系辞》所说“易有太极，是生两仪，两仪生四象，四象生八卦”的思想对张衡的启发，他的天地剖判显然也与太极生两仪的思想直接相关。虽然张衡没有直接说明四象、八卦，但《灵宪》往后的叙述恰恰是循此思路展开其对天地万物的说明。

第六节　易学与医学

《周易》是推动我国古代自然科学发展的强有力的杠杆，对中医学基本理论的形成和发展更是息息相关，不可或缺。两千余年来，医易相通，互相促进和增长，使中国传统医学最终成为一门具有东方特色的独特的医学科学体系，在世界人体科学发展史上享有重要的历史地位。

一、医《易》会通说

从战国时期至汉代，解释与发挥《易经》的《易传》各篇章不仅早已成篇，而且得到广泛传播，汉易中的各种象数模型如同雨后春笋般涌现出来。卦变、互体、旁通、爻辰、卦气、纳甲、纳音、八宫世应等相继产生，并在汉代广为流行。《易传》的传播与汉易象数学的勃起，使正在形成体系的中医学受到莫大裨益，并在《黄帝内经》中得到充分体现。《内经·素问》中七篇大论的形成时间有可能在东汉后期，其中关于以六十甲子为周期的气象医学，与《易纬》中《通卦验》《乾元序制记》等篇的卦气说有明显的承继关系。二者都从“人与天地相应”的整体观念出发，认为人在大自然漫长岁月的熏陶下，逐渐形成了与大自然季节性变迁相适应的生理节律。此外，《周易》取类比象的方法论及其阴阳学说，为中医学在黑箱状态下探索人体奥秘提出了理论依据与结构模型，对经络系统和脏象学说的系统化和完善化起了很大的推动作用。

唐代医药名家孙思邈认为:《易》是专论天道阴阳气机变化之书，因此“《周易》、六壬，并须精熟……乃得为大医”（《千金要方·大医习业》）。明代张介宾将这句话概括为“不知《易》，不足以言太医”（《类经附翼·医易义》），与孙氏本意并无牴牾，根本不存在断章取义之类的问题。

宋代以后，以程颐为代表的义理易和以邵雍为代表的象数易，及以陈抟为代表的道教易，对金元时期和明代的中医药学产生了重大影响。金元时期，《易》“不可为典要，唯变所适”之精义，极大地解放了当时医家的思想，使他们不泥于前人制定的古方，因时因地创造出与他们自身医疗实践相适应的医学理论与治疗方法，形成了医学史上盛况空前的学术争鸣。刘完素的火热论、张从正的攻邪论、李杲的脾胃论、朱震亨的相火论，分别从不同侧面对中医学理论的发展做出了重大贡献。

明代是医《易》会通的全盛时期。著名医药学家李时珍撰写《本草纲目》时，充分运用了八卦卦象与阴阳五行原理，探讨药物特性，并据以进行编类。在药物使用上，他以《周易》哲学原理为指导，对千变万化的君臣佐使的配伍，从整体观、矛盾观、常变观等多方面进行了详尽的分析，强调对药物的配伍、火候的把握，都应因时因地因人以制宜，不可拘泥于陈说。由于李时珍坚持了《周易》综合型的辩证思维方法和不畏艰辛的科学创新精神，终于使他的《本草纲目》成为划时代的药物学巨著。与李时珍同时的著名医学家张介宾，在编次《类经》之际，广采汉易与宋易中之象数模型，阐发天地阴阳之化理，并对与天地阴阳相应的人体“脏腑经络之曲折”，“发隐就明，转难为易，尽启其秘而公之于人”（《类经序》）。为了进一步阐明医《易》会通之理，他还著了《类经图翼》与《类经附翼》，既拾以图，又翼以说，集《周易》象数与义理之全功，发中华医学之精微，体现了医《易》会通的全盛气象。

上述医《易》会通的历程，是一个从自发到自觉的渐进过程。自《内经》奠定医《易》会通格局以来，历经汉代张仲景，隋代杨上善，唐代孙思邈、王冰，金元四大家等，医《易》会通一直相沿成习。然而，直到张介宾才将整个传统医学的基础理论全面地牢固地建立在易学的营地之上，实现了医《易》会通由自发到自觉的转换过程。张氏认为，《易》尽天地阴阳之变化，而医尽人身阴阳升降消息之理。故《周易》为“天地之《易》”，医为“身心之《易》”。“天地之《易》，外易也；身心之《易》，内易也。”内易与外易自然相通，因此，“《易》具医之理，医得《易》之用”，“医《易》相通，理无二致”（以上均引自《医易义》）。以上论述可视为张氏对以前医《易》会通这种文化现象的历史总结。在此基础上，张氏进一步认为，《易》与医是一般与个别的关系，并注意到一般对个别的统率与制约作用。他说："《易》之为书，一言一字，皆藏医学之指南；一象一爻，咸寓尊生之心。"（同上）医学研究若能自觉以《易》为指南，则如"运一寻之木，转万斛之舟；拨一寸之机，发千钧之弩"，必然会得到长足进展，达到"气数可以挽回，天地可以反覆"的水准（同上）。

医《易》会通是中国古代自然哲学的一种表现形态。张介宾的《易》为医之指南说，预示着自然哲学中自然科学与哲学的某种尚不明朗的离合趋向。由于中国近代社会特定的历史遭遇，张介宾的这一点朦胧意识最终并未结出具有传统色彩的近代思想果实。

此外，关于"医《易》同原"说，在学术界目前尚属一个颇有争议的问题。张介宾提出此说，目的本来在于说明医《易》会通的理论根源，即所谓"天人一理者，一此阴阳也；医《易》同原者，同此变化也"（同上），不含追究起源之意，因而更不存在医起源于《易》的含意。张介宾所说的"医《易》同原"，本或作"医《易》同源"，皆谓医与《易》学科虽异，而阴阳变化之理相通。

两千余年医《易》会通的历程，促成了这两门学科的交叉发展，交相辉映，竞相增长。这一无可移易的历史事实，可以为我们提供许多有益的启示，对古老的中华传统医学走向现代化是一定会有所裨益的。

二、医学中的天人观

《易·系辞》提出的天、地、人三才之道，强调的是一种三才合一的整体观。这一整体观将天道、地道、人道看作一个不可分割的整体系统，对中华医学基本体系的建构具有深远的方法论意义。它使医学必须将人置于整个大自然之中，而不能停留在对人体的孤立考察之上。

《黄帝内经》是中华医学基本体系的奠基之作。该书认为，"人与天地相应"（《灵枢·邪客篇》），不仅躯体与天相类似，而且天精地形与人皆由一气相通。"天气通于肺，地气通于嗌，风气通于肝，雷气通于心，谷气通于脾，雨气通于肾。六经为川，肠胃为海，九窍为水注之气。"（《素问·阴阳应象大论》）六经，指经络系统中正经的三阳经与三阴经，周流气血，犹人体之川。

《黄帝内经》基于天地人一气相应的思想，探讨了天地阴阳的升降消息与人体气血运行的同步节律关系，创立了“五运六气”说的气象医学；又基于地域差别对人体的不同影响，创立了地域医学。此外，在养生理论，以及生理、病理、诊断、治疗等诸方面，无不贯穿着天地人三才合一这条红线。

汉以后，历代医家都视天人合一之说为至理。如孙思邈《千金要方·伤寒》说：“《易》称天地变化，各正性命。然则变化之迹无方，性命之功难测，故有炎凉寒燠风雨晦冥水旱妖灾虫蝗怪异，四时八节种种施化不同，七十二候日月运行各别，终其晷度，方得成年。”而人禀天地冲和之气以生，“一体之盈虚消息，皆通于天地”（《千金翼方·养性》）。天地变化既然受到许多偶然因素的影响和干扰，人与天地的同步节律自然也会出现上下波动，这是人类最主要的致病原因。在治疗上，他认为用药应因地因时因人以制宜，养生上也应考虑与天地相应的问题。

唐代末期，道教内丹术开始盛行。《周易参同契》利用《易》卦建构的种种天人模型，渐为医学所注重；元气、元精、元神之类的内丹术语，也大大丰富了医家人体生理的气化理论。金元四大家在这方面已有明显表现，而由明代张介宾集其大成。如刘完素说：“形体者，假天地之气而生，故奉生之气，通计于天，禀受阴阳而为根本，天地合气，命之曰人。天气不绝，真灵内属，动静变化，悉与天通。”（《素问病机气宜保命集·原脉论》）所谓天地之气，实际所指乃“元始之祖，先天地生”的元气。他认为元气为人体生命之源，又是生命活动的物质基础。元气“圆而无隙，寂而不动，感而遂通，虚而生神”（同上《元气五行稽考》）。人既生之后，元气复与肺相通。在五行，肺为金；在卦位，肺为西方兑。张介宾进一步引申说：“造物之初，因虚以化气，因气以造形，而为先天一气之祖”，“有象之始，因形以寓气，因气以化神，而为后天体象之祖。”（《医易义》）先天一气之祖，为元气；后天体象之祖，为元精；元气元精冲和之用，则为元神。张介宾从人体生化的具体过程论证了人与天地相通的道理。人类的产生，起于元气化形，即“自无而有”，无指先天之气，有指后天所化之形；既形之后，形能生气，即“自有而无”。此处之“无”，指后天所生之气。有无者，皆就形而言。张氏通过这一论叙，不仅丰富了《内经》人与天地一气相通的思想，而且还进一步以气化论为据，提出“天之气即人之气，人之体即天之体”，宇宙大天地与“人身小天地，真无一毫之相间”（《医易义》）

的天人同构论，突破了《内经》天人相类的简单比附，开启了宇宙全息论的端倪。

然而，天地阴阳的变化与人体阴阳的相应变化的实现是一个复杂的过程。虽然无论天地阴阳的升降，抑或人体气血的运行，都有一般规律可循，但事实上，阴阳升降与气血运行的规律性却是通过一系列或过或不及的上下波动的非规则性实现的。其中所谓一般的规律性或规则性，古人称之为“常”；所谓上下波动的非规则性，则被称之为“变”。医家从天人合一的整体观出发，在认识目标上讲究穷究天人。因此，正确处理好常变关系，达到通变以知常，执常以应变，便成为医家临床追求的目标，亦是衡量医家“穷神知化”认知水准的重要尺度。

三、医学中的阴阳观

阴阳学说是气化论的主体。阴阳观念与气的观念早在西周末期便已合为一体，成为人们解释各种自然现象的理论依据。但阴阳学说的成熟形态是由战国时期成书的《易传》的有关篇章体现出来，所以《庄子·天下》才有“《易》以道阴阳”之说。医家视阴阳学说为医药学的重要理论支柱，当然是从它的成熟形态着眼的，因此历代著名医家都对《周易》相当重视，也就不足为奇了。

阴阳学说在中医学建构体系的过程中曾经起过重大的促进作用。以十二正经脉的认识过程为例，可以清楚地证明这一点。马王堆西汉墓出土的帛书《阴阳十一脉灸经》和《足臂十一脉灸经》，是两篇先秦的医学著作。《阴阳十一脉灸经》尚有“肩脉”“耳脉”“齿脉”之称，余八脉为足巨阳巨阴各一，臂巨阴少阴各一，又少阳、阴阳、少阴、厥阴各一，表现为对零星经验性认识的初步整合。《足臂十一脉灸经》则在此基础上前进了一步，以足主三阴三阳，臂主二阴三阳，将十一正经区分为阴阳两大类别。《易纬·通卦验》以卦气说的卦爻阴阳升降消长态势，比拟四季气候的寒暑变化与物象变迁、人体经脉的对应关系，正经脉为二十四，以应二十四气。正经脉，若仅以阴阳分之，则有三阳三阴而为六；再以手足分之，则倍二而为十二；又以手足之左右分之，则又倍二而为二十四。六、十二、二十四，详略有别，而其义一也。正经脉的分类，由帛书到《通卦验》的进展与《周易》的思维框架渗透进医学是有密切关系的。经卦乾为三阳，坤为三阴；别卦乾为六阳，坤为六阴。这个套式对经络系统形成的明显影响，是构成了正经脉的阴阳对称结构。《黄帝内经》非成书于一时，因此上述正经脉的非对称形态在《灵枢》中尚有遗存。

自《黄帝内经》起，医家心目中的阴阳，大致包含两种意思：其一，阴阳分别代表两种性质相异的物质，如以阴阳升降表示天气的寒（阴）温（阳）变化，或表示人体（阴）及其功能（阳）的调平状态，进而从阴阳的普遍属性引而申之，宇宙万物以至人类自身，无不可以划分为两大分类。《素问·阴阳离合论》说："阴阳者，数之可十，推之可百；数之可千，推之可万；万之大不可胜数，然其要一也。"所谓"其要一"者，即最终归结为一气而已。其二，从阴阳之间动态连接的各种形式探讨天人之间各种规则性与非规则性的关系，以及人体自身阴阳升降与调平的生理、病理状况和诊断、治疗途径。关于阴阳的两种意思，后一种无疑是医家关注的重点。

医家对阴阳之间的动态连接的形式的归结，有的直接从易学中撷取，有的则属医家的创见。如《素问·天元纪大论》说："天有阴阳，地亦有阴阳，故阳中有阴，阴中有阳……阴阳相错，而变由生也。"阴中之阳谓之少阳，阳中之阴谓之少阴，再加阳中之阳（老阳）、阴中之阴（老阴），汉代易学以此注释"四象"已成通例，医家之说有取于此是很明显的。明代张介宾又据此引申出阴阳中复有阴阳、阴阳互藏与一二同根之说。他以脏阴腑阳为例，说明脏腑阴阳之分并不是截然对待的，脏阴腑阳中又各有阴阳。如脏之心肺居于膈上为阳，肝脾肾居于膈下为阴，是脏阴之中复含阴阳。进而深求，脏阴之阳又分阴阳，心为阳中之阳，肺为阳中之阴；脏阴之阴亦分阴阳，肾为阴中之阴，肝为阴中之阳，脾为阴中之至阴。这种阴阳互根互藏的状况，说明阴阳之间不存在绝对的界限。他说："天为阳矣，西半体居于地下；地为阴矣，而五岳插于天中。高者为阳，而至高之地冬气常在；下者为阴，而污下之地春气常存。……此其变化之道，宁有纪极哉？"（《类经图翼·阴阳体象》）张介宾由阴阳中复含阴阳，进而认识到阴阳对立的相对性，不仅对提高医之识别真假顺逆与会通变化的诊断能力，而且对易学哲学的发展起到了很大的促进作用。明末清初的著名思想家王船山的易学哲学，在阴阳对立的相对性方面明显吸收了张氏的思想。

如果将上述阴阳互藏之说称为四分阴阳，那么医家还有六分阴阳之说。六分阴阳之说，是以阴阳互藏互根为依据的，主要运用于对经络系统中正经脉阴阳属性离合状况的认识。六分阴阳之说有取于乾坤二经卦的三阳三阴之象，而具体内容则完全是医家的创见。《素问·阴阳离合论》认为，人体之正经脉，并而合之则表里同归于一气，分而离之则阴阳各有其经。正经脉之循行与天道阴阳升降息息相应，故其阴阳离合素为医家所重。“是故三阳之离合也，太阳为开，阳明为阖，少阳为枢”；“三阴之离合也，太阴为开，厥阴为阖，少阴为枢”。太阳、阳明、少阳三阳经，依类上下相从，各有其体。阳脉性浮，而过浮则为病象；浮而勿过为阳和之象，三阳合一，故可合而称之为一阳。太阴、厥阴、少阴三阴经，依类表里分居，各有其体。阴脉性沉，而过沉则为病象；沉搏有神，则得阴脉中和之体，三阴合一，故可合而称之为一阴。张仲景的医学巨著《伤寒论》提出的“六经辨证”的诊断理论，便是以“六经”的生理机制与病理传变为前提的。他在《素问·热论》的基础上建立并完善了“六经传变”的理论体系，认为“六经”病变后，病情发展的总趋势是从“三阳传入三阴”，少数是从“三阴转出三阳”。就“三阳经”而言，有由“太阳经”传入“阳明”的循经传，也有由“太阳经”传入“少阳”的越经传。这些都是一般正常的传变形式。超越正常传变规律的异常变化，如不经“三阳”而直接侵入“三阴”的“直中”，以及其他一些不能以“六经辨证”的疑难病变，则不能以“传变”的一般规律生搬硬套，必须以临床观察的病情资料为依据。

医史上曾经出现过“阳常有余，阴常不足”与“阳非有余，阴常不足”的争论。元代医家朱震亨据五运六气说推论，人体外在的六气中之湿热相火，是当时多发性疾病的主要原因。其次，人体内在的肝肾二脏皆有相火，相火主动，为人生之不可无，但相火之动应当动而有节，妄动则贼害元气，耗伤阴液。因此，朱氏认为阴之所以易于困乏，该由阳易亢盛所致。在临床治疗中，他强调养阴泄火，开创了滋阴学派，给中医学以深刻影响。朱氏虽从生理上讲到相火，而着眼点却是在当时多发病的病因上，他的“阳常有余，阴常不足”之说，实际上是以病理学为前提的。明代张介宾从元气生理学上力辟朱氏“阳常有余”之非，认为，“阴之所恃者惟阳为主”，“万物之生由乎阳，万物之死亦由乎阳”，“人是小乾坤，得阳则生，失阳则死”（《大宝论》），而阳气轻清，难得而易失，因此坚决反对以沉寒苦劣难堪之药攻伐阳气，用药提倡温补，开创了继薛立齐之后的一大温补学派。张氏“阳非有余，阴常不足”之论，一定程度上吸取了道教内丹派的“重阳”理论，强调阳气在人体生理上的重要性，对传统生命科学也是一大贡献。朱张二氏，偏重不同，议论相异，但偏重并不偏废，二者仍有可以求同之处。

总之，中华传统医学视阴阳为天地之道，生命之本，神明之府，万物之纲纪。人体之生理、病理，以及诊断、治疗等，无不以阴阳为纲。所谓中医重气化，即重此阴阳之道而已。

四、医学中的五行观

五行学说进入医学约在战国中期。《管子·四时上》说：东方春季，“风生木与骨”；南方夏季，“阳生火与气”；中央为土，“土生皮肌肤”；西方秋季，“阴生金与甲”；北方冬季，“寒生水与血”。这种说法的意义在于，地上的木火土金水等非生命物体与有生命物体的骨气皮肌肤甲血等都是天道阴阳季节变化的产物。这个见解可能出现于战国中早期，稍后的《管子·水地》着重论叙五行中水的意义时，则进入到五味与五脏关系的认识：“酸主脾，咸主肺，辛主肾，苦主肝，甘主心。”而五味生于五行，即水咸、火苦、木酸、金辛、土甘，五行与五脏的对应关系便是水肺、火肝、木脾、金肾、土心。这个对应关系过于粗涩，《月令》根据战国后期的医学成就，将这个对应关系修订为：木酸脾，火苦肺，土甘心，金辛肝，水咸肾。这个修订仍不如人意，《素问·金匮真言论》再次修订为：木酸肝，火苦心，土甘脾，金辛肺，水咸肾。《素问》的这次修订为以后历代医家所遵循。

五行学说进入易学较其进入医学为晚，说明这一现象的最早史料莫过于汉代的纬书，如《易纬·通卦验》在叙说八卦当值节气某一标准时辰应当出现的卦气时，以白气属乾属兑，以黑气属坎，以黄气属艮属坤，以青气属震属巽，以赤气属离。白黑黄青赤五色为金水土木火五行之色，五行说与八卦说这两种不同源流的思想便这样合流了。此外，东汉末年郑康成以五行生成之数解释《易·系辞》的“天地之数”，宋朱熹也认定此“天地之数”为河图五位之生成数，如果此说渊源有自，那么五行学说进入易学大概也不会晚于战国后期。

成书于晋代以前的《中藏经》[①]，首次论叙了阴阳与五行的关系。《中藏经·阴阳大要调中论》说："阴阳者，天地之枢机；五行者，阴阳之终始。非阴阳则不能为天地，非五行则不能为阴阳。"阴阳以天地为体，天地以阴阳升降流行为用。阴阳与五行的关系亦同此理，即五行以阴阳为体，阴阳以五行为终始流行之用。张介宾后来进一步加以发挥，认为："五行即阴阳之质，阴阳即五行之气，气非质不立，质非气不行。行也者，所以行阴阳之气也。"（《类经图翼·五行统论》）他还以河图所列五行五位与生成之数，说明五行都是由阴阳二气组成，由于生成之数不同，形成了五行之质的差异。河图五位秩序井然，表示阴阳流行的有序性；五位生数与成数有多寡，表示阴阳流行的气数盛衰。

医家以五脏为主体配五行，旁及五气、五味、五色、五情、五体、五志、五官、五方等，构成了人体内外转换机制的整体性网络系统。在平气条件下，五脏功能呈循环相生与五角交叉相克并存状态，表现出多功能系统之间相互依存与相互制约的关系，使整体网络呈现为一个个相对独立而又相互交织的扇状制化区。相生，即是资生，起推动发生发展的作用。五行相生中的任何一行，都是"生我"与"我生"两方面的统一。相克，即是制约，起维持整体平衡的作用。五行相克中任何一行，都是"克我"与"我克"两方面的统一。张介宾说："尽造化之机，不可无生，亦不可无制。无生则发育无由，无制则亢而为害。生克循环，运行不息，而天地之道斯无穷矣。"（《五行统论》）

人生存于大自然中，无时无刻不受到天体运行、气候变迁、饮食居住环境，乃至人的自身生活习俗、精神面貌、社会交往等各种因素的影响，干扰了人体气血运行的正常节律与五脏功能的动态平衡。五脏之间若在某一环节上出现相克不及，如金不足以制约木，则木对土的制约便会太过。前克之不及，导致后克之太过，这种状况在病理学上称为相乘。相克失常的另一现象为相侮（即反克），如金不能克木，而反为木所克，即称之为木侮金。相乘与相侮，皆因五行中一个以上的环节过于亢盛或衰弱引起的，五行结构的自我调节功能，可以在相乘现象出现后产生相复之气，即"有胜之气，其必来复"（《素问·至真要大论》）。如木气太过，倍克土而使土气转衰，土因此减弱了对水的约束，

---

① 《中藏经》，旧传为华佗所著，恐系托名。而晋代王叔和《脉经》曾征引其文，其成书在晋代以前则无疑。

于是水气偏胜而加剧了对火气的牵制，火因此转弱而削弱了对金的制约，金气于是旺盛起来，克制了木气的亢盛，使之复归于平。若五行自我调节功能丧失，乘侮网络上便会出现连锁效应，有胜气而无复气，人体就要大受损伤。医家的能动作用在于，准确把握五行结构自然流程的故障部分及其与整体结构的关系，及时采取适当的医疗保健措施，促进其内在机制正常运作的恢复。

五行结构的功能模型，为医家提供了一个以整体观为基石的方法论模式。以朱震亨对痿症的辨证施治为例，可见一斑。痿症，本是下肢痿软无力，甚至痿废不用，朱氏认为“诸痿生于肺热”。以五脏功能而论，肺金体燥而居上主气，脾土性湿而居中主四肢。肺金畏心火，心火妄动则肺得火邪而热。而心火妄动起于肾水衰弱，水不足以制火而为火所侮；肝木实则乘脾土，脾伤而水失所养，于是宗筋干涩，骨关节失去灵便。所以痿症虽生于肺热，病机却不限于一隅，其他四脏都有牵连。朱氏有见于此，在治疗上采取了泄火补水之法。他说：“泻南方则肺金清，而东方不实，何脾伤之有？补北方则心火降，而西方不虚，何肺热之有？故阳明实则宗筋润，能束骨而利机关矣。治痿之法，无出于此。”（《局方发挥》）按河图五行方位：南方心火，东方肝木，北方肾水，西方肺金，中央脾土。泻南方，止妄动之相火，使肺金清静，肝木实证所生之虚火除，脾土自然不再受肝木之气所伤；补北方，肾水之气充实，心火下降，肺金虚证因而得治。通过泻心火补肾水，肺热、肝、脾亏皆除，于是阳明脉实，宗筋润泽，骨关节动静自如，痿症因此痊愈。如果知外不知里，死守局部，忽视全体，则痿症断无可愈之望。

五、医学中的观象知器论

《易·系辞上》说：“见乃谓之象，形乃谓之器，制而用之谓之法。”一般说，有形体的东西称之为器，搏之不可得而又有征候或形象显现者称之为象，把握器与象的特征并使其为人所用者就是所谓效法。器的变动往往通过象表现出来，故器是象之体，象是器之用。器与象的这种体用关系，并不排除象还有另外的存在形式，即作为用的象还可以无形的东西为体。作为用之体，无论其有形或无形，都具有一定的性情功效，这就是所谓用。而在具备一定的传导系统的条件下，体的内在性情功效便会显现和发挥出来，这就是所谓象。因此，象是用的显现和发挥，包含有现代人所常说的“信息”的含义。在《易》卦，卦体的性情功效是通过爻象显现出来的，象是卦体传导出来的信息，爻则是传导信息的载体。《易传》的象论，包括多方面的内容，此处仅取此一义，以便与医的藏象理论比照研究。

脏象学说是传统医学中贯穿人体生理病理学与诊断治疗学的一条主线。《素问·阴阳应象大论》说：“论理人形，列别藏府，端络经脉；会通六合，各从其经，气穴所发，各有处名；溪谷属骨，皆有所起，分布逆从，各有条理；四时阴阳，尽有经纪，外内之应，皆有表里。”从人体生理学的意义上说，人体是一个组织结构高度严密的有机体，五脏六腑各列其位，功能各异而相互促成和相互制约，且分别与经络贯通；三阴经三阳经各依其循行路线，贯通交会，循环无端，经上之气穴，各有定处，有名有实，密而不紊；肌肉与骨连属，各有起止，或顺或逆，皆有条理，这是任何一个有生命的人体的最基本的组织结构。这个组织结构具有与外界进行信息交换的自我调节机制，即所谓“四时阴阳，尽有经纪，外内之应，皆有表里”。外部的生存环境，四时的阴阳升降消长，与人体内部的组织结构密切关联，其对人体的作用仅在于表里深浅不一而已。

若将人体视作一个黑箱，脏腑便是人体黑箱内部的有形构件，气血是信息的载体，经络是信息传递通道。外部生存环境正常，则人体健康平和；外部生存环境一旦有异常变化，其负作用首先影响到载体之气血和通道之经络，最后伤及脏腑。传统医学通过望闻问切“四诊”所搜集到的病变征候，则是由载体通过经络通道传递出来的脏腑功能变化的信息。故藏于体内者为脏，而传出体表者则为象。《灵枢·邪气藏府病形篇》所谓“本末根叶之出候”，正是将人体黑箱看作一个完整机体的调控系统，“出候”便是这个系统由内到外、由本到末、由根到叶、由藏到象的信息传递过程。辨证则是对由内而外传递出来的信息进行筛选的过程，以此判断既出之征候与体内变化的各种必然性的联结。传统医学通过对人体内外信息往返传递的准确把握，可以达到实施治疗的效果，无须打开黑箱（诸如剖腹探察之类），干扰人体正常的生命活动，减少因诊断和治疗的需要而对人身元气造成的不必要的损伤。

传统医学对“象”的重视，与《易传》象论的影响是分不开的。脏象学说所取的象，不一定非得是“器”的“形容”，但却一定得是“器”的性情功效的外部表现，因而“象”的形态自然不能局限于是否与“器”有相似性。因为人体病变由内传出的征候不是对脏腑病变部位的传真摹写，故医者不可能通过“四诊”直接观察到病变部位的“形容”，医者所能把握到的只是脏腑受到病邪入侵后所发生的功能变化，所谓“征候”就是这种功能变化在人体外表所引起的各种类型的病症群。长期临床实践固然可以提供相当丰富的各种类型的病症群的经验材料，但经验材料不可能自发地形成脏象学说的理论系统，因此《易传》象论在这一学说走向系统化理论的过程中所起的作用是不可忽略的。

六、易学与养生

中华民族具有丰富的养生学方面的知识，其源远流长可以一直上溯到《易经》时代。《易经》颐卦卦辞说：“观颐。自求口实。”《象》曰：“颐。“贞吉”，养正则吉也。“观颐”，观其所养也。自求口实，观其自养也。”《象传》的这一解释得到历代大多数易学家的认同。《易经》有关养生的思想，仅仅体现在颐卦，而且内容主要限于食养。自《系辞》提出阴阳道器一类范畴之后，《易》成功地改造了道家对“道”的规定，使其成为反映天地既分之后阴阳动态统一的一般性新范畴。《系辞》对“道”的新规定，很快为医家和内丹家所吸取，从而对养生学的发展产生了重大影响。

《素问·上古天真论》说：“上古之人，其知道者，法于阴阳，和于术数”；“中古之时，有至人者，淳德全道，和于阴阳，调于四时”。上述文中的“道”，皆合于《系辞》“一阴一阳之谓道”的规定，《素问·阴阳应象大论》所谓“阴阳者，天地之道也”，是其中最为明确无误的表述，与道家混沌之意（阴阳未分）的道显然有别。

就气本论而言，人与万物都产生于阴阳二气之聚合，故“人生有形，不离阴阳”（《素问·脉要精微》），这是人体与万物之共性。然而人与万物终究有别。《灵枢·本神篇》说：“故生之来谓之精，两精相搏谓之神，随神往来者谓之魂，并精而出入者谓之魄。”精神魂魄，即人身之阴阳。一般说，津液、血脉、形体（即精与魄），为人身之阴；神、气、意及全部生命机能（即神与魂），为人身之阳。人之神意，即人之意志思虑智慧，为人独具而非他物所能备。上述有关人之生理特征的认识，决定了人体养生的基本内容。

《素问·生气通天论》所谓“凡阴阳之要，阳密乃固。两者不和，若春无秋，若冬无夏，因而和之，是谓圣度。故阳强不能密，阴气乃绝；阴平阳秘，精神乃治；阴阳离决，精气乃绝”，将整个人体生理、病理的复杂变动状况归结为阴阳二气之间的平衡与非平衡，固密的和合统一与统一体的破裂，具有高度的概括性。然而由于人生天地之间，人体的阴阳平衡无时无刻不受到天地阴阳变化的影响，故养生之要首先在于如何顺应天道阴阳的变化。《素问·四气调神大论》说：“夫四时阴阳者，万物之根本也。所以圣人春夏养阳，秋冬养阴，以从其根。”所谓“春夏养阳”者，谓春夏二季当“夜卧早起”，春天应“广步于庭，被发缓形，以使志生”，以应春气；夏天应“无厌于日，使志无怒，使华英成秀，使气得泄”，以应夏气。所谓“秋冬养阴”者，谓秋天当“早卧早起，与鸡俱兴，使志安宁”，以“收敛神气”，“使肺气清”，与秋气相应；冬天当“早卧晚起，必待日光，使志若伏若匿”，以“去寒就温”，与冬气相应。除起居应时之外，饮食亦应注意依五季之次调节五脏之养，如春养肝，夏养心，长夏养脾，秋养肺，冬养肾，以应河图五脏阴阳消长之次。

在养生学中，通过调整呼吸，收敛心神的途径，达到祛病健身，延年益寿的目的，一直是中国传统生命科学的重要实践领域。其直接的生理效应在于疏通正经十二脉和奇经八脉，确保人体气血的正常运行。内丹家借《周易》卦爻之象，以乾坤象征人体，坎离象征人身阴阳二气运行，创造出许多行之有效的功法，以仿效天体运转，日月周旋，天地阴阳二气升降浮沉，使人身阴阳升降与优良环境的阴阳升降产生交换契机，采气采光，吐故纳新，充实体内元气，以达于与天地造化同途之境。

由于练功过程全凭个人体悟，即使神内敛，附于目而“内照形躯”，他人难以目睹，从而给经验总结与传播、交流带来困难，甚至师徒授受也往往因此受到阻滞。故自汉末《周易参同契》这部丹书经典问世以来，《周易》便系统地进入调气养生术中，以其卦爻之象建构出一系列有关天体结构、四维时空、月相死生、阴阳升降、人体气血运行等丰富的《易》象模型，使难行察睹的练功过程具有鲜明生动的形象性。《周易》进入气功养生术，不仅为再现人体生理动态状况以及人类生存环境的整体性、有序性、联动性及其纵横交错的复杂关系，而且为从整体上把握人体生命现象提供了素朴的综合方法。

第七节　易学与美学、文艺

《周易》不是一本专门讲美学、文艺的书，仅在少数地方附带涉及了美学、文艺问题，但它对美学、文艺的影响十分广泛而深远。这从又一个重要方面显示了易学与中华传统文化不可分离的血肉联系。

一、易学对中国美学的影响

为什么《周易》会对美学、文艺产生广泛深远的影响呢？下面我们就来分析一下这种影响产生的深层原因以及这种影响在美学上的具体表现。

1. 生命与美

《周易》对美学产生了重大影响，首先是由于万物的产生、存在和变化发展的问题，自然界和人的生命问题是易学所要探究的根本问题，而生命问题又恰好是与美和文艺创造问题紧密地联系在一起的。

美与文艺创造是十分复杂的现象，可以从不同的方面加以考察。其中，美与文艺创造和生命的关系问题，是一个带根本性的、极为重要的方面，对理解中国美学，特别是《周易》美学有重要的意义。

自古以来，中外的思想家、哲学家对美的问题发表了各种不同的看法。不论怎样看，美在根本上不能脱离人类生命的存在和发展。而人类生命的存在和发展，又不能脱离自然界生命的存在和发展。美是依存于生命的，生命是美存在的前提、基础。从生命的观点看，美表现在人类生命与自然界的协调和向上的发展之中。但美又不仅仅是自然生命发展的产物，而是社会的人在物质生产劳动中认识、控制、掌握自然生命的规律，使人类生命的发展与创造与之相一致的产物。这就是说，它不是动物生命无意识地适应自然的产物，而是人类通过自由的有意识的活动，掌握自然规律，使人类生命的发展与创造活动与自然规律相一致的产物。正因为这样，自然界中一切被人掌握了的生命的形式，当它成为对人的生命的发展与创造的肯定，从而成为对人的自由的肯定时，就对人产生了美的意义。

从中国美学的发展来看，中国美学自古以来就是立足于生命来看美与艺术的。这是中国美学的一大特点。中国美学最早讲到的美，是诉之于人的生命感官的味、色、声的美。三者都被认为是自然界的产物，同时对这三种美的追求、享受，又必须是有节制的，有利于人的生命的健全发展的，而不是相反。为了做到这一点，对美的追求与享受必须符合于社会伦理道德的要求，与伦理道德上的善相一致。总之，从根本上看，中国古代美学所讲的美，就是有利于人的生命的健全发展的东西。强调美须符合于伦理道德上的善，最终也是为了使人的生命获得健全的发展。这种健全的发展，一方面表现为人的生命的发展与自然规律的协调统一，另一方面表现为个体生命与群体发展的协调统一。这也就是中国美学所说的“和”的含义所在。“和”即在美，并且是最完满的、符合理想的美，但“和”最后是建立在人的生命的健全发展这个根基之上的。中国古代美学这种看法的重大优越之处，在于它不脱离人与自然界的生命去追求一种超自然的美，始终坚持美在人与自然、个体与群体的和谐统一中。西方美学则不同，它在不少情况下追求一种超自然的美，并且把人与自然、个体与群体看作互相分裂和对抗的。但由于历史的局限，中国古代美学的这种观点又常常忽视了人与自然、个体与群体的矛盾冲突，陷入了一种抽象的理想化的和谐，束缚和压抑了人的自然欲求和个性的充分发展。

基于生命的观点，中国历代美学在讲到各门文艺的创造时，经常用人和自然界的生命来加以比拟、说明。如中国古代书法艺术理论认为，书法就像一个人，须具备神、气、骨、肉、血，五者缺一就不成其为书法艺术。在艺术的境界上，中国古代美学又经常把生命的气势及力量、大自然运动变化的节奏、韵律的生动表现与艺术家情感抒发的天然合一，看作艺术创造的最高境界。如中国古代书法评论常用“合于自然”“有大鹏搏风”或“龙蛇飞动”之势等说法来评论有高度成就的书法家的作品。这都是从生命的观点来看艺术的创造与美，认为美表现在天地万物生命的运动变化之中。离开了生命，就没有中国美学所说的美。

《易传》认为产生与长育万物是天与地即乾与坤最伟大的特性、功能，天地万物生生不息的运动、变化、成长叫作“易”。《系辞》说：“天地之大德曰生”，“生生之谓易。”这是《易传》所要探讨的重要的主题。《易传》在探讨这一主题时，明显继承了中国自古以来把美与生命相联的看法，因此它在阐述生命的问题时很自然地涉及了美的问题。但这里重要的不是《易传》在多少地方直接地讲到了美的问题，而是它对生命现象的种种深刻的观察与论述几乎都与美与艺术的问题相通，具有重大的、多方面的美学意义。在《易传》之前，虽然古人很早就把美与生命联系在一起，但由于对生命的认识还是零碎的，不够系统深入，因此对美的认识也不够系统深入。《易传》把生命问题提到了极为重要的地位，并作了空前系统深入的论述，这就大大推进了中国美学对美与艺术问题的认识。《易传》关于生命的理论在本质上也就是关于美与艺术的理论，包含着一系列对中国美学产生了广泛深远影响的重要观点。

2. 易学中与生命问题的探讨相关的美学思想

第一，“天文”与“人文”

贲卦《彖》说：“观乎天文以察时变。观乎人文以化成天下。”“文”是儒家理论中一个重要的概念、范畴。“文”的概念最初来自原始人的文身和人类对自然事物的花纹色彩的美的感受，它本来就具有美的含义。在儒家思想中，经常用“文”这个概念来指与伦理道德上的善相统一的美的形式，一切礼乐制度、文物典章的美均可称之为“文”。《易传》的根本思想是继承儒家而来的，因此它也十分重视“文”的问题。但《易传》从生命的观点对“文”的问题作了进一步的阐发，并区分了“天文”与“人文”，极大地发展了儒家关于“文”的理论，对美学、文艺产生了重大影响。《易传》认为天亦即乾的产生万物，具有“美利”的特征。“利”指万物有利于人的生活需要的满足，“美”指万物自然的形式、结构、花纹、色彩所具有的美，这种美就是“天文”所具有的美。如革卦中讲到的虎豹的“文”即虎豹皮毛花纹色彩的美就属于“天文”之美。扩大开来说，《易传》认为，日月星辰、风雷水火、山河大地、飞走动植都有“文”，有美，这就是“天文”之美。《易传》认为“天文”是天地万物相杂而成之“文”，从美学的角度看，这个“文”就是指天地万物自然的形式、结构、花纹、色彩、动态等的美。但在《易传》的思想中，“文”这一概念又用以指构成卦象的阴爻与阳爻。“文”有当与不当之分，只有当阴爻与阳爻各处在恰当的位置上，构成一个合规律的、和谐的结构时，“文”才有美可言。因此，“天文”作为自然景象，只有当它显示了阴阳和谐统一时才是美的，也才是吉利的，相反就是不美、不吉利的。正因为这样，《易传》认为观“天文”可以察时变，明吉凶。它所说与“天文”相区别的“人文”，其含义与自古儒家所说“文”的含义相同，即指礼乐制度、文物典章的美。它不是自然界产生的，而是人类社会创造出来的，因此《易传》将它与“天文”相区别，称之为“人文”。“人文”的重大作用，在于它可以感化人心，成就天下的大业。就以“文”为美来说，“天文”与“人文”的区分包含了我们现在所说自然美（自然界的美）与社会美（与自然界相区别的人类社会领域的美）的区分。但《周易》又认为“天文”与“人文”不是彼此隔绝、互不相干的。“人文”之美是由效法“天文”之美而来的，“天文”之美本身也具有和“人文”之美（主要是伦理道德行为的美）相通的意义。这种看法虽然是建立在将自然现象与人类社会行为加以简单比附的基础之上，但又意识到了社会与自然，社会生活中的美与自然界的美有一种不能分离的联系，较之于那种将两者分裂开来的思想，无疑又有其正确、深刻的意义。

第二，“阳刚”与“阴柔”

《易传》认为天地万物生命的运动变化是由阴阳两种力量的相互作用而引起的。阳与天相联，阴与地相联。如前所说，天与地都有“文”，有美，但阳的基本属性是“刚”，是“动”，阴的基本属性是“柔”，是“静”，因此天地万物的美就被区分为阳刚与阴柔两大类别。虽然《易传》并未正面地、明确地说出这种区分，但在它对天地之美的直接间接的描述中已包含了这种区分。《易传》的一些象辞，如“飞龙在天”（乾卦）、“雷出地奋”（豫卦）、“雷在天上”（大壮卦），很富于阳刚之美的形象，但对于阴柔之美缺乏描绘，只有“风行水上”（涣卦）约略可以说有阴柔之美的意味。从我们今天来看，包含在《易传》中的这种对美的区分，也就是对优美（阴柔之美）与壮美（阳刚之美）的区分，它是我们在日常生活中经常可以感受到的美的两大基本类别。如古柏苍松、高山大川的美属于壮美，春风杨柳、小桥流水的美属于优美。在中国古诗词中，这两种不同的美随处可见。如“大漠孤烟直，长河落日圆”（王维诗）是壮美，“细雨鱼儿出，微风燕子斜”（杜甫诗）是优美。阳刚之美与阴柔之美不同，但《易传》又认为刚柔不是孤立的存在，而是相互联系、彼此渗透的。刚中可以有柔，柔中可以有刚，这是一种辩证的、深刻的见解。刚与柔可以有所偏重，但不应有所偏废，这就是《易传》所说“一阴一阳之谓道”“阴阳合德而刚柔有体”。刚而排斥柔，就会陷入僵硬粗暴；柔而排斥刚，就会陷入萎靡无力。由《易传》所提出的阳刚阴柔的美的观念，对后世中国文艺的创造与欣赏产生了很大的影响。和西方美学比较起来，阴柔之美相当于西方所说的美或优美，阳刚之美则相当于西方所说的崇高或伟大。但西方强调崇高与恐怖、惊惧相联，它引起的快感夹杂着痛感，因此是一种消极的愉快。中国的阳刚之美则不同，在大多数情况下是排除了恐怖、惊惧的。它是一种宏伟壮丽的美，所引起的是一种奋发昂扬、心神飞越的积极的愉快。

第三，“化”与“神”

“变化”在《周易》中是一个很为重要的概念，因为《周易》认为天地万物以及人事活动都处在永恒不息的变化之中。这种变化是由性质相反的事物之间的相互推移转化所引起的，在运动的形态上表现为动与静、开与合、进与退、往与来、消与长、盈与虚，等等。如暑转化为寒，寒又转化为暑，即暑往寒来，寒来暑往，这样就产生了四时季节的变化。《易传》的这种思想看来好像很简单，同美与艺术似乎没有什么关系，实际上它所讲的正是天地万物生命运动变化的节奏，刚好和美与艺术有十分重要的关系，是中国各门文艺构成美的节奏的根本诀窍所在。所以历代各门文艺理论都在讲如何处理好刚柔、动静、开合、虚实以及其他种种对立要素的推移变化。因为这种推移变化的恰当处理正是形成美的节奏的最重要的东西，没有这种推移变化就无节奏可言。在西方美学中，一般是用运动在时间上的周期性来解释节奏的产生。《易传》也完全看到了运动的周期性，还特别说明了日月四时的变化具有准确无误的周期性。但有些事物的运动，如鹰在空中的飞旋翱翔，乒乓球运动员打球的动作，都没有什么明显可见的周期性，却仍然表现出强烈的节奏感。实际上，《周易》关于“变化”的思想已包含了对这种现象及所有一切节奏的本质的深刻解释。没有时间上的严格的周期性的运动之所以也能有强烈的节奏感，是因为它包含了各种在形态上刚好相反的、运动的、连续不断的、合规律的相互转化。如乒乓球运动员动作的节奏感的产生就是由于它包含了开与合、进与退、往与来、消与长、强与弱、快与慢等动作的不断转化，而且这种转化是合乎规律的（即合于人体运动及打乒乓球这一运动的规律）。就是那些在时间上具有明显周期性的运动，它们的节奏感也不仅仅是由周期性而来的，同样包含了不同运动形态的连续的相互转化，如海水周期性地冲击礁石所成的节奏感，与海水一进一退、一往一来的连续运动分不开；心脏跳动产生的节奏感也不只同时间的周期性有关，还同心脏一收一缩的连续运动有关。更进一步说，由同一元素在时间或空间上的周期性重复产生的节奏感，也是因为它在时空位置上发生了连续不断的合规律的变化，如建筑中形状及大小相同的窗户等距离排列产生的节奏感就是如此。总之，节奏只有在《易传》所说的“变化”中才能呈现出来，而不论这种变化是否有时间上的严格的周期性。《易传》认为整个宇宙处在一阴一阳、一刚一柔相推而生的永不停息的变化之中，也就是认为宇宙永远处在有节奏的运动之中，并通过构成卦象的阴爻、阳爻的推移变化来显示这种节奏。这对中国文艺的创造产生了巨大的影响。

《易传》还认为宇宙的变化是有秩序、有规律的，而且很强调变化的合规律性，但它又认为这种变化是“唯变所适”的，无法机械地加以规定，并且很难事先作出预测。《易传》把这叫作“神”。所谓“阴阳不测之谓神”，即认为宇宙的变化既是合规律的，同时又有一种神妙难测的性质。《周易》对变化的这种看法，非常切合于艺术创造的活动。因为艺术创造活动既是有规律、合规律的，同时又是“唯变所适”、高度自由的，不是按照某种既定不变的规程进行的机械操作活动。因此，《周易》的“神”的观念被后世用于说明艺术创造活动的特征。那种在创造活动中达到了“神”的境界的作品被称之为“神品”，它高于那些主要靠技巧法则的熟练掌握创造出来的作品，即“能品”。后者是人工的刻苦努力所能达到的，前者则除人工的努力之外，还需要有艺术的天才。《易传》又认为变化是“日新”的，并且明确提出了革故鼎新的思想。这经常被后世用来作为反对艺术上的保守复古思想的理论根据。

第四，“交感”观念

《易传》认为在物与物、人与物、人与人之间存在着一种相互交感的现象。这对中国美学、文艺也产生了十分重要的影响，我们将在后面有关的地方再谈。

二、筮法与文艺创造

《周易》本来是一本讲卜筮的书，而卜筮源于远古的巫术，是由古代的巫人、巫官掌管的一种重要的巫术活动。巫术在远古文化中占有十分重要的地位，包含了已经萌发，但混沌未分的宗教、伦理、哲学、艺术、科学的意识。从艺术的角度看，巫术已具有了很为浓厚的艺术性质，是产生后世所说的艺术的胚胎。这是因为巫术活动建立在一种形象直观的类比思维之上，充满大胆离奇的想象，并且是远古人类企图战胜自然界的强大力量，使自身得到保存和发展的生命冲动、情感愿望的强烈表现。想象、情感、生命、表现性这些对艺术十分重要的因素在巫术活动中都已经有了。到了周代，卜筮是决定国家大事的一项重要活动，远古巫术特有的那种迷狂和非理性的表现已大为减弱，但巫术活动的基本特征、方式方法仍然保留了下来。这就使得《易传》对卜筮的理论与方法的种种论述虽然不是在讲文艺问题，但又具有能与文艺相通的重要意义。除上述《易传》以生命问题为其探讨的主题之外，这也是《易传》为什么会对美学与文艺产生重大影响的又一个根本原因。下面我们就来分析一下《易传》有关卜筮的理论、方式方法的论述与美学和文艺问题的关系。

1.“象”与“意”

卜筮是通过卦象来定吉凶的。从卜筮的角度来看，《易传》提出的“立象以尽意”的“立象”是指圣人制作、创造卦象，“尽意”则是指通过六十四卦来显示圣人对吉凶的种种复杂情况的看法、判断。这完全不是针对文艺问题而言的，但它第一次明确提出了一个对一切文艺作品的创造来说都有根本性意义的问题，即“象”与“意”的关系问题，因为一切文艺都要创造出一个感性的形象来表现、传达文艺家心中的某种“意”。虽然文艺创造中的“象”与“意”与筮法中的“象”与“意”的含义不同，但在通过“象”来表现、传达“意”这一点上却是相同的。在《易传》之前，早已有了“象”的观念，但从未有人讲过“象”与“意”的关系问题，而只讲了“言”与“意”的关系问题。文学作品是用“言”来表达“意”的，但也必须通过“言”而构成一个表达“意”的形象。“象”与“意”的关系问题的提出，不仅为理解文学语言的形象性，而且也为不以语言为媒介的书法、绘画、建筑等艺术部门的理论的建立提供了重要的根据。《易传》还讲到了“言”与“象”何者才能“尽意”的问题，这也是与文艺的特征密切相关的重大问题。此外，《易传》所说的“象”是指卦象，卦象是一种抽象的符号，因此“象”与“意”的关系也就包含了符号与“意”的表达的关系问题。这与西方现代符号学和应用于艺术的艺术符号学有关，很值得加以研究。

2. 卦象的解释

在筮法中，对吉凶的判定是通过对卦象的解释而得到的。从《易传》中我们看到，这种解释先是对每一卦的上下卦所代表的某两种具体事物及其关系作出一种形象的描述，然后又把它联系到人事的某种具体活动，最后从中引申出对吉凶的判断。这就是所谓“取象”的释卦方法。从我们现在看来，常常显得牵强，但这正是巫术所特有的形象类比思维方式的运用，而且在某些卦的解释中表现了古人丰富敏锐的、创造性的想象力，和艺术创造中的情况十分类似。我们知道儒家美学曾针对诗歌的创造提出了“比兴”的理论。所谓“比兴”就是诗人依据自己对现实中某些具体事物的观察感受，经由创造性的联想、想象形成一个富于比喻性、象征性、暗示性的形象，通过它来表现、传达诗人心中的某种思想感情。这种“比兴”与筮法中的“取象”释卦在基本的方式方法上是相同的。但儒家原先对“比兴”讲得极为简略，《易传》“取象”释卦方法的反复运用使人们对“比兴”的理解大大推进了一步。不仅诗的创造中的“比兴”与“取象”类似，其他各门艺术，如音乐、舞蹈、书法、绘画、建筑的创造，也都同艺术家通过创造性的想象对现实生活中的事物进行“取象”分不开，只不过在不同的艺术部门中具体情况有所不同罢了。《易传》“取象”的理论与方法是了解、研究中国艺术创造的特征与方法的一把重要的钥匙。

3. 卦象的构成

占筮以卦象来定吉凶，而卦象之所以能定吉凶，是因为卦象由阳爻与阴爻构成，是对天地万物阴阳变化的模拟。当阴阳变化和谐时，就是吉利之象，反之则是不吉利之象。由于卦象是对天地阴阳变化的模拟，因此我们在上节所说和《易传》所讲的“变化”相关的美学思想，以一种抽象符号的形式表现在卦象的构成中。这使卦象的构成成为易学美学思想的体现，包含了对形式美法则的丰富而深刻的认识，具有不可忽视的、多方面的重要意义。首先，卦象的构成体现了《易传》所说天地阴阳变化的合规律性。这种合规律性的主要表现就是对称，而对称正是形式美的主要法则。其次，卦象的构成体现了《易传》所说阴阳、刚柔相推而生变化的思想，以阴爻和阳爻的各种不同的排列组合显示了天地万物运动变化的节奏。这也同形式美有非常重要的关系。从对称来说，每一卦的上卦与下卦以及上、中、下三位爻之间存在着对称，或阴爻与阳爻相对，或同为阴爻或阳爻，但因所在位置、方向不同而形成对称。这在美学、图案学上称之为纵向对称，也就是《周易》所说的“错综其数”的“综”。不同的两个卦排列在一起，横向看去，各爻之间或上卦与下卦，上、中、下三位爻之间也可构成对称，这就是美学、图案学上所说的横向对称。《易传》所说的“错综其数”的错从节奏来看，组成各卦的爻或从阴爻变为阳爻，又从阳爻变为阴爻，或参差错落地采取各种不同形式组成阴爻或阳爻的变化，这实际就是对天地万物运动变化的各种可能的节奏的图示。中国艺术所应用的对称与节奏的形式美法则，可以说都囊括在六十四卦的卦象的构成之中了。下面试以既济与未济两卦为例作一简单说明。

既济 ䷾　　䷿ 未济

这两卦，每一卦从纵向看去都是阴阳相对，两卦间从横向看也是阴阳相对。这种对称形式在以两个刚好相反的元素构成严格对称的图案或建筑中都可以看到。此外，两卦的爻的变化，前一卦从下至上，由阳爻开始，呈现为阳—阴—阳—阴—阳—阴的形式，后一卦则倒过来，由阴爻开始。这是一种很有规律的节奏，有如音乐中强拍与弱拍的连续交替、建筑中两种形状或大小不同的窗户在一条直线上等距离地连续交替排列。在书法中，这两卦所显示的阴爻与阳爻的连续交替变化，又可看作用笔的刚柔、方圆、粗细，结构的疏密、向背、收放等的变化，正是这种变化造成了书法的节奏感。在绘画中，我们还可以把这两卦看成六个层次的一座山，阳爻为受光部分，阴爻为背光部分，形成明暗上的节奏变化。

此外，卦象的构成和卜筮均与数相关，而数也与美相关。古希腊的毕达哥拉斯学派认为宇宙的和谐、美是由数的比例决定的，这对西方美学产生了很大的影响。与毕达哥拉斯学派不同，《易传》认为宇宙的和谐、美是由阴阳变化决定的，不是由数决定的。但宇宙的阴阳变化又表现在数的变化上，因而阴阳变化的和谐、美也与数有密切关系。这样，在《易传》的象数说中也包含了美与数相关的思想，并以中国人特有的方式来解决这一问题，要求在“参伍以变，错综其数”的神妙变化中去取得阴阳的和谐与美，不像西方美学那样，经常把与美相关的数规定为某种固定不变的比例（如所谓“黄金分割”的比例）。

4.“观象”与“制器”

《易传》认为卦象不仅是用来占筮的，还可以根据它“制器”。《易传》所说的“器”是指体现阴阳变化之“道”的有形体可感知的东西。就“制器”来说，包含的范围也很广。不但日用的器物，如犁、网、舟、车包含在“器”之内，连建筑以至文字也包含在内。《易传》把卦象与“制器”联系起来，是因为它认为人的活动要效法天地万物阴阳的变化，而卦象正是对天地阴阳变化规律的模拟、表现，因此可以根据它来“制器”。这个思想是深刻、合理的。但《易传》认为某一器物是依据某一卦象制造出来的，则常常显得牵强。此外，如上所说，卦象的构成体现了对称、节奏的美的法则，因此“观象制器”又包含有按照美的形式法则来制造各种器物的意思，即制造出来的“器”应当像卦象的构成那样具有合于天地阴阳变化和谐的美。因此，“观象制器”的思想与中国古代工艺装饰、技术美学、建筑艺术密切相关，非常值得加以具体深入的研究。

三、易学对中国各门文艺的影响

由于《周易》包含有丰富深刻的美学思想，因此《周易》一书出现后，各门文艺的理论都相继应用它来解释、说明文艺上的各种重要问题。在这过程中，一方面使各门文艺的问题在理论上得到了比过去远为深入的说明，另一方面又使《易传》包含的美学思想得到了多方面的阐发。从这些阐发中我们可以看到，《易传》的思想为深入解释各门文艺提供了一个很为系统、全面而深刻的哲学、美学基础。这是《易传》对中国美学、文艺的重大贡献所在，是中国古代其他著作不能相比的。

儒家美学的经典《乐记》最早应用《易传》的思想来说明音乐、舞蹈，并提出了不少重要观点。首先，它应用《易传》的交感观念来说明艺术创造，认为艺术是人心感于物而动的产物，创造所得的作品又能对人心产生有力的感化作用，以促进儒家政治伦理的推行。“感”是《乐记》论艺术的一个根本性的观念，而且这种“感”包含心物双方的相互作用，不只是心对物的作用的被动接受。这种交感论奠定了中国美学对文艺创造的根本看法，既不同于古希腊的模仿论，也不同于西方现代的表现论。其次，《乐记》把《周易》的“大和”以及效法自然的观念应用于艺术，提出“大乐与天地同和”的说法，不仅肯定了“和”是艺术的美所追求的最高境界，而且认为艺术与天地万物阴阳变化和谐之间有一种同构对应关系。这也是一个很重要的观点，它不认为艺术是对自然的模仿，而只主张两者在结构形式、运动规律、功能作用上是同构的。最后，《乐记》应用《易传》的阴阳动静的思想对艺术中的节奏问题作了阐明。《乐记》的这些思想是对《周易》美学思想的重要发挥，并为后世各门文艺理论所遵循。

汉代司马相如、董仲舒、桓谭、扬雄关于美与文艺的思想明显受到《易传》影响，但比较零碎，不够集中。东汉末年出现了论书法艺术的专门著作，直接用《易传》的思想来解释书法，提出了“书天地之阴阳”（蔡邕语）的观点。东汉而后，中国历代的书法理论都是以《易传》的思想为根本的。中国书法实际是天地阴阳变化在艺术上的同构表现，不了解《周易》很难了解书法艺术。

在绘画方面，南朝宋代著名文学家颜延之第一次把《易传》的思想应用于绘画。他认为卦象是用以“图理”的，绘画是用以“图形”的，但绘画达到了最高境界就能“与易象同体”，表现天地阴阳的变化。这极大地提高了绘画的地位，并为后世从天地阴阳变化来论绘画（特别是山水画）奠定了基础。到了清代，绘画理论家沈宗骞论述了用笔的“刚德”与“柔德”，从绘画上分析了阳刚之美与阴柔之美的不同特征。大画家石涛所著《画语录》，直接以易学为基础，建立起了中国最具系统性和哲学深度的绘画美学。

在文学方面，南朝的刘勰在齐代所写的《文心雕龙》一书，以《周易》的思想为根本，建立了中国历史上最有理论系统性的文学理论。刘勰对《周易》的思想有很深入的理解，《周易》的许多重要观点都被他应用到了文学上。其中最显著的是：用“天文”“人文”的思想论述文学美的根源，极大地肯定了文学的美的价值；用“刚健”的思想解释文学上的“风骨”，大力推崇“刚健”之美；用“意象”的概念说明文学的创造，丰富了对文学创造过程的理解；用“通变”的思想说明文学的发展，主张不断变化创新。经过刘勰的阐发，《易传》的思想深深地渗入了文学之中，成为历代讨论文学问题的重要依据。唐代陈子昂、殷璠等人进一步论述了文学中“风骨”的“刚健”之美，并提出“兴象”这一概念，比前人更深入地考察了诗歌中的“比兴”问题。唐代皎然、司空图等人的诗论及后来宋至明清的诗论、词论，都把“意”与“象”的关系问题放在重要地位。清代著名古文家姚鼐以及曾国藩正面地、具体深入地分析了阳刚之美与阴柔之美各自的特征及相互关系，以说明文章的美的价值。

《易传》的思想对器物的工艺制作、装饰设计、建筑艺术也有深刻的影响。最值得注意的是《周礼·考工记》及其后的《天工开物》等著作对《易传》“观象制器”思想的阐发。在建筑艺术方面，《营造法式》及关于园林建筑的不少著作也与《周易》有密切关系。中国建筑的整个设计观念都是以《周易》的思想为基础的。这是了解中国建筑艺术的关键。历代关于音乐旋律的和谐构成的考察，如《乐律全书》等著作，也是直接以《周易》的思想为基础的。

就总体的美学倾向来看，《易传》对中国各门文艺的影响主要表现在三个方面。首先，从天地阴阳变化来看文艺，把文艺看作是天地阴阳变化的同构物。其次，追求阴阳变化的和谐之美，把它看作是文艺的最高境界。最后，《易传》提出的“刚健笃实，辉光日新”，既包含有重要的美学意义，又是对中华民族奋发有为、真诚求实、宽厚博大、积极进取精神的深刻概括，集中体现了中国文化和中国美学的优秀传统，对中国历代的文艺都有巨大的影响。其中，汉唐文艺就是这种精神的典型代表。今天，我们仍然需要努力继承和发扬这种精神。

第八节　易学与建筑

《周易》是中国最古老的经典之一，其易道博大精深、源远流长，对于中华文化的各个领域，其中包括建筑文化在内，都有着深远的影响。文化的概念，是随着社会历史的发展而演变的。广义而言，文化泛指人类在社会实践中所创造出来的一切物质财富和精神财富。狭义而言，文化特指人类创造的一切精神财富。易学文化，是中华民族所创造的精神财富。建筑作为人类生活中最基本的人工自然物和人工自然环境，它既是物质文化的重要组成部分，又有其精神方面的文化内涵。在精神文化的意义上，易学中的诸多观念和原理正是中国建筑的文化内涵。在东方建筑体系中，中国建筑之所以能够成为独立发展之历史最悠久、风格最统一、特点最显著的建筑体系，而且是唯一能够历经数千年连绵不断、延续至今的建筑体系，这同以《周易》为代表的中国传统文化的历史发展是密切相关的。建筑作为一种综合性的立体文化，它不仅涉及经济、科学、技术、材料、工艺等方面的诸多因素，而且还具有哲学、美学、心理学、伦理学、民俗学、宗教学等方面的丰富内涵。在这个意义上，可以说易学文化哺育和造就了中国建筑，中国建筑体现并丰富了易学文化。在探讨《周易》与建筑的关系方面，有两类问题值得关注：其一，是《周易》为我们提供了哪些建筑信息；其二，是易学在建筑领域有哪些具体应用。

一、《周易》中的建筑信息

1. 大壮卦与建筑起源

在中国历史上，《周易》是最早论及建筑起源及其基本功能的一部经典。《周易·系辞传下》曰：“上古穴居而野处，后世圣人易之以宫室，上栋下宇，以待风雨，盖取诸于大壮。”《尔雅·释宫》：“宫谓之室，室谓之宫。”宫、室，乃同实而两名也。汉刘熙《释名·释宫室》说：“宫，穹也，言屋见于垣上。穹，崇然也。室，实也，言人物实满于其中也。”古者贵贱所居，皆得称宫。至秦汉以来，乃定为至尊所居之称。节斋蔡氏曰：“栋，室脊檩也。宇，椽也。栋直承而上，故曰上栋；宇两垂而下，故曰下宇。”（《古今图书集成》第七八三册第五九页）上古时代，人们冬天居住洞穴，夏天露宿野外。后来，圣明之人建筑了房屋，上有栋梁，下有椽檐，用以遮风避雨。以卦象而言，这都是取法于大壮卦。大壮卦的卦象为乾（☰）下，震（☳）上，其下方的四个阳爻（—）象征着栋梁，上面的两个阴爻（--）象征着铺在椽檐上方之茅草。若用古老的阴爻符号（∧）来表示的话，大壮卦的卦象，恰似一座从侧面看去的房屋（图 6-5）。就大壮卦的自然取象而言，其下卦为乾，象征着“天”；上卦为震，象征着“雷”。二阴在上，雷以动之。又中爻兑为泽，雨之象

图 6-5 大壮

也。兑综巽，风之象也。四阳相比，壮而且健，栋宇之象。大壮者，壮固之义也。上有剧烈之雷动，下有刚健之苍天。这好比是上有雷声隆隆，风雨交加，下有刚健严实的房屋建筑，足以遮风避雨。上述记载，以大壮卦之卦象及其自然取象为喻，生动地描述了这样一个历史的事实，即房屋建筑的起源，直接来自防御自然因素对人体侵害方面的遮风避雨的实际需要。同时，也表明了防御自然因素对人体的侵害，乃是房屋建筑最基本的功能。对于这一历史事实，在后来的其他文献中也多有涉及。《庄子·盗跖》："古者禽兽多而人少，于是民皆巢居以避之。昼拾橡栗，暮栖木上，故命之曰'有巢氏之民'。"《墨子·节用中》："古者人之始生，未有宫室之时，因陵丘堀穴而处焉。"《韩非子·五蠹》："上古之世，人民少而禽兽众，人民不胜禽兽虫蛇。有圣人作，构木为巢以避群害。"《淮南子·氾论训》："古者民泽处复穴，冬日则不胜霜雪雾露，夏日则不胜暑热蚊虻；圣人乃作，为之筑土构木以为宫室，上栋下宇以避风雨，以避寒暑，而百姓安之。"在《周易》的其他易卦中，也有关于房屋建筑的记载，如：丰卦，上六"丰其屋"的"屋"（房屋）；剥卦，上九"小人剥庐"的"庐"（房舍）等。

2. 大过卦与栋梁结构

大过卦，是以房屋建筑之栋梁结构为取象来论述过头事物的专卦。其卦辞曰："大过，栋桡，利有攸往，亨。"大过，是卦名。阳为大，阴为小。初为本，上为末。此卦四阳爻聚集于六爻之中间，二阴爻分居于全卦之本末（图 6–6），有大过之象。大过，即阳过。"栋"，指用于屋脊之檩木，又称大梁或脊檩，其作用是承担椽木和屋顶的覆盖物（如茅草等）。"桡"，弯曲。《说文》："桡，曲木。"陆德明在《经典释文》中说："桡，曲折也。"曲木叫桡，木曲也叫桡。此处承重栋梁之"桡"，当指向下弯曲。从卦象来看，初六为本，上六为末。若将全卦比作一架栋梁，则中间过刚，两端太弱。本末阴柔无力，不堪担当重任，故有栋桡之象。其卦辞的意思可以理解为，将两端太弱、中间过强或两端太小、中间过大的木料用作栋梁时，会由于其过分的负重而向下弯曲。此木虽然不宜用作栋梁，但必有他用；若将它用于其他适当之处则会有利，并因此而亨通。大过之卦辞将全卦比作栋梁，在爻辞中又特将其中心二爻即九三、九四比作栋梁。

图 6–6　大过

九三位于下卦之极，以刚居刚，乃全卦四阳爻中唯一过刚之爻。过刚，则易折。就下卦而言，其下阴柔，其上过刚，有栋桡于下之象。栋桡于下，就会导致房倒塌之凶险后果。故而，九三爻辞曰“栋桡，凶”（见图 6–7）。象曰：“栋桡之凶，不可以有辅也。”此栋桡之凶，不仅是由于其上过刚，而且也由于同体之初虚弱无辅。九四位于上卦之下，以刚居柔，刚柔相济，可以担当重任。就上卦而言，下实而上虚，下刚而上柔，有栋隆于上之象。此处，栋隆与栋桡相反。栋桡，是栋梁向下弯曲；栋隆，是向上弯曲。就栋梁本身而论，房屋之栋梁向上隆起，有利于负重，会有好的结果。因此，九四爻辞曰“栋隆，吉”（见图 6–8）。然而，在全卦之中，居柔之九四下应柔爻初六，以柔济柔，有过柔之虞。以建筑经验而论，将向上隆起之栋梁施加于基础柔弱的承重物（如墙体）之上，又会在下面引起令人担忧的其他问题。例如，作为承重物之墙体相应地会显得过于单薄而有可能向外倾斜（图 6–9），并因而需要采取进一步的加固措施等。因此，九四爻辞的全文为：“栋隆，吉。有它吝。”《周易》古经，乃推天理而明人事之作。从大过卦所引用的上述建筑实例来看，它不仅记载了房屋建筑的栋梁结构，而且，其中所记载的建筑经验已经蕴含了许多结构力学方面的道理。后来在建筑上所运用的桁架结构（图 6–10），既有上述栋隆之吉，又无上述栋桡之忧。

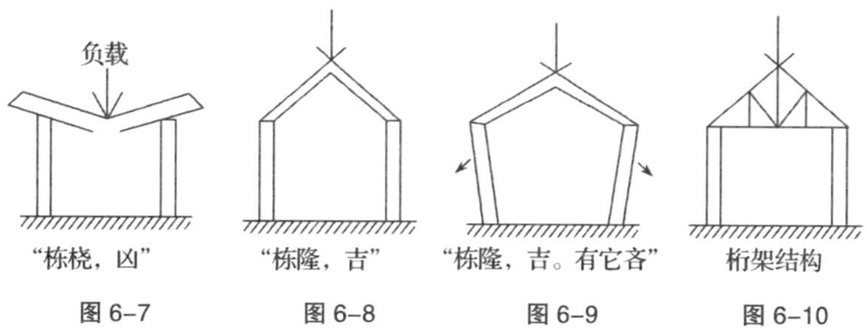

图 6–7　　图 6–8　　图 6–9　　图 6–10

3. 同人等卦与门窗结构

在《周易》中，还记载了房屋建筑中的门窗结构。

（1）门户。如，同人卦，初九中“同人于门”之“门”；丰卦，上六中“窥其户”之“户”。《说文・门部》：“门，闻也，从二户，象形。”段玉裁解释说：“闻者，谓外可闻于内，内可闻于外也。”《尔雅・释宫》：“门，扪也。在外为人所扪摸也。”《释名》：“门，扪也。在外为扪。幕障卫也。”《尔雅・释宫》:“户，护也。所以谨护闭塞也”;“户，护也，半门曰户”。“门”，是联系住宅房屋之内部空间与外部空间通路上的出入口，有的仅设门洞，有的加设门扇。门，通常是指加设门扇的出入口。就其与人的行为联系而言，加设门扇之门，是启闭住宅内部空间与外部空间联系通道之关键，也是人在出入住宅时，首先用语言进行内外沟通并用手触摸到的叫方（叫门、叩门、开门、关门时都要和门相接触）。户，是保护其住宅房屋的一道关口。《识余纂》:“人家居止，门户为出入往来之路。”门户，既是出入住宅房屋之必由之地，又是将住宅房屋与外面世界隔离开来的一道屏障以及防卫其闭塞空间的必要设施。门户，在不同地方又有不同的称呼。诸如:“宫中之门谓之闱”;“其小者谓之闺，小闺谓之阁”；里坊之门谓之“闾”；街巷之门谓之“闳”；等等。就门的结构形式而论，双扇为门，单扇为户。《事物原始》:“《说文》曰：‘半门曰户。其门扉刻为方月，如罗网状，即今时之亮格子也。’”就门的社会象征而论，旧时之门户又是宅院主人之社会地位及其社会关系的一种标志，即所谓的门第之别。诸如，贫寒之家，称作“寒门”“柴门”；穷苦人家居住的简陋房屋，称作“蓬门筚户”“筚门圭窦”；豪富人家，称作“朱门”（红漆的大门，如“朱门酒肉臭”诗句所说）、“金门玉户”（如《红楼梦·第十八回》诗句“金门玉户神仙府”所说）、“高门大户”。家风，又称作“门风”。两家交往，讲究“门当户对”。关于门户的引申意义就更多了，诸如：形容家事兴旺交往很多，谓之“门庭若市”；形容家事衰败时的处境，谓之“门庭冷落”或“门可罗雀”；形容交往慎重，谓之“门无杂宾”；形容因派别关系而产生的成见，谓之“门户之见”；光宗耀祖，又称“光耀门庭”或“光耀门楣”；等等。

（2）窗牖。坎卦六四有“纳约自牖”之说。《论语·雍也》也有所谓“自牖执其手”之说。就其功能而言，“牖”与“窗”同。《释名·释宫室》:“窗，聪也。于内窥外为聪明也。”就其位置而言，“牖”特指在墙壁上开设的窗子，以区别于在屋顶开设的天窗以及在门户上开设的窗户。《说文·穴部》:“在墙曰牖，在屋曰窗。”《说文·窗》:“窗，在墙曰牖，在户曰囱。”《说文·牖》:“穿壁以木为交，窗也。牖，所以见日。”在《事物原始》中，也对于“窗”做了类似的解释:“《说文》曰：‘本作囱。在墙曰牖，在壁曰窗。明堂之制，五户八牖。……小者为窗，大者为栊。’”《孝经》:“援神契：‘明堂上圆下方，八窗四牖。’”《礼记·儒行》:“儒有篷户瓮牖。”注：瓮牖者，窗户圆如瓮口也。又云以败瓮口为牖。因而，窗牖既是由内向外窥视之通道，又是室内见日采光之所在。东汉王充《论衡·别通》："开户内日之光，日光不能照幽，凿窗启牖，以助户明也。"《艺林》："伐山，凡山洞岩穴有窍通明，小者曰星牖，大者日月窗。"

总之，门窗户牖是住宅房屋用以出入、防护、采光乃至通风、保温的结构设施。《老子·十一章》所说的"凿户牖以为室，当其无，有室之用"，也强调了门窗户牖在居室中的重要地位和作用。位于中国北京延庆县境内的古崖居遗址，可以看作是古人在石崖上面"凿户牖以为室"的一个生动实例。

4. 明夷等卦与庭院结构

《周易》中，记载住宅建筑空间之庭院结构者，有：明夷卦，六四之"于出门庭"；夬卦之"扬于王庭"；艮卦之"行其庭，不见其人"；节卦，初九之"不出户庭，无咎"，九二之"不出门庭，凶"；等等。

在住宅建筑中，由围墙和建筑物所包围并以建筑物为主的场地，统称为"庭"或"庭院"。在中国古代，关于门户所指，还有所谓在宅区域曰门、在堂室曰户之分。《一切经音义》："在于宅区域曰门"、"在于堂室曰户"。《识余纂》："人家居室，自门而庭，自庭而堂，自堂而室。"门庭，门内之庭也，指位于住宅大门以里的院落，又称作外院或前庭。户庭，户外之庭也，指位于堂室户外的院落，又称内院或内庭。《周易·说卦传》：艮"为门阙"。在《周易》诸卦中，凡以门、庭为喻者，多与艮卦相关。例如：艮卦，艮为门阙，大门之内的封闭空间称之为庭，故而其卦辞中所说"行其庭"之庭，实为前庭或门庭。同人卦，初九变为艮，有门之象，故而有"同人于门"之说。明夷卦中爻上（三至五爻）震综艮，艮有门之象，六四位于其中间，故而直接喻以门庭。夬卦中，下卦乾"为君"(《周易·说卦传》)。上卦兑错艮，艮有门庭之象，此处之门庭乃君王之门庭又称作王庭，而且，象征小人之一阴居于五阳之上，有得志放肆之象，故而有"扬于王庭"之说。节卦下卦兑错艮，中爻上（三爻至五爻）为艮，艮为门，门在外、户在内，易卦爻位自下向上数又称由内向外数，故而初九取户庭之象有"不出户庭"之辞，九二取门庭之象有"不出门庭"之说。

中国最早的住宅建筑，是简单的一字形或曲尺形布局，在前面留出空地并用篱笆或墙围成封闭的庭院。后来，发展成三合院和四合院。三合院又有冂形和H形之分：前者由房屋向前抱成一个前院；后者有前、后两个庭院。四合院则围成一个封闭的内院；复式四合院是沿着中轴线排列成前后串联的四合院，还有的是沿着横轴向两侧再发展成具有多重轴线的多重院落。一般说来，构成住宅建筑的庭院越多，其建筑级别就越高。豪富之家，因其庭院众多又称作“深宅大院”。此外，庭院又因其所处位置的不同分别称为：前庭、中庭、内庭、后庭、侧庭等。除前庭称作“门庭”外，其余均可称作“户庭”。皇家的朝中之庭，又称作“朝廷”。汉刘熙《释名》：“廷，停也，人所集之处也。”从《周易》关于“门庭”与“户庭”相区别的上述记载来看，当时的住宅建筑在空间分割上已经超出了早期阶段而达到了相当的水平。

5. 豫卦与重门结构

在《周易》中，还谈到了防御来自社会方面侵害的建筑功能的记载。《周易·系辞传下》：“重门击柝，以待暴客，盖取诸豫。”“柝”，打更用的木梆子。意思是说，在住宅建筑中设置多重的门，并敲击木梆巡逻于其间，以防备外来不速之客的侵入，从卦象而论都是取法于豫卦。豫卦的卦象为坤下震上（图6–11）。豫卦之中爻下（二爻至四爻）艮为门，上卦震综艮又为门，是为两门矣，重门之象也。震动善鸣，有声之木，柝之象也。《周易·说卦传》：“艮为山……为门阙……为阍寺。”山有阻挡、阻止之义。门阙，又称门观。东汉许慎《说文解字》：“阙，门观也。”《尔雅·释宫》：“观，谓之阙。”《注》：“孙炎曰：‘宫门双阙，旧章悬焉，使民观之，因谓之观。’”“阙”，是位于宫门两边的望楼。它高高耸起，其形似山，具有远望和守卫的功能。同时，观也是表明住宅建筑具有比较尊贵之社会地位的一种装饰性的建筑。《白虎通》：“门必有阙者何？阙者，所以饰门别尊卑也。”“阍”，是守门的人。《说文解字》称：因“常以昏闭门”，故而得名。“寺”，同侍，是后宫的宦官、内侍，其职责是禁止闲人闯入。《礼·内则》：“深宫固门，阍寺守之。”《注》：“阍掌守中门之禁也，寺掌内人之禁令也。”豫卦中爻上（三爻至五爻）坎“为盗”（《周易·说卦传》），暴客之象也。艮又“为指”（《周易·说卦传》）为手，击柝之象也。上古外户不闭，至此建都立邑，其中必有官职府库，故设重门以御之，击柝以警之。就豫卦之自然取象而论，其上卦震象征“雷”；其下卦坤象征“地”。地上有雷鸣之声，

图 6–11　豫

也象征着敲击木梆的声音，相当于防盗的警戒措施。由于“门”特别是“重门”所具有的禁止和防卫的功能，从周代起，在宫城的规划、设计中，就非常重视宫门的设置，并形成了一定的宫门制度。从《周礼·考工记·匠人》等文献记载来看，周代已有“三朝三门之制”。王与诸侯均为“三朝三门之制”。“三朝”，在宫城中，由外而内依次为“外朝”、“治朝”、“燕朝”（即路寝之廷或寝宫）。其中，由于燕朝与治朝都在宫城以内，所以又统称为内朝。“三门”，与这种宫廷的分区规划有关，一个门就是一个分区的出入口。与“三朝”相应，由外而内，王的三门依次为“皋门”（最南面的正门）、“应门”、“路门”（又称“毕门”），诸侯的三门依次为“库门”“雉门”“路门”，它们分别为相应宫廷分区的正南门。至隋、唐，又有“三朝五门之制”。到了明、清两代，有关宫廷分区和重门设置的规划、设计，更加严整并趋于完善。以明、清北京的宫城即所谓紫禁城（今北京故宫）为例，“五门”从皇城最南面的正门算起，由外而内到太和殿为止，依次为大明门（清代改为大清门）、天安门、端门、午门、太和门（一说为天安门、端门、午门、太和门、乾清门）；“三朝”即午门以外为“外朝”，太和门内太和殿之廷为“治朝”，乾清门内乾清宫之廷为“燕朝”。“三朝五门”均位于都城的南北中轴线上。重门之制的最高规格为九重门，明、清北京城从外城、内城、皇城到宫城中心的太和殿为止，就设有永定门（两重）、正阳门（两重）、大明门（清代称大清门）、天安门、端门、午门、太和门等九道门。在四合院等民居建筑中，大门、二门（又称垂花门）等重门设置也占有突出的地位。

除了与建筑直接相关的上述记载之外，《周易》以及研究《周易》的易学中所蕴含的象、数、义、理等方面的观念与原理，对中国建筑有着更加深远的影响。

二、三极之道与建筑环境

1. 天人合一的建筑哲学

《周易·系辞传上》：“六爻之动，三极之道也。”三极之道又称三才之道，《周易·系辞传下》：“《易》之为书也，广大备悉，有天道焉，有人道焉，有地道焉，兼三才而两之，故六。六者非它也，三才之道也。”人与自然界的关系，在中国古代又称作天人关系。在天人关系上，中国哲学的一个重要见解谓之“天人合一”，即认为人是自然界的一部分，人与天地万物本来就是一个有机统一的整体。在《周易》中，与自然界相应的“天”，又有天道与地道之分。《周易》是三极之道、六位成章的学问。《周易》六十四卦，就是由阴爻和阳爻两种符号，按照六爻为一卦而组成的兼天、地、人三极之道为一体的符号系统。《周易·乾·文言传》：“夫大人者，与天地合其德，与日月合其明，与四时合其序，与鬼神合其吉凶。”此处之“鬼神”，是指天地造化之迹即自然规律之功用。这种与天地自然相合之德，谓之天德、君德。中国古代的先民认为，只有能够如此贯通三极之道、能够知天命即自然规律的人，才有资格成为管理天下之君王，即所谓“内圣而外王”。

这种“天人合一”的观念和法地则天的思想，对于中国古代的建筑理论即堪舆学说的形成与发展有着深远的影响。披着神秘面纱的堪舆学说，实际上就是中国古代的建筑哲学。“堪舆”，又有“风水”“地理”等称呼。堪舆学说与《周易》之间有着密切的亲缘关系，两者都是关于天、地之道与人道之间相互联系的学问。《淮南子·天文训》中所谓“堪舆徐行”中的“堪舆”，就是指的天地运行之道以及与其相应的月令阴阳变化。唐代颜师古在注《汉书·艺文志》中关于堪舆专著《堪舆金匮》十四卷时说：“许慎云：‘堪，天道；舆，地道也。’”据此，“堪舆”之本义，即天地之道；堪舆之学，即天地之学。它主张“法天地，象四时”。将堪舆学说用于住宅建筑，就意味着从建筑的选址到建筑的规划、设计和营造，都要周密地考虑到天文、地理、气象等各种自然因素，从而创造出融天时、地利、人和为一体的良好居住环境，以达到天人合一的至善境界。

相对而言，堪舆学说所涉及的阳宅（即活人或生人居住之所）建筑环境，大体上可分为两类：其一，是自然环境；其二，是文化环境。前者，是利用各种相关的自然因素并基于人在物质生活上的实际需要，所营造出来的人工自然环境，后者，是依据特定的社会文化背景和人在精神生活上的心理需求，所建构出来的妙在其中的行为心理环境。前者，体现了古代先民在长期的实践活动中，对生活经验的概括和总结；后者，体现了古代先民在精神领域中的执着追求，并残留着古代先民由于对诸多复杂现象的认识局限，而做出的带有神秘色彩的描述和猜测。因此，在实际应用中，人们所追求的天人合一的至善境界，或者是作为建筑的自然环境而被物化出来，或者是作为建筑的文化环境而被蕴含于其中。

2. 天时地利与建筑选址

谈到住宅建筑，首先有一个选址的问题。堪舆学说关于天人合一的建筑哲学，在住宅、村落、城镇等人类聚落基址的选择方面，主要体现为如下的一些基本原则。

（1）“相形取胜”

所谓“相形取胜”，就是通过对山川地貌、地形地势等自然景观方面的考察比较，而选取其优胜之地。按照这一原则，堪舆学说关于建筑选址的最佳格局，概括而言就是：“背山、面水、向阳”。在中国的风水师中，有一句关于建筑选址问题老话，叫作“前要照，后要靠”。“照”，就是照水；“靠”，就是靠山（又称背山）。向阳，则背阴；面南，则背北。在中国所处之地理纬度的范围内，背山，可以阻挡冬天北来之寒流；面水，可以迎接夏天南来之凉风；向阳，可以取得良好的日照。在这样一个自然环境中安居落户，上应天时，下取地理，有利于人们安居乐业。其中，水源具有特殊的重要意义。近水，可以使人获得必须的生活用水以及其他便利的生活条件。实际上，凡是有人定居之处，必是临近水源之所在；人类文化的发源地，大都靠近河流；人口聚集的城市，大都靠近渡口。中国古人在建立城市（又称立国或营国）的时候，把周围的山川形胜看得比规矩准绳还要重要。所谓“凡立国都，非于大山之下，必于广川之上，高毋近旱而水用足，下毋近水而沟防省，因天材，就地利，故城郭不必中规矩，道路不必中准绳”（《管子·乘马篇》）。而面南向阳一说，则与建筑的自然方位密切相关。在风水学说中，建筑选址有所谓“穴位”之说。其实，风水论穴，只是一种比喻。所谓“盖犹人身之穴，取义至精”“山有来脉，水有来源，犹人身之有经络，树木之有根本也”。风水中的穴位，实乃山水形胜之最佳交会点。所谓“穴者，山水相交，阴阳融凝，情之所钟处也”。

（2）“辨方正位”

“辨方正位”，是中国建筑在基址选择和规划布局上的一个重要原则。作为中国建筑理论的堪舆学说，由于对建筑方位的格外重视及其丰富多彩的方位系统，又称作“方位理论”（theory of orientations）。《周易》精蕴贵中、贵正，在方位上以正南、正北、正东、正西为四正方位。四正方位，就与堪舆学说的各种方位系统中最基本的自然阴阳方位密切相关。堪舆中所谓的“辨方正位，以正朝夕”，就是指的通过测量日影或运用罗盘定位等手段，来确定四正方位。自然阴阳方位，有两个基准方位系统：在以朝阳为基准的方位系统中，以山之东坡、水之西岸为阳，以山之西坡、水之东岸为阴；在以正阳为基准的方位中，以山之南坡、水之北岸为阳，以山之北坡、水之南岸为阴。其中，又以正阳基准方位为最佳。正因为如此，中国传统建筑，从京师到村镇，从皇宫到民居，从道观到寺庙，其建筑选址均以背山、面水、向阳（面南）为佳。在中国所处的地理纬度上，冬至时由于正午方向的太阳距离地面最低，阳光可以较多地进入室内，有助于提高室内的温度；夏至时由于正午方向的太阳距离地面最高，以及房屋出檐的遮挡，炎热的阳光不至于直射到屋里。因而，坐北面南的房屋（北房，又称正房和堂屋），可以收到冬暖夏凉的之效。其实，这种面向阳光的方位朝向，以及冬暖夏凉的环境选择，并非人类所独有，而是一切动物所共有的自然现象。晋代张华在《博物志》中，就曾经指出：“鹊巢门户避太岁，此非才智，任自然也。”即喜鹊在筑巢时，会使其门户避开太岁星这个不吉利的方向，这并不是由于它的聪明才智，而是顺应自然的结果。德国诺贝尔奖金获得者卡尔·冯·弗里施在《动物的建筑艺术》一书中关于“罗盘白蚁”等动物筑巢的方位现象的细心观察和生动描述，也证明了上述观点的真实性。

（3）“相土尝水”

这是堪舆学说在建筑选址中，有关水土质量的一个基本原则。中国民间，有所谓“水土不服”的说法。“水土不服”又称“水土不符”，指的是当地水土中所含化学元素的成分及其含量，与人体的实际需要不相符合。中国古代，人们从长期的生活经验中就已经认识到了人体的健康质量与地方病的发生，同当地的水体质量之间有着密切的关系。据《吕氏春秋·尽数》记载，水轻的地方，多出秃头和患大脖子病的人；水重的地方，多出肿腿和不能走路的人；水甜的地方，多出端庄美丽的人；水辣的地方，多出长恶疮的人；水苦的地方，多出鸡胸驼背的人。在评价水质的问题上，与这种以“甘”为贵的说法相关，还有以“轻”为贵的另一种说法。清代，乾隆皇帝就认为，以水质而言，“其味贵甘，其质贵轻”“质轻未必甘”。因而，他曾命令内务府特制一银斗，以较量天下各大名泉的水质。较量的结果，发现只有玉泉、伊逊两地之水质最轻，为斗重一两，且质轻味甘。为此，乾隆还特地写下了《御制玉泉山天下第一泉记》。实际上，在明、清两代，玉泉山的泉水一直都是皇帝专用的饮用水。上述说法，虽属经验之谈，但却蕴含着一定的科学道理。从自然科学的角度来看，人体同其他的生物体一样，都是地壳物质演化到一定阶段的产物。人体所需要的各种化学元素，大都是通过食物而从水土中摄取的。科学研究表明：人体的物质组成和地壳的物质组成之间，始终都保持着一定的动态平衡。人体血液中六十多种化学元素的含量，与地壳及海水中同样化学元素的分布之间，具有明显的相关性；其丰度曲线之间，也具有明显的一致性。如果在某一地区的地壳中化学元素分布得不均匀，并且超出了人体所适应的变动范围，都会引起相应的地方病。

基于上述经验认识，中国古人在选择聚落基址的时候，非常重视水土质量。据《吴越春秋》记载，当年吴王阖闾的都城（今苏州城），就是伍子胥受王命而营造的。伍子胥首先勘察了当地的土质和水质，即所谓“相土尝水”，而后才选定其地理位置的。隋文帝在统一天下之后，之所以决定在汉代长安城的东南方向另建都城，其重要原因之一，就是因为长安旧城已经建都数百年，城内水量不足，而且“水皆咸卤”。中国历史上的一些古都（例如楼兰古城）之所以被废弃，首先就是由于水循环的破坏而引起的。《葬经》曰：“风水之法，得水为上。”古人对水的重视，由此可见一斑。在土壤的质量方面，中国古代有所谓“土细而不松，油润而不燥，鲜明而不暗”为佳之说，并有所谓用秤称量土重而验之的方法此所谓“土壤原来有虚实，称量见古书”。按照风水理论，在确定坐向（又称山向）和穴位之后，还需要开挖验土之深井（在天心十道之处或穴位上所挖者称之为“金井”）。验土的具体方法是：“入土实一斗，称之，六七斤为凶，八九斤吉，十斤以上大吉。”据有关方面的考察，这一基于“累朝郡邑多废置”的历史经验所总结出来的相土之法，从土力学的角度来看，也是有一定道理的。相传，郭璞当年曾经相土定址，营建温州城。据《浙江通志》《温州府志》，郭璞相建温州城“初谋于江北，郭璞取土称之，土轻，乃过江”。后经权衡，则江南吉，始筑城。经今日地质勘探证实，温州城的地质情况也的确优于江北。

（4）“藏风聚气”

按照风水学说，在建筑选址方面，除了形胜、水土之外，最重要的因素莫过于气。古人有所谓“风水以气为主”的说法。并且，把气聚之处称之为“穴”。所谓“夫山止气聚名曰之穴”(《穴病篇四》)。这些经验性的认识，无论是从住宅建筑的外环境来说，还是就其内环境而论，都是有道理的。中国古人把宇宙天地之自然环境视之为“大宅”。《后汉书·冯衍传·显志赋》曰:“游精神于大宅兮，抗玄妙之常操。”在风水学说中，有所谓“人在气中游”之说。“人在气中游”，如同“鱼在水中游”一样。中国古代，在养生方面有“生气通天”之说(《黄帝内经·素问》)。这里所谓的“生气”，乃利于生人（活人）之气。住宅房屋之类的建筑，对于生活或者活动于其中的人来说，应当具有养生的功能。有的建筑学家，把中国建筑的空间内涵称之为“气”的空间，是很有见地的。在风水学说中，把住宅建筑的“门”“窗”称之为“气口”（空气出入之口)。《阳宅大全》曰:“门通出入，是为气口。”门、窗为住宅之气口，犹如口、鼻为人体之气口。对于人体来说，口鼻不通，则会导致生命终止。对于生活在居室中的人来说，门窗不通，就意味着污浊空气出不去、新鲜空气进不来，这无异于长期地置身于缺氧状态。住在这种房屋中的人，久而久之，轻者会生病，重者会丧命。即便是体壮如牛的人，也不例外。

风水理论中所谓的“藏风聚气”，概括而言，应为避开对于生人有害之风和有害之气，而藏聚对于生人有利之风和有利之气。按照这一原则，中国古代的风水学说，在宏观上，非常注重住宅外部空间的干湿气流和当地季风之方位走向（现在还有一个人为的空气污染问题）；在微观上，非常重视住宅内部空间的空气质量。因此，中国传统的住宅房屋，在建筑空间方面，格外讲究“气”的通畅问题。实际上，住宅和服装一样，都是为人建造的人工的自然环境，两者都应遵守养生之道。住宅建筑，首先应当具有通风、采光、保温、保湿、安全等必要的基本功能。否则，对于人体健康是不利的，甚至是有害的和危险的。近年来，由于国内经济条件的改善，室内家用电器的增多，再加上室内装饰之风日盛，新的问题也随之发生了，诸如，“空调病”“室内电器综合征”，等等。甚至，由于室内空间密封程度之提高，室内装饰物品所散发出来的有害气体之增加，以及室内通风不畅等原因，而导致花费钱财、自招其祸、殃及人命的事故也随之而出现了。这种违反自然的豪华住宅，无异于一口活棺材。由于这种违反自然的行为，已经将原来的吉宅变成了凶宅。中国风水中所说的自然环境方面的凶宅，就包括这种对人体直接有害的住宅。据有关方面的科学调查，在一般情况下，室内空气的污浊程度，要比室外严重几十倍。人生中的大部分时间，都是在室内度过的。室内空气的新鲜程度，直接关系着人体的健康与否。因而，在现代通风技术中，又有了所谓“室内新风”的专用名词。“新风量”成了星级宾馆空调设备的一个重要参数。

三、保合太和与建筑境界

1. 崇尚和谐的易学精髓

《周易·乾·彖传》:“乾道变化，各正性命，保合太和，乃利贞。”南宋哲学家朱熹注曰:“变者化之渐，化者变之成。物所受为性，天所赋为命。太和，阴阳会合冲和之气也。各正者，得于有生之初。保和者，全于已生之后。此言乾道变化无所不利，而万物各得其性命以自全，以释利贞之义也。”当代易学家金景芳等释曰:“保为常存，合为常和。‘保合太和’，使太和之气常运不息，永远融洽无偏；万物得此气以生以成。”这里所说的“和”，指的是阴阳之和。纯阳不生，纯阴不长，阴阳合而万物生。以天地自然为模本的《周易》六十四卦，就是以象征纯阳、纯阴的乾、坤二卦为开端的。其余六十二卦，皆为阴阳交合的产物。这种崇尚和谐的思想，是易学文化的精髓，也是中国文化的灵魂。先秦时期，诸子百家，竞相争鸣，各有千秋，但他们在崇尚和谐的思想观念上却大都是一致的。这种思想观念，又为历代的思想家所继承和发展。诸如，“道生一，一生二，二生三，三生万物。万物负阴而抱阳，冲气以为和”(《老子·四十二章》)；“知和曰常，知常曰明”(《老子·五十五章》)；“和实生物，同则不继”(《国语·郑语》)；“天地合和，生之大经也”(《吕氏春秋·有始》)；“天地合而万物生，阴阳接而变化起”(《荀子·礼论》)；“阴阳和，而万物生矣”(《淮南子·泰族训》)；“天地之气，莫大于和”(《淮南子·汜论训》)；等等。“崇尚和谐”的观念，对中国社会生活的各个领域都有着深远的影响。诸如，为政之道，崇尚的是“政通人和”“内和而外安”；足国之道，讲究的是“百姓时和”；兴国之道，讲究的是“协和万邦”；用兵之道，讲究的是“内和而外威”以及“不战而屈人之兵”；邻里之道，讲究的是“和睦相处”；交际之道，讲究的是“礼之用，和为贵”；君子之道，讲究的是“和而不同”；齐家之道，讲究的是“家和万事兴”；夫妻之道，讲究的是“妻子好合，如鼓瑟琴”；伦理之道，讲究的是君臣之和、将相之和、父子之和、兄弟之和；养生之道，讲究的是和于天地之气的天人之和，以及“心宽体胖”的身心之和，所谓“人和乃生，不和不生”；情感之道，讲究的是“发而皆中节谓之和”；生财之道，讲究的是“和气生财”；审美观念，讲究的是以和为美，所谓“天地之道而美于和”“天地之美莫大于和”；如此等等。在中国历史上，自两汉起至元代止，计有36位皇帝的39个年号都是直接用“和”字来命名的。其中，除去历代重复使用者外，总共使用了24个带有“和”字的年号。以其重复使用率之高低而论，依次为：“太和”（7次使用）；“永和”（4次使用）；“和平”（3次使用）；“元和”“建和”“延和”与“致和”（均为2次使用）；1次使用者有：征和、绥和、章和、光和、咸和、隆和、义和、景和、兴和、天和、中和、乾和、政和、重和、宣和、统和、泰和等。历代以“和”字命名的中国地名，就更多了。仅以台湾地区为例，据不完全统计，至今以“和”字命名的地名，至少有将近30个共计80多处。其中，使用率较高者，依次为：“和平”“三和”“中和”“永和”“仁和”“平和”等。这样一种崇尚和谐的民族观念和社会心理，必然会在建筑领域有所反映。事实上，和谐，正是中国建筑所崇尚和追求的理想境界。

2. 天人之和的园林建筑

中国建筑所追求的理想境界之一，就是“天人之和”。“天人合一”，实际上就是“天人和一”。中国古代，“合”与“和”通用。“夫合者，和也。乃阴阳相合，其气相合。”（《三命通会·论支元六合篇》）中国建筑，从选址定位到规划布局，从空间分割到室内设计，都注重顺天时、应地利，以求“天人之和”。

天人之和的观念，在中国园林建筑方面，体现得尤为突出。中国园林，讲究来自“天然之理”的“天然之趣”，追求的是虽属人工建造而又宛自天成的天人合一的意境，所谓“天然图画”。明代造园学家计成在《园冶》一书中，曾明确指出：在园林建筑方面，“园基不拘方向，地势自有高低；涉门成趣，得景随形，或傍山林，欲通河沼。……立基先究源头，疏源之去由，察水之来历”。总之，要“相地合宜，构园得体”，要“自成天然之趣，不烦人事之工”。按照这一观念，中国园林在营造人工自然环境（诸如垒石叠山、引水聚池、架桥设路、修房建亭、植树养花等）时，都要与天然自然环境相协调一致。这种因任自然的园林意境，在中国的文学著作中也有很生动的描述。如：在《红楼梦》第十七回里，曾写道，贾宝玉不喜欢大观园中的稻香村。他认为“此处置一田庄，分明是人力所造作成的：远无邻村，近不负郭，背山无脉，临水无源，高无隐寺之塔，下无通市之桥，峭然孤出，似非大观，那及前数处有自然之理、自然之趣呢？虽种竹引泉，亦不伤穿凿。古人云‘天然图画’四字，正恐非其地而强为其地，非其山而强为其山，即百般精巧，终不相宜”。1948 年，在英国伦敦举行的首次国际造园会议（IFLA）上，所规定的造园发展方向是：“以庭院为起点向大自然发展。”这一规定，同中国园林建筑的基本精神是一致的。

3. 身心之和的养生建筑

中国建筑所追求的另一种理想境界，是“身心之和”。住宅建筑，作为人的生活起居之所，应当具有养生的功能。换句话说，就是应当避免来自建筑物的一切不利于人生健康的因素。养生之道，包括养身与养心两个方面。养身就是养形、养命，养心就是养神、养性。中国的养生之道，讲究身心之和，主张形神统一、性命双修、养心为贵。所谓虚心养气，虚气养神，神由心生，心为神君。养身和养心的观念，在中国住宅建筑中均有所体现。

在养身方面，中国的住宅建筑除了上述建筑选址的基本原则所涉及的各项具体要求之外，还有一系列其他方面的具体要求。例如：在室内采光方面，强调阴阳之和，主张明暗适宜，所谓“山斋宜明净，不可太厂（敞，下同），明净可爽心神，宏厂则伤目力”（《考槃馀事》）。在通风方面，注重“气口”的方位朝向及其尺寸大小，以求生气通天、保证室内的空气质量。在排水方面，注重其“水口”的地势方位，以求流水通畅、保证住宅的墙体安全。在水土质量及其相应的自然环境方面，重视各种环境因素对人体健康的影响。在风水学说中，把那些建造于某些自然环境禁忌之地的住宅，称作“凶宅”（民间又称作“鬼屋”“癌屋”等）。这里所说的“凶宅”，是一种无论什么人住进去都会生病的房屋。以往，这只是一种经验之谈。甚至，由于认识上的局限还夹杂着诸多神秘性的猜测。现在，从自然科学的角度来看，其原因是多方面的。原因之一，是由于其地下含有对人体有害的氡气或强电磁辐射，或者是由于其建筑材料中含有对人体有害的类似辐射的缘故。氡是唯一的天然放射性气体，它是铀、钍等放射性元素在衰变过程中的中间产物。所以，富含铀、钍元素的花岗岩、辉绿岩等都能产生氡。地层深处的氡，还可以通过地质裂带和地下水流而进入大气圈。有些受到放射性污染的煤渣中，就含有一定剂量的氡。研究结果表明，室内的氡有96%都来源于地基，其余的部分来自带有放射性元素的建筑材料中。当室内氡的放射剂量超过一定标准时，就会损害人体健康。高剂量的氡可以导致肺癌、白血病和呼吸道病变。据报道，美国每年肺癌死亡者之中，有8%—20%的人是由氡气所致。其危险程度，已经超过了交通事故。现在，氡已经被称作是“藏在室内的杀手”。此外，科学研究表明，在强电磁场（包括地下的和地上的）附近，也不宜建造住宅。电磁污染是一种很厉害的物理污染，被称作是“电磁魔鬼”。它能够扰乱人体的内分泌机制，特别是对于孕妇极为不利。在地基的土质选择方面，风水学说还有所谓不宜在“太岁”头上动土的说法。堪舆中所说的“太岁”土，在地质上叫作膨润土（俗称膨胀土）。其最大的特点，就是遇水膨胀。它在吸满水之后，体积能够成倍地增大；脱水之后，其体积又会相应地缩小。在这种土质上建筑地基，房屋会不牢靠的。即便是在建筑材料中掺进了膨润土，其墙体也会裂缝的。总之，就环境对人体健康的直接影响而论，住宅建筑的吉凶之别，关键在于其中的自然因素。

在养心方面，中国的住宅建筑还特别注意人在心理行为上的感受是否适宜。例如：在住宅的台基高矮和室内的空间大小方面，强调阴阳之和并主张其高矮大小以适当为宜，不提倡盲目地追高求大。所谓“室大则多阴、台高则多阳，多阴则蹷、多阳则痿，此阴阳不适之患也”（《吕氏春秋·孟春纪第一·重己》）。就居室而论，其内部空间的大小是否得当，由此而引起的心理感受是大不相同的。居室内部的空间过于狭小，会使人产生憋气烦闷的感觉；居室内部的空间过于高大，又会使人产生空荡凄凉的感觉。大小适宜的居室空间，则会使人产生一种亲切感。以中国明、清时代北京紫禁城中的皇家居室为例，乾清宫为皇帝寝宫，坤宁宫为皇后寝宫。就整体而言，这两座宫殿高大宽敞，气派非凡。但真正用于卧室的只是其中的一小部分，即乾清宫的东耳殿（昭仁殿）和坤宁宫的东暖阁。而且，其寝宫内部天花板的高度也相对较低。即使如此，明、清时代，紫禁城内的皇帝平时并不住在这里，而是另有居处。特别是到了清代，皇帝在宫内时大都住在养心殿的西暖阁；坤宁宫平时也不住皇后（皇后平时住在东宫），只是在皇帝大婚时用作洞房罢了。养心殿和东西六宫中，用于卧室的内部空间，在高矮大小方面均给人以亲近感。此外，在清代北京紫禁城内用作居室或休闲场所的建筑物中，西路有“养心殿”，东路有“养性殿”，在御花园的西南方位还有“养性斋”。从这些画龙点睛式的建筑命名来看，一向为古人所重视的住宅建筑的养心功能便呼之欲出了。在室内空间与室外天空的视觉关联方面，风水理论中还有所谓“望白”之说。室内有无“望白”，是指人在背靠室内的后檐墙从前面的门、窗向外看时，能否直接看到室外的天空。若能够从室内直接看到室外的天空，就叫作有“望白”，所看到的室外天空越多越好。反之，如果居室房屋被附近的障碍物遮挡，其“望白”甚微或者根本就看不到室外的天空，也属于室内多阴之列。长期居住在这样的房屋中，就会使人有憋气烦闷之感。久而久之，也会使人因此而生病的。在住宅院落的门户方位上，风水学说有所谓“凡宅不居当冲口处”（《阳宅十书》）之说。其意思是说，住宅建筑不宜在直冲路口的方向开设大门。否则，一出大门就会看到路上的车马行人直奔家门而来，这样，就会在心理上产生一种不安全感，从而有悖于开门大吉的良好愿望。以上种种虽属经验之谈，但是，从当代建筑心理学、环境心理学和行为心理学的角度来看，其中都蕴含着一定的科学道理。这里有一个“心理—生理效应”问题。总之，住宅建筑，要以对人的身心健康有益而无害为准则，要使人的身心都感觉舒适为好。这一点，即便是对于当代建筑来说，也是有积极意义的。

4. 内和外安的宫城建筑

中国建筑对于和谐境界的追求，还表现为文化心理方面的各种象征。这里，仅以中国清代皇宫中一些主要宫殿和宫门的命名为例，加以讨论。清代北京皇宫的建筑，基本上沿用了明代的形制。但是，清代对于明代皇宫的宫殿、宫门的名称，做了较大的改动。值得注意的是，经过这一改动，更加体现了在政治上崇尚和谐、追求内和外安之理想境界的文化内涵。顺治二年（1645），将明代宫城中轴线上的一些宫殿、宫门的名称做了较大的改动。诸如，将“皇极殿”“中极殿”“华盖殿”分别改为“太和殿”“中和殿”“保和殿”；将“皇极门”改为“太和门”；将通向文华殿的“会极门”改为“协和门”；将通向“武英殿”的“归极门”改为“雍和门”，乾隆元年（1736）又改为现在的“熙和门”。这一改动，更加淋漓尽致地渲染了宫城内部一派和气致祥的气氛。就后廷而言，其主体建筑是在北京中轴线上只有皇帝和皇后两个人才能够居住的“乾清宫”和“坤宁宫”。这两座宫殿，分别以八卦中的“乾”“坤”二卦命名。“坤宁宫”位于“乾清宫”之北。就方位而言，在地面是以北为上。这样，两者的方位就是：“乾”下、“坤”上。乾为天，坤为地。乾为健，坤为顺。乾为纯阳，坤为纯阴。阳为大，阴为小。在六十四卦（六画卦）中，以内外卦而言，由内而外曰“往”，由外而内曰“来”。乾下坤上，小往大来，谓之“泰”卦（图 6–12）。

图 6–12　乾清宫与坤宁宫之泰卦象征示意图

泰卦的卦辞曰：“小往大来，吉亨。”泰卦为阴阳相交之象：古人认为，阳气轻盈上升，阴气重浊下降；二者一上一下，谓之交合。《周易·泰·象》：“天地交，泰。”故而“乾清宫”“坤宁宫”，二者合起来就是一个“泰”卦。这里象征的是“夫妻之和”（国家第一夫妻之和谐相处）。这一点，早在中国古代，人们就已经有所认识了。对于一般家庭来说，家和万事兴，而且夫妻之和又是家庭之和的根本。对于皇家来说，就更是如此了。否则，夫妻不和，必祸起萧墙。清代乾隆关于“小来大往堪体验，民情物理人筹量”的诗句，即蕴含此意。就治朝中的三大殿而言，“太和门”内的“太和殿”主要是举行国家大典、进行君臣议事之所。明末清初的思想家王夫之注曰：“和者，万物一致之理”“太和，和之至也”（《张子正蒙注》）。它主要象征的是“君臣之和”。“太和门”外分别通向“文华殿”和“武英殿”的“协和门”和“熙和门”，则象征着“文武之和”“将相之和”。《国语·周语》韦昭解：“协，和也。风气和，时候至也。”熙，昌盛也。这些命名格外强调了“将相之和”的必要性和重要性。以上三大宫殿和三大宫门六者皆以“和”字命名，这充分体现了清代统治者对于其最高统治集团内部形成并保持和谐一致局面的强烈愿望。这里接连使用了六个“和”字，在易学中六是阴爻的称呼，六为顺。与宫城内部之“六和”相对应的，是皇城城门命名中的“六安”，即“天安门”“地安门”“东安门”“西安门”“长安左门”“长安右门”。六六，谓之大顺。宫城内、外之“六和”与“六安”的建筑命名，蕴含着“内和外安”、“政通人和”、万事和顺的政治内涵。

此外，就易学伦理与建筑形制而言，中国建筑又有尊卑分明的等级建筑、中庸之道的轴线建筑、内外有别的围墙建筑、长幼有序的辈分建筑等特点。就易学象数与建筑象征而言，又有许多讲究，诸如：明、清北京城中，天坛建筑全用阳数，地坛建筑全用阴数；紫禁城内，前朝建筑多用阳数，内廷建筑多用阴数；象征皇权之最高级别的建筑（如太和殿），特用乾卦九五之数；明代的天一阁、清代的文渊阁等七座藏书楼，皆用天一、地六成之的河图之数；明、清时代北京的东华门门钉则独用天三生水、地八成之的河图之数等。

易学所涉及的领域之广、问题之多，可谓浩如烟海。其中，带有历史局限性的一些观念（诸如男主外、女主内的传统伦理观念等），随着历史的变迁已经变得不合时宜了；有关建筑事物的诸多记载，除了具有一定的历史意义之外，也显得有些落后了。但是，内中所蕴含的许多哲理，诸如天人合一的整体观念、崇尚和谐的理想境界、趋吉避凶的基本原则、唯变所适的辩证思维、适可而止的适度原则、止于至善的节制原则等，对于当代乃至未来建筑文化的发展，仍然是有意义的。东方易学智慧与西方科学技术的有机结合，将会对未来建筑文化的健康发展提供新的思路。

第九节 易学与史学

易学不是史学，但是易学与史学有着密切的联系。这主要表现在三方面：一、《周易》这部书不是历史书，却有丰厚的历史学蕴含和深刻的历史学意义。二、《周易》对后世历史学产生过极其深远的影响。三、影响是双向的，历史学对易学发展所起的作用也不容忽视。

一、《周易》经传的历史学蕴含

清代著名学者章学诚作《文史通义》，开宗明义第一句就说："六经皆史也。"章氏此言极确，儒家《诗》《书》《礼》《乐》《易》《春秋》六部经典，除《春秋》以外，都不是严格意义上的史书，但是都有史学意义和史料价值。《周易》经传特别是《易传》，蕴含着丰富的历史学内容，这主要表现在以下方面。

《易传》认为一切事物都是发展变化的，不存在固定不变的东西。它特别强调变、变化、变通，例如它说"在天成象，在地成形，变化见矣""刚柔相推而生变化""变通配四时""知变化之道者，其知神之所为乎""一阖一辟谓之变，往来不穷谓之通""刚柔相推，变在其中矣""变通者，趣时者也"(《系辞传》)。意思是说天地自然，万物万事，都是变化的，《易》的功能正在于反映这一变化。

它说的"穷则变，变则通，通则久"这句话尤其具有深刻的理论意义。提出一个穷字与通相对应，实际上是给事物的变化划出阶段，描绘为发展过程。事物发展到穷的地步，势必变，变则由穷转为通。穷转为通，表示一个过程结束，另一过程开始。"通则久"，但亦非永恒，通总要达到穷。就是说，事物的发展变化表现为一个个不同却又相联系的过程。

《易传》认为自然界如此，人类社会也如此。例如《系辞传》讲上古历史说，神农氏时代人们创制了耒耜，有了"日中为市""交易而退"的物物交换，到了黄帝及尧舜时代，历史的发展由穷而通，发生重大进步，产生了衣裳、舟楫、服牛乘马、杵臼、弓矢、宫室、棺椁、书契等一系列物质文明。

又如《周易》六十四卦划分为上下两部分排列，上经三十卦，以乾坤为首，下经三十四卦，以咸恒为首。《序卦传》认为这样排列六十四卦是有深刻意义的。它反映自然界和人类社会的发展过程，"有天地然后有万物，有万物然后有男女，有男女然后有夫妇，有夫妇然后有父子，有父子然后有君臣，有君臣然后有上下，有上下然后礼义有所错"。即先有天地万物然后有人类，人类本是自然界的一部分，是自然界的产物。人类社会从自然界产生之后又有其自身独特的历史。《序卦传》把人类社会的历史显然划分为前文明时代和文明时代两大阶段，其两大阶段转换的契机是夫妇关系的形成，而标志则是划分君臣上下的礼义制度（实际上是国家）的建立。这一观点尽管带有极其朴素的性质，然而却十分地正确。人类社会正如它所说，处在不断的发展变化过程中，并非总是一个模样。自然界曾经没有人类，人类曾经没有夫妇，没有国家，亦即曾经过一个极长的前文明时代。今日的历史学已经证明，人类社会正是这样发展过来的。《易传》所说的“变”，还含有变革的意义。《象》解释革卦义说：“天地革而四时成，汤武革命，顺乎天而应乎人，革之时大矣哉。”是说，从天时气候的变化以及王朝的兴替，都要经过变革。变革既符合天道，又顺乎民心。其所提出的“汤武革命”说，承认以剧烈的手段，推翻旧王朝，乃历史发展的必然趋势，这对观察人类社会历史的变化，同样有重要的意义。

总之，《易传》指出的发展变化的历史观，对中国古代史学产生了深刻影响。

二、司马迁的易学与史学

接受《周易》影响最早、最深的史学家是司马迁。司马迁不是易学专家，对《周易》不曾做过专门的研究，没有《易》著存世，但是他对《周易》有很高的造诣，很深的修养，说司马迁有自己的易学，是不过分的。尤其他的巨著《史记》把易学思想融入史学之中，在易学史上更有特殊的意义。

1. 司马迁的易学

司马迁的易学明显属于孔子重义理的一派。这在《史记》中有确切无疑的反映。孔子易学的传授系统是《史记》记载下来的，《仲尼弟子列传》说：“孔子传《易》于瞿，瞿传楚人馯臂子弓，弓传江东人矫子庸疵，疵传燕人周子家竖，竖传淳于人光子乘羽，羽传齐人田子庄何，何传东武人王子中同，同传菑川人杨何。何元朔中以治《易》为汉中大夫。”在后来写成的《儒林列传》中又记载此传授系统而文字略有调整。瞿，变为商瞿。另外，特别强调汉代第一个传《易》的是田何，田何传王同，王同传杨何。杨何是汉代传孔子易学的重要人物，“要言《易》者本于杨何之家”。司马迁在《史记》里反复强调孔子《易》学的传播系统，一方面说明这是事实，《史记》重实录；一方面也说明这个传授系统与他本人有关系。《史记·自序》着重点明他的父亲太史公司马谈“受《易》于杨何”。于是不言自明，他的《易》学得自其父司马谈，司马谈得自杨何，而杨何之《易》渊源于孔子。司马迁的易学属于孔子一系的义理派，本是自然而然的事情。

司马迁的易学观点，由于他没有易学专著，我们无法得知其详。根据《史记》的零星记载，我们知道至少有两点是重要的。一是他对孔子治《易》，作《易传》，深信不疑。《史记·孔子世家》说：“孔子晚而喜《易》，序《彖》《系》《象》《说卦》《文言》。读《易》韦编三绝。曰：‘假我数年，若是，我于《易》则彬彬矣。’”肯定地承认孔子晚年对《易》下过非凡的功夫，传世的《易传》是孔子作的。而且他又说：“孔子以《诗》《书》《礼》《乐》教，弟子盖三千焉，身通六艺者七十有二人。”孔子不但治《易》，又作《易传》，更把《易》作为教材教学生。多教学生能通《诗》《书》《礼》《乐》，少数人能六艺全通，说明《易》与《春秋》不是谁都能学会的。

司马迁的这一说法自今日看来固然可以讨论，但是他言之有据，非出于自己臆测。第一，他的说法必亲受于司马谈，司马谈受《易》于杨何，而杨何是孔子易学的正宗传人。第二，《论语·述而》明明写道：“子曰：加我数年，五十以学《易》，可以无大过矣。”是知司马迁说“假我数年”云云，绝非杜撰。第三，马王堆汉墓出土的帛书《易传》之《要》篇有关于孔子治《易》的记载。它说：“夫子老而好《易》，居则在席，行则在橐……有古之遗言焉，予非安其用也，予乐［其辞也］……后世之士疑丘者，或以《易》乎？……子贡问：‘夫子亦信其筮乎？’子曰：‘我观其德义耳也……吾与史巫同途而殊归者也。’”此与《史记》“韦编三绝”之说如出一辙。“疑丘者或以《易》乎”，也与《孔子世家》所记孔子语“后世知丘者以《春秋》，而罪丘者亦以《春秋》”的语意十分相似。既然此语是说《春秋》为孔子作，那么《要》篇“后世之士疑丘者或以《易》乎”一语亦可理解为《易传》乃孔子作。帛书《易传》抄写于汉文帝时，在司马迁作《史记》之前，故足以证明司马迁关于孔子晚年喜《易》，读《易》韦编三绝以及作《易传》的说法是渊源有自的，不是他一家之言。

司马迁关于孔子作《易传》的记载，后世人尽管可以提出质疑，然而司马迁接受的是孔子的易学观点，这一点是难以否定的。那么司马迁为什么又给日者、龟策立传呢？其实这并不可怪。司马迁是史家，著的是史书，当然要如实记事。曾经发生过的、有意义有影响的事情，他必须记。他记的不必是他赞成的。

《易》原本是卜筮之书，是原始宗教迷信的产物，但是它同时又逐渐被赋予了哲学内容，而且它的哲学意义越来越强，卜筮意义越来越弱。孔子重视《易》之义理，视《易》为哲学著作，对《易》的卜筮功能不感兴趣。以后的思想大家多数承继孔子的态度，《荀子·大略》说："善为《易》者不占。"《庄子·天下》说："《易》以道阴阳。"可谓与孔子的观点一致。

司马迁继承孔子的观点，比荀、庄的认识更深刻、透辟。《史记·自序》记司马谈说："《易》以道化，《春秋》以道义。"此语虽不出司马迁口，《史记》既引用，视为司马迁的认识亦无不可。"化"字表示《易》是讲变化的哲学书，"义"字表示《春秋》是讲理论的政治书。《史记·司马相如列传》赞语说："《春秋》推见至隐，《易》本隐之以显。""之以"，《汉书》作"以之"。颜注："之，往也。"司马迁从思维方式的角度看到了《春秋》与《易》两部书的不同特点，指出《春秋》由人事推及天道，《易》由天道推及人事，不是对两部书有正确而深刻的理解，不可能提出这样的看法。

2. 司马迁的史学有明显的易学影响

司马迁根据其父司马谈之遗意作《史记》，目的在于以孔子《春秋》为榜样，借记事以明义，使世人知以为鉴。《史记》之作，受《春秋》的影响，还受《易》的影响。《春秋》的影响主要在政治用心，《易》的影响则在于思维方式。司马迁本人对此直言不讳，《史记·自序》说他著作《史记》有两大原则，一是"正《易传》"，一是"继《春秋》"。"继《春秋》"，《自序》讲得很多，容易理解。"正《易传》"，《自序》语焉不详，却又置诸"继《春秋》"之前，对于他来说似乎更为重要，需要加以探讨。

"正《易传》"，是说作《史记》正于《易传》，不是说作《史记》正《易传》。正，应据《论语·学而》"就有道而正焉"的正作解。孔安国注云："正，谓向其是非也。"又，《周礼·夏官·序官》："家司马各使其臣以正子公司马。"郑玄注云："正，犹听也。"是"正《易传》"，意思是说《史记》的基本观点、原则、方法得自于《易传》。

司马迁此言不虚，事实正是如此。司马迁在写给挚友任安的信中说他著作《史记》百三十篇，“亦欲以究天人之际，通古今之变，成一家之言”（《汉书·司马迁传》）。这几句著名的言论，尤其“通古今之变”一语，反映司马迁的基本史学思想，显然是受《易》影响的结果，可以看作“正《易传》”的注脚。

司马迁“正《易传》”，接受了《易传》发展变化的历史观，把它贯穿在《史记》百三十篇中。他自己称之为“通古今之变”。他在《史记》中不止一次地阐述这一思想。例如他说，“承敝通变”“略协古今之变”“王迹所兴，原始察终，见盛观衰，论考之行事，略推三代，录秦汉，上记轩辕，下至于兹”（《自序》），等等。承敝通变，原始察终，见盛观衰，显然都是《易》的思想。

司马迁接受《易》的历史观，特别善于观察、分析重大历史事件的发展变化的过程，找出成败兴亡的原因。在《史记》十表八书中表现最为突出。《礼书》《乐书》无异于论述礼、乐发生发展过程的两篇论文。“五帝殊时，不相沿乐；三王异世，不相袭礼”（《乐书》），礼、乐没有一定，各随时变，这变的观点与《易》相同。至于《乐书》说“天尊地卑，君臣定矣，高卑以陈，贵贱位矣。动静有常，小大殊矣。方以类聚，物以群分，则性命不同矣。在天成象，在地成形，如此则礼者天地之别也。地气上跻，天气下降，阴阳相摩，天地相荡，鼓之以雷霆，奋之以风雨，动之以四时，煖之以日月，而百化兴焉，如此则乐者天地之和也”，用天地之别释礼，天地之和释乐，不但直接采取《易》天人合一的思维方式，而且逻辑、修辞也是对《系辞传》的活用。《平准书》讲古今货财钱币问题，也从变化的角度立言。“物盛而衰，固其变也”“物盛则衰，时极而转，一质一文，终始之变也”“汤武承弊易变，使民不倦，各兢兢所以为治，而稍陵迟衰微”，古今钱币“各随时而轻重无常”，等等见解，都是《易》之时变观点在历史记述中的具体运用。换言之，司马迁作《史记》，《易》为他提供了充足而正确的思想资料。

司马迁作《三代世表》《十二诸侯年表》《六国年表》《秦楚之际月表》，综述自黄帝迄于秦并六国的历史，其实是给历史划阶段，即分期。分期就是讲某一历史阶段的盛衰终始过程。他把黄帝至夏商西周、春秋、战国和秦并六国各划作一个历史时期，视作一个有始有终的历史过程，是正确的。不要说他对各个时期的盛衰作了概括的历史分析，值得称道；仅仅看他敢于给历史分期这一点，就应给以特别的注意。这是前所不见的，是他的创造。把历史视为过程，给历史分期，其思想基础无疑源自《易》。

三、史学对易学的作用

易学与史学影响是相互的，双向的。易学对史学起作用，史学对易学也起作用。当我们说《周易》这部书有丰富的历史学蕴含和深刻的历史学意义的时候，也可以理解为《周易》经传是它的作者们在朴素而正确的历史观指导下逐步写成的。此外，史学对易学的作用还表现在以下两方面：一、经文传文往往采用史实说明义理。二、后世的《易》学著作往往引史证经。

《庄子》说“《易》以道阴阳”，《史记》说“《易》以道化”“《易》本隐以之显”，说明《易》是讲哲学的书。《四库全书总目提要》经部易类总序说“《易》之为书，推天道以明人事者也”，说明《易》讲哲学的方法是由天道推及人事，而重点在人事。既讲人事，卦爻象除用一般、抽象的人间事理说明外，便不免采取具体的、人们熟知的历史事实加以揭示。

属于用一般、抽象的人间事理表达卦爻象的，《易》中有很多，卦辞如豫：“利建侯，行师。”噬嗑：“利用狱。”大畜：“不家食吉。”咸：“取女吉。”萃：“王假有庙，利见大人。”爻辞如无妄六三：“无妄之灾，或系之牛，行人之得，邑人之灾。”大过初六：“藉用白茅，无咎。”坎六四：“樽酒簋贰，用缶，纳约自牖，终无咎。”传文如乾大象：“天行健，君子以自强不息。”坤大象：“地势坤，君子以厚德载物。”屯大象：“云雷屯，君子以经纶。”屯初九小象：“虽磐桓，志行正也。以贵下贱，大得民也。”讼上九小象：“以讼受服，亦不足敬也。”《彖传》多言天道，但也涉及人事，如家人《彖》说：“家人，有严君焉，父母之谓也。父父、子子、兄兄、弟弟、夫夫、妇妇而家道正，正家而天下定矣。”此所取都是世间事理，但是是一般的人事，不属于具体的史实。

属于用具体史实揭示卦爻象，说明道理的，是另外一些，爻辞如泰六五：“帝乙归妹，以祉，元吉。”明夷六五：“箕子之明夷，利贞。”升六四：“王用亨于岐山，吉无咎。”归妹六五：“帝乙归妹，其君之袂不如其娣之袂良。”既济九三：“高宗伐鬼方，三年克之，小人勿用。”传文如《彖传》明夷：“内文明而外柔顺，以蒙大难，文王以之，利艰贞，晦其明也。内难而能正其志，箕子以之。”革：“天地革而四时成，汤武革命顺乎天而应乎人，革之时大矣哉。”《系辞传下》：“子曰：‘颜氏之子，其殆庶几乎。有不善未尝不知，知之未尝复行也。”“《易》之兴也，其于中古乎？作《易》者，其有忧患乎？”“《易》之兴也，其当殷之末世、周之盛德邪？当文王与纣之事邪？是故其辞危。危者使平，易者使倾。”

儒家六经中《春秋》与《易》是讲理论的书，都体现天人合一的观点，但是二者有所不同。《春秋》通过史事讲政治理论，即司马迁讲的“《春秋》以道义”。《易》由天道推及人事，以阐明哲理，即司马迁讲的“《易》以道化”。所以《春秋》全记史事，绝无一句空言。《易》则通过卦爻象直接讲哲理，故不大直接讲史事。《易》有时言及史事，是为了更好地表现爻象，通过象以明理。我们读《易》遇到史事时首先应知道那是象，据象以体悟其中的理，而不可抛开哲理，仅仅研究《易》中史事。

后世治《易》专门用《易》搞卜筮的人，不解释经文传文，必不须引史证经，如汉京房《京氏易传》。而治《易》注意解释经文传文的人，便不免引史以证经。宋代引史证经最兴盛，程颐、杨万里是代表人物，属于继承孔子义理派易学的一派。然而象数派易学家引史证经的人也大有人在。所以是否以史证经不是区分义理派与象数派的标准。

汉末郑玄注《易》已经引史证经。如释乾用九“见群龙无首吉”说：“群龙之象，舜既受禅，禹与稷、契、咎繇之属并在。”（《后汉书·郎顗传》注引）释坤六五“黄裳元吉”说：“如舜试天子，周公摄政。”（《隋书·李德林传》）其后干宝注《易》亦颇重视引史证经，如释坤六三“含章可贞，或从王事，无成有终”说：“含章可贞，此盖平襄之王垂拱以赖晋郑之辅也。”释六五“黄裳元吉”说：“阴登于五，柔居尊位，若成昭之主，周霍之臣也。百官总己，专断万机，虽情体信顺，而貌近僭疑，周公其犹病诸。言必忠信，行必笃敬，然后可以取信于神明，无尤于四海也，故曰‘黄裳元吉’也。”（李鼎祚《周易集解》引）

站在义理派的立场引史实以证经义的，应首推北宋程颐。程颐《易传》释经释传往往引入史实。如释乾九二“见龙在田”说：“舜之田渔时也。”释乾九三“君子终日乾乾”说：“舜之玄德升闻时也。”释乾九四“或跃在渊”说：“舜之历试时也。”释坤六五“黄裳元吉”说：“臣居尊位，羿、莽是也，犹可言也。妇居尊位，女娲氏、武氏是也，非常之变，不可言也。故有黄裳之戒而不尽言也。”释屯九五“屯其膏，小贞吉，大贞凶”说：“威权去己，而欲骤正之，求凶之道，鲁昭公、高贵乡公之事是也。故小贞则吉也。小贞谓渐正之也。若盘庚、周宣修德用贤，复先王之政，诸侯复朝，盖以道驯致，为之不暴也。又非恬然不为，若唐之僖、昭也，不为则常屯，以至于亡矣。”释师卦辞“丈人吉”说：“所谓丈人，不必素居尊贵，但其才谋德业众所畏服，则是也。如穰苴既诛庄贾，则众心畏服，乃丈人矣。又如淮阴侯起于微贱，遂为大将，盖其谋为有以使人尊畏也。”

南宋杨万里易学宗程颐，是宋代义理派易学的代表人物之一，其易著《诚斋易传》当时初刊时与程颐《易传》并刻为一书，合称《程杨易传》。杨氏解《易》特重引史，引史之多远远超过程颐，六十四卦无卦不引史，几乎不胜例举。同样引史证经，程杨相比，程氏引史精审，证经切当；杨氏引史失于滥，证经往往失于偏。程氏高明，杨氏近于俗。如革《彖传》：“天地革而四时成，汤武革命，顺乎天而应乎人，革之时大矣哉。”杨氏释曰：“革之时岂细故哉，可不惧哉，秦之变法，赵之胡服，莽之革汉，灵宝之革晋，岂曰革而信革而当也乎！”所谓顺天应人，是说举大事必须适应历史之必然，不可因有人反对便断定某事不顺天应人，秦变法、赵胡服并属此类。王莽、灵宝之事本非革命，未可与秦、赵之事同日而语。杨氏识见浅甚。又如震六五“震往来厉，亿无丧有事”，杨氏云：“当动之时，无动之才，与其动而丧吾之所有，不若静而不丧吾之所有，其周平王、晋元帝之事乎！”以为周平王、晋元帝之事是轻举妄动。其不知东迁、南渡乃久渐所致，时势使然，非一时一人所可左右。用此释革之时，其实不当。

《易》本隐以之显，由天道推及人事，爻辞明举箕子、高宗、鬼方、帝乙之事明义，故后世儒者引史证经，融汇史学之义于易学哲理之中，是可以的，必要的。但是卦卦引史而失之滥如杨氏，则不足取。让史学为易学服务可，把易学变成史学则大不可。

四、章学诚的易学与史学

章学诚（1738—1801），字实斋，浙江会稽（今绍兴）人，著名史学理论家，清代浙东学派著名学者，在史学史上与刘知几、郑樵等齐名，而见解后来居上。有《章氏遗书》存世，内有《文史通义》为章氏代表作。《文史通义》有内篇五卷，外篇三卷。其易学思想主要反映在内篇卷一《易教》上、中、下三篇，其史学思想主要反映在内篇卷一《书教》上、中、下和卷五《申郑》、《答客问》上、中、下。此就章氏史学、易学之纲领而言，在此数篇，非谓其余诸篇不言史不言易。

1. 章氏史学思想之要点

自六经的角度说，章氏继承王阳明的观点，说“六经皆史也”。理由是，“古人不著书，古人未尝离事而言理，六经皆先王之政典也”（《易教》上）。意思是说，古代个人不著书，要讲的道或理就在政教、典章以及人伦日用中，而这些实事记载下来又经过整理，就是六经。所以六经其实就是史。孔子表白自己作《春秋》的用意时说：“我欲托之空言，不如见诸行事之深切著明。”（《春秋繁露·俞序》、《史记·自序》引）孔子这句话是说《春秋》记的是实事，故《春秋》是史。章氏极推崇孔子的这句话。他认为，从明道的角度说，《春秋》是经，从记事的角度说，《春秋》是史。不但《春秋》，其余五经亦然。

自史的角度说，章氏认为记事为史，史必记事，但是记事之中有一定的意义，才算得上名副其实的史。名副其实的史，应如孔子所言：“其事则齐桓、晋文，其文则史，其义则丘窃取之矣。”（《孟子·离娄下》）即有事有文也有义。按这个标准要求，章氏认为《史记》最合格。《史记》除史事、文辞外更有“纲纪天人，推明大道”之义。《史记》敢于“评人之所略，异人之所同，重人之所轻，而忽人之所谨，绳墨之所不可得而拘，类例之所不可得而泥，而后微茫杪忽之际，有以独断于一心”（《答客问上》）。因此《史记》无愧于司马迁“通古今之变，成一家之言”的自我评价。《史记》以下，《汉书》《三国志》《后汉书》《通鉴》《通志》大体够标准，其余集众官修的史书，皆不足论。

章氏对于史家，孔子以下最赞赏司马迁和郑樵。孔子作《春秋》，其文则史，其事则齐桓晋文，其义则自窃取。文、事、义三方面俱备，无可挑剔。文是后世讲的辞采功夫，事是后世讲的考据功夫，而孔子注重的是“义财窃取”。在章氏看来，溺于辞采，泥于考据，所求徒在其事其文，而无别识心裁即缺乏创造性的史家不是好史家。司马迁之堪称优秀，主要在于他创例发凡，卓见绝识，成一家言，不在于他记事其文直，其事核，不虚美，不隐恶。郑樵作《通志》，考据功夫显然不为强劲，记事亦往往不免疏漏，然而他“不徒以词采为文，考据为学”，“独取三千年来遗文故册，运以别识心裁，盖承通史家风，而自为经纬，成一家言”（《申郑》），也是一位“好学深思，心知其意”（《答客问上》引《史记·五帝本纪》赞）的难得的史学家。

章氏对史学的看法也与时人不同。他说：“史学所以经世，固非空言著述也。”《春秋》之长处正在于切合当时人事。史学不可“舍今而求古，舍人事而言性天”，“整辑排比，谓之史纂；参互搜讨，谓之史考。皆非史学”（《浙东学术》）。

2. 章氏易学思想之要点

章学诚是史学家，不是易学家，毕生精力投入史学上，于《易》不过一般涉及，无易学著作存世。但是他站在史家立场从外面看《易》和易学，更容易见得庐山真面目。他从史学角度看《易》，《易》是明义的，也是记实的；他从《易》理中寻根据，证明史家作史既应记实，有言必措诸事，也须别出心裁，反映思想，成一家言。

章氏对《易》的看法主要是以下几点：第一，“六经皆史”，《易》也不例外。《易》有天道与人事两方面内容。前者是悬象设教和治历授时，后者是先王政教典章。天与人参便是《易》。《易》绝非圣人一己空言，离事物而特著一书。第二，孔颖达说《易》是“变化之总名，改换之殊称”（《周易正义》卷首）。章氏以为此语释《易》义最为明通。更据革卦大象“泽中有火，革，君子以治历明时”和《彖传》“天地革而四时成，汤武革命，顺乎天而应乎人”，进而推之说，“《易》为王者改制之巨典，事与治历明时相表里”，“作《易》之与造历同出一源，未可强分孰先孰后”。但是《易》与历有不同，“三代”以后，历显而《易》微；历存于官守，而《易》流于师传（《易教上》）。意谓历是变化的，与历同源的《易》也是变化的，不变的唯有《易》所反映的变化之道。第三，《易》何以明道？《易》以象明道，亦以象施教。然而象非《易》所专用，《诗》《书》《礼》《乐》《春秋》以及战国乃至后世之诗文，虽不专用象明道施教，但都有用象明道施教的内容。《诗》之比兴尤为显著。甚至佛家的丈六金身、庄严色相、天堂清明、地狱阴惨、天女散花、夜叉披发，也是以象明道施教，办法与《易》不异。但是，《易》与天地准，故能弥纶天地之道，《易》之以象明道施教包罗全面，因为其一，全书唯象而已；其二，天地自然之象与人心营构之象都有；其三，别的书所用之象、所明之道，盖不出《易》之范围。

总之，史学家章学诚眼中的《易》，与包括史书在内的所有战国之前的著作一样，道不空铨，文不空著，都有实事为依据。《易》的特点在于：它是专讲变化的书，在它面前没有不变之事物；它由天道而切入人事，它所据以明道的实事一是治历授时，一是先王之政教典章，还有人伦日用；表达的办法是全部用象。

3. 章氏易学思想融汇在史学理论中

章学诚从《易》理中汲取理论养料构成他的史学体系，《易》显然是章氏史家思想的哲学基础。这一点与司马迁同。章氏是史学理论家，他把易学思想融汇在史学理论中，这一点与司马迁略异。司马迁是通过史著《史记》体现（不是论述）易学思想，达到“通古今之变，成一家之言”。

以下举实例说明。

例一，章氏认为三代治教未分，官师合一之时，学问无不切于人事，故人们知有史而不知有经。史的价值在于经世，史不是空言著述。史的内容不外乎政教典章和人伦日用。故章氏说：“古人之学，不遗事物。”具体地说，古人的学习包含两个方面的活动，一是读书（学习间接知识），一是亲自参与政教典章、人伦日用之行事（实践）。史书所载，对于后人来说，是历史陈迹，故学史务必求当代之典章政教，人伦日用，绝对不可舍今而求古，舍人伦日用而求学问精微。昧于知时，动矜博古，譬如考西陵之蚕桑，讲神农之树艺，毕竟解决不了衣食问题。章氏这一精辟的见解，得自于《易》。《系辞传》说：“成象之谓乾，效法之谓坤。”于史，所载之典章政教、人伦日用及其中含着的道，就是成象；此事此象有实用的价值，就是效法。于学，成象指学习史书中的实事实象，效法指学了书本知识之后，联系当前实际，付诸实行（《原学上》《原学中》《浙东学术》《史释》）。

例二，《系辞传》说：“蓍之德圆而神，卦之德方以智。”这《易》中蓍与卦的不同特点被章氏用来分析、概括古今之史书。章氏把史书概分为二类，一为记注，一为撰述。记注为了不忘往事，须赅备无遗，故体有一定，其德为方；撰述为了指导未来，须抉择去取，故例不拘常，其德为圆。《周礼》诸史并掌记注，无撰述之职。撰述是传世行远之业，一般人不能为。《尚书》无成法，是撰述之作。《春秋》有成例，也不能说不是撰述之作。其实古来一切载籍二者均兼而有之，不曾偏废，唯主从轻重不同而已。《尚书》一变而为《春秋左传》,《春秋左传》一变而为《史记》,《史记》一变而为《汉书》。“就形貌而言，迁书远异左氏，而班史近同迁书。盖左氏体直，自为编年之祖，而马、班曲备，皆为纪传之祖也。推精微而言，则迁书之去左氏也近，而班史之去迁书也远。盖迁书体圆用神，多得《尚书》之遗，班氏体方用智，多得官礼之意也”(《书教下》)。他依《系辞》说的“神以知来，知以藏往”说，认为史学家的任务，还要从历史的事件中汲取经验教训，指导社会未来发展的方向。这种见解是十分可贵的。

例三，他依《系辞》的穷、变、通、久说和《彖》释革卦义，关于制度的变迁，提出“随时兴废”说。他说:“当日圣人创制，祇觉事势出于不得不然，一似暑之必须为葛，寒之必须为裘，而非有所容心。”(《文史通义·原道》上)他认为圣人创制和改制，非随心所欲，而是“理势之自然”，即基于历史发展的客观趋势。这种历史观，否定了将制度的变化归之于君权神授的天命论。这种因时改制说，现在看来，仍有其价值。

附录一

周易①

① 说明：本文以（唐）孔颖达《周易正义》阮刻本为底本

上 经

1. ䷀（乾下乾上）**乾**　元亨利贞。

初九　潜龙勿用。

九二　见龙在田。利见大人。

九三　君子终日乾乾。夕惕若厉。无咎。

九四　或跃在渊。无咎。

九五　飞龙在天。利见大人。

上九　亢龙有悔。

用九　见群龙无首。吉。

《彖》曰：大哉乾“元”，万物资始，乃统天。云行雨施，品物流形。大明终始，六位时成。时乘六龙以御天。乾道变化，各正性命。保合大和，乃“利贞”。首出庶物，万国咸宁。

《象》曰：天行，健。君子以自强不息。“潜龙勿用”，阳在下也。“见龙在田”，德施普也。“终日乾乾”，反复道也。“或跃在渊”，进“无咎”也。“飞龙在天”，“大人”造也。“亢龙有悔”，盈不可久也。“用九”，天德不可为首也。

《文言》曰：“元”者，善之长也；“亨”者，嘉之会也；“利”者，义之和也；“贞”者，事之干也。君子体仁足以长人，嘉会足以合礼，利物足以和义，贞固足以干事。君子行此四德者，故曰：“乾：元亨利贞。”

初九曰：“潜龙勿用。”何谓也？子曰：“龙德而隐者也。不易乎世，不成乎名；遁世无闷，不见是而无闷。乐则行之，忧则违之，确乎其不可拔，‘潜龙’也。”

九二曰：“见龙在田。利见大人。”何谓也？子曰：“龙德而正中者也。庸言之信，庸行之谨，闲邪存其诚。善世而不伐，德博而化。《易》曰：‘见龙在田。利见大人。’君德也。”

九三曰：“君子终日乾乾。夕惕若厉。无咎。”何谓也？子曰：“君子进德修业。忠信所以进德也。修辞立其诚，所以居业也。知至至之，可与几也。知终终之，可与存义也。是故居上位而不骄，在下位而不忧。故乾乾因其时而惕，虽危无咎矣。”

九四曰：“或跃在渊。无咎。”何谓也？子曰：“上下无常，非为邪也。进退无恒，非离群也。君子进德修业，欲及时也。故无咎。”

九五曰：“飞龙在天。利见大人。”何谓也？子曰：“同声相应，同气相求。水流湿，火就燥。云从龙，风从虎。圣人作而万物睹。本乎天者亲上，本乎地者亲下。则各从其类也。”

上九曰：“亢龙有悔。”何谓也？子曰：“贵而无位，高而无民，贤人在下而无辅，是以动而有悔也。”

“潜龙勿用”，下也。“见龙在田”，时舍也。“终日乾乾”，行事也。“或跃在渊”，自试也。“飞龙在天”，上治也。“亢龙有悔”，穷之灾也。乾元“用九”，天下治也。

“潜龙勿用”，阳气潜藏。“见龙在田”，天下文明。“终日乾乾”，与时偕行。“或跃在渊”，乾道乃革。“飞龙在天”，乃位乎天德。“亢龙有悔”，与时偕极。乾元“用九”，乃见天则。

乾“元”者，始而亨者也。“利贞”者，性情也。乾始能以美利利天下，不言所利，大矣哉。大哉乾乎！刚健中正，纯粹精也。六爻发挥，旁通情也。时乘六龙，以御天也。云行雨施，天下平也。君子以成德为行，日可见之行也。“潜”之为言也，隐而未见，行而未成，是以君子“弗用”也。君子学以聚之，问以辩之，宽以居之，仁以行之。《易》曰：“见龙在田。利见大人。”君德也。

九三，重刚而不中，上不在天，下不在田，故“乾乾”因其时而“惕”，虽危“无咎”矣。

九四，重刚而不中，上不在天，下不在田，中不在人，故“或”之。或之者，疑之也。故“无咎”。

夫“大人”者，与天地合其德，与日月合其明，与四时合其序，与鬼神合其吉凶。先天而天弗违，后天而奉天时，天且弗违，而况于人乎，况于鬼神乎。“亢”之为言也，知进而不知退，知存而不知亡，知得而不知丧。其惟圣人乎？知进退存亡而不失其正者，其惟圣人乎。

2. ䷁（坤下坤上）**坤**　元亨利牝马之贞。君子有攸往。先迷后得。主利。西南得朋。东北丧朋。安贞吉。

《彖》曰：至哉坤“元”，万物资生，乃顺承天。坤厚载物，德合无疆。含弘光大，品物咸“亨”。“牝马”地类，行地无疆，柔顺“利贞”。“君子”攸行，“先迷”失道，“后”顺“得”常。“西南得朋”，乃与类行。“东北丧朋”，乃终有庆。“安贞”之“吉”，应地无疆。

《象》曰：地势，坤。君子以厚德载物。

初六　履霜坚冰至。

《象》曰：“履霜坚冰”，阴始凝也。驯致其道，至坚冰也。

六二　直方大，不习无不利。

《象》曰：“六二”之动，“直”以“方”也。“不习无不利”，地道光也。

六三　含章可贞。或从王事。无成有终。

《象》曰：“含章可贞”，以时发也。“或从王事”，知光大也。

六四　括囊。无咎无誉。

《象》曰：“括囊无咎”，慎不害也。

六五　黄裳。元吉。

《象》曰：“黄裳元吉”，文在中也。

上六　龙战于野。其血玄黄。

《象》曰：“龙战于野”，其道穷也。

用六　利永贞。

《象》曰：“用六永贞”，以大终也。

《文言》曰：坤至柔而动也刚，至静而德方，后得主而有常，含万物而化光。坤道其顺乎，承天而时行。

积善之家必有余庆，积不善之家必有余殃。臣弑其君，子弑其父。非一朝一夕之故，其所由来者渐矣，由辩之不早辩也。《易》曰：“履霜坚冰至。”盖言顺也。

“直”其正也，“方”其义也。君子敬以直内，义以方外。敬义立而德不孤。“直方大。不习无不利”，则不疑其所行也。阴虽有美，“含”之以从王事，弗敢成也。地道也，妻道也，臣道也。地道“无成”，而代“有终”也。

天地变化，草木蕃。天地闭，贤人隐。《易》曰：“括囊无咎无誉。”盖言谨也。君子“黄”中通理，正位居体，美在其中。而畅于四支，发于事业，美之至也。阴疑于阳必“战”，为其嫌于无阳也，故称“龙”焉。犹未离其类也，故称“血”焉。夫“玄黄”者，天地之杂也。天玄而地黄。

3. ䷂（震下坎上）**屯** 元亨利贞。勿用有攸往。利建侯。

《彖》曰：屯，刚柔始交而难生。动乎险中，大“亨贞”。雷雨之动满盈，天造草昧。宜“建侯”而不宁。

《象》曰：云雷，屯。君子以经纶。

初九 磐桓。利居贞。利建侯。

《象》曰：虽“磐桓”，志行正也。以贵下贱，大得民也。

六二 屯如邅如。乘马班如。匪寇婚媾。女子贞不字。十年乃字。

《象》曰：“六二”之难，“乘”刚也。“十年乃字”，反常也。

六三 即鹿无虞。惟入于林中。君子几不如舍。往吝。

《象》曰：“即鹿无虞”，以从禽也。“君子舍”之，“往吝”穷也。

六四 乘马班如。求婚媾。往吉。无不利。

《象》曰：“求”而“往”，明也。

九五 屯其膏。小贞吉。大贞凶。

《象》曰：“屯其膏”，施未光也。

上六 乘马班如。泣血涟如。

《象》曰：“泣血涟如”，何可长也。

4. ䷃（坎下艮上）**蒙** 亨。匪我求童蒙。童蒙求我。初筮吉。再三渎。渎则不告。利贞。

《彖》曰：蒙。山下有险，险而止，蒙。蒙“亨”，以亨行，时中也。“匪我求童蒙。童蒙求我”，志应也。“初筮吉”，以刚中也。“再三渎。渎则不吉”，渎蒙也。蒙以养正，圣功也。

《象》曰：山下出泉，蒙。君子以果行育德。

初六 发蒙。利用刑人。用说桎梏。以往吝。

《象》曰：“利用刑人”，以正法也。

九二　包蒙吉。纳妇吉。子克家。

《象》曰："子克家"，刚柔节也。

六三　勿用取女。见金夫。不有躬。无攸利。

《象》曰："勿用取女"，行不顺也。

六四　困蒙。吝。

《象》曰："困蒙"之"吝"，独远实也。

六五　童蒙。吉。

《象》曰："童蒙"之"吉"，顺以巽也。

上九　击蒙。不利为寇。利御寇。

《象》曰："利"用"御寇"，上下顺也。

5. ䷄（乾下坎上）**需**　有孚。光亨贞吉。利涉大川。

《彖》曰：需，须也，险在前也。刚健而不陷，其义不困穷矣。"需有孚"，"光亨贞吉"，位乎天位，以正中也。"利涉大川"，往有功也。

《象》曰：云上于天，需。君子以饮食宴乐。

初九　需于郊。利用恒。无咎。

《象》曰："需于郊"，不犯难行也。"利用恒无咎"，未失常也。

九二　需于沙。小有言。终吉。

《象》曰："需于沙"，衍在中也。虽"小有言"，以"终吉"也。

九三　需于泥。致寇至。

《象》曰："需于泥"，灾在外也。自我"致寇"，敬慎不败也。

六四　需于血。出自穴。

《象》曰："需于血"，顺以听也。

九五　需于酒食。贞吉。

《象》曰："酒食贞吉"，以中正也。

上六　入于穴。有不速之客三人来。敬之终吉。

《象》曰："不速之客来。敬之终吉"，虽不当位，未大失也。

6.䷅（坎下乾上）**讼** 有孚。窒惕。中吉。终凶。利见大人。不利涉大川。

《彖》曰：讼。上刚下险，险而健，讼。“讼有孚”，“窒惕中吉”，刚来而得中也。“终凶”，讼不可成也。“利见大人”，尚中正也。“不利涉大川”，入于渊也。

《象》曰：天与水违行，讼。君子以作事谋始。

初六 不永所事。小有言。终吉。

《象》曰：“不永所事”，讼不可长也。虽“小有言”，其辩明也。

九二 不克讼。归而逋其邑。人三百户。无眚。

《象》曰：“不克讼”，“归逋”窜也。自下讼上，患至掇也。

六三 食旧德。贞。厉终吉。或从王事。无成。

《象》曰：“食旧德”，从上“吉”也。

九四 不克讼。复即命。渝安贞。吉。

《象》曰：“复即命”，“渝安贞”，不失也。

九五 讼。元吉。

《象》曰：“讼元吉”，以中正也。

上九 或锡之鞶带。终朝三褫之。

《象》曰：以讼受服，亦不足敬也。

7.䷆（坎下坤上）**师** 贞。丈人吉。无咎。

《彖》曰：师，众也。“贞”，正也。能以众正，可以王矣。刚中而应，行险而顺，以此毒天下，而民从之，“吉”又何“咎”矣。

《象》曰：地中有水，师。君子以容民畜众。

初六 师出以律。否臧凶。

《象》曰：“师出以律”，失律“凶”也。

九二 在师中吉。无咎。王三锡命。

《象》曰：“在师中吉”，承天宠也。“王三锡命”，怀万邦也。

六三 师或舆尸。凶。

《象》曰：“师或舆尸”，大无功也。

六四　师左次。无咎。

《象》曰："左次无咎"，未失常也。

六五　田有禽。利执言。无咎。长子帅师。弟子舆尸。贞凶。

《象》曰："长子帅师"，以中行也。"弟子舆尸"，使不当也。

上六　大君有命。开国承家。小人勿用。

《象》曰："大君有命"，以正功也。"小人勿用"，必乱邦也。

8. ䷇（坤下坎上）**比**　吉。原筮元永贞。无咎。不宁方来。后夫凶。

《彖》曰：比，"吉"也。比，辅也，下顺从也。"原筮元永贞无咎"，以刚中也。"不宁方来"，上下应也。"后夫凶"，其道穷也。

《象》曰：地上有水，比。先王以建万国，亲诸侯。

初六　有孚比之。无咎。有孚盈缶。终来有它吉。

《象》曰：比之"初六"，"有它吉"也。

六二　比之自内。贞吉。

《象》曰："比之自内"，不自失也。

六三　比之匪人。

《象》曰："比之匪人"，不亦伤乎。

六四　外比之。贞吉。

《象》曰："外比"于贤，以从上也。

九五　显比。王用三驱。失前禽。邑人不诫。吉。

《象》曰："显比"之"吉"，位正中也。舍逆取顺，"失前禽"也。"邑人不诫"，上使中也。

上六　比之无首。凶。

《象》曰："比之无首"，无所终也。

9. ䷈（乾下巽上）**小畜**　亨。密云不雨。自我西郊。

《彖》曰：小畜。柔得位而上下应之，曰小畜。健而巽，刚中而志行，乃"亨"。"密云不雨"，尚往也。"自我西郊"，施未行也。

《象》曰：风行天上，小畜。君子以懿文德。

初九 复自道。何其咎。吉。

《象》曰:“复自道”,其义“吉”也。

九二 牵复。吉。

《象》曰:“牵复”在中,亦不自失也。

九三 舆说辐。夫妻反目。

《象》曰:“夫妻反目”,不能正室也。

六四 有孚。血去惕出。无咎。

《象》曰:“有孚惕出”,上合志也。

九五 有孚挛如。富以其邻。

《象》曰:“有孚挛如”,不独富也。

上九 既雨既处。尚德载。妇贞厉。月几望。君子征凶。

《象》曰:“既雨既处”,“德”积“载”也。“君子征凶”,有所疑也。

10. ䷉(兑下乾上)**履** 虎尾。不咥人。亨。

《彖》曰:履,柔履刚也。说而应乎乾,是以“履虎尾,不咥人,亨”,刚中正,履帝位而不疚,光明也。

《象》曰:上天下泽,履。君子以辩上下,定民志。

初九 素履往。无咎。

《象》曰:“素履”之“往”,独行愿也。

九二 履道坦坦。幽人贞吉。

《象》曰:“幽人贞吉”,中不自乱也。

六三 眇能视。跛能履。履虎尾。咥人凶。武人为于大君。

《象》曰:“眇能视”,不足以有明也。“跛能履”,不足以与行也。“咥人”之“凶”,位不当也。“武人为于大君”,志刚也。

九四 履虎尾。愬愬终吉。

《象》曰:“愬愬终吉”,志行也。

九五 夬履。贞厉。

《象》曰:“夬履贞厉”,位正当也。

上九 视履考祥。其旋元吉。

《象》曰:“元吉”在上,大有庆也。

11. ䷊（乾下坤上）泰　小往大来。吉亨。

《彖》曰："泰。小往大来吉亨"，则是天地交而万物通也；上下交而其志同也。内阳而外阴，内健而外顺，内君子而外小人。君子道长，小人道消也。

《象》曰：天地交，泰。后以财成天地之道，辅相天地之宜，以左右民。

初九　拔茅茹。以其汇。征吉。

《象》曰："拔茅征吉"，志在外也。

九二　包荒。用冯河。不遐遗。朋亡。得尚于中行。

《象》曰："包荒得尚于中行"，以光大也。

九三　无平不陂。无往不复。艰贞无咎。勿恤其孚。于食有福。

《象》曰："无往不复"，天地际也。

六四　翩翩。不富以其邻。不戒以孚。

《象》曰："翩翩不富"，皆失实也。"不戒以孚"，中心愿也。

六五　帝乙归妹。以祉元吉。

《象》曰："以祉元吉"，中以行愿也。

上六　城复于隍。勿用师。自邑告命。贞吝。

《象》曰："城复于隍"，其命乱也。

12. ䷋（坤下乾上）否　之匪人。不利君子贞。大往小来。

《彖》曰："否之匪人。不利君子贞。大往小来"，则是天地不交而万物不通也，上下不交而天下无邦也。内阴而外阳，内柔而外刚，内小人而外君子。小人道长，君子道消也。

《象》曰：天地不交，否。君子以俭德辟难，不可荣以禄。

初六　拔茅茹。以其汇。贞吉。亨。

《象》曰："拔茅贞吉"，志在君也。

六二　包承。小人吉。大人否。亨。

《象》曰："大人否。亨"，不乱群也。

六三　包羞。

《象》曰："包羞"，位不当也。

九四　有命无咎。畴离祉。

《象》曰:“有命无咎”,志行也。

九五 休否。大人吉。其亡其亡。系于苞桑。

《象》曰:“大人”之“吉”,位正当也。

上九 倾否。先否后喜。

《象》曰:“否”终则“倾”,何可长也。

13. ䷌(离下乾上)**同人** 于野。亨。利涉大川。利君子贞。

《彖》曰:同人。柔得位得中而应乎乾,曰:同人。同人曰:“同人于野。亨。利涉大川。”乾行也。文明以健,中正而应,“君子”正也。惟君子为能通天下之志。

《象》曰:天与火,同人。君子以类族辨物。

初九 同人于门。无咎。

《象》曰:出门“同人”,又谁“咎”也。

六二 同人于宗。吝。

《象》曰:“同人于宗”,“吝”道也。

九三 伏戎于莽。升其高陵。三岁不兴。

《象》曰:“伏戎于莽”,敌刚也。“三岁不兴”,安行也。

九四 乘其墉。弗克攻。吉。

《象》曰:“乘其墉”,义“弗克”也。其“吉”,则困而反则也。

九五 同人先号咷而后笑。大师克相遇。

《象》曰:“同人”之“先”,以中直也。“大师相遇”,言相“克”也。

上九 同人于郊。无悔。

《象》曰:“同人于郊”,志未得也。

14. ䷍(乾下离上)**大有** 元亨。

《彖》曰:大有。柔得尊位大中,而上下应之,曰:大有。其德刚健而文明,应乎天而时行,是以“元亨”。

《象》曰:火在天上,大有。君子以遏恶扬善,顺天休命。

初九 无交害。匪咎。艰则无咎。

《象》曰:大有“初九”,“无交害”也。

九二　大车以载。有攸往。无咎。

《象》曰："大车以载"，积中不败也。

九三　公用亨于天子。小人弗克。

《象》曰："公用亨于天子"，"小人"害也。

九四　匪其彭。无咎。

《象》曰："匪其彭。无咎"，明辩晢也。

六五　厥孚交如。威如。吉。

《象》曰："厥孚交如"，信以发志也。"威如"之"吉"，易而无备也。

上九　自天祐之。吉无不利。

《象》曰："大有"上"吉"，"自天祐"也。

15. ䷎（艮下坤上）**谦**　亨。君子有终。

《彖》曰：谦"亨"。天道下济而光明，地道卑而上行，天道亏盈而益谦，地道变盈而流谦，鬼神害盈而福谦，人道恶盈而好谦。谦尊而光，卑而不可逾，"君子"之"终"也。

《象》曰：地中有山，谦。君子以裒多益寡，称物平施。

初六　谦谦君子。用涉大川。吉。

《象》曰："谦谦君子"，卑以自牧也。

六二　鸣谦。贞吉。

《象》曰："鸣谦贞吉"，中心得也。

九三　劳谦君子。有终吉。

《象》曰："劳谦君子"，万民服也。

六四　无不利撝谦。

《象》曰："无不利撝谦"，不违则也。

六五　不富以其邻。利用侵伐。无不利。

《象》曰："利用侵伐"，征不服也。

上六　鸣谦。利用行师。征邑国。

《象》曰："鸣谦"，志未得也。可"用行师"，"征邑国"也。

16. ䷏（坤下震上）豫 利建侯行师。

《彖》曰：豫。刚应而志行，顺以动，豫。豫顺以动，故天地如之，而况“建侯行师”乎。天地以顺动，故日月不过，而四时不忒。圣人以顺动，则刑罚清而民服。豫之时义大矣哉。

《象》曰：雷出地奋，豫。先王以作乐崇德，殷荐之上帝，以配祖考。

初六 鸣豫。凶。

《象》曰：“初六鸣豫”，志穷“凶”也。

六二 介于石。不终日。贞吉。

《象》曰：“不终日贞吉”，以中正也。

六三 盱豫悔。迟有悔。

《象》曰：“盱豫有悔”，位不当也。

九四 由豫。大有得。勿疑。朋盍簪。

《象》曰：“由豫大有得”，志大行也。

六五 贞疾。恒不死。

《象》曰：“六五”，“贞疾”，乘刚也。“恒不死”，中未亡也。

上六 冥豫。成有渝。无咎。

《象》曰：“冥豫”在“上”，何可长也。

17. ䷐（震下兑上）随 元亨利贞。无咎。

《彖》曰：随。刚来而下柔，动而说，随。大“亨贞无咎”，而天下随时，随时之义大矣哉。

《象》曰：泽中有雷，随。君子以向晦入宴息。

初九 官有渝。贞吉。出门交有功。

《象》曰：“官有渝”，从正“吉”也。“出门交有功”，不失也。

六二 系小子。失丈夫。

《象》曰：“系小子”，弗兼与也。

六三 系丈夫。失小子。随有求得。利居贞。

《象》曰：“系丈夫”，志舍下也。

九四 随有获。贞凶。有孚在道以明。何咎。

《象》曰:“随有获”,其义“凶”也。“有孚在道”,“明”功也。

九五　孚于嘉。吉。

《象》曰:“孚于嘉吉”,位正中也。

上六　拘系之。乃从维之。王用亨于西山。

《象》曰:“拘系之”,“上”穷也。

18. ䷑(巽下艮上)**蛊**　元亨。利涉大川。先甲三日。后甲三日。

《彖》曰:蛊。刚上而柔下。巽而止,蛊。蛊“元亨”而天下治也。“利涉大川”,往有事也。“先甲三日,后甲三日”,终则有始,天行也。

《象》曰:山下有风,蛊。君子以振民育德。

初六　干父之蛊。有子。考无咎。厉终吉。

《象》曰:“干父之蛊”,意承“考”也。

九二　干母之蛊。不可贞。

《象》曰:“干母之蛊”,得中道也。

九三　干父之蛊。小有悔。无大咎。

《象》曰:“干父之蛊”,终“无咎”也。

六四　裕父之蛊。往见吝。

《象》曰:“裕父之蛊”,往未得也。

六五　干父之蛊。用誉。

《象》曰:“干父用誉”,承以德也。

上九　不事王侯。高尚其事。

《象》曰:“不事王侯”,志可则也。

19. ䷒(兑下坤上)**临**　元亨利贞。至于八月有凶。

《彖》曰:临,刚浸而长,说而顺,刚中而应。大“亨”以正,天之道也。“至于八月有凶”,消不久也。

《象》曰:泽上有地,临。君子以教思无穷,容保民无疆。

初九　咸临贞吉。

《象》曰:“咸临贞吉”,志行正也。

九二　咸临吉。无不利。

《象》曰："咸临吉。无不利"，未顺命也。

六三　甘临。无攸利。既忧之。无咎。

《象》曰："甘临"，位不当也。"既忧之"，"咎"不长也。

六四　至临。无咎。

《象》曰："至临无咎"，位当也。

六五　知临。大君之宜。吉。

《象》曰："大君之宜"，行中之谓也。

上六　敦临。吉。无咎。

《象》曰："敦临"之"吉"，志在内也。

20. ䷓（坤下巽上）**观**　盥而不荐。有孚颙若。

《彖》曰：大观在上，顺而巽，中正以观天下，观。"盥而不荐。有孚颙若"，下观而化也。观天之神道，而四时不忒。圣人以神道设教，而天下服矣。

《象》曰：风行地上，观。先王以省方观民设教。

初六　童观。小人无咎。君子吝。

《象》曰："初六童观"，"小人"道也。

六二　窥观。利女贞。

《象》曰："窥观女贞"，亦可丑也。

六三　观我生进退。

《象》曰："观我生进退"，未失道也。

六四　观国之光。利用宾于王。

《象》曰："观国之光"，尚"宾"也。

九五　观我生。君子无咎。

《象》曰："观我生"，观民也。

上九　观其生。君子无咎。

《象》曰："观其生"，志未平也。

21. ䷔（震下离上）**噬嗑**　亨。利用狱。

《彖》曰：颐中有物，曰：噬嗑。噬嗑而"亨"，刚柔分，动而明，雷电合而章。柔得中而上行，虽不当位，"利用狱"也。

《象》曰：雷电，噬嗑。先王以明罚敕法。

初九　屦校灭趾。无咎。

《象》曰："屦校灭趾"，不行也。

六二　噬肤灭鼻。无咎。

《象》曰："噬肤灭鼻"，乘刚也。

六三　噬腊肉。遇毒。小吝。无咎。

《象》曰："遇毒"，位不当也。

九四　噬干胏。得金矢。利艰贞。吉。

《象》曰："利艰贞吉"，未光也。

六五　噬干肉。得黄金。贞厉。无咎。

《象》曰："贞厉无咎"，得当也。

上九　何校灭耳。凶。

《象》曰："何校灭耳"，聪不明也。

22. ䷕（离下艮上）**贲**　亨。小利有攸往。

《彖》曰：贲"亨"。柔来而文刚，故"亨"。分刚上而文柔，故"小利有攸往"。天文也。文明以止，人文也。观乎天文，以察时变。观乎人文，以化成天下。

《象》曰：山下有火，贲。君子以明庶政，无敢折狱。

初九　贲其趾。舍车而徒。

《象》曰："舍车而徒"，义弗乘也。

六二　贲其须。

《象》曰："贲其须"，与上兴也。

九三　贲如濡如。永贞吉。

《象》曰："永贞"之"吉"，终莫之陵也。

六四　贲如皤如。白马翰如。匪寇婚媾。

《象》曰："六四"，当位疑也。"匪寇婚媾"，终无尤也。

六五　贲于丘园。束帛戋戋。吝。终吉。

《象》曰："六五"之"吉"，有喜也。

上九　白贲。无咎。

《象》曰："白贲无咎"，上得志也。

23. ䷖（坤下艮上）**剥**　不利有攸往。

《彖》曰：剥，剥也，柔变刚也。"不利有攸往"，小人长也。顺而止之，观象也。君子尚消息盈虚，天行也。

《象》曰：山附于地，剥。上以厚下安宅。

初六　剥床以足。蔑贞凶。

《象》曰："剥床以足"，以灭下也。

六二　剥床以辨。蔑贞凶。

《象》曰："剥床以辨"，未有与也。

六三　剥之无咎。

《象》曰："剥之无咎"，失上下也。

六四　剥床以肤。凶。

《象》曰："剥床以肤"，切近灾也。

六五　贯鱼。以宫人宠。无不利。

《象》曰："以宫人宠"，终无尤也。

上九　硕果不食。君子得舆。小人剥庐。

《象》曰："君子得舆"，民所载也。"小人剥庐"，终不可用也。

24. ䷗（震下坤上）**复**　亨。出入无疾。朋来无咎。反复其道。七日来复。利有攸往。

《彖》曰：复"亨"，刚反，动而以顺行。是以"出入无疾。朋来无咎。反复其道。七日来复"，天行也。"利有攸往"，刚长也。复其见天地之心乎。

《象》曰：雷在地中，复。先王以至日闭关，商旅不行，后不省方。

初九　不远复。无祇悔。元吉。

《象》曰："不远"之"复"，以修身也。

六二　休复。吉。

《象》曰："休复"之"吉"，以下仁也。

六三　频复。厉。无咎。

《象》曰："频复"之"厉"，义"无咎"也。

六四　中行独复。

《象》曰："中行独复"，以从道也。

六五　敦复。无悔。

《象》曰："敦复无悔"，中以自考也。

上六　迷复。凶。有灾眚。用行师。终有大败。以其国君凶。至于十年不克征。

《象》曰："迷复"之"凶"，反君道也。

25. ䷘（震下乾上）**无妄**　元亨利贞。其匪正有眚。不利有攸往。

《彖》曰：无妄，刚自外来，而为主于内，动而健，刚中而应。大"亨"以正，天之命也。"其匪正有眚。不利有攸往"，无妄之往，何之矣？天命不祐，行矣哉。

《象》曰：天下雷行物与，无妄。先王以茂对时育万物。

初九　无妄。往吉。

《象》曰："无妄"之"往"，得志也。

六二　不耕获。不菑畬。则利有攸往。

《象》曰："不耕获"，未富也。

六三　无妄之灾。或系之牛。行人之得。邑人之灾。

《象》曰："行人得牛"，"邑人灾"也。

九四　可贞。无咎。

《象》曰："可贞无咎"，固有之也。

九五　无妄之疾。勿药有喜。

《象》曰："无妄"之"药"，不可试也。

上九　无妄。行有眚。无攸利。

《象》曰："无妄"之"行"，穷之灾也。

26. ䷙（乾下艮上）**大畜**　利贞。不家食。吉。利涉大川。

《彖》曰：大畜，刚健笃实辉光，日新其德。刚上而尚贤，能止健，大正也。"不家食吉"，养贤也。"利涉大川"，应乎天也。

《象》曰：天在山中，大畜。君子以多识前言往行，以畜其德。

初九 有厉。利已。

《象》曰:“有厉利已”，不犯灾也。

九二 舆说輹。

《象》曰:“舆说輹”，中无尤也。

九三 良马逐。利艰贞。曰闲舆卫。利有攸往。

《象》曰:“利有攸往”，上合志也。

六四 童牛之牿。元吉。

《象》曰:“六四元吉”，有喜也。

六五 豮豕之牙。吉。

《象》曰:“六五”之“吉”，有庆也。

上九 何天之衢。亨。

《象》曰:“何天之衢”，道大行也。

27. ䷚（震下艮上）颐 贞吉。观颐。自求口实。

《彖》曰：颐。“贞吉”，养正则吉也。“观颐”，观其所养也。“自求口实”，观其自养也。天地养万物，圣人养贤以及万民，颐之时大矣哉。

《象》曰：山下有雷，颐。君子以慎言语，节饮食。

初九 舍尔灵龟。观我朵颐。凶。

《象》曰:“观我朵颐”，亦不足贵也。

六二 颠颐。拂经于丘。颐征凶。

《象》曰:“六二”“征凶”，行失类也。

六三 拂颐。贞凶。十年勿用。无攸利。

《象》曰:“十年勿用”，道大悖也。

六四 颠颐。吉。虎视眈眈。其欲逐逐。无咎。

《象》曰:“颠颐”之“吉”，上施光也。

六五 拂经。居贞吉。不可涉大川。

《象》曰:“居贞”之“吉”，顺以从上也。

上九 由颐。厉吉。利涉大川。

《象》曰:“由颐厉吉”，大有庆也。

28. ䷛（巽下兑上）**大过**　栋桡。利有攸往。亨。

《彖》曰：大过，大者过也。“栋桡”，本末弱也。刚过而中，巽而说行。“利有攸往”，乃“亨”。大过之时大矣哉。

《象》曰：泽灭木，大过。君子以独立不惧，遁世无闷。

初六　藉用白茅。无咎。

《象》曰：“藉用白茅”，柔在下也

九二　枯杨生稊。老夫得其女妻。无不利。

《象》曰：“老夫女妻”，过以相与也。

九三　栋桡。凶。

《象》曰：“栋桡”之“凶”，不可以有辅也。

九四　栋隆。吉。有它吝。

《象》曰：“栋隆”之“吉”，不桡乎下也。

九五　枯杨生华。老妇得其士夫。无咎无誉。

《象》曰：“枯杨生华”，何可久也。“老妇士夫”，亦可丑也。

上六　过涉灭顶。凶。无咎。

《象》曰：“过涉”之“凶”，不可“咎”也。

29. ䷜（坎下坎上）**习坎**　有孚。维心亨。行有尚。

《彖》曰：习坎，重险也。水流而不盈，行险而不失其信。“维心亨”，乃以刚中也。“行有尚”，往有功也，天险不可升也，地险山川丘陵也。王公设险以守其国，险之时用大矣哉。

《象》曰：水洊至，习坎。君子以常德行，习教事。

初六　习坎。入于坎窞。凶。

《象》曰：“习坎入坎”，失道“凶”也。

九二　坎有险。求小得。

《象》曰：“求小得”，未出中也。

六三　来之坎坎。险且枕。入于坎窞。勿用。

《象》曰：“来之坎坎”，终无功也。

六四　樽酒簋贰。用缶。纳约自牖。终无咎。

《象》曰："樽酒簋贰"，刚柔际也。

九五 坎不盈。祇既平。无咎。

《象》曰："坎不盈"，中未大也。

上六 系用徽纆。置于丛棘。三岁不得。凶。

《象》曰："上六"失道，"凶""三岁"也。

30. ䷝（离下离上）**离** 利贞。亨。畜牝牛。吉。

《彖》曰：离，丽也。日月丽乎天，百谷草木丽乎土，重明以丽乎正，乃化成天下。柔丽乎中正，故"亨"。是以"畜牝牛吉"也。

《象》曰：明两作，离。大人以继明照于四方。

初九 履错然。敬之。无咎。

《象》曰："履错"之"敬"，以辟咎也。

六二 黄离。元吉。

《象》曰："黄离元吉"，得中道也。

九三 日昃之离。不鼓缶而歌。则大耋之嗟。凶。

《象》曰："日昃之离"，何可久也。

九四 突如其来如。焚如。死如。弃如。

《象》曰："突如其来如"，无所容也。

六五 出涕沱若。戚嗟若。吉。

《象》曰："六五"之"吉"，离王公也。

上九 王用出征。有嘉。折首。获匪其丑。无咎。

《象》曰："王用出征"，以正邦也。

下 经

31. ䷞（艮下兑上）**咸** 亨。利贞。取女吉。

《彖》曰：咸，感也。柔上而刚下，二气感应以相与，止而说，男下女，是以“亨利贞取女吉”也。天地感而万物化生，圣人感人心而天下和平。观其所感，而天地万物之情可见矣。

《象》曰：山上有泽，咸。君子以虚受人。

初六　咸其拇。

《象》曰：“咸其拇”，志在外也。

六二　咸其腓。凶。居吉。

《象》曰：虽“凶居吉”，顺不害也。

九三　咸其股。执其随。往吝。

《象》曰：“咸其股”，亦不处也。志在“随”人，所执下也。

九四　贞吉悔亡。憧憧往来。朋从尔思。

《象》曰：“贞吉悔亡”，未感害也。“憧憧往来”，未光大也。

九五　咸其脢。无悔。

《象》曰：“咸其脢”，志末也。

上六　咸其辅颊舌。

《象》曰：“咸其辅颊舌”，滕口说也。

32. ䷟（巽下震上）**恒**　亨。无咎。利贞。利有攸往。

《彖》曰：恒，久也。刚上而柔下，雷风相与，巽而动，刚柔皆应，恒。“恒亨无咎。利贞”，久于其道也。天地之道，恒久而不已也。“利有攸往”，终则有始也。日月得天而能久照，四时变化而能久成。圣人久于其道，而天下化成。观其所恒，而天地万物之情可见矣。

《象》曰：雷风，恒。君子以立不易方。

初六　浚恒贞凶。无攸利。

《象》曰：“浚恒”之“凶”，始求深也。

九二　悔亡。

《象》曰：“九二悔亡”，能久中也。

九三　不恒其德。或承之羞。贞吝。

《象》曰：“不恒其德”，无所容也。

九四　田无禽。

《象》曰：久非其位，安得“禽”也。

六五 恒其德贞。妇人吉。夫子凶。

《象》曰:“妇人贞吉”,从一而终也。“夫子”制义,从妇“凶”也。

上六 振恒凶。

《象》曰:“振恒”在上,大无功也。

33. ䷠(艮下乾上)**遁** 亨。小利贞。

《彖》曰:遁“亨”,遁而亨也。刚当位而应,与时行也。“小利贞”,浸而长也。遁之时义大矣哉。

《象》曰:天下有山,遁。君子以远小人,不恶而严。

初六 遁尾厉。勿用有攸往。

《象》曰:“遁尾”之“厉”,不往何灾也。

六二 执之用黄牛之革。莫之胜说。

《象》曰:“执用黄牛”,固志也。

九三 系遁。有疾厉。畜臣妾吉。

《象》曰:“系遁”之“厉”,“有疾”惫也。“畜臣妾吉”,不可大事也。

九四 好遁。君子吉。小人否。

《象》曰:“君子”“好遁”,“小人否”也。

九五 嘉遁贞吉。

《象》曰:“嘉遁贞吉”,以正志也。

上九 肥遁无不利。

《象》曰:“肥遁无不利”,无所疑也。

34. ䷡(乾下震上)**大壮** 利贞。

《彖》曰:大壮,大者壮也。刚以动,故壮。大壮“利贞”,大者正也。正大而天地之情可见矣。

《象》曰:雷在天上,大壮。君子以非礼弗履。

初九 壮于趾。征凶有孚。

《象》曰:“壮于趾”,其“孚”穷也。

九二 贞吉。

《象》曰:“九二贞吉”,以中也。

九三　小人用壮。君子用罔。贞厉。羝羊触藩。羸其角。

《象》曰:“小人用壮”,“君子”罔也。

九四　贞吉。悔亡。藩决不羸。壮于大舆之輹。

《象》曰:“藩决不羸”,尚往也。

六五　丧羊于易。无悔。

《象》曰:“丧羊于易”,位不当也。

上六　羝羊触藩。不能退。不能遂。无攸利。艰则吉。

《象》曰:“不能退。不能遂”,不详也。“艰则吉”,咎不长也。

35. ䷢(坤下离上)**晋**　康侯用锡马蕃庶。昼日三接。

《彖》曰:晋,进也。明出地上。顺而丽乎大明,柔进而上行,是以“康侯用锡马蕃庶。昼日三接”也。

《象》曰:明出地上,晋。君子以自昭明德。

初六　晋如摧如。贞吉。罔孚。裕无咎。

《象》曰:“晋如摧如”,独行正也。“裕无咎”,未受命也。

六二　晋如愁如。贞吉。受兹介福。于其王母。

《象》曰:“受兹介福”,以中正也。

六三　众允悔亡。

《象》曰:“众允”之志,上行也。

九四　晋如鼫鼠。贞厉。

《象》曰:“鼫鼠贞厉”,位不当也。

六五　悔亡。失得勿恤。往吉无不利。

《象》曰:“失得勿恤”,往有庆也。

上九　晋其角。维用伐邑。厉吉无咎。贞吝。

《象》曰:“维用伐邑”,道未光也。

36. ䷣(离下坤上)**明夷**　利艰贞。

《彖》曰:明入地中,明夷。内文明而外柔顺,以蒙大难,文王以之。“利艰贞”,晦其明也。内难而能正其志,箕子以之。

《象》曰:明入地中,明夷。君子以莅众,用晦而明。

初九 明夷于飞。垂其翼。君子于行。三日不食。有攸往。主人有言。

《象》曰:“君子于行”,义“不食”也。

六二 明夷。夷于左股。用拯马壮吉。

《象》曰:“六二”之“吉”,顺以则也。

九三 明夷于南狩。得其大首。不可疾贞。

《象》曰:“南狩”之志,乃得大也。

六四 入于左腹。获明夷之心。于出门庭。

《象》曰:“入于左腹”,获心意也。

六五 箕子之明夷。利贞。

《象》曰:“箕子”之“贞”,“明”不可息也。

上六 不明晦。初登于天。后入于地。

《象》曰:“初登于天”,照四国也。“后入于地”,失则也。

37. ䷤(离下巽上)**家人** 利女贞。

《彖》曰:家人。女正位乎内,男正位乎外。男女正,天地之大义也。家人有严君焉,父母之谓也。父父,子子,兄兄,弟弟,夫夫,妇妇,而家道正。正家而天下定矣。

《象》曰:风自火出,家人。君子以言有物,而行有恒。

初九 闲有家。悔亡。

《象》曰:“闲有家”,志未变也。

六二 无攸遂。在中馈。贞吉。

《象》曰:“六二”之“吉”,顺以巽也。

九三 家人嗃嗃。悔厉吉。妇子嘻嘻。终吝。

《象》曰:“家人嗃嗃”,未失也。“妇子嘻嘻”,失家节也。

六四 富家大吉。

《象》曰:“富家大吉”,顺在位也。

九五 王假有家。勿恤吉。

《象》曰:“王假有家”,交相爱也。

上九 有孚威如。终吉。

《象》曰:“威如”之“吉”,反身之谓也。

38. ䷥（兑下离上）**睽**　小事吉。

《彖》曰：睽。火动而上，泽动而下。二女同居，其志不同行。说而丽乎明，柔进而上行，得中而应乎刚，是以“小事吉”。天地睽而其事同也，男女睽而其志通也，万物睽而其事类也。睽之时用大矣哉。

《象》曰：上火下泽，睽。君子以同而异。

初九　悔亡。丧马勿逐自复。见恶人。无咎。

《象》曰：“见恶人”，以辟“咎”也。

九二　遇主于巷。无咎。

《象》曰：“遇主于巷”，未失道也。

六三　见舆曳。其牛掣。其人天且劓。无初有终。

《象》曰：“见舆曳”，位不当也。“无初有终”，遇刚也。

九四　睽孤。遇元夫。交孚。厉无咎。

《象》曰：“交孚无咎”，志行也。

六五　悔亡。厥宗噬肤。往何咎。

《象》曰：“厥宗噬肤”，“往”有庆也。

上九　睽孤。见豕负涂。载鬼一车。先张之弧。后说之弧。匪寇婚媾。往遇雨则吉。

《象》曰：“遇雨”之“吉”，群疑亡也。

39. ䷦（艮下坎上）**蹇**　利西南。不利东北。利见大人。贞吉。

《彖》曰：蹇，难也，险在前也。见险而能止，知矣哉。蹇“利西南”，往得中也。“不利东北”，其道穷也。“利见大人”，往有功也。当位“贞吉”，以正邦也。蹇之时用大矣哉。

《象》曰：山上有水，蹇。君子以反身修德。

初六　往蹇来誉。

《象》曰：“往蹇来誉”，宜待也。

六二　王臣蹇蹇。匪躬之故。

《象》曰：“王臣蹇蹇”，终无尤也。

九三 往蹇来反。

《象》曰:“往蹇来反”,内喜之也。

六四 往蹇来连。

《象》曰:“往蹇来连”,当位实也。

九五 大蹇朋来。

《象》曰:“大蹇朋来”,以中节也。

上六 往蹇来硕。吉。利见大人。

《象》曰:“往蹇来硕”,志在内也。“利见大人”,以从贵也。

40. ䷧(坎下震上)**解** 利西南。无所往。其来复吉。有攸往。夙吉。

《彖》曰:解。险以动,动而免乎险,解。解“利西南”,往得众也。“其来复吉”,乃得中也。“有攸往夙吉”,往有功也。天地解而雷雨作,雷雨作而百果草木皆甲坼。解之时大矣哉。

《象》曰:雷雨作,解。君子以赦过宥罪。

初六 无咎。

《象》曰:刚柔之际,义“无咎”也。

九二 田获三狐。得黄矢。贞吉。

《象》曰:“九二”“贞吉”,得中道也。

六三 负且乘。致寇至。贞吝。

《象》曰:“负且乘”,亦可丑也。自我“致”戎,又谁咎也。

九四 解而拇。朋至斯孚。

《象》曰:“解而拇”,未当位也。

六五 君子维有解。吉。有孚于小人。

《象》曰:“君子有解”,“小人”退也。

上六 公用射隼于高墉之上。获之无不利。

《象》曰:“公用射隼”,以解悖也。

41. ䷨（兑下艮上）**损**　有孚。元吉。无咎可贞。利有攸往。曷之用。二簋可用享。

《彖》曰：损，损下益上，其道上行。损而“有孚。元吉。无咎可贞。利有攸往。曷之用。二簋可用享”，二簋应有时。损刚益柔有时，损益盈虚，与时偕行。

《象》曰：山下有泽，损。君子以惩忿窒欲。

初九　已事遄往。无咎。酌损之。

《象》曰：“已事遄往”，尚合志也。

九二　利贞。征凶。弗损益之。

《象》曰：“九二”“利贞”，中以为志也。

六三　三人行。则损一人。一人行。则得其友。

《象》曰：“一人行”，“三”则疑也。

六四　损其疾。使遄有喜。无咎。

《象》曰：“损其疾”，亦可“喜”也。

六五　或益之十朋之龟。弗克违。元吉。

《象》曰：“六五”“元吉”，自上祐也。

上九　弗损益之。无咎。贞吉。利有攸行。得臣无家。

《象》曰：“弗损益之”，大得志也。

42. ䷩（震下巽上）**益**　利有攸往。利涉大川。

《彖》曰：益，损上益下，民说无疆。自上下下，其道大光。“利有攸往”，中正有庆。“利涉大川”，木道乃行。益动而巽，日进无疆。天施地生，其益无方。凡益之道，与时偕行。

《象》曰：风雷，益。君子以见善则迁，有过则改。

初九　利用为大作。元吉无咎。

《象》曰：“元吉无咎”，下不厚事也。

六二　或益之十朋之龟。弗克违。永贞吉。王用享于帝吉。

《象》曰：“或益之”，自外来也。

六三　益之用凶事。无咎。有孚中行。告公用圭。

《象》曰:“益用凶事”,固有之也。

六四 中行。告公从。利用为依迁国。

《象》曰:“告公从”,以益志也。

九五 有孚惠心。勿问元吉。有孚惠我德。

《象》曰:“有孚惠心”,“勿问”之矣。“惠我德”,大得志也。

上九 莫益之。或击之。立心勿恒。凶。

《象》曰:“莫益之”,偏辞也。“或击之”,自外来也。

43. ䷪(乾下兑上)**夬** 扬于王庭。孚号有厉。告自邑。不利即戎。利有攸往。

《彖》曰:夬,决也,刚决柔也。健而说,决而和。“扬于王庭”,柔乘五刚也。“孚号有厉”,其危乃光也。“告自邑。不利即戎”,所尚乃穷也。“利有攸往”,刚长乃终也。

《象》曰:泽上于天,夬。君子以施禄及下,居德则忌。

初九 壮于前趾。往不胜为咎。

《象》曰:“不胜而往”,“咎”也。

九二 惕号。莫夜有戎。勿恤。

《象》曰:“有戎勿恤”,得中道也。

九三 壮于頄。有凶。君子夬夬。独行遇雨。若濡有愠。无咎。

《象》曰:“君子夬夬”,终“无咎”也。

九四 臀无肤。其行次且。牵羊悔亡。闻言不信。

《象》曰:“其行次且”,位不当也。“闻言不信”,聪不明也。

九五 苋陆夬夬。中行无咎。

《象》曰:“中行无咎”,中未光也。

上六 无号。终有凶。

《象》曰:“无号”之“凶”,终不可长也。

44. ䷫(巽下乾上)**姤** 女壮。勿用取女。

《彖》曰:姤,遇也,柔遇刚也。“勿用取女”,不可与长也。天地相遇,品物咸章也。刚遇中正,天下大行也。姤之时义大矣哉。

《象》曰：天下有风，姤。后以施命诰四方。

初六　系于金柅。贞吉。有攸往。见凶。羸豕孚蹢躅。

《象》曰："系于金柅"，柔道牵也。

九二　包有鱼。无咎。不利宾。

《象》曰："包有鱼"，义不及"宾"也。

九三　臀无肤。其行次且。厉。无大咎。

《象》曰："其行次且"，行未牵也。

九四　包无鱼。起凶。

《象》曰："无鱼"之"凶"，远民也。

九五　以杞包瓜。含章。有陨自天。

《象》曰："九五""含章"，中正也。"有陨自天"，志不舍命也。

上九　姤其角。吝。无咎。

《象》曰："姤其角"，上穷"吝"也。

45. ䷬（坤下兑上）**萃**　亨。王假有庙。利见大人。亨。利贞。用大牲吉。利有攸往。

《彖》曰：萃，聚也。顺以说，刚中而应，故聚也。"王假有庙"，致孝享也。"利见大人亨"，聚以正也。"用大牲吉。利有攸往"，顺天命也。观其所聚，而天地万物之情可见矣。

《象》曰：泽上于地，萃。君子以除戎器，戒不虞。

初六　有孚不终。乃乱乃萃。若号一握为笑。勿恤。往无咎。

《象》曰："乃乱乃萃"，其志乱也。

六二　引吉无咎。孚乃利用禴。

《象》曰："引吉无咎"，中未变也。

六三　萃如嗟如。无攸利。往无咎。小吝。

《象》曰："往无咎"，上巽也。

九四　大吉无咎。

《象》曰："大吉无咎"，位不当也。

九五　萃有位。无咎匪孚。元永贞。悔亡。

《象》曰："萃有位"，志未光也。

上六 赍咨涕洟。无咎。

《象》曰:“赍咨涕洟”，未安上也。

46. ䷭（巽下坤上）**升** 元亨。用见大人。勿恤。南征吉。

《彖》曰：柔以时升。巽而顺，刚中而应，是以大“亨”。“用见大人。勿恤”，有庆也。“南征吉”，志行也。

《象》曰：地中生木，升。君子以顺德，积小以高大。

初六 允升大吉。

《象》曰:“允升大吉”，上合志也。

九二 孚乃利用禴。无咎。

《象》曰:“九二”之“孚”，有喜也。

九三 升虚邑。

《象》曰:“升虚邑”，无所疑也。

六四 王用亨于岐山。吉。无咎。

《象》曰:“王用亨于岐山”，顺事也。

六五 贞吉升阶。

《象》曰:“贞吉升阶”，大得志也。

上六 冥升。利于不息之贞。

《象》曰:“冥升”在上，消不富也。

47. ䷮（坎下兑上）**困** 亨。贞大人吉。无咎。有言不信。

《彖》曰：困，刚掩也。险以说，困而不失其所“亨”，其惟君子乎。“贞大人吉”，以刚中也。“有言不信”，尚口乃穷也。

《象》曰：泽无水，困。君子以致命遂志。

初六 臀困于株木。入于幽谷。三岁不觌。

《象》曰:“入于幽谷”，幽不明也。

九二 困于酒食。朱绂方来。利用享祀。征凶无咎。

《象》曰:“困于酒食”，中有庆也。

六三 困于石。据于蒺藜。入于其宫。不见其妻。凶。

《象》曰:“据于蒺藜”，乘刚也。“入于其宫。不见其妻”，不祥也。

九四　来徐徐。困于金车。吝。有终。

《象》曰："来徐徐"，志在下也。虽不当位，有与也。

九五　劓刖。困于赤绂。乃徐有说。利用祭祀。

《象》曰："劓刖"，志未得也。"乃徐有说"，以中直也。"利用祭祀"，受福也。

上六　困于葛藟。于臲卼。曰动悔有悔。征吉。

《象》曰："困于葛藟"，未当也。"动悔有悔"，"吉"行也。

48. ䷯（巽下坎上）井　改邑不改井。无丧无得。往来井井。汔至亦未繘井。羸其瓶。凶。

《象》曰：巽乎水而上水，井。井养而不穷也。"改邑不改井"，乃以刚中也。"汔至亦未繘井"，未有功也。"羸其瓶"，是以凶也。

《象》曰：木上有水，井。君子以劳民劝相。

初六　井泥不食。旧井无禽。

《象》曰："井泥不食"，下也。"旧井无禽"，时舍也。

九二　井谷射鲋。瓮敝漏。

《象》曰："井谷射鲋"，无与也。

九三　井渫不食。为我心恻。可用汲。王明。并受其福。

《象》曰："井渫不食"，行"恻"也。求"王明"，"受福"也。

六四　井甃无咎。

《象》曰："井甃无咎"，修井也。

九五　井洌。寒泉食。

《象》曰："寒泉"之"食"，中正也。

上六　井收勿幕。有孚元吉。

《象》曰："元吉"在"上"，大成也。

49. ䷰（离下兑上）革　巳日乃孚。元亨。利贞。悔亡。

《象》曰：革。水火相息，二女同居，其志不相得，曰革。"巳日乃孚"，革而信之。文明以说，大"亨"以正。革而当，其"悔"乃"亡"。天地革而四时成。汤武革命，顺乎天而应乎人。革之时大矣哉。

《象》曰：泽中有火，革。君子以治历明时。

初九 巩用黄牛之革。

《象》曰："巩用黄牛"，不可以有为也。

六二 巳日乃革之。征吉无咎。

《象》曰："巳日革之"，行有嘉也。

九三 征凶贞厉。革言三就。有孚。

《象》曰："革言三就"，又何之矣。

九四 悔亡有孚。改命吉。

《象》曰："改命"之"吉"，信志也。

九五 大人虎变。未占有孚。

《象》曰："大人虎变"，其文炳也。

上六 君子豹变。小人革面。征凶。居贞吉。

《象》曰："君子豹变"，其文蔚也。"小人革面"，顺以从君也。

50. ䷱（巽下离上）鼎 元吉。亨。

《彖》曰：鼎，象也。以木巽火，亨饪也。圣人亨以享上帝，而大亨以养圣贤。巽而耳目聪明，柔进而上行，得中而应乎刚，是以"元亨"。

《象》曰：木上有火，鼎。君子以正位凝命。

初六 鼎颠趾。利出否。得妾以其子。无咎。

《象》曰："鼎颠趾"，未悖也。"利出否"，以从贵也。

九二 鼎有实。我仇有疾。不我能即。吉。

《象》曰："鼎有实"，慎所之也。"我仇有疾"，终无尤也。

九三 鼎耳革。其行塞。雉膏不食。方雨亏悔。终吉。

《象》曰："鼎耳革"，失其义也。

九四 鼎折足。覆公𫗧。其形渥。凶。

《象》曰："覆公𫗧"，信如何也。

六五 鼎黄耳金铉。利贞。

《象》曰："鼎黄耳"，中以为实也。

上九 鼎玉铉。大吉。无不利。

《象》曰："玉铉"在"上"，刚柔节也。

51. ䷲（震下震上）**震**　亨。震来虩虩。笑言哑哑。震惊百里。不丧匕鬯。

《彖》曰：震“亨”，“震来虩虩”，恐致福也。“笑言哑哑”，后有则也。“震惊百里"，惊远而惧迩也。出可以守宗庙社稷，以为祭主也。

《象》曰：洊雷，震。君子以恐惧修省。

初九　震来虩虩。后笑言哑哑。吉。

《象》曰：“震来虩虩”，恐致福也。“笑言哑哑”，“后”有则也。

六二　震来厉。亿丧贝。跻于九陵。勿逐。七日得。

《象》曰：“震来厉”，乘刚也。

六三　震苏苏。震行无眚。

《象》曰：“震苏苏”，位不当也。

九四　震遂泥。

《象》曰：“震遂泥”，未光也。

六五　震往来厉。意无丧有事。

《象》曰：“震往来厉”，危行也。其事在中，大“无丧”也。

上六　震索索。视矍矍。征凶。震不于其躬。于其邻。无咎。婚媾有言。

《象》曰：“震索索”，中未得也。虽“凶”“无咎”，畏邻戒也。

52. ䷳（艮下艮上）**艮**　其背。不获其身。行其庭。不见其人。无咎。

《彖》曰：艮止也。时止则止，时行则行。动静不失其时，其道光明。艮其止，止其所也。上下敌应，不相与也。是以“不获其身。行其庭。不见其人。无咎”也。

《象》曰：兼山，艮。君子以思不出其位。

初六　艮其趾。无咎。利永贞。

《象》曰：“艮其趾”，未失正也。

六二　艮其腓。不拯其随。其心不快。

《象》曰：“不拯其随”，未退听也。

九三　艮其限。列其夤。厉熏心。

《象》曰:“艮其限”,危“熏心”也。

六四 艮其身。无咎。

《象》曰:“艮其身”,止诸躬也。

六五 艮其辅。言有序。悔亡。

《象》曰:“艮其辅”,以中正也。

上九 敦艮吉。

《象》曰:“敦艮”之“吉”,以厚终也。

53. ䷴(艮下巽上)**渐** 女归吉。利贞。

《彖》曰:渐之进也,“女归吉”也。进得位,往有功也。进以正,可以正邦也。其位刚得中也。止而巽,动不穷也。

《象》曰:山上有木,渐。君子以居贤德善俗。

初六 鸿渐于干。小子厉有言。无咎。

《象》曰:“小子”之“厉”,义“无咎”也。

六二 鸿渐于磐。饮食衎衎。吉。

《象》曰:“饮食衎衎”,不素饱也。

九三 鸿渐于陆。夫征不复。妇孕不育。凶。利御寇。

《象》曰:“夫征不复”,离群丑也。“妇孕不育”,失其道也。“利用御寇”,顺相保也。

六四 鸿渐于木。或得其桷。无咎。

《象》曰:“或得其桷”,顺以巽也。

九五 鸿渐于陵。妇三岁不孕。终莫之胜。吉。

《象》曰:“终莫之胜吉”,得所愿也。

上九 鸿渐于陆。其羽可用为仪。吉。

《象》曰:“其羽可用为仪吉”,不可乱也。

54. ䷵(兑下震上)**归妹** 征凶。无攸利。

《彖》曰:归妹,天地之大义也。天地不交,而万物不兴。归妹,人之终始也。说以动,所归妹也。“征凶”,位不当也。“无攸利”,柔乘刚也。

《象》曰:泽上有雷,归妹。君子以永终知敝。

初九　归妹以娣。跛能履。征吉。

《象》曰："归妹以娣"，以恒也。"跛能履吉"，相承也。

九二　眇能视。利幽人之贞。

《象》曰："利幽人之贞"，未变常也。

六三　归妹以须。反归以娣。

《象》曰："归妹以须"，未当也。

九四　归妹愆期。迟归有时。

《象》曰："愆期"之志，有待而行也。

六五　帝乙归妹。其君之袂。不如其娣之袂良。月几望吉。

《象》曰："帝乙归妹"，"不如其娣之袂良"也。其位在中，以贵行也。

上六　女承筐无实。士刲羊无血。无攸利。

《象》曰："上六""无实"，"承"虚"筐"也。

55. ䷶（离下震上）丰　亨。王假之。勿忧。宜日中。

《彖》曰：丰大也。明以动，故丰。"王假之"，尚大也。"勿忧宜日中"，宜照天下也。日中则昃，月盈则食。天地盈虚，与时消息。而况于人乎，况于鬼神乎。

《象》曰：雷电皆至，丰。君子以折狱致刑。

初九　遇其配主。虽旬无咎。往有尚。

《象》曰："虽旬无咎"，过旬灾也。

六二　丰其蔀。日中见斗。往得疑疾。有孚发若。吉。

《象》曰："有孚发若"，信以发志也。

九三　丰其沛。日中见沬。折其右肱。无咎。

《象》曰："丰其沛"，不可大事也。"折其右肱"，终不可用也。

九四　丰其蔀。日中见斗。遇其夷主。吉。

《象》曰："丰其蔀"，位不当也。"日中见斗"，幽不明也。"遇其夷主"，"吉"行也。

六五　来章。有庆誉吉。

《象》曰："六五"之"吉"，"有庆"也。

上六　丰其屋。蔀其家。窥其户。阒其无人。三岁不觌。凶。

《象》曰："丰其屋"，天际翔也。"窥其户。阒其无人"，自藏也。

56. ䷷（艮下离上）旅　小亨。旅贞吉。

《彖》曰：旅。"小亨"。柔得中乎外而顺乎刚，止而丽乎明，是以"小亨旅贞吉"也。旅之时义大矣哉。

《象》曰：山上有火，旅。君子以明慎用刑，而不留狱。

初六　旅琐琐。斯其所取灾。

《象》曰："旅琐琐"，志穷"灾"也。

六二　旅即次。怀其资。得童仆贞。

《象》曰："得童仆贞"，终无尤也。

九三　旅焚其次。丧其童仆。贞厉。

《象》曰："旅焚其次"，亦以伤矣。以旅与下，其义"丧"也。

九四　旅于处。得其资斧。我心不快。

《象》曰："旅于处"，未得位也。"得其资斧"，"心"未"快"也。

六五　射雉。一矢亡。终以誉命。

《象》曰："终以誉命"，上逮也。

上九　鸟焚其巢。旅人先笑后号咷。丧牛于易。凶。

《象》曰：以"旅"在"上"，其义"焚"也。"丧牛于易"，终莫之闻也。

57. ䷸（巽下巽上）巽　小亨。利有攸往。利见大人。

《彖》曰：重巽以申命。刚巽乎中正而志行。柔皆顺乎刚，是以"小亨。利有攸往。利见大人"。

《象》曰：随风，巽。君子以申命行事。

初六　进退。利武人之贞。

《象》曰："进退"，志疑也。"利武人之贞"，志治也。

九二　巽在床下。用史巫。纷若吉。无咎。

《象》曰："纷若"之"吉"，得中也。

九三　频巽吝。

《象》曰："频巽"之"吝"，志穷也。

六四　悔亡。田获三品。

《象》曰:“田获三品”,有功也。

九五　贞吉悔亡。无不利。无初有终。先庚三日。后庚三日。吉。

《象》曰:“九五”之“吉”,位正中也。

上九　巽在床下。丧其资斧。贞凶。

《象》曰:“巽在床下”,“上”穷也。“丧其资斧”,正乎“凶”也。

58. ䷹(兑下兑上)**兑**　亨。利贞。

《彖》曰:兑说也。刚中而柔外,说以“利贞”,是以顺乎天而应乎人。说以先民,民忘其劳。说以犯难,民忘其死。说之大,民劝矣哉。

《象》曰:丽泽,兑。君子以朋友讲习。

初九　和兑吉。

《象》曰:“和兑”之“吉”,行未疑也。

九二　孚兑吉。悔亡。

《象》曰:“孚兑”之“吉”,信志也。

六三　来兑凶。

《象》曰:“来兑”之“凶”,位不当也。

九四　商兑未宁。介疾有喜。

《象》曰:“九四”之“喜”,有庆也。

九五　孚于剥。有厉。

《象》曰:“孚于剥”,位正当也。

上六　引兑。

《象》曰:“上六”“引兑”,未光也。

59. ䷺(坎下巽上)**涣**　亨。王假有庙。利涉大川。利贞。

《彖》曰:涣“亨”,刚来而不穷,柔得位乎外而上同。“王假有庙”,王乃在中。“利涉大川”,乘木有功也。

《象》曰:风行水上,涣。先王以享于帝立庙。

初六　用拯马壮吉。

《象》曰:“初六”之“吉”,顺也。

九二　涣奔其机。悔亡。

《象》曰:“涣奔其机”，得愿也。

六三　涣其躬。无悔。

《象》曰:“涣其躬”，志在外也。

六四　涣其群元吉。涣有丘。匪夷所思。

《象》曰:“涣其群元吉”，光大也。

九五　涣汗其大号。涣。王居无咎。

《象》曰:“王居无咎”，正位也。

上九　涣其血。去逖出。无咎。

《象》曰:“涣其血”，远害也。

60. ䷻（兑下坎上）**节**　亨。苦节不可贞。

《彖》曰：节“亨”，刚柔分而刚得中。“苦节不可贞”，其道穷也。说以行险，当位以节，中正以通。天地节而四时成。节以制度，不伤财，不害民。

《象》曰：泽上有水，节。君子以制数度，议德行。

初九　不出户庭。无咎。

《象》曰:“不出户庭”，知通塞也。

九二　不出门庭。凶。

《象》曰:“不出门庭凶”，失时极也。

六三　不节若。则嗟若。无咎。

《象》曰:“不节”之“嗟”，又谁“咎”也。

六四　安节亨。

《象》曰:“安节”之“亨”，承上道也。

九五　甘节吉。往有尚。

《象》曰:“甘节”之“吉”，居位中也。

上六　苦节贞凶。悔亡。

《象》曰:“苦节贞凶”，其道穷也。

61. ䷼（兑下巽上）**中孚**　豚鱼吉。利涉大川。利贞。

《彖》曰：中孚，柔在内而刚得中，说而巽孚，乃化邦也。“豚鱼吉”，信及豚鱼也。“利涉大川”，乘木舟虚也。中孚以“利贞”，乃应乎天也。

《象》曰：泽上有风，中孚。君子以议狱缓死。

初九　虞吉。有它不燕。

《象》曰："初九""虞吉"，志未变也。

九二　鸣鹤在阴。其子和之。我有好爵。吾与尔靡之。

《象》曰："其子和之"，中心愿也。

六三　得敌。或鼓或罢。或泣或歌。

《象》曰："或鼓或罢"，位不当也。

六四　月几望。马匹亡。无咎。

《象》曰："马匹亡"，绝类上也。

九五　有孚挛如。无咎。

《象》曰："有孚挛如"，位正当也。

上九　翰音登于天。贞凶。

《象》曰："翰音登于天"，何可长也。

62. ䷽（艮下震上）**小过**　亨。利贞。可小事。不可大事。飞鸟遗之音。不宜上宜下。大吉。

《彖》曰：小过，小者过而亨也。过以"利贞"，与时行也。柔得中是以"小事""吉"也。刚失位而不中，是以"不可大事"也。有"飞鸟"之象焉，"飞鸟遗之音。不宜上宜下。大吉"，上逆而下顺也。

《象》曰：山上有雷，小过。君子以行过乎恭，丧过乎哀，用过乎俭。

初六　飞鸟以凶。

《象》曰："飞鸟以凶"，不可如何也。

六二　过其祖。遇其妣。不及其君，遇其臣。无咎。

《象》曰："不及其君"，臣不可过也。

九三　弗过防之。从或戕之。凶。

《象》曰："从或戕之"，"凶"如何也。

九四　无咎。弗过遇之。往厉必戒。勿用永贞。

《象》曰："弗过遇之"，位不当也。"往厉必戒"，终不可长也。

六五　密云不雨。自我西郊。公弋取彼在穴。

《象》曰："密云不雨"，已上也。

上六　弗遇过之。飞鸟离之。凶。是谓灾眚。

《象》曰:“弗遇过之”，已亢也。

63. ䷾（离下坎上）**既济**　亨小。利贞。初吉。终乱。

《彖》曰：既济“亨”，“小”者亨也。“利贞”，刚柔正而位当也。“初吉”，柔得中也。“终”止则“乱”，其道穷也。

《象》曰：水在火上，既济。君子以思患而豫防之。

初九　曳其轮。濡其尾。无咎。

《象》曰:“曳其轮”，义“无咎”也。

六二　妇丧其茀。勿逐。七日得。

《象》曰:“七日得”，以中道也。

九三　高宗伐鬼方。三年克之。小人勿用。

《象》曰:“三年克之”，惫也。

六四　繻有衣袽。终日戒。

《象》曰:“终日戒”，有所疑也。

九五　东邻杀牛。不如西邻之禴祭。实受其福。

《象》曰:“东邻杀牛”，“不如西邻”之时也。“实受其福”，吉大来也。

上六　濡其首。厉。

《象》曰:“濡其首厉”，何可久也。

64. ䷿（坎下离上）**未济**　亨。小狐汔济。濡其尾。无攸利。

《彖》曰：未济“亨”，柔得中也。“小狐汔济”，未出中也。“濡其尾。无攸利”，不续终也。虽不当位，刚柔应也。

《象》曰：火在水上，未济。君子以慎辨物居方。

初六　濡其尾。吝。

《象》曰:“濡其尾”，亦不知极也。

九二　曳其轮。贞吉。

《象》曰:“九二”“贞吉”，中以行正也。

六三　未济征凶。利涉大川。

《象》曰:“未济征凶”，位不当也。

九四　贞吉悔亡。震用伐鬼方。三年有赏于大国。

《象》曰:“贞吉悔亡”，志行也。

六五　贞吉无悔。君子之光。有孚吉。

《象》曰:“君子之光”，其晖“吉”也。

上九　有孚于饮酒。无咎。濡其首。有孚失是。

《象》曰:“饮酒濡首”，亦不知节也。

系　辞　上

天尊地卑，乾坤定矣。卑高以陈，贵贱位矣。动静有常，刚柔断矣。方以类聚，物以群分，吉凶生矣。在天成象，在地成形，变化见矣。是故刚柔相摩，八卦相荡。鼓之以雷霆，润之以风雨。日月运行，一寒一暑。乾道成男，坤道成女。乾知大始，坤作成物。乾以易知，坤以简能。易则易知，简则易从。易知则有亲，易从则有功。有亲则可久，有功则可大。可久则贤人之德，可大则贤人之业。易简而天下之理得矣。天下之理得，而成位乎其中矣。

圣人设卦观象，系辞焉而明吉凶，刚柔相推而生变化。是故吉凶者，失得之象也。悔吝者，忧虞之象也。变化者，进退之象也。刚柔者，昼夜之象也。六爻之动，三极之道也。是故君子所居而安者，《易》之序也。所乐而玩者，爻之辞也。是故君子居则观其象而玩其辞，动则观其变而玩其占。是以自天祐之，吉无不利。

《彖》者，言乎象者也。爻者，言乎变者也。吉凶者，言乎其失得也。悔吝者，言乎其小疵也。无咎者，善补过也。是故列贵贱者存乎位，齐小大者存乎卦，辩吉凶者存乎辞，忧悔吝者存乎介，震无咎者存乎悔。是故卦有大小，辞有险易。辞也者，各指其所之。《易》与天地准，故能弥纶天地之道。仰以观于天文，俯以察于地理，是故知幽明之故。原始反终，故知死生之说。

精气为物，游魂为变，是故知鬼神之情状。与天地相似，故不违。知周乎万物，而道济天下，故不过。旁行而不流，乐天知命，故不忧。安土敦乎仁，故能爱。范围天地之化而不过，曲成万物而不遗，通乎昼夜之道而知，故神无方而易无体。一阴一阳之谓道。继之者善也，成之者性也。仁者见之谓之仁，知者见之谓之知。百姓日用而不知，故君子之道鲜矣。

显诸仁，藏诸用，鼓万物而不与圣人同忧，盛德大业至矣哉。富有之谓大业，日新之谓盛德，生生之谓易，成象之谓乾，效法之谓坤，极数知来之谓占，通变之谓事，阴阳不测之谓神。夫易广矣大矣，以言乎远则不御，以言乎迩则静而正，以言乎天地之间则备矣。夫乾，其静也专，其动也直，是以大生焉。夫坤，其静也翕，其动也辟，是以广生焉。广大配天地，变通配四时，阴阳之义配日月，易简之善配至德。子曰："《易》其至矣乎。夫《易》，圣人所以崇德而广业也。知崇礼卑。崇效天，卑法地。天地设位而《易》行乎其中矣。成性存存，道义之门。"

圣人有以见天下之赜，而拟诸其形容，象其物宜，是故谓之象。圣人有以见天下之动，而观其会通，以行其典礼，系辞焉以断其吉凶，是故谓之爻。言天下之至赜而不可恶也，言天下之至动而不可乱也。拟之而后言，议之而后动，拟议以成其变化。"鸣鹤在阴，其子和之。我有好爵，吾与尔靡之。"子曰："君子居其室，出其言善，则千里之外应之，况其迩者乎。居其室，出其言不善，则千里之外违之，况其迩者乎。言出乎身，加乎民。行发乎迩，见乎远。言行君子之枢机，枢机之发，荣辱之主也。言行，君子之所以动天地也，可不慎乎。""同人先号咷而后笑"。子曰："君子之道，或出或处，或默或语。二人同心，其利断金。同心之言，其臭如兰。"

初六："藉用白茅。无咎。"子曰："苟错诸地而可矣。藉之用茅，何咎之有？慎之至也。夫茅之为物薄，而用可重也。慎斯术也以往，其无所失矣。""劳谦。君子有终。吉。"子曰："劳而不伐，有功而不德，厚之至也。语以其功下人者也。德言盛，礼言恭。谦也者，致恭以存其位者也。""亢龙有悔。"子曰："贵而无位，高而无民，贤人在下位而无辅，是以动而有悔也。""不出户庭无咎。"子曰："乱之所生也，则言语以为阶。君不密则失臣，臣不密则失身，几事不密则害成。是以君子慎密而不出也。"子曰："作《易》者其知盗乎。《易》曰：'负且乘，致寇至。'负也者，小人之事也。乘也者，君子之器也。小人而乘君子之器，盗思夺之矣。上慢下暴，盗思伐之矣。慢藏诲盗，冶容诲淫。《易》曰：'负且乘致寇至'。盗之招也。"

大衍之数五十，其用四十有九。分而为二以象两。挂一以象三。揲之以四以象四时。归奇于扐以象闰。五岁再闰，故再扐而后挂。天数五，地数五。五位相得而各有合。天数二十有五，地数三十。凡天地之数，五十有五，此所以成变化而行鬼神也。乾之策，二百一十有六。坤之策，百四十有四。凡三百有六十，当期之日。二篇之策，万有一千五百二十，当万物之数也。是故四营而成《易》，十有八变而成卦，八卦而小成。引而伸之，触类而长之，天下之能事毕矣。显道神德行，是故可与酬酢，可与祐神矣。

子曰："知变化之道者，其知神之所为乎。《易》有圣人之道四焉：以言者尚其辞，以动者尚其变，以制器者尚其象，以卜筮者尚其占。"是以君子将有为也，将有行也，问焉而以言。其受命也如响，无有远近幽深，遂知来物。非天下之至精，其孰能与于此。参伍以变，错综其数，通其变，遂成天地之文。极其数，遂定天下之象。非天下之至变，其孰能与于此。《易》，无思也，无为也，寂然不动，感而遂通天下之故。非天下之至神，其孰能与于此。夫《易》，圣人之所以极深而研几也。唯深也，故能通天下之志。唯几也，故能成天下之务。唯神也，故不疾而速，不行而至。子曰"《易》有圣人之道四焉"者，此之谓也。

天一，地二。天三，地四。天五，地六。天七，地八。天九，地十。子曰："夫《易》何为者也？夫《易》，开物成务。冒天下之道，如斯而已者也。"是故圣人以通天下之志，以定天下之业，以断天下之疑。是故蓍之德圆而神，卦之德方以知，六爻之义易以贡。圣人以此洗心，退藏于密，吉凶与民同患。神以知来，知以藏往，其孰能与此哉。古之聪明睿知，神武而不杀者夫。是以明于天之道，而察于民之故，是兴神物以前民用。圣人以此斋戒，以神明其德夫。是故阖户谓之坤，辟户谓之乾，一阖一辟谓之变，往来不穷谓之通。见乃谓之象，形乃谓之器，制而用之谓之法。利用出入，民咸用之谓之神。

是故《易》有太极，是生两仪，两仪生四象，四象生八卦。八卦定吉凶，吉凶生大业。是故法象莫大乎天地，变通莫大乎四时，县象著明莫大乎日月，崇高莫大乎富贵。备物致用，立成器以为天下利，莫大乎圣人。探赜索隐，钩深致远，以定天下之吉凶，成天下之亹亹者，莫大乎蓍龟。是故天生神物，圣人则之。天地变化，圣人效之。天垂象，见吉凶，圣人象之。河出图，洛出书，圣人则之。《易》有四象，所以示也。系辞焉，所以告也。定之以吉凶，所以断也。《易》曰："自天祐之。吉无不利。"子曰："祐者助也，天之所助者顺也，人之所助者信也。履信思乎顺，又以尚贤也。是以‘自天祐之。吉无不利’也。”

子曰：“书不尽言，言不尽意。”然则圣人之意，其不可见乎？子曰：“圣人立象以尽意，设卦以尽情伪，系辞焉以尽其言，变而通之以尽利，鼓之舞之以尽神。”乾坤其《易》之缊邪？乾坤成列，而《易》立乎其中矣。乾坤毁，则无以见《易》。《易》不可见，则乾坤或几乎息矣。是故形而上者谓之道，形而下者谓之器。化而裁之谓之变，推而行之谓之通。举而错之天下之民，谓之事业。是故夫象，圣人有以见天下之赜，而拟诸其形容，象其物宜，是故谓之象。圣人有以见天下之动，而观其会通，以行其典礼，系辞焉以断其吉凶，是故谓之爻。极天下之赜者存乎卦，鼓天之动者存乎辞，化而裁之存乎变，推而行之存乎通，神而明之存乎其人。默而成之，不言而信，存乎德行。

系 辞 下

八卦成列，象在其中矣。因而重之，爻在其中矣。刚柔相推，变在其中矣。系辞焉而命之，动在其中矣。吉凶悔吝者，生乎动者也。刚柔者，立本者也。变通者，趣时者也。吉凶者，贞胜者也。天地之道，贞观者也。日月之道，贞明者也。天下之动，贞夫一者也。夫乾确然示人易矣。夫坤隤然示人简矣。爻也者，效此者也。象也者，像此者也。爻象动乎内，吉凶见乎外，功业见乎变，圣人之情见乎辞。天地之大德曰生，圣人之大宝曰位，何以守位曰仁，何以聚人曰财。理财正辞，禁民为非曰义。

古者庖牺氏之王天下也，仰则观象于天，俯则观法于地，观鸟兽之文，与地之宜，近取诸身，远取诸物，于是始作八卦，以通神明之德，以类万物之情。作结绳而为罔罟，以佃以渔，盖取诸离。庖牺氏没，神农氏作；斫木为耜，揉木为耒；耒耨之利，以教天下；盖取诸益。日中为市，致天下之民，聚天下之货，交易而退，各得其所，盖取诸噬嗑。神农氏没，黄帝、尧、舜氏作。通其变，使民不倦。神而化之，使民宜之。《易》穷则变，变则通，通则久。是以自天祐之，吉无不利。黄帝、尧、舜垂衣裳而天下治，盖取诸乾坤。

刳木为舟，剡木为楫；舟楫之利，以济不通。致远以利天下；盖取诸涣。服牛乘马，引重致远，以利天下，盖取诸随。重门击柝，以待暴客，盖取诸豫。断木为杵，掘地为臼；臼杵之利，万民以济；盖取诸小过。弦木为弧，剡木为矢；弧矢之利，以威天下；盖取诸睽。上古穴居而野处。后世圣人易之以宫室；上栋下宇，以待风雨；盖取诸大壮。古之葬者，厚衣之以薪，葬之中野，不封不树，丧期无数；后世圣人易之以棺椁；盖取诸大过。上古结绳而治，后世圣人易之以书契；百官以治，万民以察；盖取诸夬。

是故易者象也。象也者像也。彖者材也。爻也者效天下之动者也。是故吉凶生而悔吝著也。阳卦多阴，阴卦多阳，其故何也？阳卦奇，阴卦偶。其德行何也？阳一君而二民，君子之道也。阴二君而一民，小人之道也。《易》曰："憧憧往来。朋从尔思。"子曰："天下何思何虑？天下同归而殊途，一致而百虑。天下何思何虑？日往则月来，月往则日来，日月相推而明生焉。寒往则暑来，暑往则寒来，寒暑相推而岁成焉。往者屈也，来者信也，屈信相感而利生焉。尺蠖之屈，以求信也。龙蛇之蛰，以存身也。精义入神，以致用也。利用安身，以崇德也。过此以往，未之或知也。穷神知化，德之盛也。"

《易》曰："困于石。据于蒺藜。入于其宫。不见其妻。凶。"子曰："非所困而困焉，名必辱。非所据而据焉，身必危。既辱且危，死期将至，妻其可得见耶。"《易》曰："公用射隼于高墉之上。获之无不利。"子曰："隼者禽也。弓矢者器也。射之者人也。君子藏器于身，待时而动，何不利之有。动而不括，是以出而有获，语成器而动者也。"子曰："小人不耻不仁，不畏不义，不见利不劝，不威不惩。小惩而大诫，此小人之福也。"《易》曰："履校灭趾无咎。"此之谓也。善不积不足以成名，恶不积不足以灭身。小人以小善为无益而弗为也，以小恶为无伤而弗去也，故恶积而不可掩，罪大而不可解。《易》曰："何校灭耳凶。"子曰："危者安其位者也，亡者保其存者也，乱者有其治者也。是故君子安而不忘危，存而不忘亡，治而不忘乱。是以身安而国家可保也。"《易》曰："其亡其亡。系于苞桑。"子曰："德薄而位尊，知小而谋大，力小而任重，鲜不及矣。"《易》曰："鼎折足。覆公悚。其形渥凶。"言不胜其任也。子曰："知几其神乎。君子上交不谄，下交不渎，其知几乎。几者动之微，吉之先见者也。君子见几而作，不俟终日。"《易》曰："介于石，不终日。贞吉。"介如石焉，宁用终日，断可识矣。君子知微知彰，知柔知刚，万夫之望。子曰:“颜氏之子，其殆庶几乎。有不善未尝不知，知之未尝复行也。”《易》曰:“不远复。无只悔。元吉。”天地细缊，万物化醇。男女构精，万物化生。《易》曰:“三人行。则损一人。一人行。则得其友。”言致一也。子曰:“君子安其身而后动，易其心而后语，定其交而后求。君子修此三者，故全也。危以动，则民不与也。惧以语，则民不应也。无交而求，则民不与也。莫之与，则伤之者至矣。”易曰:“莫益之。或击之。立心勿恒凶。”

子曰:“乾坤其《易》之门邪。”乾阳物也，坤阴物也。阴阳合德，而刚柔有体。以体天地之撰，以通神明之德。其称名也，杂而不越。于稽其类，其衰世之意邪？夫《易》，彰往而察来，而微显阐幽，开而当名，辨物正言，断辞则备矣。其称名也小，其取类也大。其旨远，其辞文。其言曲而中，其事肆而隐。因贰以济民行，以明失得之报。

《易》之兴也，其于中古乎？作《易》者，其有忧患乎？是故履德之基也，谦德之柄也，复德之本也，恒德之固也，损德之修也，益德之裕也，困德之辩也，井德之地也，巽德之制也。履和而至，谦尊而光，复小而辩于物，恒杂而不厌，损先难而后易，益长裕而不设，困穷而通，井居其所而迁，巽称而隐。履以和行，谦以制礼，复以自知，恒以一德，损以远害，益以兴利，困以寡怨，井以辩义，巽以行权。

《易》之为书也不可远，为道也屡迁。变动不居，周流六虚。上下无常，刚柔相易。不可为典要，唯变所适。其出入以度，外内使知惧。又明于忧患与故，无有师保，如临父母。初率其辞而揆其方，既有典常。苟非其人，道不虚行。《易》之为书也，原始要终，以为质也。六爻相杂，唯其时物也。其初难知，其上易知，本末也。初辞拟之，卒成之终。若夫杂物撰德，辩是与非，则非其中爻不备。噫！亦要存亡吉凶，则居可知矣。知者观其彖辞，则思过半矣。二与四同功而异位，其善不同。二多誉，四多惧，近也。柔之为道，不利远者。其要无咎，其用柔中也。三与五同功而异位。三多凶，五多功，贵贱之等也。其柔危，其刚胜邪?《易》之为书也，广大悉备。有天道焉，有人道焉，有地道焉。兼三才而两之，故六。六者非它也，三才之道也。道有变动，故曰爻。爻有等，故曰物。物相杂，故曰文。文不当，故吉凶生焉。《易》之兴也，其当殷之末世、周之盛德邪？当文王与纣之事邪？是故其辞危。危者使平，易者使倾。其道甚大，百物不废。惧以终始，其要无咎。此之谓《易》之道也。

夫乾，天下之至健也。德行恒易以知险。夫坤，天下之至顺也。德行恒简以知阻。能说诸心，能研诸侯之虑。定天下之吉凶，成天下之亹亹者，是故变化云为，吉事有祥。象事知器，占事知来。天地设位，圣人成能。人谋鬼谋，百姓与能。八卦以象告，爻彖以情言。刚柔杂居，而吉凶可见矣。变动以利言，吉凶以情迁。是故爱恶相攻而吉凶生。远近相取而悔吝生，情伪相感而利害生。凡《易》之情，近而不相得则凶。或害之，悔且吝。将叛者其辞惭，中心疑者其辞枝。吉人之辞寡，躁人之辞多。诬善之人其辞游，失其守者其辞屈。

说　卦

昔者圣人之作《易》也，幽赞于神明而生蓍，参天两地而倚数，观变于阴阳而立卦，发挥于刚柔而生爻，和顺于道德而理于义。穷理尽性以至于命。

昔者圣人之作《易》也，将以顺性命之理。是以立天之道，曰阴与阳。立地之道，曰柔与刚。立人之道，曰仁与义。兼三才而两之，故《易》六画而成卦。分阴分阳，迭用柔刚，故《易》六位而成章。

天地定位，山泽通气，雷风相薄，水火不相射。八卦相错。数往者顺，知来者逆，是故《易》逆数也。

雷以动之，风以散之，雨以润之，日以烜之，艮以止之，兑以说之，乾以君之，坤以藏之。帝出乎震，齐乎巽，相见乎离，致役乎坤，说言乎兑，战乎乾，劳乎坎，成言乎艮。万物出乎震，震东方也。齐乎巽，巽东南也，齐也者，言万物之絜齐也。离也者明也。万物皆相见，南方之卦也。圣人南面而听天下，向明而治，盖取诸此也。坤也者，地也。万物皆致养焉，故曰：致役乎坤。兑正秋也，万物之所说也，故曰：说言乎兑。战乎乾。乾西北之卦也，言阴阳相薄也。坎者，水也，正北方之卦也，劳卦也，万物之所归也，故曰：劳乎坎。艮东北之卦也，万物之所成终而所成始也。故曰：成言乎艮。

神也者，妙万物而为言者也。动万物者，莫疾乎雷。桡万物者，莫疾乎风。燥万物者，莫熯乎火。说万物者，莫说乎泽。润万物者，莫润乎水。终万物始万物者，莫盛乎艮。故水火相逮，雷风不相悖。山泽通气，然后能变化。既成万物也。

乾健也。坤顺也。震动也。巽入也。坎陷也。离丽也。艮止也。兑说也。

乾为马。坤为牛。震为龙。巽为鸡。坎为豕。离为雉。艮为狗。兑为羊。

乾为首。坤为腹。震为足。巽为股。坎为耳。离为目。艮为手。兑为口。

乾天也，故称乎父。坤地也，故称乎母。震一索而得男，故谓之长男。巽一索而得女，故谓之长女。坎再索而得男，故谓之中男。离再索而得女，故谓之中女。艮三索而得男，故谓之少男。兑三索而得女，故谓之少女。

乾为天，为圜，为君，为父，为玉，为金，为寒，为冰，为大赤，为良马，为老马，为瘠马，为驳马，为木果。

坤为地，为母，为布，为釜，为吝啬，为均，为子母牛，为大舆，为文，为众，为柄。其于地也为黑。

震为雷，为龙，为玄黄，为敷，为大涂，为长子，为决躁，为苍筤竹，为萑苇。其于马也，为善鸣，为馵足，为作足，为的颡。其于稼也，为反生。其究为健，为蕃鲜。

巽为木，为风，为长女，为绳直，为工，为白，为长，为高，为进退，为不果，为臭。其于人也，为寡发，为广颡，为多白眼，为近利市三倍。其究为躁卦。

坎为水，为沟渎，为隐伏，为矫輮，为弓轮。其于人也，为加忧，为心病，为耳痛，为血卦，为赤。其于马也，为美脊，为亟心，为下首，为薄蹄，为曳。其于舆也，为多眚，为通，为月，为盗。其于木也，为坚多心。

离为火，为日，为电，为中女，为甲胄，为戈兵。其于人也，为大腹，为乾卦，为鳖，为蟹，为蠃，为蚌，为龟。其于木也，为科上槁。

艮为山，为径路，为小石，为门阙，为果蓏，为阍寺，为指，为狗，为鼠，为黔喙之属。其于木也，为坚多节。

兑为泽，为少女，为巫，为口舌，为毁折，为附决。其于地也，为刚卤，为妾，为羊。

序 卦

有天地，然后万物生焉。盈天地之间者唯万物，故受之以屯。屯者盈也。屯者物之始生也。物生必蒙，故受之以蒙。蒙者蒙也，物之稚也。物稚不可不养也，故受之以需。需者饮食之道也。饮食必有讼，故受之以讼。讼必有众起，故受之以师。师者众也。众必有所比，故受之以比。比者比也。比必有所畜，故受之以小畜。物畜然后有礼，故受之以履。履而泰，然后安，故受之以泰。泰者通也。物不可以终通，故受之以否，物不可以终否，故受之以同人。与人同者，物以归焉，故受之以大有。有大者不可以盈，故受之以谦。有大而能谦必豫，故受之以豫。豫必有随，故受之以随。以喜随人者必有事，故受之以蛊。蛊者事也。有事而后可大，故受之以临。临者大也。物大然后可观，故受之以观。可观而后有所合，故受之以噬嗑。嗑者合也。物不可以苟合而已，故受之以贲。贲者饰也。致饰然后亨则尽矣，故受之以剥。剥者剥也。物不可以终尽，剥穷上反下，故受之以复。复则不妄矣，故受之以无妄。有无妄然后可畜，故受之以大畜。物畜然后可养，故受之以颐。颐者，养也。不养则不可动，故受之以大过。物不可以终过，故受之以坎。坎者，陷也。陷必有所丽，故受之以离。离者，丽也。

有天地，然后有万物。有万物，然后有男女。有男女，然后有夫妇。有夫妇，然后有父子。有父子，然后有君臣。有君臣，然后有上下。有上下，然后礼义有所错。夫妇之道，不可以不久也，故受之以恒。恒者久也。物不可以久居其所，故受之以遁。遁者退也。物不可以终遁，故受之以大壮。物不可以终壮，故受之以晋。晋者进也。进必有所伤，故受之以明夷。夷者伤也。伤于外者，必反于家，故受之以家人。家道穷必乖，故受之以睽。睽者乖也。乖必有难，故受之以蹇。蹇者难也。物不可以终难，故受之以解。解者缓也。缓必有所失，故受之以损。损而不已必益，故受之以益。益而不已必决，故受之以夬。夬者决也。决必有遇，故受之以姤。姤者遇也。物相遇而后聚，故受之以萃。萃者聚也。聚而上者，谓之升，故受之以升。升而不已必困，故受之以困。困乎上者必反下，故受之以井。井道不可不革，故受之以革。革物者莫若鼎，故受之以鼎。主器者莫若长子，故受之以震。震者动也。物不可以终动，动必止之，故受之以艮。艮者止也。物不可以终止，故受之以渐。渐者进也。进必有所归，故受之以归妹。得其所归者必大，故受之以丰。丰者大也。穷大者必失其居，故受之以旅。旅而无所容，故受之以巽。巽者入也。入而后说之，故受之以兑。兑者说也。说而后散之，故受之以涣。涣者离也。物不可以终离，故受之以节。节而信之，故受之以中孚。有其信者必行之，故受之以小过。有过物者必济，故受之以既济。物不可穷也，故受之以未济终焉。

杂 卦

乾刚坤柔。比乐师忧。临观之义，或与或求。屯见而不失其居。蒙杂而著。震起也。艮止也。损益，盛衰之始也。大畜时也。无妄灾也。萃聚而升不来也。谦轻而豫怠也。噬嗑食也。贲无色也。兑见而巽伏也。随无故也。蛊则饬也。剥烂也。复反也。晋昼也。明夷诛也。井通而困相遇也。咸速也。恒久也。涣离也。节止也。解缓也。蹇难也。睽外也。家人内也。否泰反其类也。大壮则止，遁则退也。大有众也。同人亲也。革去故也。鼎取新也。小过过也。中孚信也。丰多故也。亲寡旅也。离上而坎下也。小畜寡也。履不处也。需不进也。讼不亲也。大过颠也。姤遇也，柔遇刚也。渐女归待男行也。颐养正也。既济定也。归妹女之终也。未济男之穷也。夬决也，刚决柔也。君子道长，小人道忧也。

附录二

周易知识系统①

① 易学系统的著述浩如烟海，有史可查的就有数千种之多，此表仅选取有代表性者以为标志。

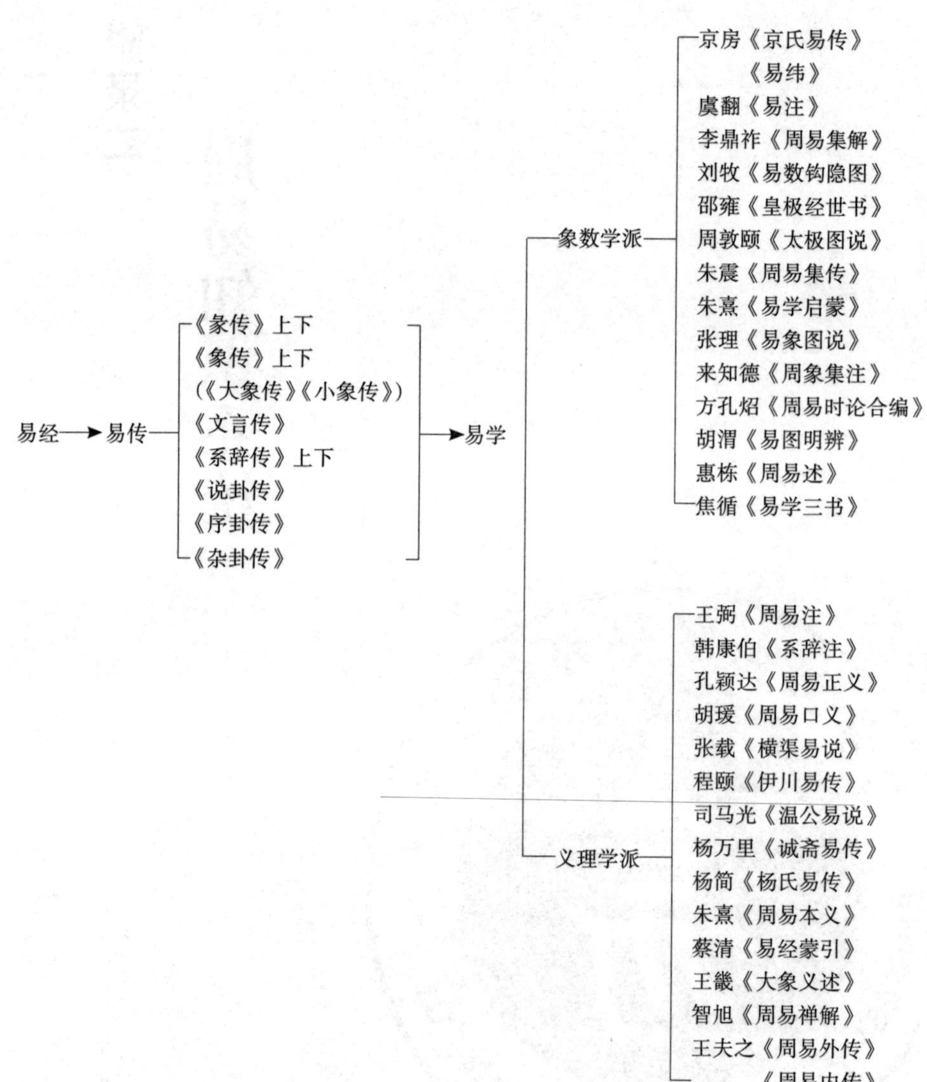
易经
易传
《象传》上下
《象传》上下
(《大象传》《小象传》)
《文言传》
《系辞传》上下
《说卦传》
《序卦传》
《杂卦传》
易学
象数学派
京房《京氏易传》
《易纬》
虞翻《易注》
李鼎祚《周易集解》
刘牧《易数钩隐图》
邵雍《皇极经世书》
周敦颐《太极图说》
朱震《周易集传》
朱熹《易学启蒙》
张理《易象图说》
来知德《周象集注》
方孔炤《周易时论合编》
胡渭《易图明辨》
惠栋《周易述》
焦循《易学三书》
义理学派
王弼《周易注》
韩康伯《系辞注》
孔颖达《周易正义》
胡瑗《周易口义》
张载《横渠易说》
程颐《伊川易传》
司马光《温公易说》
杨万里《诚斋易传》
杨简《杨氏易传》
朱熹《周易本义》
蔡清《易经蒙引》
王畿《大象义述》
智旭《周易禅解》
王夫之《周易外传》
《周易内传》

后记

本书由东方国际易学研究院院长、北京大学哲学系教授朱伯崑主编，出版后受到易学爱好者的关注，鉴于读者要求，现修订再版。编著者有（按撰文出现顺序排列）：中国大百科全书出版社原副总编辑、编审王德有（绪论、第五章、第六章“易学与哲学”一节）；哲学博士、北京大学副校长王博（第一章）；史学博士、清华大学思想文化研究所教授廖名春（第二章）；北京师范大学哲学系教授郑万耕（第三章、第四章“易图学与汉代象数之学”一节）；哲学博士、中国社会科学院世界宗教研究所研究员李申（第四章、第六章“易学与道教”一节）；武汉大学哲学系教授唐明邦（第六章“易学与政治、伦理”一节）；东方国际易学研究院副院长、中国科学院自然科学史研究所研究员董光璧（第六章“易学与数学”一节）；东方国际易学研究院副院长、南京大学教授卢央（第六章“易学与天文气象”一节）；武汉大学哲学系教授萧汉明（第六章“易学与医学”一节）；武汉大学美学研究所所长、教授刘纲纪（第六章“易学与美学、文艺”一节）；北京建筑工程学院文化研究所教授韩增禄（第六章“易学与建筑”一节）；吉林大学历史系教授吕绍纲（第六章“易学与史学”一节）；附录《周易》白文由中央民族大学哲学系陈亚军博士提供。